DICCIONARIO
AMERICANISMOS

ABC OF
LATIN AMERICAN SPANISH

Brian Steel

DICCIONARIO
DE AMERICANISMOS

ABC OF
LATIN AMERICAN SPANISH

Sociedad General Española de Librería, S.A.

Primera edición, 1990

Cubierta: L. Carrascón
Supervisión lexicográfica: Pedro L. Díez Orzas
Corrector de pruebas: José J. Heras

Produce: SGEL-Educación
    Marqués de Valdeiglesias, 5 - 28004 MADRID

ISBN: 84-7143-443-1
Depósito legal: M. 40.582-1990

Printed in Spain - Impreso en España

Compone: MonoComp, S. A.
Imprime: Cronocolor
Encuaderna: F. Méndez

ÍNDICE GENERAL

PRÓLOGO

A todas aquellas personas, en número cada vez mayor, que se embarcan en un viaje de redescubrimiento de los países hispanoamericanos les esperan muchos placeres y sorpresas, pero también muchos obstáculos. Uno de esos obstáculos, y no el menor precisamente, es la grave carencia de información actualizada acerca de las peculiares características lingüísticas de la veintena de repúblicas hispanohablantes en esta vasta e importante región. Aunque el español estándar constituye la mayor parte de la lengua hablada y escrita, existen diferencias léxicas, tanto en relación con el español peninsular *como de un país a otro o de una zona a otra. Ya que muchas de estas diferencias no están señaladas en la mayoría de los diccionarios, hacía falta un libro de orientación para todos los que tienen un interés en Hispanoamérica.*

El presente volumen pretende cubrir esta laguna, por lo menos en un nivel **básico**, *presentando e ilustrando con* **ejemplos de uso** *más de 2.300 términos que han sido seleccionados para las necesidades de los siguientes grupos:*

— Estudiantes y profesores de lengua española y de literatura hispánica.
(Para los lectores de habla inglesa o con conocimientos de esa lengua, se ofrecen traducciones de los términos escogidos, y, al final del **ABC**, *se incluye un* Index of English Translations.*)*
— Profesionales a los que interesen la historia, política o sociología latinoamericanas (y que estén dispuestos a utilizar fuentes primarias en español).
— Viajeros, diplomáticos y hombres de negocios que se toman la molestia de conocer a las gentes de los países que están visitando.

Al ofrecer al público una selección de americanismos básicos, este **ABC** *está mucho más actualizado que cualquiera de los diccionarios que he visto y consultado (tanto monolingües como bilingües). La verdad sorprendente es que casi el* **50%** *de las palabras y significados mencionados en él,* **NO** *están incluidos en la vigésima edición del* **Diccionario de la lengua española** *(1984) de la* Real Academia de la Lengua Española —véase el Apéndice 1—. *El* **ABC del español de América** *cubre muchos aspectos de la realidad y la vida diaria de la mayoría de los países y regiones de Hispanoamérica, como la comida y la bebida, los vestidos, el transporte, la política y otros campos sociológicos. También se ha incluido un buen número de abreviaturas y siglas útiles, fundamentalmente de organizaciones políti-*

cas de hoy (y algunas de ayer) —véase el Apéndice 5—. Dado que la selección de los términos se determinó por factores demográficos y culturales, reciben una especial atención, como cabría de esperar, Argentina, Colombia, Chile, Perú y México.

Este **ABC** difiere de los demás diccionarios en que pretende ser tanto una fuente de consulta como un libro para ser leído y estudiado como fuente de información sobre Hispanoamérica. Los ejemplos de uso proceden de una amplia gama de materiales y fuentes orales y escritas de todos los países de habla hispana en América, y no sólo de fuentes literarias como suele darse con tanta frecuencia (aunque éstas también están bien representadas aquí). Estos ejemplos de uso han sido cuidadosamente seleccionados y sopesados de forma que proporcionen al lector una visión de conjunto lo más clara posible, no sólo en cuanto al significado y uso de los términos léxicos en cuestión, sino también en cuanto a su relación con la vida latinoamericana actual. Así que los vocablos y las expresiones vienen a representar pedazos del mosaico de la realidad hispanoamericana de hoy (y, en algunos casos, del ayer); de aquí la frecuencia de las referencias sociológicas. Tales indicaciones ampliarán los conocimientos de Hispanomérica (o de Argentina, Chile, Perú, México, etc.) del lector.

Un rasgo adicional específico del **ABC** es la inclusión de algunas palabras que antes se clasificaban como americanismos (o argentinismos, chilenismos, etc.), pero que se han exportado con éxito, primeramente a países vecinos y, en muchas ocasiones (el número podría sorprender al lector), a España y al resto del mundo occidental, enriqueciendo así sus lenguas, y algunas veces su estilo de vida.

En suma, a medida que nos aproximamos al quinto centenario del trasplante del español peninsular al Nuevo Mundo, este modesto trabajo intenta presentar clara y fidedignamente el léxico básico de la América hispana.

SÍMBOLOS, ABREVIATURAS Y ACRÓNIMOS UTILIZADOS

*	palabra de origen hispanomericano, pero actualmente de uso generalizado en español
/	denota términos alternativos
( )	denota términos opcionales
A	Argentina
abrev	abreviatura
adj	adjetivo
adv	adverbio/adverbial
(AFR)	procedente de una lengua africana
(ALE)	procedente del alemán
Ant	procedente de los países hispanohablantes de las Antillas: Cuba, la República Dominicana y Puerto Rico
(ARW)	procedente del arahuaco
(AYM)	procedente del aymara
B	Bolivia
CAm	Centroamérica
(CAR)	procedente del caribeño
Col	Colombia
conj	conjunción
CR	Costa Rica
Cu	Cuba
Ch	Chile
dep	deportes
Ec	Ecuador
(ENG)	procedente del inglés
Esp	España
esp	especialmente
euf	eufemismo
exp	expresión
[f]	de uso más frecuente en las variantes del español americano que en el español peninsular
fam	coloquial, familiar, uso informal
(FR)	procedente del francés

G	Guatemala
H	Honduras
Hist	término histórico (esencialmente colonial)
imper	imperativo
infin	infinitivo
inter	interrogativo
interj	interjección
invar	invariable
(ITAL)	procedente del italiano
loc	locución
M	México
(MAP)	procedente del araucano (mapuche)
(MAY)	procedente del maya
N	Nicaragua
(NAH)	procedente del Náhuatl
nf	sustantivo femenino
nm	sustantivo masculino
nmf	sustantivo masculino o femenino
Pan	Panamá
Par	Paraguay
Pe	Perú
pl	plural
(PORT)	procedente del portugués (brasileño)
pos	posesivo
PR	Puerto Rico
pren	uso periodístico o de los otros medios de comunicación
prep	preposición
pron	pronombre
(QCH)	procedente del quechua
RD	República Dominicana
S	El Salvador
subj	subjuntivo
sust	sustantivo
(TUP)	procedente del tupí-guaraní
Ur	Uruguay
(US)	inglés americano
usu	usualmente
V	Venezuela
vb	verbo
vulg	vulgar

INTRODUCCIÓN

A lo largo de los últimos 500 años el habla (y la escritura) en español de lo que primero fueron colonias y luego repúblicas independientes ha evolucionado, adquiriendo sus propias características regionales y nacionales, descartando algunas formas e inventando o tomando prestadas otras nuevas, distanciándose todo el tiempo, sutil o marcadamente, del castellano de la Península Ibérica.

Desde el siglo XIX, el español de Hispanoamérica y sus variantes nacionales y regionales (*español americano*, como término general) nos ha ofrecido un enorme campo en el estudio del lenguaje, planteando sus propios problemas específicos, no menores que aquellos presentados por la dura geografía del subcontinente y por los, algunas veces, hostiles o precarios sistemas políticos en pugna. Siguiendo la tradición general hispánica y europea decimonónica, el *español americano* fue, hasta casi la actualidad, en buena parte coto de los dialectólogos. El más antiguo de los diccionarios de *americanismos* (y las réplicas nacionales como los diccionarios de *argentinismos, chilenismos, mexicanismos*, etc.) refleja este predominio al incluir una mezcla de términos léxicos genuinamente nacionales y otros más limitados geográficamente. Durante los últimos treinta o cuarenta años, con la relegación gradual de la dialectología a un pequeño rincón de los estudios e investigación de la lengua española, y con la espectacular subida y propagación de otras ramas de los estudios lingüísticos, que han atraído el interés y la dedicación de un alto porcentaje de los investigadores, se ha abordado el estudio del español de América como un todo y el de la lengua de los países individuales ha quedado en manos de un grupo realmente pequeño, pero entusiasta, de eruditos, investigadores y escritores, cuyas aproximaciones al problema de la descripción del lenguaje han oscilado desde el más caduco e inútil prescriptivismo hasta actitudes más pragmáticas y permisivas. Los diccionarios, libros y artículos resultantes sobre lexicografía hispanoamericana han tendido, por consiguiente, a ser desiguales desde el punto de vista de la utilidad para el lector corriente. De hecho, hasta muy recientemente, hemos seguido viendo reflejos de estos trabajos anticuados sobre el español americano en las lagunas importantes en los diccionarios monolingües en español (especialmente, el de la Real Academia Española) y (aunque de menor importancia) en la mayoría de los diccionarios bilingües. Esta situación muy poco satisfactoria ha seguido más o menos sin cambiar hasta años recientes. Por eso el que piensa comprarse un diccionario

11

del español debería someter a prueba las afirmaciones seductoras expuestas en las sobrecubiertas con respecto a lo excelente y lo completo de los americanismos del tomo.

Lo más obvio, en general, en diccionarios monolingües y bilingües es la ausencia de muchos americanismos corrientes y la falta de etiquetas orientadoras delante de muchos vocablos de los registros culto, coloquial y vulgar. Por ejemplo, las lagunas en el diccionario del español académico (a pesar de sus muchos otros méritos y de las mejoras progresivas y sustanciales en sus últimas tres ediciones de 1956, 1970, 1984) son totalmente sorprendentes y realmente alarmantes, especialmente cuando uno piensa que muchos lo consideran como el único léxico «autorizado» del español. Por razones tan sólo conocidas por sus miembros, la *Academia* sigue en sus trece negándose a tomar en cuenta una parte de la realidad del español de América, sobre todo según la evidencia escrita de muchos eruditos y escritores de fiar (incluso algún académico). Por lo tanto, muchas de las lagunas son totalmente innecesarias, como revelará el estudio del *Apéndice 1* de este **ABC**.

No obstante, el trabajo realizado por los eruditos más pragmáticos y descriptivos mencionados nos ha proporcionado unos artículos y libros de gran valor, útiles como suplementos a los diccionarios existentes y como bases para los trabajos lexicográficos de mayor amplitud llevados a cabo o anunciados recientemente. En particular, el trabajo de los siguientes estudiosos ha sido de gran utilidad por la calidad instructiva de la información que facilitaban (véase la Bibliografía, Primera parte):

L. Contreras (Chile), C. E. Kany, L. Flórez (Colombia), L. M. Grimes, M. Hildebrandt (Perú), J. M. Lope Blanch (México), A. Rabanales (Chile) y A. Rosenblat (Venezuela).

Gracias a estos esfuerzos, en años recientes hemos empezado a ver la aparición de obras y trabajos más satisfactorios sobre el *español americano* en general y sobre algunas de las variedades nacionales estándar. Como una base para la consulta y para la investigación futura, resultan especialmente recomendables los libros siguientes:

Para el *español americano* en general:

— **Americanismos. Diccionario Ilustrado Sopena** (1982).
— Hédiger, H., **Particularidades léxicas en la novela hispanoamericana contemporánea** (1977) —una compilación **muy** útil, con excelente ejemplificación, pero básicamente limitada a los vocablos sacados de una serie de obras literarias escogidas.
— **Pequeño Larousse Ilustrado** (1976).

Para las *lenguas nacionales:*

— Abad de Santillán, D., **Diccionario de argentinismos de ayer y hoy** (1976).

12

— MEJÍA PRIETO, J., **Así habla el mexicano. Diccionario básico de mexicanismos** (1984) —un trabajo breve, pero útil.

— MORALES PETTORINO, F., *et al.*, **Diccionario ejemplificado de chilenismos,** 4 vols. (1984-87) —una obra maestra lexicográfica con copiosa documentación, la más ambiciosa, la más lograda y la más grata de todas las publicaciones recientes.

— MUÑOZ REYES, J., y MUÑOZ REYES TABORGA, I., **Diccionario de bolivianismos** (1982).

— TEJERA, M. J., *et al.*, **Diccionario de venezolanismos,** vol. 1 (1983) —otro ejemplar y autorizado esfuerzo de un equipo de eruditos, utilísimo tanto para lexicógrafos como para el lector corriente. El segundo volumen se espera con impaciencia.

Ésos, aunque provechosos, son, sin embargo, esfuerzos aislados, individuales, y para realizar diccionarios de **TODOS** los países hispanohablantes de Latinoamérica deberemos esperar pacientemente la prometida serie de publicaciones apropiadamente informatizadas por el equipo de lexicógrafos dirigido por el profesor Günther Haensch, de la Universidad de Augsburgo (RFA), y los equipos de compiladores latinoamericanos coordinados por él. De estas publicaciones colectivas, país por país (la primera anunciada es el **Nuevo Diccionario de colombianismos**), se compilará el **Nuevo Diccionario de americanismos**, probablemente hacia el año 2000. ¡Qué pena que no haya podido salir en el *Año de Latinoamérica, 1992!*

El origen de este **ABC** mío se remonta a las incertidumbres, las dudas y los escollos con los que topé constantemente desde el principio de mi carrera (ya hace casi treinta años) como profesor de español para estudiantes de habla inglesa. Los diccionarios existentes de **americanismos** (aquellos de Santamaría, Malaret y, después, Morínigo) estaban totalmente incompletos y anticuados. Poco a poco fui apuntando los americanismos que faltaban de los diccionarios y en el año 1975 publiqué una recopilación de ellos como «Checklists of Basic *americanismos* and Possible *castellanismos*» (**HISPANIA**, 58 [1975], 910921). Me gustaría pensar que esa lista de más de 200 términos fue de alguna utilidad para muchos estudiantes y profesores de español, aunque apenas tuvo resonancia. Continué recolectando esa clase de información básica en papeletas y también me esforcé por leer todo lo que se publicaba sobre *americanismos*. En 1980 respondí a una petición del profesor M. Perl para contribuir con un artículo a su compilación proyectada sobre el *español americano*. Lo hice de una forma más detallada con un artículo ejemplificado y menos provisional que el anterior: «Algunos apuntes para un nuevo diccionario de *americanismos*» (en M. Perl [ed.], **Estudios sobre el léxico del español en América,** Leipzig, 1982). Este artículo ha sido recibido favorablemente en los círculos lexicográficos hispánicos y me sentí especialmente orgulloso al verlo mencionado en varias ocasiones por el *maestro* Manuel Seco en la recientemente salida novena edición revisada de su bien conocido **Diccionario de dudas y dificultades de la lengua española.**

Desde entonces he trabajado más sistemáticamente para llevar a cabo esta contribución más sólida (pero todavía modesta) a la lexicografía y al estudio del español, convencido de que, sin trabajos de consulta precisos y actualizados, nosotros y nuestros estudiantes estamos trabajando bajo una gran desventaja (que no comparten los estudiantes de las otras lenguas europeas más estudiadas). El progreso del proyecto fue acelerado y estimulado por un año sabático en 1985, cuando pude viajar a algunos países hispanoamericanos y seguir investigando en algunas bibliotecas de Estados Unidos, España e Inglaterra. El resultado, después de otros dos años de trabajo, ahora se encuentra en un estado que espero sea de utilidad para mucha gente.

He leído y escuchado tanto como me ha sido posible, y al ir más allá de los límites de las fuentes puramente literarias he seleccionado aquellos términos útiles para representar la lengua de los países más importantes de la Hispanoamérica de hoy. Forzosamente, a causa de la escasez de trabajos lexicográficos publicados, y también por su menor peso demográfico, se registran en este **ABC** menos vocablos de los otros países de habla hispana.

Los términos seleccionados describen cosas tan cotidianas como árboles, plantas, animales, comidas, bebidas, vestidos, muebles, viviendas (incluso, lamentablemente, las chabolas), transporte, organizaciones políticas, policía y otras actividades institucionales (también lamentable, pero de necesaria inclusión, la tortura) y pobreza. Asimismo se recogen algunos vocablos del uso periodístico y una buena cantidad de términos coloquiales e insultos. He tenido cuidado de evitar los términos **dialectales** o aquellos que describen flora y fauna desconocidas (aunque, como ya dije, tanto la flora y la fauna están bien representadas entre los términos seleccionados, debido a la Naturaleza peculiar de América). Para ilustrar dichos términos he tratado de elegir citas que arrojasen luz sobre las palabras en cuestión y dieran alguna clase de información de fondo (por ejemplo, sobre la cultura local). Dejo al lector que juzgue la efectividad de mis selecciones.

Concebido éste como trabajo básico, para dar un poco del sabor del español americano (o, mejor dicho, *de las variantes nacionales y regionales del español de América*), he ampliado su ámbito más allá de lo que se considera normalmente como *americanismo* para incluir las siguientes categorías de palabras:

1. *Americanismos de frecuencia* (adaptando un término usado por el erudito español Emilio Lorenzo en relación con los anglicismos), esto es, términos que, aunque no desconocidos en España (o partes de ella), son reconocida y característicamente «*americanos*» a causa de su altísima frecuencia de uso en Latinoamérica (o partes de ella). Allá llegan a preferirse a otros términos más «peninsulares». Estos *americanismos* de frecuencia son prefijados por el símbolo [*f*].

2. Todas aquellas palabras que, aunque originadas en un área de Latinoamérica, se han propagado a otras partes del subcontinente y al español peninsular, e incluso, en algunos casos, al inglés o a otras lenguas. Estos

términos son también característicos de Latinoamérica (y, por ejemplo, de sus lenguas indias), pero, puesto que son ahora también del español general, aparecen precedidas del símbolo *.

3. Algunas del segundo grupo son de significación particularmente histórica, así que, junto con algunas otras palabras «históricas», necesarias para el conocimiento de los antecedentes, están indicadas por el símbolo **Hist.**

4. Un pequeño número de *americanismos* sintácticos y morfológicos (por ejemplo, ciertos sufijos y palabras características formadas con ellos, el uso de ciertos tiempos y pronombres, etc.). Éstos se ofrecen tanto en el **ABC** como en el *Apéndice 6.*

5. También están incluidos en este **ABC**, aunque no normalmente en otros diccionarios generales, un pequeño número de abreviaturas, acrónimos y símbolos importantes (contemporáneos la mayor parte y, en algunos casos, quizá efímeros). Ver el *Apéndice 5.*

Considerándolo de interés para el lector, he procurado, en lo posible, indicar mediante etiquetas la derivación exacta de muchos americanismos. Algunos han sido tomados de las lenguas (o de las familias de lenguas) de los indios americanos —principalmente del arahuaco, del araucano (esta última señalada con la etiqueta *MAP* (mapuche) para no confundirla con el arahuaco y por ser más conocido el término *mapuche*), el caribeño, el náhuatl y el quechua, con aportaciones menores del aymara, del maya y del tupí-guaraní—. Las influencias externas en la formación de los americanismos se señalan con las etiquetas que se refieren a los idiomas inglés, francés, italano, portugués (brasileño) y a algunas lenguas africanas. Para los que tengan un interés especial por estas cuestiones, hay una lista de todos estos préstamos en el *Apéndice 2.*

Aparte de estos préstamos, los otros *americanismos* (o *argentinismos, chilenismos, mexicanismos,* etc.) comprenden:

a) Neologismos o palabras de origen hispanoamericano.

b) Vocablos del español peninsular que están ahora obsoletos, arcaicos o sólo de uso dialectal. Entre el número considerable de palabras peninsulares que han prosperado en Hispanoamérica, pero que han caído en desuso o que quedan sólo como términos dialectales en la Península figuran: *alcaucil, aguaitar, antier, arveja, azafate, berma, beterraga, bien, boliche, bravo, calzón, cobija, charro, damasco, demorar, desvestirse, durazno, embolar, foja, frazada, friolento, guapo, se me hace que, hincarse, manteca, pollera, prieto,* etc. Un subgrupo especial de éstas son las palabras que fueron originalmente restringidas a la jerga de la navegación española. Como una indicación de la importancia del viaje marítimo y del comercio para la vida de las nuevas colonias, esas palabras tomaron un uso más general y finalmente llegaron a formar parte del habla cotidiana y de la lengua escrita. Por ejemplo: *amarrar, argolla, arribar, arrumar, balde, botar, chicote, estadía, ensenada, laja, mazmorra, piola, playa (de...), rebenque, timón, zafarse.*

ETIQUETAS

Como se ve, he intentado distinguir entre los varios grupos de vocablos con un sistema extenso de etiquetas añadidas al término registrado. Estas indicaciones incluyen aquellas ya referidas y explicadas anteriormente, es decir: *, [*f*], **Hist.**, y las abreviaturas etimológicas para señalar la lengua del préstamo. También hay etiquetas, donde fuera relevante o conocido, para denotar el país o los países donde el término se emplea (o donde se emplea *más*). Las otras etiquetas que dan información morfológica, etc., serán más familiares para el lector, por su similitud con otros diccionarios. Una lista completa de todas estas etiquetas se ofrece en las páginas que preceden esta Introducción.

Otro tipo de indicaciones necesita comentario. Donde ha sido pertinente y factible, he procurado dar «equivalentes» peninsulares (castellanos) para los *americanismos*. Esto facilitará el uso del **ABC** para aquellos lectores que no entiendan las traducciones inglesas. En segundo lugar, estos «equivalentes» dan las siguientes indicaciones:

a) (Para *cualquier* hablante nativo del castellano, pero especialmente para los argentinos, chilenos, mexicanos, etc.) El equivalente peninsular podría ayudar a impedir que (como ocurre frecuentemente) sea considerada errónea en otras latitudes la versión peninsular. Además, el uso de este **ABC** podría (¡ojalá!) ayudar a impedir o reducir el otro hábito inspirado por la ignorancia lingüística, esta vez por parte de los hablantes del español peninsular (o por aquellos extranjeros con una formación exclusivamente peninsular), de condenar automáticamente los americanismos como «incorrectos», ridiculizándolos de una manera muy insular, simplemente porque no son corrientes en el español de España.

b) La posible diferencia de uso (por ejemplo, una diferencia de «nivel» o prestigio social) entre la utilización de un término en España y en Hispanomérica. Pongamos, por ejemplo, la enorme popularidad en América de las formas impersonales plurales de *haber* (*habían, habrán*, etc.) frente a su uso *prescrito* en España; o la reducida fuerza ofensiva de términos *tabú* peninsulares tales como *carajo, joder* o *pendejo*.

c) Las razones posibles por las cuales el término castellano ha caído en desuso o desaparición (por ejemplo, por eufonía, competencia con lenguas extranjeras influyentes, sufijos rivales, para evitar connotaciones *tabú* o vulgares que sean inconscientes, etc.).

DIFICULTADES Y PROBLEMAS

Quisiera tratar brevemente el tema de las dificultades encontradas por este largo camino y las decisiones adoptadas en la compilación y presentación de este trabajo básico.

1. Las etiquetas de «país de uso» son a menudo muy aproximadas. En algunas variedades nacionales del español, sobre todo aquellas de los pequeños países de Centroamérica y las Antillas y, más inexplicablemente, en México y Perú, hay una gran escasez de información lexicográfica actualizada. Así, por ejemplo, muchas palabras señaladas en este libro con **M** (=México) también podrían ser habituales en algunas de las repúblicas centroamericanas. En cualquier caso, hay que señalar que los términos *americanismo* y *español de América*, aunque útiles como clasificaciones, no son siempre exactos y algunas veces pueden sugerir una unidad lingüística espúrea. La realidad lingüística es que hay una serie de léxicos nacionales y regionales con muchos términos superpuestos y características en común además de un alto número de términos más geográficamente aislados. Por todas estas razones me sería muy grato recibir todas las correcciones y enmiendas de los lectores que tengan conocimientos especiales de un país americano o de una zona determinada.

2. Con algunos de los nombres que denotan ocupaciones, etc., las feministas y otros notarán rápidamente que sólo está dado el término masculino (por ejemplo, *changador, gaucho, mariachi, milpero, payador, personero*). Esto lo he hecho sencillamente porque no encontré las formas femeninas. Con el cambio social acelerado de hoy día, sin embargo, se plantea cada vez más la necesidad de nuevas formas femeninas, y cuando surjan se deberían registrar.

3. No hay referencia al español chicano. Esto es porque el chicano es una variedad socio-geográfica muy especial del español encontrada en diferentes regiones de los Estados Unidos. Cae esencialmente fuera del alcance de este trabajo y, en todo caso, está siendo ampliamente documentado por los hispanistas norteamericanos.

4. Las abreviaturas de país que siguen al nombre de una fuente (literaria o lingüística) se refieren al país en el cual está basado el material del escritor. De aquí, por ejemplo, que el nombre del escritor A. Riding, un británico, esté acompañado de la etiqueta **M** (porque su traductor es mexicano); similarmente, todas las referencias a Angel Rosenblat son **V**, ya que Venezuela es el país en donde este eminente lingüista argentino hizo su mayor investigación sobre el *español americano*.

FUENTES Y DEUDAS

Donde me ha sido posible, he preferido ejemplos de las siguientes fuentes:

a) Los trabajos y las obras de eruditos y lexicógrafos, especialmente los de C. E. Kany, A. Rosenblat, D. Abad de Santillán, F. Morales Pettorino *et al.*, M. J. Tejera *et al.* y H. Hediger y, en grado menor, los de

M. Hildebrandt, J. M. Lope Blanch y los otros muchos mencionados en la *Primera parte* de la Bibliografía.

b) Transcripciones del habla española, principalmente las editadas por J. M. Lope Blanch, A. Rosenblat y L. Contreras y A. Rabanales relacionadas con la lengua hablada culta de las ciudades de México, Caracas y Santiago de Chile, respectivamente; también la utilísima transcripción editada de conversaciones con reclutas argentinos de la guerra de las Malvinas (Falklands) por D. Kon.

c) El trabajo de periodistas y especialmente de los periodistas *investigadores* como el fallecido Manuel Buendía, de México (asesinado por sus esfuerzos por informar sobre la verdad), y Elena Poniatowska (también una novelista bien conocida), quienes nos han contado con gran detalle la vida diaria en México y citan muchas entrevistas con gentes de todo pelaje.

d) La obra literaria de Carlos Fuentes (México) y Mario Vargas Llosa (Perú), porque su penetrante observación de la vida contemporánea y del habla en sus respectivos países (aparte de sus indiscutibles méritos literarios) son valiosísimos. Con una grata casualidad, la obra de estos dos famosos escritores compensa, hasta cierto punto, la carencia curiosa de *buenos* diccionarios actualizados de mexicanismos y peruanismos. Las novelas del escritor argentino Manuel Puig también han proporcionado una cosecha muy buena de ejemplos.

e) Las agudas observaciones, a raíz de sus viajes a Hispanoamérica, de los novelistas peninsulares Miguel Delibes y J. L. Castillo-Puche (ver Bibliografía, Segunda parte, bajo González-Grano de Oro) y las del erudito y novelista peninsular Ramón Carnicer.

Muchos otros ejemplos se han extraído de una amplia gama de novelas, obras de teatro, revistas (incluyendo algunas de las así llamadas revistas populares, que tanto revelan sobre la vida contemporánea), películas, conversaciones e incluso señales públicas, letreros y anuncios.

A todas estas fuentes reconozco gratamente mi enorme deuda. También tengo que agradecerles la alegría causada por el descubrimiento de vez en cuando de las pepitas de «nueva» información y la confirmación de términos «viejos». Asimismo les estoy agradecido a todos los autores de los libros enumerados en las dos partes de la Bibliografía. Aprovecho gustosamente esta oportunidad para expresar mi reconocimiento.

A algunos de mis estudiantes latinoamericanos que, a través de los años, han proporcionado inconscientemente algunos puntos para la investigación y a las siguientes personas y entidades por la obtención de periódicos y revistas hispanoamericanos por haber contestado a mis preguntas:

Sonia Sánchez, Eleanora B. de Spivak, Héctor Santiago, Leticia Worley, Ricardo Bocanegra, Isabel Arriagada, las Embajadas de México y Perú en Canberra y los Consulados de Chile y Venezuela en Melbourne.

Finalmente, deseo dar las gracias a mi buen amigo Herschel Elliott por sus consejos sobre el *inglés americano* (y otros puntos); yo sólo soy el culpable de cualquier *shock* lingüístico-cultural residual que pudiera causar este **ABC** al *norte* de la frontera mexicana.

El **ABC** es ahora suyo para usarlo y juzgarlo. Espero que enriquezca en alguna medida su comprensión no sólo del español de América, sino también de sus habitantes y de sus regiones distintas. Sería un placer escuchar sus reacciones y recibir sus correcciones y sugerencias para una futura edición revisada. Quisiera compartir con ustedes el placer del descubrimiento del español de América.

Monash University
Melbourne
17 de diciembre de 1987.

A

a

1. **a la mañana**   **in the morning**
    a la tarde   **in the afternoon**
    a la noche   *prep*   **in the evening/night**
    [= **por la mañana**, etc.]

    —*Pero el domingo **a la mañana** separaron a diez soldados y... nos llevaron hasta el aeropuerto.*

    (D. Kon, **A**, 1983:112)

    —*Eso ocurrió **a la tarde**.*

    (*Ibíd.*, 62)

    —*El sábado **a la noche** un amigo mío fue a una fiesta...*

    (*Ibíd.*, 98)

[*f*] 2. **a (más/mayor,** etc.)   *exp adv*   **the more...**
    [= **cuanto más/mayor,** etc.]

    ***A mayor** masa, mayor rapidez de caída.*

    (M. Madero de Kondrat, **M**, 1983:83)

    ***A mayores** recursos, mayores comodidades, o por lo menos, mayores posibilidades de tenerlas.*

    (*Ibíd.*, 83)

3. a) **a poco** (+vb)   *exp adv*   **probably; maybe;**
        ¿a poco? (+vb)   *esp* **(M)**   **I suppose;**
        [= **a lo mejor; acaso;**   **Do you imagine? and**
        ¿es que?]   **other rhetorical expressions**

        *¿**A poco** crees que puedo correr más fuerte que un coche?*

        (C. E. Kany, 1951:287)

        —*¿Pues qué te estás creyendo tú? **A poco** me vas a presumir de señorita.*

        (C. Gorostiza, **M**, 1966:12)

        —*¿No has visto a todos esos niños bien con coche, tú, Memo? ¿**A poco** tú y yo les vamos a hacer competencia?*

        (C. Fuentes, **M**, 1969:334)

    b) **¿a poco no?**   *esp* **(M)**   **isn't it?,** etc.
        [= **¿no?**]

        A cada quien le va asigún [=según] *quiere Dios, ¿**a poco no**?*

        (*Ibíd.*, 183)

21

4. entrar **a** (Ver **entrar**)
    ingresar **a** (Ver **ingresar**)
    meter **a** (Ver **meter**)

Como en la mayor parte de Hispanoamérica, se sigue empleando en México la preposición **a** *con el verbo entrar y otros equivalentes (***penetrar, introducir, meterse, ingresar,*** etc.), como sucedió en el español antiguo y como siguió sucediendo en el clásico, y aun en el moderno hasta el siglo pasado. Y como sucede, todavía, en el habla dialectal de algunas regiones españolas: «Entró er chico a la cocina».*

(J. M. Lope Blanch, M, 1972:10)

[*f*] 5. **a-** prefijo (Véase el Apéndice 6)

6. (Véanse también: **como, copa, grito, mejor, lo que, poco, rato, tiro.**)

abajeño, -a
abajino, -a *adj* y *nmf* **lowland; lowlander; lowland dweller**

*Se fue de pesca con un **abajino** de Castro.*

(F. Morales Pettorino, **Ch**, 1984, I:2)

abajo (de) *prep* **under(neath)**
[=**debajo de**]

*...se me cayó un terrón de azúcar que fue parar **abajo de** una mesa bastante lejos de la nuestra.*

(J. Cortázar, **A**, 1970:22)

*La nevera está **abajo del** bar.*

(C. Fuentes, **M**, 1978:182)

...por la magnitud de su población [México] *es también —en 1970— décimo cuarto en el mundo y sexto entre los países subdesarrollados, únicamente **abajo de** la India, Paquistán, Indonesia, Nigeria y Brasil.*

(F. Carmona, **M**, 1981:63)

abalear *vb* **to shoot (at)/(down)**
[=**disparar (contra)/matar**]

***abalearon** de regreso a su casa.*

(F. Morales Pettorino, **Ch**, 1984, I:3)

*Los asaltantes huyeron **abaleando** desesperadamente.*

(*Ibíd.*, 3)

*...se negó a abrir la caja fuerte y entonces fue **abaleado**.*

(*El Comercio*, Lima, 21-10-68:19)

abarrote(s) *nm* **groceries; food; general supplies**
[=artículo(s) comestible(s) generales]

*El **abarrote** que más ha subido este último tiempo es el café.*
(F. Morales Pettorino, **Ch**, 1984, I:5)

*Más tarde abrió una tienda de **abarrotes**.*
(O. Lewis, **M**, 1967:3)

*...llegaban a su olfato también las transparencias dulzonas del algodón de azúcar vendido a los niños y la sensación sápida, hecha de jabones y zacates, de la tienda de **abarrotes** en la planta baja del edificio.*
(C. Fuentes, **M**, 1969:47)

abarrotería *nf* **grocery store;**
[=tienda de comestibles y artículos generales] **general store**

abarrotero, -a *adj* y *nmf* **grocer; owner of general store**

*Por un **abarrotero** judío supo que el honorable secretario... tenía noticias ciertas.*
(M. A. Asturias, **G**, 1970:276)

abasto *nm* **(V)** **grocer's shop;**
[=tienda de comestibles y artículos generales] **general store**

*El **abasto** se diferencia aún más porque generalmente es negocio de extranjeros que sólo tienen interés en vender su mercancía.*
(M. J. Tejera, **V**, 1983, I:1)

abigeo *nm* **(M)** **rustler; cattle thief**
[=ladrón de ganado]

*—¿Acaso ya no cuelgan a los **abigeos**, los ladrones y los asesinos en San Luis?*
(M. Mejido, **M**, 1984:271)

*Presunto **Abigeo** Muerto por el jefe de la Policía.*
(*Excelsior*, **M**, 20-2-69: 19 — titular)

abonero, -a *nmf* **(M)** **street(credit) salesman/;**
[*f*] [=vendedor, -a callejero, -a] **saleswoman/salesperson**

*—Sale mejor la ropa que traen los **aboneros**, Güero, y más barata. Así, a plazos no se siente tanto.*
(E. Poniatowska, **M**, 1983b:239)

abono *nm* **instalment;**
[*f*] [=plazo/pago parcial] **term payment**

*Compran lujosos carros que pagan en **abonos**...*
(G. Careaga, **M**, 1984:170)

abriboca   *adj invar*   **open-mouthed**
[=boquiabierto, -a]

*La de González me mira **abriboca**.*

(M. Puig, **A**, 1968:79)

abulón   *nm* (M)   **abalone**
[=oreja marina]

*Y si acaso alguno de estos pescadores... saca una langosta, una caguama o **abulón**
por accidente, esto es, especies reservadas a las cooperativas, se le detiene y multa.*

(M. Mejido, **M**, 1984:148)

abundoso, -a   *adj*   **abundant**
[=abundante]

*De tez trigueña y cabellera negra, **abundosa**, se hacía el moño bajo...*

(L. Durand, **Ch**, 1973:83)

abusado, -a   *adj*   **cunning/sharp**
[=astuto, -a]

*...aquí en la capital, hay que andar **abusado**, o nos comen...*

(C. Fuentes, **M**, 1969:26)

*Era **abusado** el viejo. Nunca dejó que averiguara dónde escondía la lana...*

(*Ibíd.*, 191)

acá   *adv*
[*f*] 1. **acá**   **here**
     [=aquí]

*...poco tiempo después de casarnos nos vinimos para **acá**...*

(M. Puig, **A**, 1970:10)

*...a mi marido le conviene estar **acá**.*

(*Ibíd.*, 139)

2. **acá**   **he, she/ this**
    [=éste, ésta]

***Acá** le contará lo sucedido.*

(C. E. Kany, 1951:269)

—¿Quiénes son ustedes?
*—Soy el doctor Osorio Pujol, y **acá** es mi señora.*

(M. Pereira, **Cu**, 1979:18)

*Y luego, con una sonrisa que a Martín le pareció secretamente burlona, agregó,
señalando con un leve gesto:*
*—**Acá**, el joven es amigo de Alejandra.*

(E. Sábato, **A**, 1969:132)

acápite   *nm* (Ver también **punto acápite**)   **paragraph; heading**
[= párrafo/título]

Creo que es uso generalizado en toda América, con mayor o menor arraigo, el de
acápite con el valor de párrafo...

(A. Rosenblat, **V**, 1960, I:286)

¿acaso?   *adv*   **..., then?**
[*f*]   [= ¿es que...?]   (See C. E. Kany, 1951:272-273)

¿Acaso no cumplimos con nuestro deber?

(R. Marqués, **PR**, 1971:146)

—*¿Acaso ella tiene la culpa de las que ustedes le achacaban a su marido?*
(E. Caballero Calderón, **Col**, 1967:21)

acompañado -a   *adj* y *nmf fam* (S)   **de facto husband/wife;**
[= compañero, -a]   **common-law husband/wife**

An intimate relationship automatically tied a man and a woman, in a semi-official
*way. The couple was known as **acompañado** (practically married). It was an*
unspoken code among the guerrillas...

(C. Clements, 1985: 172)

acotamiento   *nm* (M)   **breakdown/emergency lane**
[= arcén]   **(on freeway/motorway)**

*No rebase por el **acotamiento**.*

(Señal en autopista mexicana, 1985)

acotejar   *vb*   **to arrange; to order**
[= cotejar]

Acoteja los vasos.—Acomoda los vasos.

(B. Rodríguez de Meneses, **B**, 1979:25)

acriollado, -a   *adj*   **adapted to the customs**
                                                   of the (Latin American) country

*Esperamos que un inglés **acriollado** llegara hasta nosotros...*
(R. Güiraldes, **A**, 1973:47)

acriollarse   *vb*   **to adopt the customs and manners**
                                                  of the (Latin American) country

...adoptar el extranjero, el gringo, los hábitos, las modalidades tradicionales del
criollo, del nativo de arraigo, incluso en la indumentaria.

(D. Abad de Santillán, **A**, 1976:11)

25

achinado, -a   *adj* y *nmf*   **with mestizo features**
*   [=de rasgos mestizos]

*El compadrito de cara **achinada**...*

(*Ibíd.*, 12)

*La **achinada** había cogido un palo y Ludovico se echó a reír.*

(H. Hediger, 1977:45)

achiote   *nm* (NAH) (CAm) (Col) (M) (Pe) (V)   **small tre with reddish flowers;**
[=árbol pequeño; tinte]   **the dye from this tree**

*Por encima del follaje asoman unas cápsulas semejantes a los capullos del **achiote**,
pero más consistentes.*

(M. A. Espino, S, 1978:99)

*...hay ahora un olor a carne humana, a pieles tatuadas con **achiote**.*

(H. Hediger, 1977:45)

achoclonarse   *vb* (Ch)   **to crowd together**
[=agolparse]

*—Mira... bueno, el Papa vino como ... más o menos como a las once, ¿ah? A las once
de la mañana, todos los miércoles hay audiencia pública... eh... se **achoclona** todo el
público...*

(A. Rabanales y L. Contreras, Ch, 1979:412)

acholado, -a   *adj*   **with mestizo features**

Dícese de la persona que tiene la tez del mismo color que la del cholo; mestizo.
(*Diccionario de la Real Academia Española*, 1984)

achunchar(se)   *vb* (B) (Ch) (Ec) (Pe)   **to shame; to be ashamed**
[=avergonzar(se)]

*Lo voy a **achunchar**.*

(F. Morales Pettorino, Ch, 1984, I:48)

achura(s)   *nm* (QCH) (A) (Pe) (Ur)   **offal/guts**
[=menudencias]

*A Traveler le empezó a dar hambre y pidió unas **achuras**.*

(J. Cortázar, A, 1970:264)

achurar   *vb* (A) (Ur)   **to gut (animal);**
[=sacar los intestinos; matar a cuchilladas]   **to stab to death**

*—Comprenderás que no me iba a dejar **achurar** así nomás.*

(H. Hediger, 1977:46)

adeco, -a *adj pren* **(V)** **belonging or pertaining to AD**
[=relativo a AD = Acción Democrática]
(Véase el Apéndice 5)

La militancia adeca está desconcertada...

(M. J. Tejeira, V, 1983, I:7)

Adeco, formado sobre A.D. y la sílaba inicial de comunista, tenía inicialmente carácter peyorativo, pero se ha impuesto entre adversarios y partidarios, como suele suceder. Es posible que su éxito inicial se debiera, inconscientemente, a que la terminación -eco es común en la designación de defectos personales...

(A. Rosenblat, V, 1969, IV:141)

adeísta *adj invar pren* **(V)** **belonging or pertaining to AD**
[=relativo a AD = Acción Democrática]

...la información la suministró el dirigente adeísta Arcadio Márquez...

(*La República*, Caracas, 13-11-68:20)

adelante (mío/nuestro, etc.) *exp adv fam esp* **(A) (Ur)** **in front of me/us...**
[=delante (de mí, etc.)] (See C. E. Kany, 1951:44-46)

—De mi grupo yo era el que estaba más retrasado, y delante mío estaban los chicos con los fusiles Fal.

(D. Kon, A, 1983:98-99)

—Cuando los que estaban adelante nuestro ya habían caído.

(*Ibíd.*, 147)

adentro
1. **adentro** *adv* **inside**
    [=dentro]

    Adentro llama la atención la limpieza de todas las habitaciones...

    (M. Mejido M, 1984:13)

    Estas puertas no se abren desde adentro...

    (C. Fuentes, M, 1978:266)

2. **adentro de** *prep* **inside**
    [=dentro de]

    —...se movía de un lado para el otro, adentro del pozo.

    (D. Kon, A, 1983:87)

    Adentro de la casona había un olor rancio...

    (J. Edwards, Ch, 1978:40)

3. **adentro (mío/nuestro, etc.)** *exp adv fam esp* **(A) (Ur)** **inside myself, etc.**
    (=dentro de mí, etc.)

    —Yo descubrí cosas adentro mío que desconocía.

    (D. Kon, A, 1983:209)

adiosito   *interj* (Véase el Apéndice 6, **-ito**)

adonde/¿adónde?   *adv*   **where**
[=**donde/¿dónde?**]

*Posteriormente en el Deportivo Chapultepec **adonde** ella empezó a trabajar, se formó el equipo de natación.*

(J. M. Lope Blanch, **M**, 1971:11)

—*¿**Adónde** nos vemos mañana, y a qué hora?*

(M. Vargas Llosa, **Pe**, 1972:88)

—*¿**Adónde** vive?*

(E. Mallea, **A**, 1970:147)

aeromoza   *nf* (B) (Ch) (Col) (M) (Pe) (V)   **air hostess;**
[=**azafata**]   **airline stewardess**

*La **aeromoza** chilena María Violeta Rentería, elegida Reina Mundial de las Azafatas 1987...*

(*El Mercurio semanal*, Santiago, 19-2-87:1)

afanador, -a   *nmf* (M)   **cleaner**
[=**hombre/mujer de la limpieza**]

*Era el amor, ¡el amor! Como si un riquillo estudiante de medicina iba a ser cumplido con una **afanadora** de hospital.*

(F. Sánchez Mayáns, **M**, 1970:219)

afiche   *nm* (FR)   **poster**
[=**cartel**]

*Los **afiches** colocados al lado izquierdo del hall de entrada no parecieron impresionar mucho al hombre...*

(A. Bryce Echenique, **Pe**, 1981:128)

afilar   *vb tabú* (Ch)   **to screw** *(vulg)*
[=**joder** *(tabú)*]

*Me acabo de **afilar** a la Nelly.*

(F. Morales Pettorino, **Ch**, 1984, I:85)

afuera
1.   **afuera**   *adv*   **outside**
     [=**fuera**]

     —*¿Y cómo vas a cuidar... la educación de tus hijos, si tú estás en la oficina y el muchachito está aquí **afuera**... este... jugando baraja o... fumando mariguana?*
     (J. M. Lope Blanch, **M**, 1971:269)

2. **afuera de** *prep*   **outside**
   [= **fuera de**]   (See C. E. Kany, 1951:274-5)

   *...la duración de las guardias **afuera del** pozo.*

   (D. Kon, **A**, 1983:67)

afuerano, -a/
afuereño, -a/   **outsider;**
afuerino, -a   *adj* y *nmf* **(Ch)**   **stranger**
[= **forastero, -a**]

   *El trabajo de la cosecha se lo dieron a mucha gente **afuerana**.*

   (F. Morales Pettorino, **Ch**, 1984, I:90)

   *No te confíes en los **afuereños**.*

   (*Ibíd.*, 90)

   *...después de la vendimia, cuando ya no quedaban ni **afuerinos** ni las familias de los dueños de fundos.*

   (J. Donoso, **Ch**, 1979:31)

afuerita   *adv fam*   **outside**
[= **fuera**]

   *—Ahí está, **afuerita** nomás.*

   (C. Fuentes, **M**, 1969:378)

afusilar   *vb fam*   **to shoot**
[= **fusilar**]

   *...acabarán por saber quién soy yo y les dará por **afusilarme** a mí también.*

   (J. Rulfo, **M**, 1967:85)

agarrar(se)   *vb esp* **(A) (Ur)**
[*f*] 1. **agarrar**   **to take**
         [= **coger**]

   *...anoche le hice tomar una aspirina... La **agarró** y se puso a mirarla.*

   (J. Cortázar, **A**, 1970:83)

   2. **agarrar y** (+ vb)   **to up and** (+ vb);
       [= **coger y** (+ vb)]   **to go and** (+ vb)

   *Agarró y se **fue**.*

   (C. E. Kany, 1951:199)

   *Apenas lleguen los comunistas al poder, **agarro** mis maletas y me largo.*

   (J. Edwards, **Ch**, 1978:20)

agauchado, -a *adj esp* **(A) (Ur)**   **like a gaucho**

*...alguien aclara que hay un forastero **agauchado** que está queriendo mandar demasiado.*

(J. L. Borges, **A**, 1980:27)

agaucharse *vb esp* **(A) (Ur)**   **to become like a gaucho**

Adquirir o aparentar los modales, hábitos y características del gaucho.

(D. Abad de Santillán, **A**, 1976:16)

agave *nm*   **agave, pita, American aloe**
*

agente *nm*   **policeman**
[ƒ] [= policía; agente de policía]

agregar *vb*   **to add**
[ƒ] [= añadir]

*Y a lo anterior **agregó** que hay intereses ilegítimos detrás de la campaña....*

(J. M. de Mora, **M**, 1983:105)

*Tal vez sea necesario modificar el nombre de la empresa, **agregar** algún nombre al de Petrus...*

(J. C. Onetti, **Ur**, 1981:95)

agringado, -a *adj*   **like a gringo**
[= que se parece a un gringo; de gringo]

*Esther jala del brazo al muchacho **agringado**...*

(C. Calderón Fajardo, **Pe**, 1983:227)

agringar(se) *vb*   **to adopt gringo ways**

*Me revientan los chilenos que se **agringan** cuando viajan al extranjero.*

(F. Morales Pettorino, **Ch**, 1983:227)

agripar(se) *vb* **(Ch) (Col)**   **to give/to catch flu**
[= coger la gripe]

*Se **agripó** con la mojada de la última lluvia.*

(*Ibíd.*, I:105)

aguacate *nm* **(NAH)**   **avocado (pear and tree)**
*

aguaitada *nf fam*   **look**
[= vistazo]

*Anda a echar una **aguaitada** hasta la casa.*

(*Ibíd.*, I:115)

aguaitar *vb*   **to watch**
[=acechar; mirar]

*Antes de tocar la puerta de su casa, **aguaité** por la ventana a ver si lo descubría...*
(M. Vargas Llosa, **Pe**, 1968:218)

aguamiel *nm*   **sugar water**
[=agua azucarada]

*...plátanos fritos, servidos enteros y con **aguamiel** ...*
(H. Hediger, 1971:52)

aguaruna *adj y nmf invar* **(Pe)**   **primitive Peruvian jungle Indian**
[=indio primitivo de la selva peruana]

*...y muchos **aguarunas** que permanecen en las puertas, semidesnudos, apretados y
cohibidos.*
(M. Vargas Llosa, **Pe**, 1983:48)

aguasarse *vb* **(A) (Ch)**   **to become like a guaso**

*Tomar los modales y las costumbres del **guaso**.*
(*Diccionario de la Real Academia Española*, 1984)

aguatero *nm*   **water carrier**
[=aguador]

*Esa mañana, había ya buen número de **aguateros**, barrenderos y placeras...*
(M. Vargas Llosa, **Pe**, 1983:76)

agüita *nf* **(Ch)**   **herb(al) tea**
[=infusión de hierbas/tisana]

*He aquí otra típica institución chilena. Hay «**agüita**» de boldo, de cedrón, de limón,
de menta.*
(M. Delibes, **Esp**, 1956:119)

¡ahijuna!/¡aijuna! *interj fam*   **insult; exclamation of surprise**

*Interjección muy usada en la campaña y con la cual se disimula muy bien la
intención de decir una expresión muy dura. ¡Ah, hijo de una ...!*
(F. Coluccio, **A**, 1985:17)

ahora (Véase último)

ahorita/ahoritita *adv fam*   **(right) now**
[=ahora mismo]

*—Bueno, ése es un problema gravísimo, que inclusive yo estoy viviendo **ahorita**, ¿no?*
(A. Rosenblat, **V**, 1979:31)

ahuehuete *nm* (NAH) (M)   **Montezuma bald cypress**
[=árbol]   **(Taxodium mucronatum)**

*...la respiración mohosa de los **ahuehuetes**, alta protección de las casas bajas...*
(H. Hediger, 1971:53)

ahuevado, -a *adj* y *nmf fam*   **stupid**
[=atontado]

*—Te has fijado cómo anda y cómo habla? —dijo el Oscuro. Está medio **ahuevado**.*
(Ibíd., 53)

aimara/aimará *adj* y *nmf* (AYM)   **Aymara (Indian language)**
*   *Hombres hermanos, quichuas, **aimaraes** y guaraníes...*
(A. Céspedes, **B**, 1965:ix)

aindiado, -a *adj*   **Indian-looking; dark-skinned**

Que tiene rasgos o facciones semejantes a los del aborigen americano. También suele aplicarse para aludir sólo al color de la tez.
(D. Abad de Santillán, **A**, 1976:19)

ají *nm* (ARW)   **(hot) pepper;**
[=pimiento]   **capsicum**

*...un platico de dulce de membrillo, mezclado con suficiente moledura de **ají**.*
(S. Garmendia, **V**, 1982:131)

ajiaco *nm*   **stew**
[=cocido]

*...vio una taza de caldo muy espeso, hecho con el **ajiaco** almorzado el día anterior.*
(H. Hediger, 1971:54)

ajustador(es) *nm(pl)* (Cu)   **bra**
[=sostén]

*...esperaba, mirando por debajo de la almohada, el momento crucial en que su madre... la despojaba de su ropa, otorgándole la posibilidad de verla en **ajustadores** y **bloomers**.*
(M. Pereira, **Cu**, 1979:49)

alberca *nf* (M)   **swimming pool**
[=piscina]

*Los domingos se quedan todo el día en la casa; si acaso van a la **alberca** o al cine...*
(G. Careaga, **M**, 1984:90)

alcabala *nf* (Ch) (V)   **police roadblock**
[=control (de policía)]

*Desde los tiempos de la dictadura de Gómez, las **alcabalas**, ubicadas a las entradas y salidas de las poblaciones, con fines policiales de control a la ciudadanía, han* *gozado de repudio general, a causa de sus abusos, arbitrariedades y humillaciones que allí se suele inferir a las personas, dizque con intento de apresar a quienes tienen cuentas pendientes con los organismos oficiales...*

(F. Tamayo, **V**, 1977:29)

alcancía *nf*
[*f*] [=cepillo para limosnas; hucha]

collecting box; poor box; money box; piggy bank

*...o un convento y en cuya entrada... al lado de un zócalo donde había una **alcancía** protegida por un grueso candado y una Virgen con un niño...*

(J. Edwards, **Ch**, 1978:330)

*—Mami, dame la llave de mi **alcancía**, por favor.*

(A. Bryce Echenique, **Pe**, 1974:590)

alcanzar (algo a alguien) *vb*
[*f*] [=dar; tender]

to hand (over); to give; to get

*—**Alcáncele** una silla al gobernador...*

(M. Vargas Llosa, **Pe**, 1983:26)

*Los agentes terminaron el registro y le **alcanzaron** al tenientillo unas fotos encontradas en el fondo de los cajones...*

(S. Ramírez, **N**, 1982:67)

alcaucil *nm* **(A) (Ur)**
[*f*] [=alcachofa]

artichoke

*«Me acuerdo hasta de la tortilla de **alcauciles** que hacía tu vieja.»*

(M. Benedetti, **Ur**, 1974:16)

alebrestarse *vb*
[=rebelarse; ponerse nervioso]

to rebel; to get excited

*Ese gallito andino se está **alebrestando** demasiado.*

(M. J. Tejera, **V**, 1983, I:28)

*La fiesta y el alcohol y el vaho de hembra sudada... **alebrestan** a la gente joven.*

(*Ibid.*, 28)

alfajor *nm* **(A) (V)**

sweet biscuit with filling

Se designa así a una golosina formada por dos pedazos de masa unidos entre sí y entre los cuales hay dulce de leche, o de frutas.

(D. Abad de Santillán, **A**, 1976:20)

alfiler de gancho *nm*
[=imperdible (grande)]

(large) safety pin

*Tenía la manga de la blusa doblada y sujeta con un **alfiler de gancho**.*

(A. Roa Bastos, **Par**, 1967:253)

aliado *nm* **(Ch)**

1. **drink (mixture)**
2. **sandwich with two ingredients (especially ham and cheese)**

*En la época de la chicha se sirve el **aliado**, mitad vino blanco y mitad chicha, que se lo toma con la disculpa que es refrescante.*

(F. Morales Pettorino, **Ch**, 1984, I:169)

*Ustedes llaman **aliado** al sánguche que nosotros llamamos mixto.*

(*Ibíd.*, 170)

¡aló! *interj*
[= ¡diga!/¡dígame!]

Hello (on telephone)

...marcó un número de teléfono...
—¡Aló!...

(J. Edwards, **Ch**, 1967:64)

alpaca *nf* **(QCH)**

alpaca (animal and its wool)

* *Recién afeitado, con un traje de **alpaca** gris.*

(E. Lafourcade, **Ch**, 1976:62)

alrededor (mío/nuestro, etc.) *exp adv fam esp* **(A) (Ur)**
[= alrededor de mí, etc.]

around me/us, etc.
(See C. E. Kany, 1951:44-46)

*...las bombas no dejan de explotar **alrededor tuyo**.*

(D. Kon, **A**, 1983:65)

altillo *nm*
[*f*] [= desván]

attic

*Conservo en cambio un melancólico recuerdo de ese **altillo** vacío sin muebles ni estanterías...*

(M. Benedetti, **Ur**, 1968b:44)

altiplanicie *nf*

high Andean plateau

* *...a través del aire lúcido de la selva hirsuta y tropical de la **altiplanicie**...*

(J. M. López Valdizón, **G**, 1966:10)

Altiplano *nm*

high Andean plateau; altiplano

* *En el **Altiplano** boliviano la tierra tiene sentido y dimensión de cielo.*

(A. Céspedes, **B**, 1965:35)

altoparlante *nm* **(ITAL)**
[= altavoz]

loudspeaker

*...con una sonajera de orfeón y **altoparlantes** que espantaba la quietud del paisaje y pasmaba al ganado.*

(I. Allende, **Ch**, 1985:169)

allacito   *adv*   **further on/over**

*...allí no más... o más **allacito**.*

(R. González Montalvo, S, 1977:169)

allanamiento   *nm*   **(police) raid/search**

[*f*] *Los carabineros procedieron al **allanamiento** de todos los automóviles estacionados en la cuadra.*

(F. Morales Pettorino, Ch, 1984, I:177)

*Periódicamente, las Fuerzas Armadas y de Policía del régimen realizan «**allana-mientos**», perpetrados por soldados con uniforme de combate...*

(*Cambio 16*, Madrid, 20-10-86:94)

allanar   *vb*   **to raid; search**

[*f*] *Después que los militares **allanaron** la casa por última vez y tuve que irme para México...*

(*El Espectador*, Col, 19-5-86 — escritor chileno)

a.m.   *exp adv* **(ENG)**   **a.m.**

[*f*] *En la prensa, televisión, carteles murales y escritos varios se indican así las horas en el medio bogotano:*
*— las 10 **a.m.** (= las diez de la mañana)*
*— las 12 **m.** (= las doce del día)*
*— las 3 **p.m.** (= las tres de la tarde)*

(L. Flórez, Col, 1980:55)

amancay   *nm* **(QCH) (A) (B) (Ch) (Pe)**   **wild lily**
[= flor parecida a la azucena]

*...«estamos ya sobre las altas almohadas de tierra en donde florecen los **amancaes**, esos botones de oro que fueron tacto y exhalación para los **incas**»...*

(E. González-Grano de Oro, 1983:204)

amargoso, -a   *adj*   **bitter**
[= amargo]

*Ana prueba a sorbos pequeños el café y un gusto **amargoso** se queda en la garganta.*

(A. Albalucía, Col, 1984:88)

amarilloso, -a   *adj*   **yellowish**
[= amarillento]

*Era flaco y avellanado con una piel seca y mate... Una piel **amarillosa** y fría.*

(A. Uslar Pietri, V, 1980:134)

amarrar   *vb*   **to tie (up)**
[*f*] [= atar]

*...no habían ofrecido resistencia; yacían **amarrados** a las ruedas del carro.*

(C. Fuentes, M, 1969:70)

amarrete *adj* y *nmf invar* **(A) (B) (Ch) (Par) (Pe) (Ur)** mean; tight
[=tacaño]

*En una mesa... estaban el agrónomo Peretti, el comerciante Juárez y el veterinario Rolla: respetivamente un cornudo, un infeliz y un **amarrete**, pensó Juan Carlos.*
(M. Puig, **A**, 1970:62)

*Yo no pongo en duda la honorabilidad de mi tía, vieja **amarrete**.*
(F. Morales Pettorino, **Ch**, 1984, I:204)

amasia *nf* **(M)** lover; mistress
[=querida]

*El hombre o la mujar que está en **amasiato**... El diccionario registra sólo el femenino.*
(M. Velasco Valdés, **M**, 1967:20)

amasiato *nm* **(M) (Pe)** de facto relationship;
[=ligue] casual sexual encounter; pickup

*El pequeño bar lo era, más bien, para **amasiatos** y canas al aire y novios sonrojados.*
(C. Fuentes, **M**, 1969:280)

amate *nm* **(NAH) (CAm) (M)** 1. species of fig tree;
2. coloured designs on paper
made from this tree

Higuera que abunda en las regiones cálidas de Méjico. El jugo lechoso de este árbol se usa por algunos como resolutivo.
(*Diccionario de la Real Academia Española*, 1984)

*De trecho en trecho un **amate** frondoso, de largas y tendidas ramas, alegraba la aridez de la llanura...*
(R. González Montalvo, **S**, 1977:43)

*La verdad es que los **amates** mejicanos, con el encanto de sus colores y figuras, se encuentran hoy en muchísimas casas de Caracas.*
(A. Rosenblat, **V**, 1978:107)

ambiente *nm* **(A) (Ch) (Ur)** room
[=habitación]

*Almagro: oportunidad, 3 **ambientes**, teléfono, total $2.500.000 con facilidades.*
(*La Prensa*, Buenos Aires, 6-2-69:15 — anuncio)

América *nf* 1. Latin America
* 2. America

americanismo *nm* americanism
* (Latin American word, phrase or usage)

americano, -a   *adj* y *nmf*
*
1. **Latin American**
2. **American**

amerindio, -a   *adj* y *nmf*
*
(Latin) American Indian; Amerindian

ameritar   *vb esp* **(M)**
[= merecer]
to deserve

En el Perú se está difundiendo últimamente el verbo **ameritar** *con usos más o menos equivalentes a los de «merecer»...*
Ameritar *tiene larga tradición en Méjico, Cuba y Venezuela.*
(M. Hildebrandt, **Pe**, 1969:33-34)

Nos prometiste el dinero pasara lo que pasara..., los peligros lo **ameritaban,** *eso nos dijiste.*
(C. Fuentes, **M**, 1978:161)

ampolleta   *nf* **(Ch)**
[= bombilla]
(electric/light) bulb

Había faroles con los fanales ladeados, las compuertas de cristal rotas y las **ampolletas** *desaparecidas hacía años.*
(J. Edwards, **Ch**, 1978:339)

amueblado, -a   *nmf*
[= habitación alquilada para trato sexual]
room rented for sexual encounter

Debo confesar que es la primera vez que conquisto una mujer tan sólo con el codo y, también, la primera vez que, una vez en la **amueblada,** *una mujer se desviste tan rápido y a plena luz.*
(M. Benedetti, **Ur**, 1974:34)

Porque no es sólo lo que hay que pagarle a la mujer, es lo que hay que gastar en el **amueblado.**
(H. Hediger, 1977:61)

amulatado, -a   *adj*
[*f*] [= con rasgos de mulato]
with mulatto features

...un brasilero **amulatado** *arengó a los presentes...*
(J. L. Borges, **A**, 1980:414)

anaconda   *nf*
anaconda

*   *La* **Anaconda** *es la reina de todas las serpientes habidas y por haber, sin exceptuar al pitón malayo.*
(H. Quiroga, **Ur**, 1968:83)

37

ananá(s) *nm* **(TUP) (A) (Ur)**   **pineapple**
[= piña tropical]

Criaban los ananás en los balcones...

(J. Cortázar, **A**, 1970:83)

¡ándale!/¡ándele! *interj fam* **(CAm) (M)**   **Come on!**
[= ¡venga!]

—*¡Ándale! Ya va siendo hora de que te levantes.*

(J. Rulfo, **M**, 1970:53)

Me entregó el sombrero... y con voz imperiosa me mandó: «Ándele, ándele; salga para Honduras si quiere vivir».

(Salarrué, **S**, 1979:216)

andar (+ objeto directo) *vb* **(CAm)**   **to carry; to wear; to have;**
[= llevar]   **(sometimes = to be)**

Yo andaba una camisa blanca... Me quité la camisa... Andaba yo mi bandolera y mi rifle, todo bien preparado.

(Instituto de Estudio del Sandinismo, **N**, 1982:199)

...y a veces... se te infectan un poquito, entonces andás las manos picadas y con un montón de pus y luego les echas alcohol...

(O. Cabezas, **N**, 1982:120)

andaras *nm* **(B) (Pe)**   **pan pipe; Indian flute**
[= flauta india]

andén *nm*
1. **andén** **(CAm) (Col)**   **pavement; (US) sidewalk**

Acera de la calle.

(*Americanismos. Diccionario Ilustrado Sopena*, 1982:52)

2. **andén** **(A) (B) (Pe)**   **terrace (agricultural)**

Cada uno de los bancales de tierra establecidos en los cerros por los antiguos agricultores aborígenes. [ú. más en pl.]

(*Ibíd.*)

Andes *nmpl* **(QCH)**   **Andes**
*

andinismo *nm*   **mountaineering (in the Andes)**
[= montañismo]

Conferencias sobre andinismo.

(F. Morales Pettorino, **Ch**, 1984, I:231)

andinista *nmf invar*   **mountaineer (in the Andes)**

*A las 15.45 horas de ayer fue rescatado desde la cima del Volcán Osorno el último cadáver de los cinco **andinistas** que murieron cuando practicaban montañismo.*
(*La Nación*, Santiago, 9-2-87:23)

andino, -a *adj*   **Andean**
*

angosto, -a *adj*   **narrow**
[*f*] [= estrecho]

*—Yo no me meto con nadie —dijo el chófer—. No es mi culpa si el auto es **angosto**. ¿Acaso la he tocado, señorita?*
(M. Vargas Llosa, **Pe**, 1983:374)

angurria *nf*   **greed; extreme anxiety**
[*f*] [= codicia; angustia]

*Acabar con la **angurria** de los asesinatos nocturnos.*
(F. Morales Pettorino, **Ch**, 1984, I:237)

angurriento, -a *adj*   **greedy**
[*f*] [= codicioso; goloso]

*Este **angurriento** se comió todos los pasteles.*
(*Ibid.*)

anón *nm* (CAR)   **sweetsop tree (Annona squamosa)**
*   ...*pirámides de **anones** moteados, cestas de guanábana...*
(S. Sarduy, **Cu**, 1984:58)

anona *nf* (CAR)   **sweetsop; scaly custard apple**
*   *Husmeaba con gozo la muelle fragancia de las **anonas**...*
(A. Carpentier, **Cu**, 1983:164)

antara *nf* (QCH) (B) (Pe)   **Indian flute**

Instrumento músico de viento, especie de siringa, de los indios del Perú.
(*Americanismos. Diccionario Ilustrado Sopena*, 1982)

anteojos *nmpl*   **glasses; spectacles**
[= gafas]

*...tenía los cabellos casi blancos y usaba **anteojos**...*
(M. Vargas Llosa, **Pe**, 1968:211)

anticucho *nm* (B) (Ch) (Pe)   **kebab (of meat, *esp* liver or heart)**

*Comimos **anticuchos**, choclos... en una chingana. Yo tomé una cerveza, y ella una gaseosa.*

(A. Bryce Echenique, **Pe**, 1981:75)

antier *adv fam*   **the day before yesterday**
[=anteayer]

*...en varios países de América **antier** llega... al nivel del habla culta.*

(M. Hildebrandt, **Pe**, 1969:39)

***Antier** a la hora antes mencionada, el ingeniero... manejaba su automóvil...*

(*El Universal*, México, 26-12-70:6)

antillano, -a *adj*   **Antillean**

* *Nunca se supo si fue al azar o la telepatía **antillana**...*

(M. Pereira, **Cu**, 1979:171)

Antillas *nmpl*   **Antilles**
*

antojitos *nmpl* (M)   **tasty titbits**
[=tapas]

*Una vendedora de **antojitos** pasó, envuelta en trapos y canastas...*

(C. Fuentes, **M**, 1969:208)

apa *nm*
    al apa *nm* (QCH) (Ch)   **on one's back/shoulders**
    [=a cuestas; sobre la espalda]

*De niño me habría gustado cabalgar **al apa** de mi padre.*

(F. Morales Pettorino, **Ch**, 1984, I:274)

apapachado, -a *adj* (Cu) (M)   **spoiled; pampered**
[=mimado]

apapachador, -a *adj* (Cu) (M)   **comforting**
[=reconfortante]

*...no sabe si habrá leche en su café (ah el desayuno burguesito bien **apapachadorcito** con su huevo tibio y su pan dorado...*

(E. Poniatowska, **M**, 1983b:165)

apapachar *vb* (NAH) (Cu) (M)   **to hug; to cuddle; to spoil**
[=mimar; abrazar]

*No le **apapaches** tanto al niño, que no le gusta.*

(J. Sánchez-Boudy, **Cu**, 1978:34)

apapachos *nmpl* **(NAH) (M)**   **cuddles; caresses**
[= caricias]

Si lo que desea son **apapachos** *y chiqueos femeninos, no tiene usted idea de la cantidad de damas de todas las edades... que están dispuestas a hacerle compañía a un solterón...*

(M. A. Almazán, **M**, 1983:33)

apellidos
Lo habitual, en lugar de escribir el segundo apellido completo en firmas o referencias, es utilizar únicamente la inicial en mayúsculas seguida de un punto.

Dirección y Coordinación General
   DRA. MARÍA JOSEFINA TEJERA R.
     ...   *...*
Corrección de la composición del texto
   Sr. Jorge Arrieta C.

(M. J. Tejera, **V**, 1983, I:vii-viii)

Luis Raveles M. manifiesta que... desea regresar a...

(M. A. Asturias, **G**, 1970:156)

apenado, -a *adj* **(Col) (M)**   **embarrassed**
[= avergonzado]

...pero ella sale a recibir la leche y los ve, **apenada** *porque está en bata, despeinada y quizá desnuda debajo de la bata.*

(G. Sainz, **M**, 1967:21)

apenar *vb*   **to upset**
[*f*] [= disgustar; dar pena]

Le **apena** *que sus asuntos no vayan mejor, más rápidamente.*

(R. Usigli, **M**, 1965:41)

La verdad, me **apenó** *que Pocha se fuera.*

(M. Vargas Llosa, **Pe**, 1974:231)

apenas *adv*   **as soon as**
[*f*] [= en cuanto]

—... anda entonces en cuanto puedas.
—Sí, patroncita. **Apenas** *acabe el remiendo de la chalupa.*

(E. Barrios, **Ch**, 1962:209)

Apenas *regreses, me despiertas —ordenó el Jaguar.*

(M. Vargas Llosa, **Pe**, 1968:11)

apercancar(se) *vb* **(MAP) (Ch)**   **to go mouldy**
[= enmohecer]

Las revistas se le **apercancaron** *en el baúl.*

(F. Morales Pettorino, **Ch**, 1984, I:290)

aprista   *adj* y *nmf invar* **(Pe)**
(Véase el Apéndice 5)

**supporter of APRA;
pertaining to APRA**

—*Cuando el levantamiento **aprista** de Trujillo, el año treinta, hubo una matanza de padre y señor mío.*

(M. Vargas Llosa, **Pe**, 1984:17)

apunar   *vb* **(A) (B) (Ch) (Pe) (Ur)**
[= provocar el soroche]

**to cause to fall ill with soroche/
altitude sickness**

*La subida a Vizviri nos **apunó** a todos.*

(F. Morales Pettorino, **Ch**, 1984, I:313)

apunarse   *vb* **(A) (B) (Ch) (Pe) (Ur)**
[= caer enfermo de soroche]

to get ill with altitude sickness/soroche

*Se **apunan** el hombre y el auto. En ambos falta la carburación.*

(*Ibíd.*, 313)

apurarse   *vb*
[*f*] [= darse/tener prisa]

to hurry (up); to be in a hurry

—*Dile a Pascual que se **apure** en venir.*

(L. Durand, **Ch**, 1973:13)

apuro (tener apuro)   *nm*
[*f*] [= prisa (tener prisa)]

(to be in a) hurry

*...aquéllos eran lindos tiempos... Nadie **tenía apuro**... Matábamos el tiempo tomando mate...*

(E. Sábato, **A**, 1975:100)

arahuaco, -a   *adj* y *nmf* **(ARW)**

Arawak (Indian/language)

∗   *Muchas de las designaciones venezolanas son también antillanas, bien porque proceden de los indios **arahuacos** y caribes, comunes a Venezuela y las Antillas, o porque las trajo el conquistador español, que pasó en las Antillas su primera etapa de aclimatación americana...*

(A. Rosenblat, **V**, 1960, I:17)

araucano, -a   *adj* y *nmf* **(MAP)**

Araucarian; Araucan

∗   *Durante el gobierno de Frei, su apellido **araucano** se la sugirió a la demagogia como*
•   *candidata...*

(J. Donoso, **Ch**, 1986:151)

araucaria   *nf*

Araucaria; monkey-puzzle tree

∗   *(De Arauco, región de Chile) «Arbol de la familia de las abietáceas, que crece hasta cincuenta metros de altura... con una almendra dulce muy alimenticia. Es originario de América...»*

(*Diccionario de la Real Academia Española*, 1984)

*Hay mucho bosque.... que son puras **araucarias** y robles...*

(E. Lafourcade, **Ch**, 1976:14)

arco *nm dep*   **goal**
[= portería]

*...y ya empieza el partido, y... está en peligro el **arco** de River Plate, señores...*
(M. Puig, **A**, 1968:177)

arepa *nf* **(CAR) (Col) (V)**   **corn fritter;**
[= torta de maíz]   **fried maizecake**

*...sonaban cohetes, y... tempranito vendían **arepitas** y **arepas** de chicharrón, algodón de azúcar...*
(A. Rosenblat, **V**, 1979:131)

arepera *nf* **(Col) (V)**
1. **arepera**   **arepa seller**

*Solicito dos **areperas** con experiencia para trabajar de noche.* **Tostadas el Tropezón...**
(*Ultimas Noticias*, Caracas, 20-10-68:45 — anuncio)

2. **arepera**   **lesbian**
[= tortillera; lesbiana]

*Aplícase a la mujer que **arepea**.*
***Arepear:** vulg. Incurrir una mujer en ciertas aberraciones lesbianas.*
(M. Alario di Filippo, **Col**, 1983, I:52)

aretes *nmpl*   **earrings**
[*f*] [= pendientes]

*Las joyas con que se habían adornado las damas, brillaban. Algunos **aretes** eran largos; pendían de las orejas de las jóvenes...*
(J. M. Arguedas, **Pe**, 1973:191)

*No contaba con un solo centavo, únicamente un par de **aretes** que vendí a una señora...*
(O. Lewis, **M**, 1967:418)

Argentina *nf*   **Argentina; the Argentine**
*
argentino, -a *adj y nmf*   **Argentinian; Argentine**
*

argolla *nf*   **wedding ring**
[= alianza]

*No usa **argolla**, pero eso no quiere decir que no sea casado.*
(F. Morales Pettorino, **Ch**, 1984, I:329)

armadillo   *nm*   **armadillo**

*   *El **armadillo** se hizo una bola y quedó quieto.*

(A. Roa Bastos, **Par**, 1967:121)

aros   *nmpl* **(A) (Ch)**   **earrings**
[=pendientes]

*De sus orejas colgaban unos **aros** extraordinarios.*

(F. Morales Pettorino, **Ch**, 1984, I:337)

arquero   *nm dep*   **goalkeeper**
[=portero]

*«Se come la pelota con los pies y enfila tremendo cañonazo, pero el **arquero** argentino Pistacho la descuelga con facilidad.»*

(J. M. Estremadoyro, **Pe**, 1977:193)

arrechar(se)   *vb fam*   **to arouse; to excite**
[=excitar(se)]

*...y mi papá que siempre **se arrechaba** porque los operarios que tenía en su negocio se le iban a los cortes de algodón donde les pagaban mejor...*

(O. Cabezas, **N**, 1982:160)

*—Te has ablandado, estás vieja, a un hombre sólo **lo arrechan** las mujeres duras — chilló Fushía...*

(H. Hediger, 1977:73)

arrecho, -a   *adj*   **sexually aroused; sexy**
[*f*] [=cachondo]

*Sus ojos recorrían a la mujer dormida, cuerpo de gacela joven... Gringa robusta y grácil, fruta rubia **arrecha** como una negra.*

(P. J. Vera, **Ec**, 1979:149)

arrendar   *vb* **(Ch)**   **to rent**
[*f*] [=alquilar]

*—...la cuestión del departamento... Ya lo había **arrendado**...*
*—¿...en cuánto lo **arrendaba?***

(A. Rabanales y L. Contreras, **Ch**, 1979:408)

arriba (de)   *prep*   **on top of; above**
[=encima de]

***Arriba del** lomo se coloca una tajada de «paté» y después, **arriba de** la salsa, la guarnición, que vienen a ser los espárragos rellenos con la salsa bearnesa.*

(*La Nación*, Buenos Aires, 17-1-69:5)

arriba (**mío/nuestro,** etc.) *exp adv fam esp* (**A**) (**Ur**)   **on top of me,** etc.;
[=**encima de mí**, etc.]   **above me,** etc.

*...voló por el aire, y cayó **arriba mío**.*

(D. Kon, **A**, 1983:60)

arribar *vb* (**FR**)   **to arrive**
[*f*] [=**llegar**]

*Finalmente **arribamos** a Río de Janeiro. ¡Qué maravillosa vista desde el avión!*

(J. Urquidi Illanes, **Pe**, 1983:70)

*...les llega la orden de ir al Norte. **Arriban** a una estancia perdida...*

(J. L. Borges, **A**, 1980:27)

arribeño, -a *adj* y *nmf fam*   **highlander; serrano**
[=**serrano**]

*...lo condujeron a la presencia de un mexicano, aunque fuereño. Quién más vestía de traje en el puerto, sólo un **arribeño**...*

(C. Isla, **M**, 1981:122)

arribo *nm*   **arrival**
[*f*] [=**llegada**]

*Desde su **arribo** a nuestro pueblo trabó amistad con mi abuela...*

(C. Lars, **S**, 1977:34)

arriendo *nm* (**Ch**)   **renting; to/for rent**
[*f*] [=**alquiler**]

***Arriendos** ofrecidos. Sector central.*

(*El Mercurio*, Santiago, 8-5-86:B7 — anuncio)

arriscar *vb*   **to stiffen;**
[*f*] [=**encrespar; fruncir**]   **to wrinkle** (*esp* **nose**)

*Mi tío Moncho **arriscaba** la nariz.*

(F. Morales Pettorino, **Ch**, 1984, I:360)

arrumar *vb* (**Col**) (**Ch**) (**Pe**) (**V**)   **to pile up; to heap**
[=**amontonar**]

*...una habitación invadida por pilas de periódicos... y libros **arrumados** contra negras paredes.*

(M. Vargas Llosa, **Pe**, 1972:155)

arrume *nm* (**Col**) (**V**)   **(disorderly) pile/heap**
[=**montón**]

*...vio pasar el cadáver, con la calavera desquiciada, el arma prolongando aquel **arrume** de huesos escasamente sostenido por el miedo.*

(M. J. Tejera, **V**, 1983, I:70)

45

arrurruz *nm* **(ENG)**   **arrowroot (Maranta arundinacea)**
*

arveja *nf*   **pea**
[=guisante]

Legumbres secas. *Son las habas, las* **arvejas,** *los porotos...*

(*Para ti*, Buenos Aires, 8-9-86:60)

asado *nm*   **barbecue (meal)**

* *—Iremos a comer carne.* **Asado** *criollo.*

(E. Lafourcade, **Ch**, 1976:64)

asesora (del hogar) *nf* **(Ch)**   **home help; maid**
[=criada]

Asesora del hogar. *28.000 más libreta, para matrimonio solo, sepa muy bien cocinar...*

(*El Mercurio*, Santiago, 31-5-88:89)

así (+subjuntivo) *conj*   **even if**
[=aunque]

...el oficial... y todos los soldados del pelotón, uno por uno, serán asesinados, sin remedio, tarde o temprano, **así se escondan** *en el fin del mundo.*

(G. García Márquez, **Col**, 1970:114)

De ese film, que no has vuelto a ver **así continúen** *exhibiéndolo en época de Cuaresma, una escena en particular fue la que te horrorizó....*

(L. Spota, **M**, 1970:65)

Cualquier contacto con el **pueblo** *mexicano,* **así sea** *fugaz, muestra que bajo las formas occidentales laten todavía las antiguas creencias y costumbres.*

(O. Paz, **M**, 1969:81)

asisito *adv fam*   **just like that**
[=así, así]

Pellízcame en la orejita. Así, **asisito.**

(M. Vargas Llosa, **Pe**, 1974:22)

asorochar *vb*   **to make ill with soroche**
[=provocar el soroche]

Nos asorochó *la subida al Altiplano.*

(F. Morales Pettorino, **Ch**, 1984, I:382)

asorocharse *vb*   **to become ill with soroche**
[=caer enfermo de soroche]

ate *nm* **(M)**   quince jelly
[=dulce de membrillo]

*Pasaron humeando las cazuelas de mole y totopos...; y los dulces (jamoncillos, **ates**,
macarrones...)...*
(C. Fuentes, **M**, 1969:392)

atingencia *nf*
1. **atingencia**   connection
   [=relación]

   *Empezaremos analizando los antecedentes de la literatura latinoamericana en
   general, deteniendo nuestra atención en aquellos que más **atingencia** tienen con
   la novela.*
   (M. A. Asturias, **G**, 1972:150)

2. **atingencia**   remark; observation
   [=observación]

   *«...desearía hacer una **atingencia** al proyecto presentado».*
   (M. Hildebrandt, **Pe**, 1969:43)

atol(e) *nm* **(NAH)**   boiled maize/cornflour drink;
[=bebida de harina de maíz]   (US) cornstarch drink

*En tazas de bola servían el **atol**...*

(H. Hediger, 1977:77)

*Nos daba **atole** blanco de maíz con leche...*

(O. Lewis, **M**, 1967:229)

atorarse *vb*   to get stuck/jammed;
[*f*] [=atascarse; ahogarse]   to choke

*...señala el velocímetro del autobús, mismo que se «**atoró**» al llegar a los 120 kiló-
metros por hora, presumiéndose que corría a mucha mayor velocidad.*
(*Alarma*, México, 1-5-85:9)

*Fumando sin descanso (ya nadie se **atoraba** con el humo)...*
(M. Vargas Llosa, **Pe**, 1968:112)

atorón *nm* **(M)**   blockage; traffic jam
[=atasco]

*No por los golpes, sino por un nuevo **atorón** en el tránsito de la calzada, la camioneta
se detuvo.*
(V. Leñero, **M**, 1979:292)

atorrante, -a *adj* y *nmf* (A) (B) (Ch) (Col) (Ur) **lazy; tramp;**
[=vago] **(US) bum**

*Mis tías..., regañaban el día entero, poniéndose de acuerdo sólo para decirme que
estaba sucio, que era un **atorrante**...*

(R. Guiraldes, **A**, 1973:30)

*...no vos, **atorranta**...*

(M. Puig, **A**, 1970:181)

atrás (de) *prep* **behind**
[=detrás de]

*Atrás de la iglesia apareció la comitiva: el alcalde adelante; **atrás,** cofrades, mayores...*

(J. M. López Valdizón, **G**, 1966:29)

atrás (mío/nuestro, etc.) *exp adv fam esp* (A) (Ur) **behind me,** etc.
[=detrás de mí, etc.]

*Se escondía en los muros o simplemente atrás de las personas que ocasionalmente
se encontraban allí...*

(J. M. Estremadoyro, **Pe**, 1977:14-15)

atrechar *vb fam* **to take a short cut**
[=atajar]

*—Me metí por las cañas pa **atrechar** —declaró.*

(E. A. Laguerre, **PR**, [s.f.]:18)

aura *nf* **species of vulture/**
[=buitre] **(US) buzzard (Cathartes aura)**

*La suave **aura** surca libremente de sur a norte...*

(S. Cavero Galimidi, **Pe**, [s.f.]:73)

auspiciar *vb* **to sponsor**
[=patrocinar]

*En esos primeros meses de 1960 se había celebrado en San José de Costa Rica una
Conferencia de Cancilleres de toda América, **auspiciada** por la OEA.*

(M. Guerra Leal, **M**, 1978:159)

austral *nm* (A) **monetary unit of Argentina since 1985**
[símbolo: ₳]

*Y el **austral**, la nueva moneda, da síntomas de envejecimiento.*

(*Cambio 16*, Madrid, 21-4-86:107)

*...se habría pedido por su liberación unos 4.000.000 de **australes**...*

(*La Nación*, Buenos Aires, 26-9-86:1)

auto *nm*   **car**
[*f*] [= coche]

 *Un día tuvimos que ir en el **auto**... a una chacra...*

             (M. Puig, **A**, 1970:27)

automercado *nm* **(V)**   **supermarket**
[= supermercado]

 *Preocupación en ANSA por cierre de **automercados**.*

          (M. J. Tejera, **V**, 1983, I:75)

auyama *nf* **(CAR) (V)**   **species of gourd (Cucurbita maxima)**
[= calabaza]

 *Un humilde campesino cosechó una descomunal **auyama**...*

               (*Ibíd.*, 75)

avaluar *vb*   **to value (at)**
[*f*] [= valorar]

 [La obra] *Está **avaluada** en más de medio millón de bolívares y pertenece a la Nación.*

      (*El Regional*, Valencia, Venezuela, 2-11-68:3)

ave *nf* **(M)**   **chicken, poultry**
[= pollo]

 *...que le consiguiera unos dulces a escondidas, algunos sandwiches, una pechuga de **ave** y una coca-cola...*

          (J. Edwards, **Ch**, 1978:149)

aventar *vb* **(Col) (Cu) (M) (Pe)**   **to throw (out/away)**
[= arrojar/tirar/echar]

 *Muchas veces he pensado quién golpea a quién: si el mar a las peñas o éstas al mar, con furor, hasta hacerlo añicos y **aventarlo** contra él mismo.*

          (A. Yáñez, **M**, 1962:55)

 *...le zampa un culatazo en pleno tórax que lo **avienta** de golpe contra sus compañeros...*

         (A. Albalucía, **Col**, 1984:150)

 *Me dio una cachetada y entonces le **aventé** una piedra al pecho.*

        (M. Vargas Llosa, **Pe**, 1968:274)

 *Iban a tener las mismas oportunidades el obrero y el campesino y el abogado y el banquero... Era cuestión de **aventarse**, mi distinguido.*

         (C. Fuentes, **M**, 1969:173)

aventón (dar aventón) *nm* **(M)**   **a hand; a lift**

 —*Nos **daban aventones** cortos los carros cargueros...*

         (O. Lewis, **M**, 1967:325)

ayate   *nm* **(NAH) (M)**   **type of thin cloth**

*Los indios de allí viven de hacer **ayates** de triste y primorosa suavidad.*

(R. Garibay, **M**, 1982:177)

ayllu   *nm* **(QCH)**   **Indian family commune/hamlet**
*   **[= caserío indio]**

*Nunca se habían visto en el **ayllu**.*

(M. Satz, **A**, 1980:339)

aymará   (Véase **aimara**)

azafate   *nm* **(Col) (Ec) (Pe) (V)**   **tray**
[= bandeja]

*Acababa de subir acompañado por Celso, que traía, en **azafate** de plata, una botella
de whisky...*

(A. Bryce Echenique, **Pe**, 1974:299)

azteca   *adj y nmf invar* **(NAH)**   **Aztec**

*   *...los **aztecas** habían desarrollado considerables capacidades artísticas para principios del siglo XV.*

(A. Riding, **M**, 1985:38)

azuloso, -a   *adj*   **bluish**
[= azulado]

*Desnuda, la boca contraída, tenso el cuello, sosteniéndose en la Nena, aparece Renée,
la carne **azulosa** del frío y espanto.*

(E. B. de Alberti, **Ur**, 1971:38)

B

babaco *nm* **(Ec)**
[= fruta tropical]

babaco; large elongated star-shaped tropical fruit (Carica pentagona)

babosada *nf*
[= tontería]

rubbish

—*¡Puras babosadas!...* —*dijo con disgusto el anciano en cuanto terminé mi cuento*—. *Tu papá te va a volver loca con esos disparates...*

(C. Lars, **S**, 1977:175)

baboso, -a *adj* y *nmf fam*
[= bobo]

fool; idiot

—*Ya sólo a mí me falta enfermarme... Esta babosa está fregada desde hace varios días... No habla más que para callarla a una...*

(H. Lindo, **S**, 1962:71)

bacán *nm fam* **(ITAL) (A) (Par)**
[= un señor; a veces como *adj*: de categoría]

toff; lord; (as *adj* posh; high-class); (US) swank(y)

—*Total que te instalaste como un bacán.*

(J. Cortázar, **A**, 1970:206)

...*en el restaurante de la rue Scribe, un resturante bacán con montones de gerentes...*
(*Ibíd.*, 22)

bacinica *nf* **(Ch) (Col) (M) (Pe)**
[= orinal (portátil)]

small chamber pot

Pensó: «He venido a Jauja para que un profesorcito que mea fuera de la bacinica me dé una clase de marxismo.»

(M. Vargas Llosa, **Pe**, 1984:137)

bacinilla *nf* **(Cu)**
[= orinal (portátil)]

small chamber pot

...*entre un arcón de nogal y una bacinilla mexicana, de plata, que él mismo vaciaba al amanecer en el tragante de orines de la caballería.*

(*A.* Carpentier, **Cu**, 1983:19)

51

bagre *nm*   **species of small catfish**

[ʃ] *...encienden una pequeña fogata, envuelven **bagres** y bocachicas en hojas que anudan con bejucos y los acercan a la llama.*

(M. Vargas Llosa, **Pe**, 1983:15)

bahareque/bajareque *nm* (CAm) (Col) (Cu) (V)   **wattle and daub wall/hut**
[= pared de cañas y tierra]

*Fray Pedro se ha empeñado en que las ventanas tuviesen una figuración gótica... y el repetido encuentro de dos líneas curvas en la pared de **bahareque** es... una premonición de canto llano.*

(A. Carpentier, **Cu**, 1979:205)

*Después llegamos al **bajareque** de las Gordas que había que pasar la puerta ancha...*

(F. Silva, **N**, 1969:63)

bajial *nm*   **lowland; flood plain**
[= tierra baja, que se inunda]

*Cargó con la lancha para llevarla al **bajial** de protección.*

(C. Isla, **M**, 1981:25)

balacear *vb*   **to shoot**
[= tirotear]

*—Pues hasta las casas los seguían y allí los **balaceaban**, sin averiguar nada.*

(C. Fuentes, **M**, 1969:95)

*...un sargento... **balaceó** por la espalda al hermano de Azafrán...*

(M. Pereira, **Cu**, 1979:68)

balacera *nf*   **shooting; shoot-out**
[= tiroteo]

*Fue capturado en septiembre, tras una **balacera** en la que hubo cuatro muertos...*

(E. Poniatowska, **M**, 1983b:176)

balanceo *nm* (ENG) (M)   **wheel-balancing**
[= equilibrado de ruedas]

Alineación y *balanceo*.

(Anuncio en un garaje, Ciudad de México, 1985)

balboa *nm* (Pan)   **monetary unit of Panama**
[= moneda de Panamá]

*Un modesto puerto pesquero se construirá en breve... a un costo de 16 millones de **balboas**...*

(*El Panamá-América*, 21-11-73:1)

balde *nm*   **bucket**
[*f*] [=cubo]

*...bacinica o recipiente que haga sus veces como **balde** o lata grande...*
(M. Vargas Llosa, **Pe**, 1974:147)

balear *vb*   **to shoot (at/down)**
[=matar a balazos; disparar contra]

*Pasearon a Aramburu por la provincia de Buenos Aires, de una casa a otra, hasta que lo **balearon** y enterraron...*
(E. Lafourcade, **Ch**, 1976:129)

*—Vos, Suprino, hacé que dos civiles me **baleen** el auto.*
(O. Soriano, **A**, 1980:57)

baleo *nm*   **shooting**
[=tiro; disparo]

*...investiga el caso del **baleo** al estudiante de quinto año de medicina...*
(*El Mercurio*, Santiago, 8-5-86:C2)

balsa *nf*
* 1. **balsa**   **balsa tree and its wood**
    [=madera de balsa]

  2. **balsa**   **raft**
    [=pequeña embarcación]

    *Al inca, que sale escoltado por varias decenas de **balsas** de totora, lo reciben en la orilla las autoridades...*
(*El Comercio*, Lima, 5-11-86:16)

banana, -o *nmf*   **banana; banana tree**
[*f*] [=plátano]

*En Caracas la **banana** se llama **cambur** (en cambio, el **plátano** es una variedad que se come asada, frita o sancochada)...*
(A. Rosenblat, **V**, 1960, I:17-18)

*...el **banano** es una fruta maravillosa...*
(P. J. Vera, **Ec**, 1979:235)

*Por entre los **bananos**, allá arriba, el hombre ve desde el duro suelo el techo rojo de su casa.*
(H. Quiroga, **Ur**, 1968:161)

bananal *nm*   **banana plantation**

*...a orillas del **bananal**...*
(*Ibíd.*, 52)

Banda Oriental *Hist nf esp* **(Ur)**
[= sinónimo de Uruguay]

**Formerly, all Spanish possessions
to the East of the river Uruguay,
including (Brazilian) San Pedro,
Río Grande do Sul,
and Santa Catalina.
Now, a synonym for Uruguay**

bandeja *nf* **(Ch)**
[= franja central]

**central median strip of road;
pedestrian refuge in centre of road**

*En las avenidas Miraflores y Riquelme se están habilitando jardines en las **bandejas** centrales.*

(F. Morales Pettorino, **Ch**, 1984, I:493)

banqueta *nf* **(M)**
[= acera]

pavement; (US) sidewalk

*Félix Maldonado mira el incendio de la clínica privada... desde la **banqueta** de enfrente...*

(C. Fuentes, **M**, 1978:85)

bañada *nf*
[= baño]

swim

*...nos daríamos buena **bañada** en una playa...*

(A. Yáñez, **M**, 1962:12)

bañadera *nf* **(A) (Ch)**
[= bañera]

bath; bathtub

*Se sumergió en la **bañadera** semillena.*

(M. Puig, **A**, 1970:54)

baño *nm*
[= water; servicio; retrete]

toilet; loo; bathroom
[as *euphemism*]

*...en el **baño** de mujeres la luz está prendida y me animo a ir sólo...*

(*Ibid.*, 1968:35)

*Bajó de un colectivo... y se introdujo sin ser visto en el **baño** de un pequeño restaurante.*

(A. Bryce Echenique, **A**, 1981:106)

baqueano, -a/baquiano, -a *nmf*
[*f*] [= guía]

guide; scout

*Tomando el oficio de **baqueano**, Fray Pedro va arrumbando las canoas con el bastón.*

(A. Carpentier, **Cu**, 1979:172)

*Dicen que está a punto de regresar del Río Negro un **baquiano** conocedor del paso que me interesa...*

(*Ibid.*, 273)

báquiro, -a *nmf* **(Col) (V)** **peccary**
[= saíno]

*Fuera del conuco y la plantación de cacao, los hombres no tienen qué hacer sino jugar bolas y barajas, y una y otra vez ir a cazar **báquiros** o a pescar bagres.*
(Véase **pécari**) (M. J. Tejera, **V**, 1983, I:91)

barata *nf* **(Ch)** **cockroach**
[= cucaracha]

*...ese departamento mísero... que... se encontraba en un estado de abandono indescriptible...., recorrido por veloces y repugnantes **baratas**...*
(J. Edwards, **Ch**, 1978:316)

barbacoa *nf* **(CAR)** **barbecue**
*

barriada *nf* **(Pe)** **slum area; shanty town**
[= barrio de chabolas]

*Las cosas han empeorado mucho..., las **barriadas** han proliferado y, a la miseria y el desempleo, se ha añadido la matanza.*
(M. Vargas Llosa, **Pe**, 1984:78)

*No hacemos distingo. Hablamos de barrios y **barriadas** sin distinción.*
(*El Comercio*, Lima, 9-10-69:2)

barrilete *nm* **(A)** **kite**
[= cometa, *nf*]

*...el campeón mundial de **barrilete**.*
(*Clarín*, Buenos Aires, 4-2-69:17)

barrio *nm* **slum area; shanty town**
[= barrio de chabolas]

*Hasta no hace mucho tiempo los organismos oficiales asumían la actitud de decir que los **barrios** no pertenecían al crecimiento ordenado y planificado de la ciudad, que eran ilegales...*
(*El Nacional*, Caracas, 25-5-86:C16)

barros jarpa *nm* **(Ch)**
1. **barros jarpa** **morning suit**
    [= chaqué]

*Se casó con un **barros jarpa** muy elegante.*
(F. Morales Pettorino, **(Ch)**, 1984, I:514)

2. **barros jarpa** **toasted ham and cheese sandwich**
    [= sandwich mixto]

*A esta hora de escaso tráfico... en los bares y restoranes los parroquianos consumían **Barros Jarpas** y **Barros Lucos** —¿cuál era la diferencia? A Judit la* *confundían estos nombres de personas amigas de su abuelo con que bautizaron sandwiches para hombres: en cambio, los completos de lomito le parecían tan contemporáneamente unisex— acompañados de esbeltas garzas de oro espumoso.*

(Véase también **barros luco, completo** y **garza**)   (J. Donoso, **Ch**, 1986:87)

[Ambos significados están derivados del nombre del Ministro chileno del Exterior entre 1932 y 1938, Ernésto Barros Jarpa, un hombre elegante y conocido por gustarle mucho el bocadillo tostado de jamón y queso.]

barros luco   *nm* **(Ch)**   **toasted cheese and meat sandwich**
[= sandwich de carne y queso]

*Los hambrientos parroquianos solicitan un **Barros Luco**.*
(F. Morales Pettorino, **Ch**, 1984, I:514)

[Derivado del nombre del presidente de Chile entre 1910 y 1915.]

batata   *nf* **(ARW)**   **sweet potato**
*   *...la gran sopa de puerros, coles y **batatas**...*
(A. Carpentier, **Cu**, 1983:178)

batacazo/batatazo   *nm*   **stroke of luck**
[= chiripa]

*Me aseguró que el 4 de setiembre, en las urnas, Feín daría el **batatazo**.*
(F. Morales Pettorino, **Ch**, 1984, I:523)

batea   *nf* **(CAR)**   **trough; washtub (for clothes)**
[= artesa para lavar]   **(often made of wood or concrete)**

*Pero en la actualidad la **batea** americana es, por antonomasia, el recipiente en que se lava la ropa.*
(M. Hildebrandt, **Pe**, 1969:51)

*Plomería en general a domicilio: reparaciones cañerías, baños, fregaderos, **bateas**, calentadores, etc.*
(*El Universal*, Caracas, 4-11-68:42)

batey   *nm* **(CAR)**   **forecourt;**
[= antepatio]   **(sort of) courtyard**

*La casita está situada en un rincón pintoresco. Su **batey** limpio y plano, es triangular...*
(E. A. Laguerre, **PR**, [s.f.]:210)

baúl   *nm*   **boot (of car); (US) trunk**
[= maletero; portaequipajes]

be larga   *nf*   the letter «b»
[= be de Barcelona/burro]

*Burro se escribe con **be larga**.*

(F. Morales Pettorino, **Ch**, 1987, IV:4855)

beba   *nf fam* (ENG) (A) (Ch) (Ur)   baby girl
[= nena]

*En setiembre 1984 [sic] dio a luz a Sierra Jamieson Sneith una **beba** de 3,150 kilo-
gramos.*

(*Gente*, Buenos Aires, 4-9-86:20)

bebe   *nm fam* (ENG)   baby
[= nene; bebé]

*...por fin se animó a que tengamos el **bebe**.*

(M. Vargas Llosa, **Pe**, 1974:71)

bebito, -a   *nmf* (ENG) (A) (Ch) (Ur)   little baby
[= nenito, -a]

*...dando a luz una **bebita** que se llamará María José.*

(F. Morales Pettorino, **Ch**, 1984, I:531)

*Y mis nenes tan feúchos que son, de **bebitos** eran ricos, pero ahora tienen los ojos
chiquititos.*

(M. Puig, **A**, 1970:222)

becado, -a   *nmf*   scholarship holder
[*f*] [= becario]

*Porque no hay **becado** que no haya hecho los castillos de la Loire.*

(E. Sábato, **A**, 1975:56)

béisbol   *nm* (ENG)   baseball
[*f*] *...un equipo infantil de **béisbol**...*

(S. Ramírez, **N**, 1982:169)

bejuco   *nm* (CAR)   reed; rush; cane; liana
[= liana]

*Me acerco poco a poco a las ruinas, mirando los **bejucos** y raíces que brotan de los
paredones...*

(S. Garmendia, **V**, 1982:197)

*...la del indio... que venía a la ciudad en sus piraguas para ofrecer guayabas, **bejucos**
medicinales...*

(A. Carpentier, **Cu**, 1983:218)

bencina   *nf* (Ch)   petrol; (US) gasoline/gas
[=gasolina]

*La rebaja es de 5% y 2% en los valores del kerosene y la **bencina**, respectivamente...*
(*El Mercurio*, Santiago, 2-7-86:1)

bencinera   *nf* (Ch)   petrol pump; (US) gas pump
[=gasolinera]

*Asalto armado perpetraron en **bencinera**.*
(F. Morales Pettorino, **Ch**, 1984, I:535)

berma   *nf* (Ch)   emergency lane; side of road
[=arcén]

*Trabajos en **bermas**.*
(Señal de carretera cerca de Santiago, 1985)

*Éste, cuando vio que el vehículo de pasajeros trataba de adelantarlo, se cargó hacia la **berma**, para darle paso...*
(*La Nación*, Santiago, 22-1-87:22)

betarraga/beterraga   *nf* (FR) (Ch) (Pe)   beetroot; (US) beet
[=remolacha]

*Allá, la **betarraga** es considerada como uno de los mejores remedios para la tos.*
(B. Chuaqui, **Ch**, 1957:31)

*No vendían otro tipo de especies, aparte de las verduras, entre las cuales había **beterragas**.*
(F. Morales Pettorino, **Ch**, 1984, I:540)

bibliorato   *nm* (A) (Ur)   boxfile; file
[=archivo]

*Toda la oficina silenciosa, sin público, con los escritorios mugrientos, llenos de carpetas y **biblioratos**.*
(M. Benedetti, **Ur**, 1974:35)

*Se forzaron cajas fuertes, secuestraron libros comerciales, se voltearon cajones y rompieron **biblioratos**.*
(*Extra*, Buenos Aires, mayo 1969:61)

bien   *adv*   very; a lot; very much
[*f*] [=muy; mucho]

*...estaba **bien** pálido.*
(M. Vargas Llosa, **Pe**, 1968:189)

*Ni frío ni calor. Un sol **bien** amarillento, pero tibio.*
(M. Benedetti, **Ur**, 1968a:274)

*...el Lic. Díaz Ordaz... comentó, dirigiéndose a los periodistas: «Nos quieren **bien** en Europa.»*
(*Tiempo*, México, 7-6-71:19)

bife *nm* **(A) (B) (Ch) (Ur)** **steak**
[=filete]

...*mezclando vino y cerveza y limonada... o tolerando Porgy and Bess con **bifes** a la plancha y pepinos salados.*

(J. Cortázar, A, 1970:25)

biógrafo *nm* **(A) (Ch) (Ur)** **cinema**
[=cine]

...*no había ni **biógrafo** ni televisión.*

(E. Sábato, A, 1975:100)

birome *nf* [a veces *nm*] **(A)** **(ballpoint) pen**
[=bolígrafo]

...*yo hojeaba el montón o hacía que corregía algo con la **birome**.*

(*Ibíd.*, 325)

blanco, -a *adj* y *nmf* **(Ur)** **belonging or pertaining
to the Blanco Party**
[=relativo al Partido Blanco]

...*después de que el Partido Nacional o **Blanco** [del Uruguay] presentó en el senado su propio proyecto sobre las violaciones de los derechos humanos...*

(*La Nación*, Buenos Aires, 26-9-86:3)

blanquillo *nm* **(M)** **egg**
[=huevo]

*En la mañana nos daban un par de **blanquillos,** avena, pan y café con leche de bote.*

(O. Lewis, M, 1967:335)

bloomers *nmp* **(Cu) (V)** (Véase **blúmers**)

blue-jean(s) *nm* **(ENG)** **(blue) jeans**

[*f*] ...*su cuerpo de largas piernas metidas en **bluejeans**.*

(L. Spota, M, 1972:13)

*Un apretado **blue jean** que se arremanga a media pierna.*

(F. Morales Pettorino, Ch, 1984, I:563)

bluyín(es) *nm* **(ENG)** **(blue) jeans**

[*f*] ...***bluyines** viejos de gringos...*

(C. Calderón Fajardo, Pe, 1983:125)

blúmer(s) *nm(pl)* **(ENG) (Cu) (V)** **bloomers; knickers**
[=bragas]

*Las prendas femeninas están en continua renovación, y aún más sus nombres. En lugar de **pantaletas** se está usando, púdicamente, el anglicismo **bloomers**. De otros* *tiempos todavía se conserva el* **fondo,** *que hoy se diferencia del* **medio fondo** *(aquí no se conocen las* **enaguas***).*

(A. Rosenblat, **V**, 1960, II:73)

Se ven las nalgas reflejadas en la vitrina de cosas para damas. Nalgas para llenar los **blúmers** *acomodados como hojas caídas...*

(A. González León, **V**, 1969:10)

boa *nm* **boa constrictor**

* *...la fuerza de este magnífico* **boa**...

(H. Quiroga, **Ur**, 1968:84)

boca *nf* **(G) (S)** **hors d'oeuvre; snack**
[=**tapa**]

...donde se reúnen a... comer tapitas (botanas en México, **bocas** *en El Salvador, pasapalos en Venezuela...).*

(R. Prieto, **M**, 1981:13)

boche *nm fam* **(B) (Ch) (Ec) (Pe)** **row; fuss**
[*f*] [=**follón**]

—Si no es para tanto —apaciguó Adriana—. ¿Para qué armas **boches***? Déjala comer tranquila.*

(J. Donoso, **Ch**, 1983:165)

bochinche *nm fam* **row; fuss**
[*f*] [=**follón**]

—Entonces saco yo mi cuchillo y lo herí a él... Ya para entonces se hizo el **bochinche** *grande y me detuvieron.*

(O. Lewis, **M**, 1967:387)

bodega *nf* **(Cu) (M) (V)** **small shop; store room**
[=**comercio pequeño; almacén**]

La pulpería, como centro social que fue, difiere mucho de la actual bodega. Son establecimientos correspondientes a circunstancias distintas. La **bodega** *es un centro de aprovisionamiento, exclusivamente.*

(M. J. Tejera, **V**, 1983, I:121)

Con lo que fui ahorrando... compré una **bodega***. Una* **bodeguita,** *casi un puesto de frutas.*

(A. Estorino, **Cu**, 1964:125)

Oprimió primero la tecla que indicaba CORTINA DE SEGURIDAD. BODEGA DE MERCANCÍAS.

(C. Fuentes, **M**, 1978:267)

bodrio *nm fam* (ITAL)   **mess; dud**
[*f*] [= birria]

*...se anunció que iba a ser una maravilla. Resultó un **bodrio**.*
(R. Prieto, **M**, 1981:267)

—*...si yo bailo toda la noche voy a decir que fue un baile hermoso; si plancho toda la noche digo que fue un **bodrio**.*
(D. Kon, **A**, 1983:160)

bogotazo *Hist nm* (Col)   1948 popular uprising in Bogotá at the
* [= levantamiento popular de 1948]   assassination of leftist leader,
Jorge E. Gaitán

En 1948, la derecha asesinó a balazos, al salir de su casa, al líder popular Jorge Eliécer Gaitán... Su muerte desencadenó la furia popular y Bogotá... fue arrasada por los desarrapados.
(*Cambio 16*, Madrid, 27-2-77:57)

bohío *nm* (ARW)   **hut**
[= cabaña]

*El **bohío** de Fisco Aguabella era de más rango, porque tenía muebles, cocina grande y árboles alrededor.*
(M. Pereira, **Cu**, 1979:66)

bola *nf*   **rumour**
[= rumor]

*El gobierno con una campaña psicológica está combatiendo muy bien las **bolas**.*
(J. Sánchez-Boudy, **Cu**, 1978:60)

*Las **bolas** corrían por los valles. Se hacían conjeturas a cual más descabellada...*
(R. González Montalvo, **S**, 1977:85)

bolada *nf fam* (A) (Par) (Ur) (V)   **lucky break**
[= suerte]

*Estas **boladas** no se presentan todos los días...*
(M. J. Tejera, **V**, 1967, I:125)

bolas *nfpl*   **bolas (abbreviation of boleadoras)**
*

boldo *nm* (MAP)   **Chilean shrub with medicinal properties**
*   **(Boldea boldus)**

*Yo lo voy a acompañar hasta el pie de una mata de **boldo** que hay...*
(F. Morales Pettorino, **Ch**, 1984, I:579)

boleadoras *nfpl*   **bolas**

*   *Arma consistente en dos o tres bolas de piedra generalmente, pudiendo ser de*
madera, de plomo, etc., y que se utiliza para dar caza a los animales. Las bolas
están unidas por medio de cuerdas de cuero.

(F. Coluccio, **A**, 1985:34)

bolear *vb* **(M)**   **to clean shoes,** etc.
(Véase **bolero**)

bolería *nf* **(M)**   **shoeshine shop**

*...la **bolería** «El brillo de oro»...*

(H. Hediger, 1977:98)

bolero *nm* **(M)**   **shoeshine boy**
[=**limpiabotas**]

[En México] *Si quiere limpiarse los zapatos debe recurrir a un **bolero**, que se los*
*va a **bolear** en un santiamén.*

(A. Rosenblat, **V**, 1970:8)

Desde los nueve años te avientan como perro a la calle a vender periódicos o a
*levantar carteras o de **bolero**.*

(C. Fuentes, **M**, 1969:191)

boleta (de venta) *nf* **(Ch)**   **sales docket; receipt**
[=**comprobante**]

*Vinieron a exigirme que diera **boleta** de compraventa hasta a la gente que llega a*
preguntar la hora.

(F. Morales Pettorino, **Ch**, 1984, I:581)

boletería *nf*   **ticket office**
[=**taquilla**]

*Llegan a último momento a atender la **boletería** cuando el tren viene ya entrando*
a la estación.

(F. Morales Pettorino, **Ch**, 1984:582)

boletero, -a *adj* y *nmf*   **ticket seller**
[=**taquillero**]

*Yo era **boletero** de los canódromos.*

(*Ibid.*, 582)

boleto *nm*   **ticket**
*   [=**billete**]

*Al bajar del autobús René había lanzado al suelo los **boletos** furiosamente.*

(J. Donoso, **Ch**, 1983:203)

boliche *nm* **(A) (Ch) (Ur)**   **small grocery store**

Lugar donde se venden comestibles y bebidas, que generalmente se toman allí mismo. Es de menor importancia que la **pulpería.**

(D. Abad de Santillán, A, 1976:49)

...y empezó a ir al **boliche** *y a llegar siempre después de medianoche con un olor a grapa que apestaba.*

(M. Benedetti, Ur, 1970:218)

bolillo *nm* **(M)**   **(bread) roll**
  [=**panecillo**]

—*Nos comimos dos* **bolillos** *y un plátano cada uno porque la comida estaba muy cara.*

(O. Lewis, M, 1967:325)

bolitas *nfpl* **(A) (Ch)**   **marbles**
  [=**canicas**]

bolívar *nm* **(V)**   **monetary unit of Venezuela**
  [=**moneda de Venezuela**]

Te costarían doce mil **bolívares.**

(A. Rosenblat, V, 1979:104)

Bolivia *nf*   **Bolivia**
*

boliviano, -a *adj* y *nmf* **(B)**   **Bolivian**
*

boliviano *Hist nm* **(B)**   **former monetary unit**
  [=**antigua moneda de Bolivia (1867-1963)**]   **of Bolivia (1867-1963)**

...sólo 873.000.00 **Bs.** *(poco más de 20 millones de dólares)...*

(A. Céspedes, B. 1965:85)

Sólo quedaban doscientos **bolivianos**...

(*Ibíd.*, 86)

bolo *nm fam* **(CAm) (Cu) (M)**   **drunk**
  [=**borracho**]

...como en esa cantina había pleitos de **bolos**...

(O. Cabezas, N, 1982:11)

*Los «***bolos***», como aquí les llaman a los rusos, no son muy apreciados por los cubanos y los chistes proliferan a su costa.*

(*Cambio 16*, Madrid, 8-12-86:142)

bolsa de dormir   *nf* (A)   **sleeping bag**
[=saco de dormir]

boludo, -a   *adj* y *nmf vulg* (A) (B) (Ch) (Ur) (Col)   **(stupid) idiot;**
[=gilipollas]   **(US) jerk**

> *Como usted podrá imaginar, el Señor no iba a ser tan **boludo** como para dejar librado a la casualidad asunto tan importante en el amor como la elección del otro...*
> (E. Sábato, **A**, 1975:175)

> *—¡Acá, **boludos**, en la esquina!*
> (A. Soriano, **A**, 1980:30)

bomba   *nf*   **(petrol) pump**
[=gasolinera]

> *...fue detenida la noche anterior con una banda de miembros del proscrito MIR al asaltar una **bomba** de bencina en Pudahuel ...*
> (J. Donoso, **Ch**, 1986:153)

bombacha(s)   *nf(pl)* (A) (Par) (Ur)
1.   **bombacha(s)**   **Gaucho breeches**
     [=pantalones gauchos]

> *El hijo, Willie, lo criticaba porque andaba con breeches, mientras que él llevaba **bombachas** criollas...*
> (E. Sábato, **A**, 1969:191)

2.   **bombachas(s)**   **knickers**
     [=bragas]

> *...juguemos a que yo estoy durmiendo en la azotea y estoy durmiendo tapada con una frazada, pero sin **bombachas** puestas.*
> (M. Puig, **A**, 1968:42)

bombero, -a   *nmf* (Col) (Ec) (PR) (V)   **gas/petrol pump attendant**
[=vendedor de gasolinera]

bombilla   *nf* (A) (B) (Ch) (Par) (Ur)   **(mate) tube;**
[=tubito para tomar mate]   **(mate) straw**

> *Se agrupaban en un rincón de la estancia a chupetear la **bombilla** del mate junto a un brasero.*
> (F. Morales Pettorino, **Ch**, 1984, I:597)

bombillo   *nm* (CAm) (Col) (Cu) (DR) (M)   **(electric light) bulb**
[=bombilla]

> *...donde la luz del **bombillo** le arrancaba reflejos argentados.*
> (R. González Montalvo, **S**, 1977:13)

bongo *nm*   **large dugout canoe or barge**

*   *Embarcación fluvial grande de fondo plano, usada para transportar carga, que se hace de un sólo tronco de árbol.*

(M. J. Tejera, **V**, 1983, I:135)

bongó *nm* **(AFR)**   **small drum; bongo**

*   *Chupamirto bostezaba sobre el **bongó**.*

(C. Fuentes, **M**, 1969:11)

boniato *nm* **(ARW)**   **sweet potato**
*

boquita *nf* **(G)**   **hors d'oeuvre; snack**
[=tapa]

boca. *Entremés. Generalmente se usa el diminutivo: «boquita».*

(J. F. Rubio, **G**, 1982:24)

boricua *adj y nmf invar fam* **(PR)**   **Puerto Rican**
[=puertorriqueño]

*El llamado Ejército Popular **Boricua**... se responsabilizó por numerosos atentados dinamiteros en Puerto Rico.*

(*El Español en Australia*, Sydney, 26-2-67:12)

*Marino Bajamontés es el Primer **Boricua** Jefe Ingeniero del Servicio Marítimo de EE.UU.*

(*El Diario-La Prensa*, New York, 26-2-67:19 — titular)

botana(s) *nf(pl)*   **titbit; snack; hors d'ouvre**
[=tapa]

*«Ricas **botanas** todos los días» (lo que en España llaman **tapas**...)*

(A. Rosenblat, **V**, 1970:9)

botar *vb*   **to throw (out/away)**
[=tirar; echar]

*Entre nosotros todo se **bota**: «Se prohíbe **botar** basura.» (No obstante, la **botamos**.)*

(E. García Piedrahíta, **Col**, 1987:107)

*Mario dio a Ángel un manotazo furioso que casi lo **botó** del banco.*

(J. Donoso, **Ch**, 1983:27)

botija *nmf invar fam* **(Ur)**   **kid**
[=chaval; chiquillo]

*—Desde que éramos **botijas** dice que andamos queriendo una firma suya.*

(E. Galeano, **Ur**, 1975:159)

botillería *nf* **(Ch) (V)** **bottle shop; liquor store**
[= tienda de bebidas]

*...veía los pocos vecinos que pasaban por la calle... los que se detenían a la puerta del abasto y **botillería** de Gravina, las señoras que iban a la iglesia.*
(A. Uslar Pietri, V, 1980:26)

box *nm dep* **(FR)** **boxing**
[= boxeo]

*...**box** y fútbol desde chico, y nada de mimos...*
(M. Puig, A, 1968:160)

bozal *nm* **halter**
[= bozo]

*Cruzó la puerta y desanudó el **bozal** con que su caballo estaba amarrado al horcón.*
(J. Rulfo, M, 1966:107)

bracero *nm* **Mexican labourer contracted to work in USA;**
bracero
* —*¿Por qué se van miles y miles de **braceros** fuera de México?*
(O. Lewis, M, 1967:508)

*...nuestro comercio exterior se equilibra gracias al turismo y a los dólares que ganan en los Estados Unidos nuestros «**braceros**»...*
(H. Hediger, 1977:106)

brasilero, -a *adj* y *nmf* **(PORT)** *esp* **(A)** **Brazilian**
[= brasileño]

*Forma corriente del gentilicio **brasileño**.*
(D. Abad de Santillán, A, 1976:52)

brasier/brassier(e) *nm* **(FR) (Col) (Cu) (M) (V)** **bra**
[= sostén]

*Otras, sin fondo, con el **brasier** y encima una blusa nailon, todas se traslucían.*
(O. Lewis, M, 1967:147)

*Luego el Chico salió con un **brassiére** [sic] lleno de naranjas...*
(C. Fuentes, M, 1969:49)

bravo, -a *adj* **angry**

[*f*] *Amaneció muy **brava**, hablando sola..., porque vivía íngrima en aquella casita pequeña...*
(S. Garmendia, V, 1982:125)

breteles   *nmpl invar* **(FR)**   straps
[= tirantes]

*Los **breteles** del corpiño y la enagua, humedecidos también, se hundían en la piel, los corrió hasta debajo del hombro.*

(M. Puig, **A**, 1970:128)

brevedad   *nf*
a la brevedad (posible)   as soon as possible
a la mayor brevedad
[= cuanto antes]

*...los habitantes de esa zona coincidieron en manifestar que uno de sus problemas que debe ser atendido **a la brevedad posible** es el servicio de agua potable...*

(*El Comercio*, Lima, 5-11-86:D3)

*—Un rato después llegó otro radiograma, ordenando incorporar **a la brevedad** a todos los soldados que ya se habían ido de baja.*

(D. Kon, **A**, 1983:201)

*...necesitaban agua, luz, drenaje, **a la mayor brevedad**...*

(E. Poniatowska, **M**, 1983b:216)

brilloso, -a   *adj*   shining; brilliant
[= brillante; resplandeciente]

*...será de noche, una buena noche **brillosa** de estrellas...*

(E. Galeano, **Ur**, 1975:50)

bronca   *nf* **(A)**
me da bronca   *fam*   It makes me mad
[= me da rabia]

*—...no podíamos hacer nada porque ellos eran mucho más poderosos, eso es lo que más **bronca da**.*

(D. Kon, **A**, 1983:59)

bruja   *adj invar fam* **(Cu) (M) (PR)**   poor
[= sin cinco]

*En mi último viaje gasté sin tino hasta quedar **bruja**.*

(*Americanismos. Diccionario Ilustrado Sopena*, 1982:122)

Bs. (Véase **bolívares**)   *nm* **(B) (V)**   **Bolívares (Venezuelan currency)**
Bolivianos (Bolivian currency)

*Precio **Bs.** 390.000.*

(*El Universal*, Caracas, 4-11-68:39)

*...sólo 873.000.00 **Bs.** (poco más de veinte millones de dólares)...*

(A. Céspedes, **B**, 1965:367)

Bs. As. (A)   **Buenos Aires**

*Entregan documento en **Bs. As.** de solidaridad con Nicaragua.*

(*El Español en Australia*, 23-9-86:14)

budín   *nm* **(ENG)**   **pudding**
[*f*] [= plato de dulce]

Forma usada unánimemente en Santiago, a diferencia de Madrid, que en su lugar trae «pudín», pero con poca frecuencia, y México, que prefiere esta última forma, sin dejar de emplear la primera.

(L. Contreras, **Ch**, 1983:167)

***Budín** de zapallo y arvejas.*

(*Mujer*, Buenos Aires, 26-8-86:54)

buen día   *interj fam* **(A) (V)**   **Hi!; Hello**
[= buenos días]

*—Por lo menos al entrar nos decían **buen día**.*

(D. Kon, **A**, 1983:205-206)

*—**Buen día**, José Gabino.*
*—**Buen día**.*

(A. Gómez de Ivashevsky, **V**, 1969:164)

¿bueno? **(M)**   **Hello (on phone)**
[= diga(me)]

*—¿**Bueno?** Sí. ¿Está el señor Ministro?... De parte de su hija.*

(W. Cantón, **M**, 1966:28)

bueyada   *nf*   **drove of oxen/bullocks**
[= bueyes]

*—La **bueyada** rumia lentamente.*

(R. González Montalvo, **S**, 1977:271)

bulín   *Hist nm* **(ITAL) (A) (B) (Par) (Ur)**   **bachelor flat**
[= piso de soltero]

*Este abismo entre amor sagrado y profano sustentó el **bulín** de los argentinos, que tuvo su Época de Oro entre 1920 y 1940; un esplendor que inspiró a Lenzi y Donato, que en 1923 le dedicaron su tango apologético «A media luz».*

(*Primera Plana*, Buenos Aires, 10-12-68:50)

buniato (Véase **boniato**)

buró   *nm* **(FR) (M)**   **bedside table**
[= mesilla (de noche)]

*Apagó la veladora del **buró** y salió del cuarto.*

(C. Fuentes, **M**, 1969:227)

*Un aguamanil, un ropero antiquísimo, la silla de madera despintada sobre la cual se sentaba Cienfuegos, un **buró** con losa de mármol. Era todo.*

(*Ibíd.*, 172)

bus   *nm* **(ENG)**   **bus**
[= autobús]

*Yo iba a tomar el **bus** de la séptima calle con veintidós...*

(A. Albalucía, **Col**, 1984:39)

buseca   *nf* **(ITAL) (A) (Par) (Ur)**   **a thick stew**
[= cocido espeso]

«*Conserva preparada con mondongo blanqueado, cortado en tiras o en trozos, cocido o guisado.*»

(A. Rosell, **Ur**, 1977:95)

buseta   *nf* **(Col) (Ec) (V)**   **small bus; 'microbus'**
[= autobús pequeño; microbús]

*El taxi enfiló en primera, patinando ligeramente antes de frenar. La puerta se abrió justo al costado de la **buseta**.*

(F. Buitrago, **Col**, 1979:187)

butaca   *nf* **(ARW)**   **armchair**
*

buzo   *nm*   **sweatshirt; tracksuit**
[= chándal]

*Los de quinto ya estaban en la cancha con sus **buzos** negros y a ellos también los aplaudían.*

(M. Vargas Llosa, **Pe**, 1968:67)

*Y apareció en el living con su delantal, su pollera verde, su **buzo** negro, sus ojos limpios...*

(M. Benedetti, **Ur**, 1974:147)

C

cabellos *nmpl*   hair
[*f*] [=pelo]

*...se le acercaban... y le jalaban los **cabellos**.*

(M. Vargas Llosa, Pe, 1968:65)

cabinera *nf* (Col)   air hostess;
[=azafata]   airline stewardess

*...y las preciosas señoritas que en las naves aéreas sirven a los pasajeros no quieren llamarse **camareras**..., como Dios y el idioma mandan, sino **cabineras**, nombre que tienen por más aristocrático.*

(R. Restrepo, Col, 1955:192)

cabrita *nf* (Ch)   popcorn
[=palomita (de maíz)]

*A los chicos les encantan las **cabritas** de maíz.*

(F. Morales Pettorino, Ch, 1984, I:692)

cabro, -a *nmf fam* (B) (Ch) (Ec)   kid
[=chico]

*...usted no lo conoce, ese **cabro** alto que tiene reloj con pulsera de oro.*

(J. Donoso, Ch, 1983:11)

*—¡La Moira! Puchas, huevón, que hay que ser esquizofrénico para ponerle un nombrecito así a una **cabra** inocente...*

(J. Donoso, Ch, 1986:209)

cabuya *nf* (ARW)   rope; cord
[=cuerda]

*...la dejó caer lentamente, desde la ventana de su cuarto, amarrada a una **cabuya**.*

(A. González León, V, 1969:29)

cacahuate *nm* (NAH) (M)   peanut
[=cacahuete]

*Muchos campesinos se emplean... en la quebradura de **cacahuate**...*

(E. Poniatowska, M, 1983b:222)

cacahuete   *nm* **(NAH)**   peanut (Theobroma cacao)
*

cacao   *nm* **(NAH)**   cocoa tree; cocoa (bean)
*

cacique/cacica   *nmf* **(ARW)**   chief; headman; political boss;
*   chief's wife

*...al señor don Roque Piragua, **cacique** de este pueblo...*
(E. Caballero Calderón, **Col**, 1967:21)

cacle   *nm* **(NAH) (M)**   rough leather sandal
[=sandalia basta]

*... y los ruleteros, del arroyo de camisetas manchadas de aceite, rebozos, pantalones de pana, **cacles** rotos, que venía hollando la avenida.*
(H. Hediger, 1977:114)

cachaco   *nm fam* **(QCH) (B) (Col) (Pe)**   policeman; soldier; «pig»; cop

*Un **cachaco** que pasaba por ahí le sacó la pistola y... le decía: «caminando para la comisaría..., so ladrón».*
(M. Vargas Llosa, **Pe**, 1968:218)

cachama   *nf* **(V)**   large Caribbean and freshwater fish
[=pez grande del Caribe]

*...tuvimos la suerte de sacar muy buenos ejemplares [de los ríos llaneros] especialmente **cachamas** de apreciable tamaño.*
(M. J. Tejera, **V**, 1983, I:173)

cachetada   *nf fam*   slap
[=bofetada]

*...no logró terminar la frase... porque una **cachetada** le cerró la boca y otras más le hicieron la cabeza hacia un lado y otro.*
(C. Isla, **M**, 1981:102)

cachete   *nm*   cheek
[*f*] [=mejilla]

*Queda muy linda con los **cachetes** encendidos por el entusiasmo.*
(M. Benedetti, **Ur**, 1974:106)

cachimbo, -a   *nmf* **(PORT/AFR)**   pipe

* *Los gringos que ocupaban el tren fumaban en **cachimbas**...*
(A. Céspedes, **B**, 1965:39)

*Los brujos corianos... «trabajan» mediante un **cachimbo,** es decir, una pipa a la que se supone poderes mágicos.*
(M. J. Tejera, **V**, 1983, I:180)

cacho *nm* **horn**
[=cuerno]

> ...*yo tengo entendido que en los Estados Unidos el... creo que es el sesenta por ciento de las mujeres le* [sic] *montan **cachos** a los maridos, porque los maridos... de lo único que se ocupan es de trabajar, ¿no?*
>
> (A. Rosenblat, **V**, 1979:29)

cachupín, -a *nmf fam esp* **(M)** **nickname for Spaniard**

> ...*mote que se aplica al español que pasa a la América Septentrional y se establece en ella.*
>
> (Véase **gachupín**) (*Diccionario de la Real Academia Española*, 1984)

cada que *conj fam* **(M)** **every time; whenever**
[=cada vez que]

> —***Cada que** lo abro, siento todavía el olor de la ropa...*
>
> (C. Fuentes, **M**, 1981:20)

> «*Miraba caer las gotas... y **cada que** respiraba suspiraba, y cada vez que pensaba, pensaba en ti, Susana.*»
>
> (J. Rulfo, **M**, 1966:19)

cafetal *nm* **coffee plantation**

> [*f*] ...*las niñas trabajaban desde muy temprano en los **cafetales**... pues era agosto y había grandes calores y estaba en su apogeo la cosecha...*
>
> (M. Pereira, **Cu**, 1979:170)

cafetalero *nm* **coffee plantation owner**
[=dueño de un cafetal]

> *Don Miguel Palacios —el **cafetalero** más importante de la región— había establecido su hogar en aquella elevada planicie...*
>
> (C. Lars, **S**, 1977:185)

cafiche *nm fam* **(ITAL) (A) (B) (Pe) (Ur)** **pimp**
[=alcahuete]

> ...*las «lavanderas»... tienen protectores masculinos (**cafiches** o macrós), por lo general individuos de malos antecedentes...*
>
> (M. Vargas Llosa, **Pe**, 1974:50)

> —*Las putas son las peores, patrón, créamelo. Dejan la vida trabajando para un **cafiche**...*
>
> (I. Allende, **Ch**, 1985:108)

cafisho *nm* **(ITAL)** (Véase **cafiche**)

caguama   *nm* **(ARW) (M)**   **large Antillean turtle**
[=tortuga antillana]   **(Thalassochelys caretta)**

*Las ganancias son para los traficantes en pieles de **caguama;** el trabajo, para los hombres que capturan la especie. El que la atrapa recibe nueve pesos por cada tortuga.*

(M. Mejido, **M,** 1984:172)

caimán   *nm* **(ARW)**   **alligator**
*

caimito   *nm* **(ARW) (CAm) (Cu) (DR)**   **star-apple**
[=fruta tropical]   **(Chryso-phyllum caimito)**

*Otra embarcación pasó con frutas: ...anonas de pulpa inmaculada, **caimitos** que más parecían flores de amatistas que frutos...*

(H. Hediger, 1977:120)

caite   *nm* **(NAH) (CAm)**   **rough sandal**
[=sandalia basta]

*El fino polvo arenoso... formaba una espesa alfombra donde se hundían los pies de los hombres, requemando la piel y tornando pesados los **caites.***

(R. González Montalvo, **S,** 1977:43)

cajeta   *nf* **(NAH)**
1. **cajeta   (M)**   **caramel; sweet**

Dulce de leche azucarada y cocida, típico de la ciudad de Celaya.

(J. Mejía Prieto, **M,** 1984:31)

2. **cajeta**   *tabú* **(A) (Par) (V)**   **cunt** *taboo*

Es voz obscena en el Río de la Plata, donde designa el órgano genital femenino.

(D. Abad de Santillán, **A,** 1976:62)

cajetilla   *nm fam* **(A) (Par)**   **dude; dandy**
[=ricacho]

*...comieron también a lo **cajetilla** en una fonda céntrica.*

(A. Roa Bastos, **Par,** 1967:83)

cajuela   *nf* **(M)**   **boot; trunk (of car)**
[=portaequipajes; maletero]

*Días después, en los mismos escombros, aparece en la **cajuela** de un vehículo el cadáver del abogado penalista S... O... A..., vendado de los ojos y atado de pies y manos con cadenas.*

(*Cambio 16*, Madrid, 22-9-86 — C. Monsivais, **M)**

calamina *nf* **(Ch) (Pe)**   **corrugated iron**
[= chapa ondulada]

*...con las ventoleras que entraban al salón por las ranuras de la **calamina** mal atornillada, donde las tejas corrieron con el terremoto.*

(J. Donoso, **Ch**, 1979:15)

calato, -a *adj fam* **(AYM) (Pe)**   **naked; nude**
[= desnudo]

*Por todas partes había dibujos de mujeres y hombres **calatos**...*

(M. Vargas Llosa, **Pe**, 1968:260)

calaveras *nfpl* **(M)**   **rear lights**
[= luces traseras]

calce *nm legal* **(CAm) (M)**   **end of document; signature**
[= pie de documento]

*En avisos notariales se ve continuamente la expresión «**calce**» para referirse a la parte inferior o pie de un documento, donde suelen ponerse la firma y el sello oficiales.*

(R. Carnicer, **Esp**, 1977:110)

calesita(s) *nf(pl)* **(A) (B) (PAR) (Ur)**   **roundabout;**
[= tiovivo/carrusel]   **(US) carousel**

*—Pero es como las **calesitas**, siempre de vuelta a lo mismo, el caballito blanco, después el rojo, otra vez el blanco.*

(J. Cortázar, **A**, 1970:329)

calote *nm fam* **(PORT) (A) (Ur)**
[= estafa]
(hacer/dar) calote   **to swindle**

*«Porque papá **hizo un calotito** en el Banco y después se mató.» Así llamaba a la estafa: no **calote**, sino **calotito**.*

(M. Benedetti, **Ur**, 1968b:48)

calza *nf* **(Col)**   **filling (of tooth)**
[= empaste]

calzar *vb* **(Col)**   **to fill (tooth)**
[= empastar]

calzón *nm esp* **(Pe)**   **knickers**
[= bragas]

*—Dice que las fuetean en el trasero, delante de sus maridos. Como no tienen **calzón** les ven todo.*

(J. M. Arguedas, **Pe**, 1973:145)

calzonaria(s)   *nf(pl)* **(B) (Col) (Ec)**   **knickers**
[=bragas]

Así llamamos a la pieza de vestir femenina, íntima, que la Real Academia denomina **pantalones**.

(B. Rodríguez de Meneses, **B**, 1979:10)

calzonarios   *nmpl* **(Pan)**   **knickers**
[=bragas]

Calzoncillo de mujer... Puede aceptarse **calzonarios,** *en plural, como panameñismo.*

(G. B. Tejeira, **Pan**, 1964:43)

calzones   *nmpl* **(Ch) (M)**   **knickers; underpants;**
[=bragas; calzoncillos]   **(US) shorts**

Esas muchachas diz que liberales son en realidad unas descaradas. Siempre enseñando los **calzones**.

(G. Gareaga, **M**, 1984:65)

—Mira compadre, cuando vayas a pasar la aduana, echa unos **calzones** *mugrosos, y los calcetines, arriba de la caja.*

(O. Lewis, **M**, 1967:348)

callampa   *nf* **(QCH) (Ch)**
1. **callampa**   **mushroom**
   [=seta]

   Se internó en el bosque en busca de la leña y **callampas** *silvestres.*

   (F. Morales Pettorino, **Ch**, 1984, I:763)

2. **callampa**   **slum; shanty town**
   [=barrio de chabolas]

   ...van surgiendo las llamadas «poblaciones **callampas»** *—aquí se denomina «ca- llampa» a la seta, al hongo— a base de lata y maderas viejas, donde el «roto» consigue vivir en... absoluta libertad...*

   (M. Delibes, **Esp**, 1956:72)

   (Véase **población**)

calle ciega   *nf* **(V)**   **cul-de-sac; dead-end street**
[=callejón sin salida]

...acorralados... en la trampa de una **calle ciega**...

(M. Otero Silva, **V**, 1972:157)

camarera   *nf*   **air hostess; airline stewardess**
[*f*] [=azafata]

La **camarera** *pasó revisando... si los pasajeros habían obedecido la orden de sujetarse al asiento.*

(H. Lindo, **S**, 1962:180)

cambalache   *nm* (A) (Ur)   **junkshop; secondhand shop**
[= tienda de trastos viejos]

*Destinando la mañana de un domingo a explorar ese gigantesco **cambalache** de
veinte cuadras que es la Feria de Las Piedras...*
          (*Mate Amargo*, Montevideo, 15-6-88:2)

cambujo, -a   *adj* y *nmf*   **swarthy; mestizo**
[= muy moreno]

*El **cambujo** siguió corriendo por el mercado..., era un hombrecillo de piernas cortas
pero ágiles, mezcla de olmeca y negro.*
          (C. Fuentes, **M**, 1978:135)

cambur   *nm* (V)
  1. **cambur**   **banana; banana tree**
     [= plátano]

*Empecé a limpiar el suelo, a arrancar matas, para sembrar unas yucas y unos
cambures que traía.*
          (M. J. Tejera, **V**, 1983, I:200)

*El **cambur** se puede considerar la fruta nacional* [de Venezuela]...
          (A. Rosenblat, **V**, 1960, I:18)

  2. **cambur**   **public servant; state employee;**
     [= empleado; funcionario; empleo]   **public employment**

*...este gobierno pasará a la historia ostentando el récord del aumento burocráti-
co con la incorporación de 150 mil nuevos **cambures** que colocan al aparato
burocrático del Estado bastante cerca de las 700 mil plazas.*
          (M. J. Tejera, **V**, 1983, I:200)

camellón   *nm* (Col) (M)   **median strip; dividing strip;**
[= franja central]   **central grass walkway (in road)**

*Los templos se llenan. Grupos numerosos se instalan en los parques, en los **camello-
nes** del Paseo de la Reforma, en frente de sus domicilios, en el Zócalo mismo.*
          (*Cambio 16*, Madrid, 22-9-86:80 — C. Monsivais, **M**)

*Había caminado un largo rato por el **camellón** de la Avenida Durango...*
          (A. Azuela, **M**, 1968:95)

caminar   *vb*   **to walk**
[*f*] [= andar]

*—La gente **caminando** por la calle... los taxis... todo me causa impresión...*
          (D. Kon, **A**, 1983:200)

camino   *nm* **(M)**   **(main) road**
[=carretera]

*...hacer investigaciones para encontrar nuevas tecnologías de construcción y modernización de los **caminos** nacionales.*

(*Información Científica y Tecnológica*, México, junio 1983:21)

camión   *nm* **(M)**   **bus**
[=autobús]

*Los **camiones** de pasajeros pasan pesadamente frente a Catedral, haciendo temblar las losas...*

(E. Poniatowska, **M**, 1983b:133)

*Tomamos el **camión** y nos bajamos en la Alameda.*

(O. Lewis, **M**, 1967:119)

camisola   *nf* **(M)**   **sports shirt**
[=camisa deportiva]

*...veinte mozalbetes sudorosos vestidos con **camisolas** rojas y que traen pelotas de fútbol [sic] bajo el brazo...*

(C. Fuentes, **M**, 1969:148)

camote   *nm* **(NAH)**   **sweet potato**
[=batata]   **(Ipomoea batatas)**

*Doña Lupe le había enseñado a Ambrosio a desbrozar y a ir sembrando al mismo tiempo, aquí **camotes,** aquí yucas, aquí papas.*

(H. Hediger, 1977:126)

campaña   *nf* **(ITAL) (A)**   **country (side)**
[=campo]

El campo, las tierras que quedan fuera... de las ciudades.

(D. Abad de Santillán, **A**, 1976:71)

campera   *nf* **(A) (Ur)**   **blouson; short leather jacket**
[=cazadora]

*—Vos que sos tan lindo y con esa **campera** de cuero tan cara...*

(M. Puig, **A**, 1970:85)

campera de duvet   *nf* **(A)**   **quilted jacket**
[=cazadora guateada]

*Es cierto lo que dicen los diarios, teníamos **camperas de duvet:** yo, en el cuerpo, no tenia frío...*

(D. Kon, **A**, 1983:20)

campero *nm* **(Col)**   **jeep; 4-wheel drive**
[=jeep]

Hoy se utiliza para faenas del campo especialmente, de donde proviene su nombre.
(M. Alario Di Filippo, **Col**, 1983, I:126)

campito *nm* **(A)**   **property**
[=finca]

Manuel Cardoso y Carmen Silveira tenían sus campitos linderos.
(J. L. Borges, **A**, 1980:414)

canaleta *nf* **(A) (B) (Ch) (Par) (Ur)**   **(roof) gutter; spout**
[=canalón]

...una canaleta rota dejaba caer un chorro de agua.
(J. C. Onetti, **Ur**, 1981:80)

canasta *nf*   **canasta (card game)**
* *...después de haber perdido en la sesión de canasta... una pequeña suma.*
(J. Edwards, **Ch**, 1978:303)

canasto *nm*   **basket**
[*f*] [=cesta]

...y lo dejó entrar con el canasto repleto de tarros, paquetes de tallarines...
(J. Donoso, **Ch**, 1983:11)

canciller *nm*   **Foreign Minister**
[=ministro de Asuntos Exteriores]

El canciller alemán Ribbentrop contestó en nombre de Hitler...
(L. Guevara, **V**, 1982:232)

En esos primeros meses de 1960 se había celebrado en San José de Costa Rica una Conferencia de Cancilleres de toda América, auspiciada por la OEA.
(M. Guerra Leal, **M**, 1978:159)

cancha *nf* **(QCH)**
1. **cancha**   **(sports) field; stadium;**
 [=terreno]   **court (for tennis, etc.)**

 ...le ordenó nadar de espaldas, sobre la pista de atletismo, en torno a la cancha de fútbol.
(M. Vargas Llosa, **Pe**, 1968:48)

2. **cancha (Ch) (Col) (Pe) (PR)**   **toasted corn**
 [=maíz tostado]

 ...removiéndolo le suena la barriga como si tuviera dentro tres kilos de cancha.
(C. E. Kany, 1960:240)

candeal   *nm* (A) (Ch) (Par)   **egg flip**

Bebida fortificante hecha de huevos batidos, leche, canela y vino o un poco de aguardiente.

(D. Abad de Santillán, **A**, 1976:74)

candela   *nf*   **fire; a light**
[*f*]   [=fuego; lumbre]

*—¿Y por qué no atizan la **candela**?*
(Aguayo se acerca al sitio donde está la fogata. Se arrodilla ante ella. Se saca el sombrero. Y con él sopla desesperadamente, haciendo que la llama empiece a crecer...)

(D. Aguilera Malta, **Ec**, 1964:9)

candil   *nm* (M)   **chandelier**
[=araña]

*«**Candil**», que aquí... es palabra histórica ya, designa en México... la araña o lámpara lujosa que pende en el centro de una estancia.*

(R. Carnicer, **Esp**, 1977:110)

candombe   *nm* (AFR)   **Negro dance**
*   [=baile de negros]

*...aparecían las cosas más singulares: ...demonios **candomberos**, de hierro forjado...*
(A. Carpentier, **Cu**, 1983:186)

caneca   *nf* (PORT) (Col)   **can; rubbish bin/tin**
[=cubo de basura; lata]

Envase de latón para petróleo y otros líquidos. 2. Cubo de basura.
(Academia Colombiana, *Breve Diccionario*, 1975)

caníbal   *nmf invar* (ARW)
                                                                          cannibal
*   *Nada más poner los pies en México, Cortés y sus hombres se toparon de lleno con el **canibalismo** azteca.*

(*Cambio 16*, Madrid, 19-4-82:127)

canilla   *nf*
   1.   **canilla**   (A) (Ur)   **tap; (US) faucet**
        [=grifo]

*Está desnudo frente al espejo... Abre la **canilla**. Se enjabona enérgicamente.*
(M. Benedetti, **Ur**, 1970:227)

   2.   **canilla**   **leg; calf**
        [=pierna; pantorrilla]

*Así era... Casi un esqueleto. Casi un esqueleto porque los dedos y las **canillas** eran desiguales, ni llenos ni gordos.*

(R. Navarrete, **M**, 1966:107)

El agua sopeándole los calcetines, el pantalón pegado a sus **canillas.**
(J. Donoso, **Ch**, 1979:27)

...yo me había visto aquí, en la pantorrilla del pie derecho un puntito blanco...
Le digo a Flavio, el doctor de la guerrilla: «tengo jodido aquí, en la **canilla***»,*
«lo que tenés ahí es una infección».
(O. Cabezas, **N**, 1982:120)

canillita *nm* (A) (B) (Ch) (Ec) (Pe) (Par) (Ur)   **newsboy**
[= **vendedor de periódicos**]

Sube ya el grito de los **canillitas,** *voceando su mercancía de papel.*
(E. B. de Alberti, **Ur**, 1971:55)

canoa *nf* (ARW)   **canoe**
*

cansador, -a *adj* (A) (B) (Ch) (Ur)   **boring; tiring**
[= **cansado; aburrido**]

...qué **cansadores** *son los varones...*
(M. Puig, **A**, 1970:27)

cantaleta *nf*   **(boring) chorus; refrain**
[= **refrán**]

Esa noche... el exasperante zumbido de la **cantaleta** *había derrotado al rumor de la*
lluvia.
(G. García Márquez, **Col**, 1970:276)

cantegril(es) *nm(pl)* (Ur)   **slum; shanty town**
[= **barrio de chabolas**]

*Voz de formación y circulación moderna de significado irónico —antitético («***Can-***
***tegril»,** barrio residencial de Punta del Este)— para indicar agrupamientos ha-*
bitacionales del **lumpen** *(«bidonvilles» parisinas, «favelas» cariocas, «callampas»*
chilenas, «villas miseria» porteñas)
(A. Rosell, **Ur**, 1977:96)

El país es también hospitales sin camas, escuelas que se derrumban, ...caras de
hambre, **cantegriles***...*
(M. Benedetti, **Ur**, 1968a:81)

cantero *nm* (A) (Cu) (Ur)   **flower bed; vegetable patch**
[= **macizo**]

Caía el agua, vertical y densa, sobre las plantas del patio, con tal saña que arrojaba
la tierra fuera de los **canteros.**
(A. Carpentier, **Cu**, 1983:55)

—¿Qué podría hacer de cena esta noche?
*—En el **cantero** del fondo ya tenés que empezar a cortar la lechuga porque las puntas se están poniendo moraditas.*

(M. Puig, **A**, 1968:13)

cantina *nf*   **bar**
[*f*] [= **taberna**]

*Durante muchos años trabajó en **El Atorón**, una **cantina** de pueblo.*

(E. Poniatowska, **M**, 1983b:210)

cantinero, -a *nmf*   **bar owner**
[*f*] [= **tabernero, -a**]

*Al entrar a **Las buenas amistades**, Urbano el **cantinero** le confirmó que...*

(*Ibíd.*, 206)

caña *nf*   **cane liquor**
    [= **aguardiente de caña**]

*—¿Qué es la **caña**?... ¿Es eso que llaman grapa?*
—No.

(J. Cortázar, **A**, 1970:174)

*Cuando salieron, habían agotado tres botellas de **caña** brasileña...*

(E. Galeano, **Ur**, 1975:23)

cañabrava *nf*   **reed; bamboo**
    [= **especie de caña muy fuerte**]

*Al final de la cerca estaba el hondón. Las **cañabravas** quedaban suspendidas en el vacío como una hilera de lanzas.*

(H. Rojas Herazo, **Col**, 1968:27)

caoba *nf* (ARW)   **mahogany**
*

capaz *adv*
    (es) capaz (que) *fam*   **likely; probable**
    [= **probable; fácil**]

—¿Cuándo le vino el mal?
—Un poco después de nacer.
*—**Capaz** entonces **que** le viene del padre. Los hombres siempre son los más enfermos.*

(A. Roa Bastos, **Par**, 1967:72)

*Después nos volvimos aunque yo no quería, pero la Telma me dijo que mejor nos juntábamos con los chiquillos porque si no, **capaz que** nos pasara algo...*

(E. Lafourcade, **Ch**, 1972:20)

*Estaba tan desacostumbrado, **que capaz** le alcanza para un año...*

(O. Dragún, **A**, 1967:132)

capi   *nf fam* **(Ch) (M)**   **capital (city)**

—*¿No vis* [=ves] *que se trata de un fifí de la* **capi**?
(F. Morales Pettorino, **Ch**, 1984, I:837)

capitalino, -a   *adj* y *nmf*   **pertaining to the capital;**
[*f*]   **person from the capital**

Positivas reacciones se detectaron ayer en casas de cambio **capitalinas** *ante el
aumento de la cuota para viajes al exterior.*
(*El Mercurio*, Santiago, 2-7-86:1)

Los **capitalinos** *también somos responsables: tirar la basura en las calles crea focos
de infección.*
(*Comercio*, México, Diciembre 1984:19)

capitán   *nm* **(M)**   **maître d'hotel;**
[=jefe (de comedor)]   **maître d'**

Al que actúa como jefe de un comedor o restaurante no se le llama **maître,** *sino*
«**capitán**».
(R. Carnicer, **Esp**, 1977:113)

capulí   *nm* **(NAH) (M)**   **species of black cherry tree (and fruit)**
[=especie de cerezo, -a]   **(Prunus capuli)**

carabinero   *nm* **(Ch)**   **policeman**
[=policía]

«*Murió por una bala disparada por un* **carabinero** *a media cuadra de distancia.*»
(*El Mercurio semanal*, Santiago, 12-18 abril 1986:4)

carabineros   *nmpl* **(Ch)**   **the Police**
[=la policía]

«*Yo doy garantías de que* **Carabineros** *no produce esas víctimas.*»
(*Ibíd.*, 6)

caracol, -a   *nmf*   **shell**
[*f*] [=concha]

...aparecían las cosas más singulares... cajas de **caracolas**...
(A. Carpentier, **Cu**, 1983:186)

...donde se sentía dueño de todo: suyas eran las **caracolas** *y sus músicas de plea-
mar...*

(*Ibíd.*, 183)

¡carajo!   *interj vulg*   **damn!; hell!**, etc.
[*f*] [= ¡caramba!]

A pesar de haber perdido su acepción original de «pene» en México, el término retiene la aspereza emotiva que data del tabú, y los habitantes lo reconocen como expresión ofensiva.

(L. Grimes, **M**, 1978:34)

1. **¿qué/dónde**, etc. **carajo(s)?**   *vulg*   **What/Where/Who**, etc. **the hell?**

—*Oigan, ¿qué carajos traemos que hay que cuidarlo tanto?*
—*No lo sé.*

(L. Spota, **M**, 1974:208)

—*Qué carajo van a saber.*

(P. Vergés, **RD**, 1980:293)

Abrió mis alacenas y exploró sus interiores...
—*¿Dónde carajos guardará esta gente su café?*

(L. Spota, **M**, 1977:39)

2. **irse al carajo**   *vulg*   **to go to hell**
   [= irse a la porra]

—*¡Váyase al carajo! —balbuceó Trueba.*

(I. Allende, **Ch**, 1985:319)

¡carambolas!   *nf interj fam euf*   **hell!; wow!**
[= ¡caramba!]

...con más cuidado, carambolas ...

(M. Vargas Llosa, **Pe**, 1968:179)

carancho   *nm* **(TUP) (A) (Ch) (Par) (Ur)**   **turkey buzzard**
[= especie de buitre]   **(Polyborus plancus)**

*Tía Mercedes, flaca, angulosa, cuya nariz en pico de **carancho** asomaba brutamente entre los ojos hundidos, fue quien me privó de comida.*

(R. Güiraldes, **A**, 1973:43)

*...¿Qué son los **caranchos**, Felisa? «Son pajarracos». ¿Cómo son? «Grandes, negros, con pico de gancho».*

(M. Puig, **A**, 1968:39)

caraota   *nf* **(ARW) (V)**   **bean (Phaseolus vulgaris)**
[judía]

*El 24 bajé al rancho de mi madrina. Desayuné **caraotas** con arepa, y me tomé un gran pocillo de café sabroso con dulce.*

(M. J. Tejera, **V**, 1983, I:223-224)

caravanas *nfpl* **(A) (B) (Ch)** **large earrings**
[=pendientes]

> *Carolina se había puesto... unas **caravanas** larguísimas de oro que le zangoloteaban a los lados de la cara redonda y colorada.*
> (D. Abad de Santillán, **A**, 1976:81)

carey *nm* **(ARW)** **sea turtle; turtle shell**

* *La nave cruzaba por un banco de **careyes**; dos marineros... trataban de atrapar al más grande con nudos corredizos.*
> (A. Carpentier, **Cu**, 1983:81)

> *...se hacía el moño bajo, sujetándolo con gruesas horquillas de **carey**.*
> (L. Durand, **Ch**, 1973:83)

cargosear *vb* **(A) (Ch) (Ur)** **to annoy; to bother**
[=molestar]

> *Le **cargoseó** por el pago de su trabajo.*
> (F. Morales Pettorino, **Ch**, 1984, I:874)

cargoso, -a *adj* **(A) (Ch) (Ur)** **annoying**

> *...la Leticia, que protestaba, ¡déjese!, ¡no sea **cargoso**!*
> (J. Edwards, **Ch**, 1978:117)

Caribe *nm* **(CAR)** **the Caribbean**
*

caribe *adj y nmf invar* **(CAR)** **Carib (Indian/language)**

* *...se vio aclamado... por los indios **caribes** de aquella isla...*
> (A. Carpentier, **Cu**, 1983:157)

carnear *vb* **(A) (Ur)** **to slaughter**
[=matar]

> *Pero su dueño, comprendiendo que le costaría mucho trabajo curarlo... lo **carneó** esa tarde...*
> (H. Quiroga, **Ur**, 1968:49)

> *...los hombres del **Suspiro** comen cordero recién **carneado** y beben un alcohol pendenciero.*
> (J. L. Borges, **A**, 1980:28)

carozo *nm* **stone (of fruit)**
[=hueso (de fruta)]

> *Se tragó un **carozo** de damasco.*
> (F. Morales Pettorino, **Ch**, 1984, I:884)

carpa *nf* **(QCH)**   **tent**
[= **tienda de campaña**]

La Madre Angélica alza la cabeza: que hagan las carpas.

(M. Vargas Llosa, **Pe**, 1983:11)

carretero *nm*   **road**
[= **carretera**]

*—Con una minga de cuatro o cinco semanas tendremos el mejor **carretero** del mundo, carajo.*

(J. Icaza, **Ec**, 1969:62)

carro *nm*   **car**
[= **coche**]

*Dos dirigentes políticos... fueron detenidos por los tripulantes de un **carro** gris, sin placas...*

(J. M. de Mora, **M**, 1983:143)

carro comedor *nm* **(M)**   **dining car (Railway)**
[= **coche comedor**]

carro dormitorio *nm*   **sleeping car; wagon lit**
[= **coche cama**]

cartera *nf*   **bag; handbag**
[= **bolsa**]

*—Y también zapatos y medias, chiquita —dijo Julio Reátegui—. Y una **cartera**. Todo lo que tú me pidas.*

(M. Vargas Llosa, **Pe**, 1983:92)

*En el mismo banco de Joaquín había una inglesa vieja y larga que sacó de su **cartera** un paquete de queso añejo, un pan, un pequeño cuchillo y se confeccionó un sandwich...*

(J. Edwards, **Ch**, 1967:196)

casabe *nm* **(ARW)** (Véase **cazabe**)

casilla de correo(s) *nf*   **P.O. Box**
[= **apartado de correos**]

*...y como usted me lo pide le escribiré a la **Casilla de Correo**...*

(M. Puig, **A**, 1968:87)

castellano *adj* y *nm*   **Castilian; (Peninsular) Spanish**

[*f*] *Rita Hayworth en «Sangre y arena» canta en **castellano** y a papá le gustó...*

(M. Puig, **A**, 1968:87)

catire, -a   *adj y mf* **(ARW) (Col) (Cu) (V)**   **fair; blond(e)**
[=rubio]

Se dice de la persona de piel blanca y cabellos rubios.

(M. J. Tejera, **V**, 1983, I:246-247)

*¡Míralo, allá arriba, allá está el **catire**!*

(S. Sarduy, **Cu**, 1984:48)

catrín, -a   *adj y nmf fam* **(CAm) (M)**   **dude; toff**
[=ricacho]

*Tres rancherotes frenan el auto en que van, frente a una cantina. El mesero, a juzgar por el aspecto de los tres, que visten como **catrines**, cree que va a tener buena ganancia.*

(*Dichos mexicanos*, No. 2, **M**, 1975:90)

*...conquistó el interés de los oyentes..., dio vida a las figuras de mujeres muy **catrinas**...*

(A. Yáñez, **M**, 1962:195)

caucho   *nm* **(QCH)**
*   1.   **caucho**   **rubber**

*—Era muy generoso, le conseguía lotes de **caucho**.*

(J. E. Rivera, **Col**, 1968:164)

  2.   **caucho**   **tyre; (US) tire**
[=cubierta]

*—Nos llevábamos los **cauchos** de repuesto de los otros carros en la maleta del carro en que nos íbamos.*

(A. Rosenblat, **V**, 1979:91)

cayo   *nm* **(ARW)**   **Cay**
*   *Más al sur, está Turneffe, y el archipiélago de minúsculos **cayos**...*

(M. A. Espino, S, 1978:146)

cayuco   *nm* **(?ARW)**   **small Indian boat**
[=embarcación pequeña]

*Se confiscaron canoas, botes, **cayucos**, y hasta piraguas indias...*

(A. Carpentier, **Cu**, 1983:150)

cazabe   *nm* **(ARW)**   **cassava bread/flour**

Torta americana, hecha con harina de la raíz de la mandioca.

(*Americanismos. Diccionario Ilustrado Sopena*, 1982)

cebar (el mate) *vb esp* **(A) (Ur)**   **to pour hot water into the
mate on to yerba mate leaves;
to prepare mate**

Oliveira cebó despacito el mate.

(J. Cortázar, **A**, 1970:96)

cebiche *nm* **(B) (Ch) (Col) (Ec) (M) (Pe)**   **fish or shellfish dish
prepared with bitter orange
or lemon, chile and salt**

*Manjar de pescado o marisco bien picados, crudos y sancochados en jugo picante
de limón.*

(F. Morales Pettorino, **Ch**, 1984, I:944)

cecina *nf*   **cured meat; (US) jerky**

[ƒ] *Tira delgada de carne magra y seca, sin sal.*

(D. Abad de Santillán, **A**, 1976:96)

*Como antídoto de tanta **cecina** presente, desembocaba de pronto... el noble aroma
del tabaco amontonado en galpones...*

(A. Carpentier, **Cu**, 1983:14)

cedrón *nm* **(A) (Ch) (Pe) (Ur)**   **lemon verbena**

Arbusto de tallos y hojas olorosas utilizadas para aromatizar el mate o preparar té.
(F. Coluccio, **A**, 1985:49)

*El perfume del **cedrón** llegaba hasta nosotros.*

(J. M. Arguedas, **Pe**, 1973:12)

cédula (de identidad) *nf*   **(identity) card**
[= tarjeta (de identidad)]

*«A partir de enero del próximo año se llevará a cabo el proceso de renovación de
cédulas vencidas para los ciudadanos de toda la República», declaró el Lic. Félix
Gómez, Director General de Cedulación.*

(*El Panamá América*, 21-11-73:1)

*Exigen la presentación de la **cédula** de socio.*

(F. Morales Pettorino, **Ch**, 1984, I:947)

ceiba *nf* **(ARW)**   **ceiba tree; kapok tree (Ceiba pentandra)**

*   *Árbol bombáceo americano, de unos 30 metros de altura, y cuyos frutos contienen
una especie de algodón que se usa para rellenar* [= kapok].
(*Americanismos. Diccionario Ilustrado Sopena*, 1982)

*...instalaron un estrado frente a la casona, a la sombra de una **ceiba**.*

(S. Sarduy, **Cu**, 1984:51)

ceibo *nm*
1. **shrub**
2. **ceiba tree**

...una planta papilonácea de hermosas flores, cuyo nombre técnico es Erythrina cristagalli...

(*Americanismos. Diccionario Ilustrado Sopena*, 1982)

...acostado en una hamaquita de bramante que colgaba entre dos retoños de ***ceibo***.

(S. Ramírez, **N**, 1982:248)

cenote *nm* **(MAY) (CAm) (M)**   **spring-fed pool**
[= **pozo de manantial**]

—Olvida que yo he bebido agua de los ***cenotes***.

(M. A. Espino, **S**, 1978:111)

centavo *nm*
1. **centavo**   **centavo**
[= **céntimo**]

—No teníamos un ***centavo*** *y no conocíamos a nadie...*

(O. Lewis, **M**, 1967:328)

2. **centavo (V)**   **5 centimos**

Si por una piña le piden a usted 25 ***centavos,*** *no se entusiasme; eso equivale a un* **bolívar** *y 25* **céntimos,** *porque un* ***centavo*** *son cinco* **céntimos** [en Venezuela].

(A. Rosenblat, **V**, 1960, I:16)

cenzontle *nm* **(NAH)**   **mockingbird**
[= **pequeño pájaro cantor**]

Bandadas de ***cenzontles*** *pueblan de trinos el aire.*

(R. González Montalvo, **S**, 1977:138)

cerca (tuyo, etc.) *exp adv fam*   **near you,** etc.
[ƒ] [= **cerca de ti,** etc.]   (See C. E. Kany, 1951:44-46)

—El suboficial que estaba más ***cerca nuestro*** *del regimiento de La Tablada...*

(D. Kon, **A**, 1983:26)

—¿Recordás exactamente cuándo cayeron las primeras bombas ***cerca tuyo***...?

(*Ibid.*, 30)

cerillo *nm* **(CAm) (M)**   **match**
[= **cerilla; fósforo**]

La marca del propietario... está en todas las mesas y todos los ceniceros... son carteritas blancas de ***cerillos*** *con la impresión* **LBJRanch**.

(M. Mejido, **M**, 1984:13)

cerquillo *nm*   **(hair) fringe**
[= flequillo]

*Tenía ojos rasgados, imperceptiblemente oblicuos; era el **cerquillo**, recto, cuidado-*
samente cortado, lo que hacía posible descubrir la graciosa línea de sus ojos.
          (J. M. Arguedas, **Pe**, 1973:107)

cerro *nm*   **hill**
[*f*] [= cuesta]

*Remontó un **cerro**, los pies dolidos... Había tomado autobuses decrépitos en busca*
*de la calle Agravios, había subido tantos **cerros**...*
          (J. Donoso, **Ch**, 1983:170)

*Minutos después el Jaguar descendía el **cerro** abandonando velozmente la propiedad*
privada de Ernesto Pedro de Altamira.
          (A. Bryce Echenique, **Pe**, 1984:316)

cesante *adj* y *nmf*   **jobless; unemployed**
[*f*] [= desempleado]

*...el Plan Huasteca dejó **cesantes** a veinte mil indígenas que aportaban mano de obra*
no calificada.
          (J. M. de Mora, **M**, 1983:45)

—Las familias de los presos, los desaparecidos y los muertos no tienen nada para
*comer. Los **cesantes** tampoco.*
          (I. Allende, **Ch**, 1985:335)

cesantear *vb* (A) (Ch) (Ur)   **to lay off; to make redundant redundant;**
[= despedir]   **to dismiss; (US) to lay off**

*Fue **cesanteado**. Recurrió a su gremio... y demandó a la editorial. El juez intervinien-*
te... decidió que la cesantía era injusta y arbitraria.
          (*Panorama*, Buenos Aires, 25-5-69:5)

cesantía *nf*   **unemployment; redundancy; sacking**
[*f*] [= paro]

*...resuelto a desparramar ascensos y **cesantías**...*
          (J. C. Onetti, **Ur**, 1981:41)

*Las cifras sobre **cesantía**... dejaron de difundirse.*
          (F. Morales Pettorino, **Ch**, 1985, II:963)

ceviche (Véase **cebiche**)

científicos *Hist nmpl*   **supporters of the Mexican dictator**
* [= partidarios del dictador mexicano   **Porfirio Díaz**
   Porfirio Díaz]

*...Limantour y su poderoso grupo —conocido como los **«científicos»**, debido a que*
estaban determinados a aplicar la ciencia al arte de la política...
          (A. Riding, **M**, 1985:54)

cientista (social)   *nmf* **(ENG) (A) (Ch)**   **(social) scientist**
[= sociólogo]

*...indicó que sus juicios sobre la violencia los ha vertido en su condición de **cientista** social.*

(*El Mercurio semanal*, Santiago, 27-8-87:5)

cierre eclair/cierrecler   *nm* **(Fr) (Ch)**   **zip (fastener); (US) zipper**
[= cremallera]

*Se unen con **cierre eclair** o, en su defecto, con broches.*

(F. Morales Pettorino, **Ch**, 1985, II:1192)

cierre relámpago   *nm* **(FR)**   **zip (fastener); (US) zipper**
[= cremallera]

*...una campera de cuero marrón oscuro con **cierre relámpago**.*

(M. Puig, **A**, 1970:60)

cigarro   *nm* **(MAY)**   **cigar**
*

cigarrillo   *nm*   **cigarette**
*

ciguatera   *nf*   **ciguatera; tropical fish poisoning**
*

cimarrón, -a,   *adj* y *nmf*
*   1.   **cimarrón, -a** *Hist*   **runaway slave**
     [= esclavo fugitivo]

*Y la Guerra de los Palmares duraría cuarenta años más cuando los **cimarrones** de Jamaica se largaban al monte.*

(A. Carpentier, **Cu**, 1983:237-238)

    2.   **cimarrón, -a**   **runaway/wild cattle; wild**

*Nosotros decimos **cimarrón** al ganado que no se junta a los demás y vive en lo oculto del monte.*

(J. Tobar Donoso, **Ec**, 1961:71)

*—¿Que adónde fue? De seguro a buscar un becerro **cimarrón** que anda por ahí.*
(J. Rulfo, **M**, 1966:55)

cinturón de miseria   *nm* **(M)**   **slum area**

*Sesenta mil inmigrantes al año recibe la ciudad junto con todos los problemas que originan: 15.000 desempleados, 25.000 subocupados, 18.000 albañiles..., un incipiente **cinturón de miseria** en el oriente de la zona urbana, tugurios, barracas, medios insalubres y niños sin escuela.*

(M. Mejido, **M**, 1984:282)

cipote, -a   *nmf* **(N) (S)**   **kid**
[=**chaval; chiquillo**]

*...porque la política es para los adultos, no para los **cipotes** inmaduros que ni tienen
oficio ni beneficio...*

(O. Cabezas, **N**, 1982:15)

*...pues ella siempre encontraba alguna razón para disculpar a la **cipota**.*

(C. Lars, **S**, 1977:128)

citadino, -a   *adj* y *nmf* **(ITAL) (A) (M) (Pe) (V)**   **city dweller;**
[=**ciudadano; urbano**]   **urban**

*De origen literario es también el uso de **citadino** por ciudadano o urbano.*

(A. Rosenblat, **V**, 1969a:105)

ciudad perdida   *nf* **(M)**   **slum; shanty town**
[**barrio de...**]

*En esas **ciudades perdidas**, la insalubridad es casi inevitable porque el 50% de las
barracas y los tugurios eliminan la basura en los alrededores.*

(M. Mejido, **M**, 1984:322)

cívico   *nm* **(A)**   **large glass of beer**
[=**vaso de cerveza grande**]

*...tomando un **cívico** con sánguches...*

(M. Puig, **A**, 1968:88)

clarín   *nm*   **sweet pea (Lathyrus odoratus)**
[=**guisante de olor**]

*En la huerta florida de rojas amapolas, de **clarines** y azucenas.*

(F. Morales Pettorino, **Ch**, 1985, II:1213)

clavadista   *nmf dep* **(CAm) (M)**   **diver**
[=**saltador**]

*—Yo el deporte de la natación lo seguí, porque mi mamá durante mucho tiempo fue
clavadista.*

(J. M. Lope Blanch, **M**, 1971:11)

*...cualquier tabla vieja le puede servir de trampolín a un **clavadista** de primera...*

(P. Vergés, **RD**, 1980:81)

clavarse   *vb dep* **(CAm) (M)**   **to dive**
[=**bucear**]

*...subió al trampolín. Volvió a **clavarse**. Félix arrojó la bata a un lado y se zambulló
en dirección a la de ella.*

(C. Fuentes, **M**, 1978:148)

closet/clóset *nm* **(ENG)** **(built-in) cupboard;**
[=armario (empotrado)] **(US) closet; wardrobe**

*Se vende: 3 recámaras grandes con sus respectivos **closets.***
(*La Estrella de Panamá*, 22-11-73:50)

—*...teníamos un **clóset**, pero era un **clóset** grande, donde todos los disfraces que nos hacían a nosotros para carnaval...*
(A. Rosenblat, **V**, 1979:395)

coatí *nm* **(TUP)** **coati (Nasua narica)**

* *...pues la dentellada de un **coatí** degüella fundamentalmente al perro que no supo cogerlo.*
(H. Quiroga, **Ur**, 1968:55)

cobaya *nf* **guinea pig**
* [=conejillo de Indias]

cobija *nf* **blanket**
* [=manta]

*Los demás dormíamos sobre el piso, sobre cartones para tender las **cobijas**.*
(O. Lewis, **M**, 1967:160)

cobre *nm*
no tener un cobre **not to have a cent/penny**
[=no tener ni cinco]

*No tenía un **cobre** en el bolsillo...*
(F. Buitrago, **Col**, 1979:178)

coca *nf* **(?QCH/AYM)** **coca tree; coca leaf (Erythroxylon coca)**

* *...mascador de hojas de **coca**...*
(J. C. Onetti, **Ur**, 1981:175)

cocaína *nf* **cocaine**
*

cocinada *nf fam* **cooking**

*Hay que darle [sic] una **cocinada** larga a los porotos.*
(C. E. Kany, 1960:107)

coco *nm* **(AYM)** **coco palm (Cocos nucifera); coconut**
*

cocoliche *nm* **(A) (Ur)** **hybrid Spanish-Italian of Italian immigrants to River Plate región**

«*...lengua mixta de italiano y español, empleada por los inmigrantes italianos en el Plata...*»
(F. Coluccio, **A**, 1985:50)

cocuyo *nm* **(?ARW) (CAm) (M) (DR) (PR)**　　　　**glow-worm (Elater noctilus);**
[=gusano de luz; luciérnaga grande]　　　　　　　　　**(US) lightning bug**

*Ante sus ojos dilatados, el terciopelo de la noche bordado de **cocuyos**. Gusanos de luz*
marcando rutas en los bordes del barranco.

(R. González Montalvo, **S**, 1977:109)

cochayuyo *nm* **(QCH) (Ch) (Pe)**　　　　　　　　　　　　　　**seaweed**
[=alga]

*...el cadáver... fosforecente de lampreas y coronado de **cochayuyos** y huiros, como*
lo sacaron de la ensenada la noche después del cataclismo...

(J. Donoso, **Ch**, 1986:115)

cochinilla *nf*　　　　　　　　　　　　　　　　　　　　　　**cochineal**
*

cofre *nm* **(M)**　　　　　　　　　　　　　　　　　**bonnet (of car);**
[=capó]　　　　　　　　　　　　　　　　　　　　　　**(US) hood**

coger *vb tabú esp* **(A) (Ur) (M)**　　　　　　　　　　　**to screw** *(vulg)*;
[=joder *(tabú)*]　　　　　　　　　　　　　　　　　**to fuck** *(taboo)*

...el caso de la ecuatoriana que, exasperada por la falta de transporte motorizado
en el Buenos Aires metropolitano, preguntaba a un agente de tránsito: «Oiga, ¿y
*aquí por dónde se puede **coger** el ómnibus?» y el uniformado le respondió cachondo:*
«Como no sea por el tubo de escape.»

(H. Rodríguez Castelo, **Ec**, 1979:9)

*¿Qué quiere decir **cogía**? Es una cosa mala que no se puede hacer, se puede jugar*
nomás, porque si una chica lo hace está perdida...

(M. Puig, **A**, 1968:43)

*El caso es que en México «**coger**» ha desplazado a «joder» y «chingar» en su empleo*
referente al acto sexual.

(L. M. Grimes, **M**, 1978:83)

*—Yo vine a **coger**, no a contestar preguntas pendejas.*

(C. Fuentes, **M**, 1978:250)

coigüe/coihué *nm* **(MAP) (A) (Ch) (Pe)**　　　　　**southern (false) beech**
　　　　　　　　　　　　　　　　　　　　　　　(Nothophagus dombeyi)

...árboles fagáceos, de madera y altura muy semejantes a las del roble, característi-
cos de la selva del sur de Chile.

(F. Morales Pettorino, **Ch**, 1985, II:1253)

coima *nf fam* **(A) (Ch) (Pe) (Ur)**　　　　　　　　　　　　　　　**bribe**
[=soborno]

*Aquí todo es cuestión de **coima**.*

(E. Sábato, **A**, 1969:95)

Tan sucio era el que recibía una **coima** *como el que la ofrecía.*

(*Ibíd.*, 186)

...diciendo que las autoridades del país eran una banda de ladrones, una tropa de **coimeros**...

(J. Edwards, **Ch**, 1978:200)

coipo/coipu   *nm* **(MAP) (A) (Ch)**   **beaver-like animal**
[=animal parecido al castor]   **(Myopotamus aoypus)**

El **coipo** *color de fango que habita en los remansos.*

(F. Morales Pettorino, **Ch**, 1985, II:1257)

cojudear   *vb vulg*
1. **cojudear**   **to trick;**
   [=engañar]   **to play a trick on**

   Así que crees que haciéndote el loco nos vas a **cojudear,** *Trinidad.*

(H. Hediger, 1977:153)

2. **cojudear**   **to mess about;**
   [=hacer tonterías]   **to mess around**

   Éstas son leseras. Capaz que me pesque una pulmonía por andar **cojudeando**.

(F. Morales Pettorino, **Ch**, 1985, II:1261)

cojudez   *nf vulg*   **nonsense; stupidity**
[=tontería]

—*Déjate de* **cojudeces**...

(A. Bryce Echenique, **Pe**, 1981:18)

cojudo, -a   *adj y nmf vulg*   **bloody fool;**
[=imbécil; gilipollas]   **stupid bastard**

...se le sentaban en las rodillas y decían palabrotas: culo, puta, pinga y **cojudo**.

(H. Hediger, 1977:154)

En el regimiento hay varios **cojudos** *que todavía no aprenden a distinguir la derecha de la izquierda.*

(F. Morales Pettorino, **Ch**, 1985, II:1261)

cola de paja   *nf* **(Ur)**
tener cola de paja   *fam*   **to have a feeling of guilt;**
                                                       to feel guilty

«*Mirá, no seas pavo. No quise decir eso ni siquiera lo pensé. Estás susceptible como una solterona. O tenés una* **cola de paja** *como una casa.*

(M. Benedetti, **Ur**, 1974:100)

colectivo *nm*   **collective taxi**
[=taxi colectivo]

Santiago regresa al paradero, el colectivo que toma es un Chevrolet...
                                                  (H. Hediger, 1977:155)

Los colectivos y los ómnibus llegaban repletos de gente.
                                          (A. Bryce Echenique, Pe, 1981:57)

colegiatura(s) *nf(pl)* **(M)**   **school/University fees**
[=cuota de la enseñanza]

...sabrán explicar a sus padres cuán grande es la honradez de la dirección de esta escuela, que con peligro de perder algunas colegiaturas el año entrante, prefiere cumplir con los deseos de un padre de familia...
                                                (C. Fuentes, M, 1969:132)

* **colibrí** *nm* **(?ARW)**   **humming bird**

...los héroes transformados en colibríes.
                                                   (M. Satz, A, 1980:339)

colimba *nf fam*   **military service**
[=servicio militar]

—Es un buen tipo ese sargento; en la colimba nos revolcaba todo el día, pero era uno de los pocos en los que podíamos confiar.
                                                    (D. Kon, A, 1983:68)

colocolo *nm* **(MAP) (Ch)**
   1. **colocolo**   **wildcat**

      Mamífero... parecido al gato montés, de hermoso pelaje... que frecuenta la Cordillera de los Andes hasta los 2.500 metros y las cadenas boscosas de la región costanera, entre Coquimbo y Concepción.
                                       (F. Morales Pettorino, Ch, 1985, II:1288)

   2. **colocolo**   **mythical monster**

      ...monstruo fantástico... Habita debajo de las casas; sólo aparece de noche para chuparle la saliva a los que se encuentran durmiendo...
                                                           (Ibíd., 1288)

Colombia *nf*   **Colombia**
*

colombiano, -a *adj y nmf*   **Colombian**
*

colón   *nm* **(CR) (S)**
[= moneda de Costa Rica y El Salvador]

monetary unit of Costa Rica and El Salvador

...and there were enough colones in the family bank account to provide a few amenities.

(C. Clements, 1985:110)

colonia   *nf* **(M)**
[= barrio]

residential suburb

Están orgullosos de la colonia Lindavista, que es la más parecida a una colonia norteamericana, por su gran cine, por sus restaurantes, por sus tiendas, por sus bancos.

(G. Careaga, **M**, 1984:91)

Cada día se recogen los desperdicios de 300 colonias...

(*Tiempo*, México, 7-6-71:43)

colonia proletaria   *nf* **(M)**
[= barrio de chabolas]

slum area; shanty town

La Lagunilla, una zona de las afueras de Jalapa, donde ahora se asientan ocho colonias proletarias en que residen mil familias, es desde hace una década el sumidero de la capital veracruzana.

(*Por Esto*, México, 15-5-85:28)

colorado, -a   *adj y nmf* **(Ur)**
[= simpatizante del Partido Colorado]

supporter of Partido Colorado; pertaining to this party

...y no desde el 1 de marzo de 1962 como proponía el Partido Colorado [del Uruguay].

(*La Nación*, Buenos Aires, 26-9-86:3)

collera   *nf* **(Ch) (Col)**
[= gemelo]

cufflink

...se le enredó una de las «dormilonas» que llevaba puestas, en una de las colleras de los límpidos y relucientes puños de don Ludovino.

(L. Durand, **Ch**, 1973:101)

comadre   *nf*

friend; neighbour

[*f*]   —*Sí, comadre, ha muerto Anselmo —dice el doctor Zevallos.*

(M. Vargas Llosa, **Pe**, 1983:409-410)

comadrear   *vb*

to gossip

[*f*]   *...cinco minutos... para tomar un matecito o para comadrear con cualquiera en una esquina.*

(J. Donoso, **Ch**, 1979:19)

comal *nm* **(NAH) (CAm) (M)**   **clay disk for baking tortillas**
[= **disco de barro para guisar (tortillas,** etc.)]

...las tortillas recién sacadas del comal.

(C. Lars, **S**, 1977:27)

combinado *nm* **(A)**   **radiogram**
[= **radiogramola**]

Aparato tocadiscos y radio.

(D. Abad de Santillán, **A**, 1976:111)

comején *nm* **(ARW)**   **termite; white ant**

* *El **comején** enferma los árboles cual galopante sífilis, que solapa su lepra suplicato-*
ria mientras va carcomiendo los tejidos...

(J. E. Rivera, **Col**, 1968:176)

comerse a *vb vulg* **(Pe)**   **to screw (someone)** *(vulg)*
[= **joder**]

—¿Qué vas a hacer si la violamos?
*—Buena idea —gritó el Boa—. **Comámonos al** esclavo.*

(M. Vargas Llosa, **Pe**, 1968:107)

comida *nf*   **dinner; evening meal**
[= **cena**]

*...y luego como ya es hora de la **comida,** pues a comer; y al acabar ya es de noche*
y bueno...

(G. Cabrera Infante, **Cu**, 1971:71)

cena: *palabra que la gente de clase alta no emplea jamás y cuyo uso delata*
*inmediatamente el origen plebeyo. Se dice «**comida**».*

(E. Sábato, **A**, 1975:486)

como
[*f*] 1.   **como** (+ una cifra) *prep fam*   **about; approximately**
       [= **unos; aproximadamente**]

       *Vino **como** a las seis. No quiso merendar, y luego se fue con unos libros.*

(R. Usigli, **M**, 1964:4)

       *La última vez que lo vi fue hace **como nueve** años.*

(M. Puig, **A**, 1970:10)

       2.   **como (que)** *conj*   **sort of; kind of**
       *—**Como que** está temblando un poco, amigo.*

(M. A. Espino, **S**, 1978:16)

*...yo encuentro que, cuando uno concibe una meta, **como que** se siente realizado en algo...*

(A. Rabanales y L. Contreras, **Ch**, 1979:468)

*Entonces **como que** el hombre empieza a soltar todo lo que tenía dentro...*

(O. Cabezas, **N**, 1982:89)

3. **como ser** *conj*   **for example**
   [= por ejemplo; como son]

   *Este París tiene aspectos falsos, **como ser** los cabarets, los bulevares, los conciertos para tentar a los rastacueros.*

   (C. E. Kany, 1951:257)

4. **a como dé/diera lugar**   *adv esp* **(CAm) (M)**   **at all costs;**
   [= como sea/fuera;   **by any means possible**
   de la manera que sea/fuera]

   *En esta época, de lo que se trata es de vender el mal paño **a como dé lugar**.*

   (C. Gorostiza, **M**, 1971:24)

   —¿Tierra de nadie?...
   *—Sí, de nadie; mejor dicho; del primero que la agarra y sepa retenerla **a como dé lugar**...*

   (A. Yáñez, **M**, 1962:85)

   *Ya lo único que le quedaba para cuidar era la vida, y ésta la conservaría **a como diera lugar**. No podía dejar que lo mataran.*

   (J. Rulfo, **M**, 1967:88-89)

   *Además el propio capitalismo sufre una de sus peores crisis y tiene que defenderse **a como dé lugar**.*

   (*Marka*, Lima, 23-3-85:7)

[*f*] 5. **¡cómo no!** *interj*   **Of course!**
   [= claro que sí]   (See C. E. Kany, 1951:412-413)

   —Pues ya somos amigos, ¿no es así?
   *—**Cómo no**, pues, señor.*

   (A. Blest Gana, **Ch**, [s.f.]:315)

compa   *nmf fam*
1. **compa** **(CAm) (M)**   **friend**
   [= amigo; compañero]

2. **compa** **(N)**   **Nicaraguan freedom fighter**
   [= guerrillero nicaragüense]

   *Entonces con la ayuda del **compa** lo logré... Y así entre todos nos ayudamos con la carga.*

   (O. Cabezas, **N**, 1982:104)

compadre   *nm fam*   **friend**
[*f*] [=amigo]

> *Llegué feliz con los muchachos y les digo:* **Compadres,** *ya no sufran, aquí traigo dinero.*
>
> (O. Lewis, **M**, 1967:329)

compadrear   *vb*   **to boast; to brag**
[=jactarse]

> *Al capitán Zayas le gusta* **compadrear** *sobre sus tiempos de campeón de pistola...*
>
> (A. Roa Bastos, **Par**, 1967:169)

compadreo   *nm*   **close contact; companionship; mateship**
[=trato íntimo]

> *El sargento Pedro Barrigas examinó uno por uno a los veinticinco hombres de su pelotón. A todos los conocía del* **compadreo** *diario.*
>
> (M. Pereira, **Cu**, 1979:229)

compita   *nmf invar fam* **(N)**   **Nicaraguan freedom fighter**
[=guerrillero nicaragüense]

> *Nos hospedamos en el Hotel Intercontinental* [de Managua]... *ahora desbordante de* «**compas**» *y* «**compitas**» *en uniformes verde oliva...*
>
> (C. Alegría y D. J. Flakoll, **N**, 1982:12)

completo   *nm* **(Ch)**   **sandwich; hot dog (with salad)**

> ...*los* **completos** *de lomito...*
>
> (J. Donoso, **Ch**, 1986:87)

comunero, -a   *adj y nmf esp* **(Pe)**   **member of Indian ayllu, or community**
[=miembro de comunidad india]

> *Poco a poco resucitan los* **comuneros** *que aún viven en el lugar. Asoman de las casas...*
>
> (M. Vargas Llosa, **Pe**, 1984:278)

concreto (armado)   *nm* **(ENG)**   **(reinforced) concrete**
[=hormigón]

> *Las columnas, refuerzos de* **concreto armado** *(fierro y* **concreto***), se construyen entre muros dentados...*
>
> (*El Comercio*, Lima, 5-11-86:C9)

concha

1. **concha**   *nf tabú* **(A) (Ur)**   **cunt** *(taboo)*
   [=coño]

   > ...*palabra fuerte con que se designa en Buenos Aires al órgano sexual femenino.*
   > (E. Sábato, **A**, 1975:486)
   >
   > «...*un pelo de* **concha** *tira más que una yunta de bueyes*».
   >
   > (M. Puig, **A**, 1973:101)

2. **concha(s) de su madre**   *nmf vulg*   **bastard** *vulg*
[normalmente precedido por **qué**]
[=**cabrón**]

*Silverio se puso a insultar a don Marcos a gritos... ¡Viejo **conchas de tu madre**!*
¡Me las vai a pagar!

(J. Edwards, **Ch**, 1978:27)

*—Mayta, Mayta, creo que estos **conchas de su madre** le han dado.*

(M. Vargas Llosa, **Pe**, 1984:299)

3. **concha**   *nf* (V)   **peel; bark; covering**

Corteza o cáscara de las frutas, del tronco de los árboles, de los granos y
semillas, de la arepa del pan, de los huevos, etc., y, por extensión, la piel áspera
de algunos animales.

(M. J. Tejera, **V**, 1983, I:276)

*Los cuatro alineados daban sobre el pasillo, sombrío lleno de **conchas** de cambu-*
res y periódicos rotos.

(*Ibíd.*, 276)

conchabar(se)   *vb* (PORT) (A) (B) (Ur)   **to hire a person for work;**
to be hired to work

Tomar peones o sirvientes para que trabajen a sueldo.

(D. Abad de Santillán, **A**, 1976:113)

*Los indios bajaban de sus bosques, seguidos de sus familias, para **conchabarse** en las*
faenas de las siembras.

(F. Morales Pettorino, **Ch**, 1985, II:1320)

conchavar(se)   [Véase **conchabar(se)**]

conchudo, -a   *adj* y *nmf vulg* (A) (B) (Pe) (Ur)   **bloody fool; (US) jerk**
[=**gilipollas**]

*—Póngase a la cola. No sea **conchudo**.*
—Bueno —dijo Alberto—. No se sulfure.

(M. Vargas Llosa, **Pe**, 1968:95)

*Desalentado, se sentó al lado de su hermana... murmurando «esa **conchuda,** ese feto*
infeccioso», como para sí.

(E. Sábato, **A**, 1975:110)

condominio   *nm* (ENG)   **apartment**

Este matrimonio centra toda su vida en ganar y ganar dinero para poder tener su
*propio **condominio**...*

(G. Careaga, **M**, 1984:87)

cóndor   *nm* **(QCH)**   condor
*

confitería   *nf* **(A) (B) (Ch) (Ur)**   café
[= café]

*...si íbamos a la **confitería** «La Unión» tomando un cívico con sánguches...*
(M. Puig, **A**, 1968:88)

*La **confitería** «Pascal»... cobraba animación en coincidencia con el irrumpir de la
temprana noche. La clientela... ocupaba las mesas en animado parloteo.*
(H. Palza S., **B**, 1970:15)

conga   *nf* **(AFR)**   conga (dance)
*

conmutador   *nm*   telephone switchboard
[= centralita]

*...una muchacha metía y sacaba sin errores, las fichas del **conmutador** («Petrus,
Sociedad Anónima, buenos días»)...*
(J. C. Onetti, **Ur**, 1981:32)

cono sur   *nm*   Argentina, Chile, Paraguay and
*   Uruguay, the 'Southern Cone'

*—La haremos simultáneamente aquí y allá, en Argentina y en Uruguay, el **cono
Sur**, cambiaremos el Sur. Tupamaros, Montoneros y Miristas, con la metralleta en
la mano.*
(E. Lafourcade, **Ch**, 1976:231)

consideración   *nf*
de mi/nuestra (mayor) consideración   **Dear Sir (in business letters)**

De nuestra consideración:
El motivo de ésta es ofrecer a Uds...
(Carta de la Librería Delta, Montevideo, 1968)

De mi consideración:
*Por la presente me dirijo a Usted agradeciéndole tenga a bien publicar la presente
en su espacio cartas al Editor...*
(*El Español en Australia*, Sydney, 18-11-86:5 — carta)

contador, -a   *nmf*   accountant
[*f*] [= contable]

*Mi viejo era **contador** público... con título universitario...*
(M. Puig, **A**, 1970:107)

Contadora (el grupo de)   *nf*
*

Mediating group of the Foreign
Ministers of Colombia,
Mexico, Panama and Venezuela

*Los ministros de interiores de la CEE, Centroamérica y **Contadora** se reunieron
en Guatemala...*

(*Cambio 16*, Madrid, 23-2-87:69)

*...«El grupo **Contadora** no tiene nada que hacer en la región»...*

(*Cambio 16*, Madrid, 22-8-83:46)

continuismo   *nm*
*

the practice of succeeding oneself in office,
either directly or via puppet appointees,
prolonging one's term of office

contra

1. **en contra mía/nuestra**, etc.   *prep*
    [= contra mí, etc.]

against me, etc.

*Todo el mundo parecía haberse unido **en contra suya**...*

(J. Donoso, **Ch**, 1983:76)

2. **en mi/su contra**   *exp adv*
    [= contra mí, etc.]

against me, etc.

*«No es **en mi contra**, sino **en contra tuya**, del partido del país.»*

(O. Flores Tapia, **M**, 1984:126)

*—Señora, su hijo tuvo un accidente y es preciso que vaya usted con su esposo
a responder por los cargos **en su contra** a la Inspección de Policía.*

(E. Poniatowska, **M**, 1983b:93)

* 3. **contra**   *nf abreviatura* **(N)**
      [= la contrarrevolución]

the Contra; armed opposition to the
Sandinista régime

*Surtir a la «**contra**» de «flechas» (misiles) tierra-aire es una irresponsabi-
lidad peligrosa.*

(*Cambio 16*, Madrid, 1-12-86:33)

* 4. **contra(s)**   *adj y mf abrev* **(N)**

Contra(s);
armed opponents of the Sandinista régime

*...y los «**contras**» antisandinistas estaban atacando regularmente a Nicaragua.*

(A. Riding, **M**, 1985:422)

*...los dirigentes **contras**...*

(*Cambio 16*, Madrid, 12-1-87:50)

contralor   *nm* **(FR) (Ch) (Col) (M) (V)**
[= inspector de gastos públicos]

Government accounting inspector

*En tres viajes del **Contralor** General el Estado gastó el año pasado más de 225
millones de soles.*

(*Visión Peruana*, 2-11-86:13)

contraloría *nf* **(FR) (Ch) (M) (V)**   Office of Government Accounting
[= oficina que controla los gastos públicos]   Inspectorate

*¿En qué ocios o grandes temas se distraía la Secretaría de la **Contraloría** que no se
daba cuenta de los fabulosos millones que desparramaba el narcotráfico entre los
policías yanquis y mexicanos...?*

(*Por Esto*, México, 15-8-86:20)

conuco *nm* **(ARW) (Cu) (V)**   small plot of land; smallholding

*Parcela pequeña de tierra de secano, destinada al cultivo de frutos menores como
maíz, caraotas, yuca, etc.*

(M. J. Tejera, **V**, 1983, I:282)

conventillo *nm*   tenement house;
[*f*]   working-class flats/housing

*Hacinados en grupo abigarrado, como un sucio racimo de carne pálida doliente, los
muchachuelos muestran sus caras de hambre en la puerta del cuarto del **conventillo**.*

(F. Morales Pettorino, **Ch**, 1985, II:1369)

conversada *nf fam*   chat
[= charla]

*Tengo ganas de echar una **conversada** larga contigo.*

(C. E. Kany, 1960:101)

coño *nm vulg* **(Ch)**   nickname for Spaniard

*En la cama 12 había un español muy enfermo...; el **coño** no hacía caso...*

(*Ibid.*, 36)

*De regreso, me colé en un bar y el cipote del mostrador de que me oyó hablar me
salió con que ¡pucha, un **coño**! Yo le dije que sin ofender y... recogió velas y que
había querido decir español.*

(M. Delibes, **Esp**, 1966:213)

copa
    huevo a la copa *nm* **(Ch) (Pe)**   boiled egg
    [= huevo pasado por agua]

*En la pensión para pasar el hambre teníamos que comprar huevos para cocerlos y
servirlos **a la copa** en nuestras habitaciones.*

(F. Morales Pettorino, **Ch**, 1985, II:1374)

copetín *nm* **(A) (Cu) (Ur)**   drink; apéritif
[= cóctel]

*—Te invitan a ese **copetín**.*

(M. Puig, **A**, 1968:66)

copeyano, -a   *adj* y *nmf* **(V)**
(Véase el Apéndice 5)

supporter of COPEI;
relating to COPEI

El grupo de copeyanos que está organizando...

(M. J. Tejera, **V**, I:286)

copihue   *nm* **(MAP) (Ch)**

red chile flowers;
Chilean bell flower (Lapageria rosea)

Nombre que dan en Chile a una planta liliácea, trepadora, que produce hermosas flores, rojas o blancas, y una baya parecida al ají sin madurar.

(*Americanismos. Diccionario Ilustrado Sopena*, 1982)

La flor de Chile es el copihue, y de ella se dice, aludiendo a su color, que es sangre del corazón de los araucanos.

(E. González-Grano de Oro, **Esp**, 1983:199)

Hay mucho bosque... que son puras araucarias y robles... y copihues...

(E. Lafourcade, **Ch**, 1976:14)

coraje   *nm*
[*f*] 1.   **coraje**
    [=valor]

bravery

...un combatiente con mucho coraje.

(E. Sábato, **A**, 1975:242)

2.   **coraje**
    [=rabia]

anger

En verdad me da coraje que haya quienes piensan que invirtiendo en quince días, se puede exportar y ganar divisas.

(*Comercio*, México, Diciembre 1985:2)

corchete   *nm* **(Ch)**
[=grapa]

staple; (paper) clip

El cheque estaba pegado con un corchete a la hoja de papel.

(J. Edwards, **Ch**, 1967:192)

corchetera   *nf* **(Ch)**
[=grapadora]

stapler; stapling machine

Un microscopio, parlantes, corcheteras y herramientas varias.

(F. Morales Pettorino, **Ch**, 1985, II:1388)

corcholata   *nf* **(M)**
[=tapón metálico]

(metal) bottle top

—...me iba a pie a la escuela, y una cuadra antes de llegar empezaba a arrastrar los pies y a patear corcholatas.

(C. Fuentes, **M**, 1969:128)

córdoba   *nm* **(N)**   **monetary unit of Nicaragua**
[=moneda de Nicaragua]

*...me entregó a mí varios miles de **córdobas** para comprar anestesia...*
(Instituto del Estudio del Sandinismo, 1982:285)

cordobazo   *Hist nm* **(A)**   **1969 uprising in Córdoba**

Voz que recuerda el alzamiento del pueblo obrero y estudiantil de Córdoba el 29 de mayo de 1969, que tuvo honda repercusión. Similitud con el «bogotazo» de 1948. Fue un gesto de protesta contra el régimen militar del general Onganía...
(D. Abad de Santillán, A, 1976:115)

(Véase **bogotazo**)

cordón (de la vereda)   *nm* **(A) (Ch) (Cu) (Ur)**   **(edge of) kerb**
[=borde de la acera]

*...no sé qué parte del ómnibus me pegó en el lado exterior del muslo y salí por el aire, volé sobre el **cordón de la vereda** y fui a estrellarme contra la pared.*
(M. Benedetti, Ur, 1968a:180)

corotos   *nmpl fam* **(Col) (V)**   **things; odds and ends; belongings**
[=cosas; chismes]

*...pedí permiso para ir a buscar mis **corotos** a casa de la señora Juanita.*
(M. J. Tejera, V, 1983, I:291)

corozo   *nm*   **species of palm tree whose fruit is rich in grease and is used in soap (Scheelea liebmannii)**

*...llevando bajo el brazo la totuma y la bola de jabón de **corozo** envueltas en una toalla.*
(H. Hediger, 1977:166)

*...llegan a un bosquecito de palmas de **corozo**...*
(M. A. Espino, S, 1978:100)

corpiño   *nm*   **bra**
[=sostén]

*A las 23:30 consideró necesario acariciarle los senos pasando su mano por debajo de la blusa y **corpiño**...*
(M. Puig, A, 1970:65)

corrida   *nf* **(Ch)**   **row; line; file**

*Una **corrida** de ejercicios para hombres de pelo en pecho.*
(F. Morales Pettorino, Ch, 1985, II:1407)

corrido   *nm* **(M) (V)**   **traditional song accompanied by guitar or harp**

*—...canté cien veces «soy un perro» con ritmo de **corrido** mexicano.*
(M. Vargas Llosa, Pe, 1968:46)

corrido, -a   *adj* **(Ch) (M)**
   comida corrida   *nf*   **fixed price menu**

*Fuimos a un restorán... y dijeron que íbamos a pedir **comida corrida**... Nos paramos
en una forma natural y nos fuimos sin pagar. Cuando dijeron «**comida corrida**» no
entendí, ¿verdad?, no sabía en primera qué era **comida corrida,** y ellos le decían
comida corrida a sentarse a comer y echar a correr sin pagar.*
(O. Lewis, **M**, 1967:135)

corvina   *nf*   **sea bass**
[*f*] [=**lubina**]

*El anzuelo engendra un pez. Saco del agua una magnífica **corvina**.*
(*Gente*, Buenos Aires, 4-9-86:49)

coso   *nm fam* **(A) (Ch) (Ur)**   **whatsit; gizmo; thingamajig**
[=**chisme**]

*Habían arreglado el **coso** trasmisor.*
(F. Morales Pettorino, **Ch**, 1985, II:1426-1427)

Costa Rica   *nf*   **Costa Rica**
*

costarricense   *adj y nmf*   **Costa Rican**
*   [=preferido a **costarriqueño, -a**]

costanera   *nf*   **seaside promenade; sea/lake drive**
[=**paseo marítimo**, etc.]

*Caminando desde la **Costanera** hasta **Providencia**...*
(J. Donoso, **Ch**, 1986:114)

costeño, -a   *adj y nmf*   **coastal dweller; pertaining to the coast**

[*f*] *...a él lo habían elegido Presidente de la Asociación porque sabía leer y era **costeño**.*
(H. Hediger, 1977:169)

costo   *nm*   **cost**
[*f*] [=**coste**]

*Se alejó murmurando algo sobre el **costo** de la vida.*
(M. Vargas Llosa, **Pe**, 1968:95)

cotelé   *nm* **(FR) (Ch)**   **corduroy**
[=**pana**]

*Viste pantalón negro, largo, con parches en las rodillas y un chaquetón de **cotelé**.*
(F. Morales Pettorino, **Ch**, 1985, II:1434)

coto *nm* **(QCH) (Ch)** **goitre**
[= bocio]

Las principales afecciones de la glándula tiroides son el bocio vulgar o coto y el
bocio exoftálmico.

(Ibíd.,1435)

coyote *nm* **(NAH)**
* 1. **coyote** **coyote**

2. **coyote** *fam* **(M)** **guide for would-be illegal inmigrants**
[= guía para los inmigrantes clandestinos] **to the US from Mexico**

Polleros: 14 Capturados [titular]
...ayer se logró la captura de 14 «coyotes» en las cercanías de Puente Negro.
(Excelsior, México, 18-7-87:1)
(Véase **pollero**)

criollo, -a *adj* y *nmf* **(PORT)**
* 1. **criollo** *Hist.* **children of early European**
settlers in Latin America

Desde su origen, los hijos de los españoles nacidos en México, los llamamos
criollos, se sintieron distintos a los europeos...

(O. Paz, M, 1979:54)

2. **criollo** **native;**
[= indígena; castizo] **local (Argentinian, Mexican, etc.)**

Hijo del país y, más particularmente el nativo auténtico. Originariamente, esta
voz designaba a los naturales del país hijos de españoles. Hoy se aplica, por
extensión, a la costumbre, indumentarias, alimentos, etc., propios de la gente
criolla...

(D. Abad de Santillán, A, 1976:118)

cristero, -a *Hist adj* y *nmf* **(M)** **religious revolutionary (1926-1929)**

En Jalisco, Michoacán..., estados occidentales, campesinos fanáticos encabezados
por sacerdotes conservadores se lanzaron a la guerrilla con el grito de «¡Viva Cristo
Rey!», mismo que les dio el nombre de cristeros.

(A. Riding, M, 1985:66)

crudo *nm* **(Pe)** **sackcloth**
[= arpillera]

Los vio: imprimían, en mimeógrafos ocultos bajo crudos y cajones, los comunicados
que les hacía llegar la jefatura...

(M. Vargas Llosa, Pe, 1984:223)

cruza *nf*   **cross; hybrid**
  [=cruce]

... esta **cruza** de bizantinos y terroristas.

(E. Sábato, **A**, 1975:128)

...asoció este lugar... con el perro, hijo de todas las **cruzas**...

(C. Fuentes, **M**, 1969:359)

cuadra *nf*   **(city) block**
  [=manzana]

...que vivían en la segunda **cuadra** de la calle Cienfuegos.

(J. Donoso, **Ch**, 1983:163)

cuadrar *vb* **(Pe)**   **to park**
  [=aparcar]

En los países de Hispanoamérica no se dice «aparcar» sino «estacionar» en algunas
partes y «**cuadrar**» en otras.

(M. A. Asturias, **G**, 1972:336)

¿cuál?/¿cuáles? *pron inter* **(M) (Pe) (V)**   **which; what**
  [=¿qué?]

—Pero, se pierde la salida...
—¿**Cuál** salida?

(M. Vargas Llosa, **Pe**, 1968:123)

—¿**Cuáles** crímenes quiere que le denunciemos, los nuevos o los viejos?

(J. M. de Mora, **M**, 1983:37)

Santiago era el primer marido, ya muerto, y el primer hijo, ya viejo... ¿Con **cuál**
Santiago hablaba?

(A. Uslar Pietri, **V**, 1980-170)

cuartelazo *nm*   **military uprising; putsch**
  [*f*] [=sublevación; pronunciamiento]

El **cuartelazo** del ejército chileno y la muerte violenta de Salvador Allende han sido
acontecimientos que, una vez más, han ensombrecido nuestras tierras.

(O. Paz, **M**, 1979:271)

cuarterón, -a *adj* y *nmf*   **quadroon; offspring of Spanish and mulatto**

*   ...había llamado la atención de Esteban por una finura de rasgos inhabituales en
una mujer sin traza... de **cuarterona**.

(A. Carpentier, **Cu**,1982:240)

cuate *nmf invar* **(NAH) (CAm) (M)**   **twin; friend; buddy**
  [=mellizo; amigo]

—Como los hombres, que somos todos **cuates**...

(C. Fuentes, **M**, 1969:191)

Lo último que se supo de ella fue que tuvo **cuates** *en Tlatlauqui y que murió uno de ellos...*

(R. Marín, **M**, 1967:12)

cuatí *nm* **(TUP)** (Véase **coatí**)

cuatrero *nm*   **rustler; cattle thief**

[*f*] *Los muertos de bala son iguales, en todas partes: en las guerras...; a campo a traviesa cuando el guarda rural alcanza con su plomo al* **cuatrero**...

(P. J. Vera, **Ec**, 1979:235)

Cuba *nf*   **Cuba**
*

cuba libre *nf*   **rum and coke/coca-cola**
*   *La veía recostada en el muelle lecho, bebiendo* **cuba libre**.

(F. Morales Pettorino, **Ch**, 1985, II:1479)

cubano, -a *adj y nmf*   **Cuban**
*

cucurucú/cucurrucú *nm*   **cockadoodledoo; cooing (of dove)**
[=cocoricó; quiquiriquí]

Quiquiriquí, cantó del gallo.

(*Americanismos. Diccionario Ilustrado Sopena*, 1982)

Uso camisa deshonesta, sin ser jugador de tenis, para lucir los pechos de **cucurrucú**...

(M. A. Asturias, **G**, 1970:162)

cuchepo *nm* **(Ch)**   **legless person; his cart**
[=persona sin piernas; su carrito]

El chófer iba a parar frente a un mendigo cortado de la cintura para abajo, un **cuchepo** *con el calañés torcido sobre un ojo, que desde encima de su patín pedía limosna.*

(J. Donoso, **Ch**, 1986:10)

...organizaron una carrera de **cuchepos** *en la bajada del cerro San Cristóbal.*
(F. Morales Pettorino, **Ch**, 1985, II:1486)

cueca *nf* **(A) (B) (Ch) (Col) (Pe)**   **traditional type of dance;**
[=baile chileno]   **national dance of Chile**

...un gramófono desgrana una **cueca** *a grito pelado...*

(M. Delibes, **Esp**, 1956:152)

cuerear *vb* 1. **to skin an animal**
2. **to whip**

Desollar, quitar el cuero o piel a un animal.

(D. Abad de Santillán, **A**, 1976:122)

cueriza *nf* **beating (especially with whip)**
[= **paliza** (*esp* con látigo)]

*...lo hace porque no le he dado lo que merece, una **cueriza** para que deje la mala costumbre de mentir...*

(M. J. Tejera, **V**, 1983, I:310)

cuero *nm fam* **(Ant) (V)** **prostitute**
[= **puta**]

*...y a los quince días teníamos el barrio lleno de borrachos, **cueros** de la peor ralea...*

(P. Vergés, **RD**, 1980:338)

cuicos *nmpl fam* **(M)** **cops; «fuzz»; «pigs»**
[= **policías**]

—*Los **cuicos** tenían rodeado el coche.*

(C. Fuentes, **M**, 1978:258)

cuitlacoche **(NAH)** (Véase **huitlacoche**)

cumanagoto, -a *Hist adj* y *nmf* **(ARW)** **Caribbean Indian tribe and language**

* *...dialecto caribe de los **cumanagotos**.*

(*Diccionario de la Real Academia Española*, 1984)

cuña *nf fam* **influence; contacts**
[= **enchufe**]

*Pedro tiene buenas **cuñas** para conseguir el empleo.*

(C. E. Kany, 1960:70)

cuota (carretera de) *nf* **toll (road/freeway);**
[= **carretera de peaje**]) **(US) turnpike**

*Un trágico accidente se registró en la madrugada sobre la **carretera de cuota** de Apaseo a Irapuato... al chocar un autobús... y un trailer sin señales que se encontraba estacionado...*

(*Novedades*, México, 30-12-70:15)

curanto *nm* **(Ch)** **traditional stew of shellfish and meats cooked in 'oven' of hot stones**

Comida típica de algunas provincias del sur de Chile y especialmente de Chiloé que se hace dentro de un hoyo con piedras calientes.

(F. Morales Pettorino, **Ch**, 1985, II:1543)

curare   *nm* **(CAR)**   **curare**

*   *Algunos mojan en el* **curare** *los vértices forrados de algodón de los virotes...*

(M. Vargas Llosa, **Pe**, 1983:299)

curco   *nm* **(?QCH) (Ch)**   **hump; hunchback**
[= joroba; jorobado]

Un profesor de educación física, de esos que enderezan **curcos**.

(F. Morales Pettorino, **Ch**, 1985, II:1545)

curcucho   *nm* **(?QCH) (S)**   **hunchback**
[= jorobado]

Haciendo de tripas corazón y con más valor que un **curcucho** *se decidió.*

(R. González Montalvo, **S**, 1977:51)

curcuncho   *nm* **(?QCH) (Ch) (Ec) (Pe)**   **hump; hunchback**
[= joroba; jorobado]

La Dominga se casó con un **curcuncho** *feo... pero harto buena gente el pobre hombre...*

(F. Morales Pettorino, **Ch**, 1985, II:1545)

curda   *adj y nmf fam* **(A)**   **drunk**
[= borracho; borrachera]

También suele aplicarse al borracho: un **curda**. *Tanto esta voz como curdela son empleados popularmente en España y en varios países hispanoamericanos.*

(D. Abad de Santillán, **A**, 1976:124)

...donde una noche alguien medio **curda** *le había contado anécdotas del payador Betinoti...*

(J. Cortázar, **A**, 1970:267)

curiara   *nf* **(CAR) (V)**   **dug-out canoe**
[= canoa pequeña]

La **curiara**, *como el ataúd flotante, siguió agua abajo.*

(J. E. Rivera, **Col**, 1978:98)

curita   *nf*   **bandaid/bandaid**
[= esparadrapo]

Las medicinas —cafiaspirinas, mentolato, **curitas**, *vendas, tela adhesiva y nada más— se expenden en las tres... tiendas...*

(M. Mejido, **M**, 1984:307)

cuy(e)   *nm* **(QCH) (Ch) (Pe)**   **species of guinea pig; cavy**
[= conejillo de Indias]

—En Cajamarca la gente come **cuyes**... *Los sirven con uñas, ojitos y bigotes. Son igualitos que las ratas.*

(M. Vargas Llosa, **Pe**, 1983:145)

CH

chabacano *nm* **(M)**   **apricot**
[=albaricoque]

«Me gusta el chabacano» (el chabacano... es el albaricoque).

            (A. Rosenblat, **V**, 1970:11)

chacarero, -a *adj y nmf* **(A) (Ch) (Pe) (Ur)**   **smallholder;**
[=granjero]   **small landholder**

Hablé mucho con gentes de la zona: agricultores, chacareros, peones, propietarios...

            (E. Mallea, **A**, 1970:203)

(sandwich) chacarero *adj* **(Ch)**   **steak and salad sandwich**

Le alcanzaron [los billetes de cien pesos] *para invitar numerosos jarros de borgoña y una corrida de sandwiches chacareros.*

            (J. Edwards, **Ch**, 1967:211)

Chaco *nm* **(TUP)**   **the Chaco; desolate lowland area on the borders**
*   **of Paraguay, Bolivia and Argentina**

...en la infinita y honda arena del Chaco.

            (A. Céspedes, **B**, 1969:226)

chacra *nf* **(QCH) (A) (B) (Ch) (Pe) (Ur)**   **farm; smallholding**
[=granja]

En el centro de la mesa había claveles blancos.
—Me los trajo la Chepa, son de la chacra.

            (J. Donoso, **Ch**, 1983:164)

chagra *nmf* **(QCH) (Ec)**
  1. **chagra** *nf*   **farm**
     [=granja]

  2. **chagra** *nmf*   **peasant**
     [=campesino]

Los chagras acudieron entonces sin recelo..., se gastaron sus realitos en aguardiente...

            (J. Icaza, **Ec**, 1969:74)

chalupa *nf* **(M)**   **torta with sauce**

*Lo mismo sucede con los tacos, las quesadillas, las **chalupas** y en general las fritangas a que tan aficionados somos los descendientes de Cortés y la Malinche.*
(M. A. Almazán, **M**, 1983:104)

chamaco, -a *nmf fam* **(CAm) (M) (Ec)**   **kid**
[=**chiquillo; chaval**]

*Algunos **chamacos** se unen al organillero y cantan canciones tradicionales...*
(C. Fuentes, **M**, 1969:170)

*Mi padre no nos dejaba jugar con otros **chamacos**...*
(O. Lewis, **M**, 1967:3)

chamal *nm* **(MAP) (A) (Ch)**   **wrap-around cloth worn by Araucanian Indians to cover from waist to knee**

Túnica de lana gruesa y de color oscuro que usan las mujeres mapuches. Cuelga de los hombros y por delante se ajusta cargando un lado sobre el otro y atándolo con un cinturón.
(F. Morales Pettorino, **Ch**, 1984, I:986)

chamarra *nf* **(M)**   **jacket; blouson**
[=**cazadora**]

*Un indio con **chamarra** azul eléctrico y huaraches...*
(C. Fuentes, **M**, 1969:208)

chamba *nf fam* **(M)**   **work; job**

*Después... soltó enumerando las **chambas** que había perdido...*
(A. Azuela, **M**, 1979:244)

champa *nf* **(NAH) (N) (S)**   **shed; tent**
[=**tienda de campaña; cobertizo**]

*A veces nos juntábamos en la tarde allí en la fila, en la **champa** de Rodrigo, que era muy ameno para platicar...*
(O. Cabezas, **N**, 1982:146)

chancaca *nf* **(?QCH)**   **brown sugar cake**

Tabletas hechas del melado de la caña de azúcar. Suele agregársele maní quebrado.
(D. Abad de Santillán, **A**, 1976:130)

chance *nm* **(a veces** *nf***) (FR)**   **opportunity**
[=**oportunidad**]

*—Supongo que algún día a lo mejor cojo otro **chance**.*
(P. Vergés, **RD**, 1980:35)

*...no podía hacer otra cosa. No me daba **chance** para nada.*
(M. Vargas Llosa, **Pe**, 1968:305)

*Pensé en un par de **chances** y elegí la más difícil.*
(E. Galeano, **Ur**, 1975:178)

chanchada *nf*   **dirty trick**
[=canallada]

*Me hizo una **chanchada**.*
(C. E. Kany, 1960:102)

*...¿acaso creés que la humanidad no es una pura **chanchada**?*
(E. Sábato, **A**, 1969:42)

chanchito, -a *adj* y *nmf fam* **(Ch)**   **darling**
[=cielito, etc...]

chancho *nm*   **pig**
[=cerdo]

*Los **chanchos** y las gallinas entraban y salían de la casa.*
(E. Galeano, **Ur**, 1975:207)

changa *nf* **(PORT) (A) (Ur)**   1. **odd job**
                                 2. **joke**

*—¡Y de qué te reís, tarado! Se ve que para vos es una **changa**...*
(O. Dragún, **A**, 1967:14)

changador *nm* **(PORT) (A) (B) (Ur)**   **odd job man; casual worker**

*...777 albañiles, 1 avicultor, 25 **changadores**, 1 costurera...*
(*Panorama*, Buenos Aires, 20-5-69:36)

changarro *nm* **(M)**   **small shop**
[=tiendecita]

*...niñas pequeñas corrían y se detenían en el **changarro** de don Julián.*
(R. Garibay, **M**, 1982:51)

chao (Véase **chau**)

chapa *nf*   **lock**
[=cerradura]

*—Suponte tú, romper las **chapas** de una... una puerta...*
(A. Rabanales y L. Contreras, **Ch**, 1979:411)

chaparro, -a *adj*   **very short (person)**
[ʃ] [=bajito]

—*Es muy tenorio... Y como es guapito y* **chaparrito** *le saca a una la ternura.*
(C. Fuentes, **M**, 1978:77)

*Entonces cuando vos mirás centenares de indígenas marchando así, serios, mujeres,
niños, viejos, gordos,* **chaparros,** *altos, fuertes...*
(O. Cabezas, **N**, 1982:53)

chapear *vb*   **to clear the land**
[=limpiar la tierra]

—*Les he dicho que hace falta* **chapear,** *que la hierba se está comiendo el sembrao
de papa...*
(A. Estorino, **Cu**, 1964:82)

chapopote *nm* **(CAR) (M)**   **bitumen; pitch**
[=pez, la]

...techo negro, de láminas de cartón y **chapopote***...*
(R. Garibay, **M**, 1982:96)

chapulín *nm* **(NAH) (M)**   **large grasshopper;**
[=saltamontes; langosta]   **locust**

Se ha subido allí para que no le brinquen a la cara los **chapulines.**
(J. Rulfo, **M**, 1967:48)

charango *nm* **(B) (Ch)**   **small guitar made from armadillo shell**
[=pequeña guitarra hecha
de caparazón de armadillo]

Acompañados por el **charango,** *sentados en el suelo, cantaron...*
(A. Céspedes, **B**, 1969:148)

charapa **(Pe)**
  1. **charapa** *nf*   **small turtle**

    Pronto aparecerían las **charapas** *varadas en la arena, los rugosos pescuezos
    estirándose hacia el cielo, los ojos llenos de asfixia y de legañas, y habría que
    hacer saltar sus conchas con el filo del machete...*
    (M. Vargas Llosa, **Pe**, 1983:153)

  2. **charapa** *nm fam*   **jungle dweller**

    ¡Ah...! Era el exasperante **charapa,** *con grave gesto de ironía, que apenas podía
    contener la risa.*
    (S. Cavero Galimidi, **Pe** [s.f.]:188)

charol(a) *nmf* **(PORT)**   **tray**
[=bandeja]

*El doctor Ávila Puig vio, en la mesa situada junto a la consola, una **charola** con vasos.*

(L. Spota, **M**, 1981:242)

charqui *nm* **(QCH)**   **jerked meat; (US) jerky**
[=carne salada]

*...además de unos pedazos de salchichón, algo de longaniza, restos de **charqui**...*

(J. Edwards, **Ch**, 1978: 122)

charro *nm* **(M)**
1. **charro**   **the typical clothing of Mexican horsemen (including wide-brimmed hat)**

*Vieron las cosas gratis como los paseos de **charros** en Chapultepec los domingos.*

(C. Fuentes, **M**, 1981:113)

2. **charro** *nm*   **a person dressed in this way, e.g. singers and musicians**

*...se pasean por Acatlipa... imitando a los **charros**, acinturando a las mujeres, guitarra en mano.*

(E. Poniatowska, **M**, 1983b:263)

3. **charro** *adj y nm*   **nickname for Mexican**

*En el mejor estilo **charro**.*

(*Cambio 16*, Madrid, 16-10-77:51)

charrúa *adj y nmf invar* **(A) (Ur)**   **Uruguayan (named after Indian tribe)**
[=sinónimo de uruguayo]

*Pero a ella le gusta el **Charrúa**...*

(M. Puig, **A**, 1968:249)

chasca *nf* **(QCH) (A) (B) (Ch) (Pe) (Ur)**   **mop of hair; thick head of hair**
[=pelo enmarañado]

*Era muy alto, Mañungo, rara estampa para un chilote, el único en el gentío que lucía una **chasca** hasta los hombros...*

(J. Donoso, **Ch**, 1986:262)

chascón, -a *adj* **(Ch)**   **(with) long, unkempt (hair)**

*...mientras Matilde, con una peineta verde adquirida para este pasatiempo, le esponjaba la melena **chascona** como la suya...*

(J. Donoso, **Ch**, 1986:13)

chasís *nm* **(FR)**   chassis
  [= chasis]

Requisitos para la importación de chasís...
(F. Morales Pettorino, Ch, 1985, II:1034)

chasqui *Hist nm* **(QCH)**   **(Inca) foot messenger**
  [= mensajero (inca)]

*Mientras reanudábamos la marcha, se mandó un **chasqui** para el pueblo, a fin de que viera al carnicero...*
(R. Güiraldes, A, 1973:203)

*...trajeron... a un blanco vestido de **chasqui**...*
(M. Vargas Llosa, Pe, 1983:269)

chasquilla(s) *nf(pl)* **(QCH) (A) (B) (Ch) (Pe) (Ur)**   fringe
  [= flequillo]

*Uno de estos caballeros, gordos y con **chasquillas**.*
(J. Donoso, Ch, 1983:56)

chato, -a *adj* **(Ch) (Pe)**   **short (in stature)**
  [= bajito]

*Ahora, el **Chato** Ubilluz lo señalaba...*
(M. Vargas Llosa, Pe, 1984:137)

chau/chaucito *interj fam*   **bye; ciao; see you**
*   [= hasta luego]

*—Llámame pronto. **Chau**, Raba.*
*—**Chau**.*
(M. Puig, A, 1970:151)

chaucito. *Diminutivo de **chau,** saludo al que agrega un matiz afectivo, de ternura.*
(D. Abad de Santillán, A, 1976:137-138)

chaucha *nf* **(QCH)**
  1. **chaucha** **(A) (Ch) (Ec) (Pe)**   **early potato**

Papa temprana y menuda.
(F. Morales Pettorino, Ch, 1985, II:1037)

  2. **chaucha** **(A)**   **early bean**
  [= haba temprana]

*A la noche el menú cambió por guiso de pollo, avena, puré y **chauchas,** pan lactal, y la taza de café con leche.*
(D. Kon, A, 1983:126)

3. **chaucha** (A) (Ch) (Pe)   small coin; penny
[=moneda de poco valor]

...y sacando una sucia mano del bolsillo la extendió hacia delante.
*—Dame unas **chauchas** —dijo—. Necesito ir al Callao.*

(J. Ramón Ribeyro, **Pe**, 1973:106)

chaufa *nf* (CHINO)   Chinese fried rice
[=arroz frito a la china]

*La enfermera les consiguió platos y cubiertos, conversó con ellos y hasta probó un poquito de arroz **chaufa**.*

(M. Vargas Llosa, **Pe**, 1972:556)

chavalo, -a *nmf fam* (N)   kid
[=chico; chaval]

*Cuando **chavalo**, en mi barrio había una cantina que era de una señora gorda...*

(O. Cabezas, **N**, 1982:11)

chaveta *nf* (Ch) (Pe)   knife
[=navaja]

*...me pusieron una **chaveta** en el pescuezo, amenazándome con matarme si no les daba todo lo que tenía.*

(M. Vargas Llosa, **Pe**, 1984:62)

*...fue atacado a **chavetazos** por un delincuente...*

(*El Comercio*, Lima, 21-10-68:19)

chavo, -a *nmf fam* (M)   guy
[=chico; tío]

*...si algún día me llegan a hacer algo, habrá otros **chavos** que se pongan en huelga de hambre por mi libertad.*

(E. Poniatowska, **M**, 1983b:123)

¡che!/¡ché! *interj fam* (A) (B) (Ur)   Hey!; Wow!
[=¡oiga!; ¡vaya!]

Expresión familiar, cariñosa, para llamar la atención de alguna persona. También se usa como vocativo.

(D. Abad de Santillán, **A**, 1976:138)

*—**Ché**, vos, no te hagás el distraído.*

(O. Dragún, **A**, 1967:130)

*...y mi marido (**che**, no me acostumbro todavía a decir mi marido).*

(M. Puig, **A**, 1970:140)

*Sólo entonces formulé la pregunta más lógica: «**Ché**, ¿total te casaste con Isabel?»*
(M. Benedetti, **Ur**, 1974:16)

*—A vos te pasa algo, **che**.*

(E. Sábato, **A**, 1975:297)

119

chele, -a   *adj* **(NAH) (H) (N) (S)**   **blond(e)**
[=rubio]

chele. Hombre de ojos azules y cabello rubio.

(C. Lars, **S**, 1977:210)

chequera   *nf* **(M) (V)**   **chequebook**
[=talonario de cheques]

Las nuevas chequeras del Banco Provincial.

(M. J. Tejera, **V**, 1983, I:336)

chévere   *adj fam* **(?AFR)** *esp* **(Col) (V)**   **great; terrific**
[=estupendo]

...eran unos viejos... chéveres, ¿ves?

(A. Rosenblat, **V**, 1979:170)

Gracias, linda. Todo muy chévere.

(A. Albalucía, **Col**, 1984:126)

México es una especie de foco nivelador: desde México hacia Venezuela y otras regiones del Caribe, o viceversa. Un ejemplo que me gusta destacar al respecto es la extensión, desde los años treinta, de chévere, un africanismo del estribillo de una conga cubana que se expandió por toda nuestra área con las alegres notas de su música...

(A. Rosenblat, **V**, 1978:112)

chibcha/chibcha   *adj y nmf*   **Chibcha (Indian/language)**
*

chicano, -a   *adj y nmf*   **Chicano**

*   *...norteamericano de origen mexicano. El término es aféresis de* **mechicano,** *forma hipocorística de* **mexicano.**

(J. Mejía Prieto, **M**, 1984:47)

chicle   *nm* **(NAH)**   **chewing gum; chicle**
*

chico, -a   *adj*   **little; small**
[*f*] [=pequeño]

...en el centro de la pieza ridículamente chica...

(J. C. Onetti, **Ur**, 1981:226)

Fíjate que yo la he de haber conocido cuando era yo muy chica, pero siempre tuve yo intención ahora de irla a ver.

(J. M. Lope Blanch, **M**, 1971:130)

No era chico un salto tal y la justicia histórica exige que se contrapese con los excesos en que incurrió su régimen...

(F. Luna, **A**, 1972:92)

chico zapote   *nm* **(NAH)** (Véase **zapotillo**)

chicote   *nm*   **whip**
[= látigo]

En el Perú y el resto de Hispanoamérica se usa chicote por azote, látigo.
(M. Hildebrandt, **Pe**, 1969:129)

chicha   *nf* **(ARW)**   **fermented maize/(US) corn drink**
[= bebida de maíz fermentado]

...perdieron su tiempo inútilmente, noche tras noche, bebiendo chicha y cantando hasta el amanecer.
(J. M. Arguedas, **Pe**, 1973:45)

chícharo   *nm* **(M)**   **pea**
[= guisante]

chicharra   *nf* **(M)**   **electric (desk) buzzer**
[= zumbador]

Iba a sonar la chicharra para llamar a la secretaria.
(C. Fuentes, **M**, 1978:28)

chiche   *nm*
  1. **chiche (QCH) (A) (Ch) (Ur)**   **adornment; pretty thing**
    [= adorno]

    Las casas de venta de accesorios y las de chiches.
(F. Morales Pettorino, **Ch**, 1984, I:1064)

  2. **chiche**   *usu pl fam* **(NAH) (CAm) (M)**   **(woman's) breast(s)**

chichería   *nf* **(Pe)**   **chicha shop; bar**
[= tienda de chicha]

Oleadas de moscas volaban en las puertas de la chichería.
(J. M. Arguedas, **Pe**, 1973:44)

chichimeca   *Hist adj y nmf invar* **(NAH)**   **Chichimeca (Indian)**

...los toltecas cayeron víctimas de tribus guerreras nuevas, conocidas indistintamente por chichimecas o «bárbaros».
(A. Riding, **M**, 1985:38)

chifa   *nm* **(CHINO) (Ch) (Pe)**   **Chinese restaurant**

A lo más que había llegado había sido... a ir una vez a comer al chifa y luego al cine...
(M. Vargas Llosa, **Pe**, 1972:596)

...«*los* **chifas** *de la calle del Capón, esos restaurantes en donde se ofrece la esencia del pato o de la gallina, o del chancho entre ramitas y salsas colocadas en frágiles tazas de porcelana»...*

(E. González-Grano de Oro, Esp, 1983:203)

chiflar   *vb*   **to whistle**
[*f*]   [=silbar]

...*el Fifo comenzó a* **chiflar** *con los dedos hinchando el labio inferior...*

(C. Fuentes, M, 1969:187)

chiflido   *nm*   **whistle**
[=silbido]

Gabriel lanzó un **chiflido** *agudo...*

(C. Fuentes, M, 1969:181)

chigüín   *nm* **(H) (N) (S)**   **kid**
[=chiquillo]

Entonces nosotros los llamábamos para que se acercaran y los **chigüines** *eran los primeros en llegar, los cipotitos pequeños, pues...*

(O. Cabezas, N, 1982:56)

chihuahua   *nm* **(NAH)**   **chihuahua**

*   ...*a mi cuñado le mataron su* **chihuahua**, *un animalito carísimo.*

(M. Vargas Llosa, Pe, 1972:18)

chilca   *nf* **(QCH) (Ch)**   **Magellan fuchsia**
                                                                 (Fuchsia magellanica)

...*la* **chilca** *es una de las más bellas representantes de la familia Onagraceae que crece en el sur de Chile.*

(F. Morales Pettorino, Ch, 1985, II:1074-5)

chilco   *nm* **(MAP) (A) (Ch)**   **wild fuchsia**

Arbusto que crece en la cordillera Andinopatagónica-fuegina, al que se le conoce con el nombre de Jazmín del pago. Sus flores tienen forma de campanilla.

(F. Coluccio, A, 1985:66)

Vienen goteando como si llorasen, los rojos y los blancos copihues, los **chilcos** *de escarlata y amatista.*

(F. Morales Pettorino, Ch, 1985, II:1075)

chile   *nm* **(NAH)**   **pepper; capsicum**
[*f*]   [=pimienta]

Nos iba fiando y apuntaba en una libreta desde los **chiles,** *la sal y el petróleo hasta los cuartillos de maíz.*

(E. Poniatowska, M, 1983b:241)

Chile   *nm* **(?AYM)**   **Chile**
*

chileno, -a   *adj* y *nmf*   **Chilean**
*

chilpayate, -a   *nmf fam* **(NAH) (M)**   **kid**
  [= chiquillo]

  Mexicanismo sumamente común para designar al niño de corta edad.
  (J. Mejía Prieto, **M**, 1984:51)

  *...aunque fuera una **chilpayata**...*
  (E. Poniatowska, **M**, 1972:242)

china   *nf* **(QCH) (A) (Ch)**   **Indian woman; servant**
  [= india; criada]

  *Por mi parte no la perdía de vista ni un momento. ¡Qué **chinita** más linda...!*
  (R. Güiraldes, **A**, 1973:153)

  *...es un tango triste, porque cuando se muera la **china** el gaucho se queda solo con el caballo ...*
  (M. Puig, **A**, 1970:160)

chinampa   *nf* **(NAH) (M)**   **man-made island on lakes**

  Terreno de poca extensión, en las lagunas vecinas a la ciudad de México, donde se cultivan verduras y flores... Tales huertos y jardines fueron en un principio flotantes...
  (J. Mejía Prieto, **M**, 1984:52)

  Las únicas que quedan ahora en México están en los jardines de Xochimilco, donde turistas y capitalinos pasean en barcas barrocamente engalanadas...
  (*Cambio 16*, Madrid, 19-4-82:129)

chinchilla   *nf* **(AYM)**   **chinchilla**
*   *Dentro de seis años el Perú tendrá el más importante criadero de **chinchillas** del mundo con una población de cien mil animales...*
  (*El Comercio*, Lima, 21-10-68:5)

chinchorro   *nm*
  1. **chinchorro**   **(Ch) (V)**   **hammock**
     [= hamaca]

     *Habitualmente él estaba echado en un **chinchorro** cantando a media voz...*
     (S. Garmendia, **V**, 1982:84)

2. **chinchorro** (M) **net**
   [= red]

   *Terminó la jornada pasado el mediodía. Con el **chinchorro** conteniendo algunos kilos de pescado se dirigió a la casa de su mamá.*

   (C. Isla, **M**, 1981:136)

chinchulines *nmpl* (QCH) (A) (B) (Par) (Ur) **tripe**
[= callos]

chingado, -a *vulg* (CAm) (M)
   1. **chingado, -a** *adj vulg* **screwed (up); lousy;**
      [= jodido] **bloody** *(vulg)*

      *Me reparo en mi **chingada** suerte —mascullaba el hombre...*
      (R. González Montalvo, **S**, 1977:245)

      *Lo **chingado** es lo pasivo, lo inerte ya abierto, por oposición a lo que chinga, que es activo, agresivo y cerrado.*

      (O. Paz, **M**, 1969:70)

   2. **hijo de la chingada** *nm* **son of a bitch;**
      [= hijo de puta] **bastard**

      Si se compara esta expresión con la española, «hijo de puta», se advierte inmediatamente la diferencia. Para el español la deshonra consiste en ser hijo de una mujer que voluntariamente se entrega, una prostituta; para el mexicano, en ser fruto de una violación.

      (*Ibid.*, 72)

      *...la **Chingada** es la madre violada.*

      (*Ibid.*, 77)

      *—Oye, Luis, ... estos **hijos de la chingada** me tienen aquí encerrado.*
      (J. Agustín, **M**, 1974:23)

      *La **chingada** es otra representación mexicana de la maternidad, una figura mítica que ha sufrido la vejación metafórica que le da nombre. Históricamente se simboliza por la Malinche, amante indígena de Cortés que traicionó a su pueblo al engendrar la nueva raza mestiza.*

      (L. M. Grimes, **M**, 1978:77)

      (Véase también **Malinche**)

   3. **¡vete a la chingada!** **Go to hell!**
      [= ¡vete al diablo/cuerno!]

   4. **¿qué/cómo** (etc.) **chingados...?** **What** (etc.) **the hell...?**

      *En un alto de la calle Insurgentes se pregunta: «¿qué **chingados** me habrá pasado?»*

      (G. Careaga, **M**, 1984:82)

chingana *nf* **(QCH) (A) (B) (Ch) (Ec) (Pe) (Ur)**   **(low) dive; cheap bar**

*«...se llama **chingana** una tienda, generalmente pequeña y pobre, donde se venden artículos diversos, incluidos comestibles y bebidas alcohólicas.»*

(M. Hildebrandt, **Pe**, 1969:132-133)

chingar *vb tabú vulg esp* **(M)**   **to fuck** *taboo*;
[=joder]   **to screw** *vulg*; **to annoy**

*La fórmula institucional «¡**chinga** tu madre!», por ejemplo, es a la vez la injuria más común y la más áspera que se puede lanzar contra el objeto de la ira.*

(L. M. Grimes, **M**, 1978:75)

El verbo denota violencia, salir de sí mismo y penetrar en otro. Y también herir, rasgar, violar —cuerpos, almas, objetos—, destruir.

(O. Paz, **M**, 1969:70)

En México, los significados de la palabra son innumerables. Es una voz mágica. Basta un cambio de tono, una inflexión apenas, para que el sentido varíe.

(Ibíd., 69)

*—No te dejes **chingar**.*
*—Me **chingué** a esa vieja.*
*—**Chinga** tú.*
*—**Chingue** usted.*

(C. Fuentes, **M**, 1967:144)

—¿Cómo está tu papá?...
*—**Chingando** a tu madre...*

(Ibíd., 1978:255)

*Las agresiones van a venir... y si no estamos unidos, nos van a **chingar**.*

(E. Poniatowska, **M**, 1983b:191)

chingón, -a *adj* y *nmf fam* **(M)**   **boss; big shot, exploiter**

*El «**chingón**» es el que rompe las reglas establecidas, el que emplea la violencia con éxito para alcanzar sus metas... El que «chinga» lo hace ilícitamente, contra la voluntad de su víctima —el «chingado».*

(L. M. Grimes, **M**, 1978:87)

*«**Chingón**» es un término repleto de ambivalencia. Por un lado designa a aquel que supera a los demás en astucia y crueldad, al malvado que alcanza sus metas siendo más listo y despiadado que sus rivales. Debido al acondicionamiento histórico, la mente popular concibe del éxito social, económico y político en términos del fraude, el engaño de víctimas inocentes y la superación o destrucción violenta de los competidores. El que triunfa en la vida es aquel que de alguna manera ha cumplido con el requisito de abusar de los demás, el que «chinga al que se deje». Tal individuo, junto con las cualidades negativas por medio de las cuales ha logrado el éxito, se vuelve objeto de admiración y envidia, pero al mismo tiempo es odiado y temido...*

(Ibíd., 91)

*Nada es más admirado en México que el gran **chingón**.*

(C. Fuentes, **M**, 1969:111)

chinita *nf* **(QCH)**
1. **chinita** **maid; servant**
[=criada]

...*para sus excursiones amorosas. Al principio con las* **chinitas,** *después con las iguales, las hermanas de sus amigos, aquella clase de chicas con la que es posible... casarse.*

(J. C. Onetti, **Ur**, 1968:238)

2. **chinita (Ch)** **ladybird;**
[=mariquita] **(US) ladybug**

El combate contra las plagas del pulgón del trigo, mediante los enemigos naturales tales como la **chinita** *y las avispas.*

(F. Morales Pettorino, **Ch**, 1985, II:1100)

chino
1. **chino, -a** *nmf* **(QCH) (A) (B) (Ch) (Pe) (Ur)** **Indian; servant**

Persona de origen indio, mestizo o plebeyo.

(*Ibíd.,* 1101)

2. **chino** *nm* **(M)** **curl**

chiquillada *nf fam* **kids; group of children**
[chiquillos]

...*y lo que fue al principio algo maravilloso entre la* **chiquillada** —*mi bicicleta de ruedas de hule*— *acabó siendo tan común y corriente como los burros.*

(C. Lars, **S**, 1977:125)

chiquito, -a *adj fam* **small; little; tiny**
[*f*] [=pequeño]

—*Al final conseguimos hacer una posición,* **chiquita** *pero linda.*

(D. Kon, **A**, 1983:138)

chirimoya *nf* **(?QCH)** **custard apple**
* ...*perfumada, oliendo a* **chirimoya**...

(A. Albalucía, **Col**, 1984:189)

chirimoyo *nm* **(?QCH)** **cherimoya; custard apple tree;**
* **(Annona cherimola)**

chiripá *nf* **(QCH) (A) (B) (Ch) (Ur)** **kind of blanket worn**
as trousers by gauchos

Manta de tela de lana... de forma cuadrilonga, que, pasándose por entre los muslos y sujeta a la cintura por una faja o por el tirador, hacía las veces de pantalón. Fue prenda de la indumentaria clásica del gaucho, que la tomó del aborigen.

(D. Abad de Santillán, **A**, 1976:146)

*Su **chiripá**, por entre cuyas pliegues se veían los calzoncillos de tocuyo, tenía unas borlas rojas...*
(L. Durand, **Ch**, 1973:16)

¡chita(s)! *interj fam* **(Ch)**   **Wow!**
   [= ¡caramba!]

*«Atinó a decir: ¡**chitas** me pillaron! Fue detenido y pasó al calabozo.»*
(F. Morales Pettorino, **Ch**, 1985, II:1116)

chiva *nf* **(Col) (Pan)**   **small bus; collective bus**

*A los coches de viajeros, los panameños les llaman **chivas**.*
(E. González-Grano de Oro, **Esp**, 1983:218)

chivato *nm fam* **(V)**   **prominent person**
   [= persona importante]

*...acaban de descubrir la pólvora al darse cuenta o tomar conciencia, como dicen los **chivatos**, de las principales fallas y carencias de un país...*
(M. J. Tejera, **V**, 1983, I:355)

choclo *nm* **(QCH) (A) (B) (Ch) (Ec)**   **maize; corn**
   [= maíz]

*...quebradizas y áureas hojas de **choclos**...*
(O. Reynosa, **Pe**, 1973:176)

choclón *nm fam* **(Ch)**   **crowd**
   [= muchedumbre]

*—Mira, al principio íbamos a ser un tremendo **choclón**, se inscribió toda la gente.*
(A. Rabanales y L. Contreras, **Ch**, 1979:405)

chocolate *nm* **(NAH)**   **chocolate; drinking chocolate**
*

chofer *nm* **(FR)**   **driver**
   [= chófer]

*Hubiera conseguido un trabajo de **chofer**, pero no tenía licencia.*
(O. Lewis, **M**, 1967:406)

cholo, -a *adj y nmf* **(QCH) (B) (Col) (Ec) (Pe)**   **(westernised) Indian;**
   [= mestizo (europeizado)]   **mestizo**

*...los miles de **cholos** e indios que... sudaron doce horas diarias...*
(M. Vargas Llosa, **Pe**, 1984:128)

127

chomba *nf* (ENG)   sweater; jumper; cardigan;
[=suéter]   woollen jacket

*Eran una parejita joven, ambos enfundados en vaqueros «Lee» y **chombas** claras.*

(*La Razón*, Buenos Aires, 7-2-69:8)

chompa *nf* (ENG)   sweater; jumper; cardigan;
[=suéter]   woollen jacket

[El vestido] *...era sin mangas y ella se ponía encima una **chompa** color canela. Se abrochaba sólo el último botón y, al caminar, las dos puntas de la **chompa** volaban al aire.*

(M. Vargas Llosa, **Pe**, 1968:139)

*En el Perú se llama **chompa** la prenda tejida que cubre el torso, ya sea abierta o cerrada, con mangas o sin ellas, con cuello alto o escote bajo, de lana o de cualquier otra fibra.*

(M. Hildebrandt, **Pe**, 1969:136)

chompipe *nm* (CAm)   type of turkey
[=pavo]

*—¡Ah! se refiere la señora a los **chompipes**, que son pavos plebeyos... los pavos reales son otra clase... pues nativos son los unos, y extranjeros los otros ...*

(J. M. López Valdizón, **G**, 1966:160)

chonchón *nm* (Ch)   lamp
[=lámpara]

*Encendieron dos **chonchones** en las mesas alrededor de la pista...*

(J. Donoso, **Ch**, 1979:125)

chongo *nm* (M)   bun (hair)
[=moño]

*Supo que eran monjas por el peinado restirado, de **chongo,** la ausencia de maquillaje...*

(C. Fuentes, **M**, 1978:16)

chonta *nf* (QCH)   peach palm (tree)
*   *...las copas entreveradas de las **chontas**...*

(M. Vargas Llosa, **Pe**, 1983:385)

*...mi taitico heredó el cargo y la vara de autoridad también... Era de **chonta**, con anillos de bronce...*

(G. A. Jácome, **Ec**, 1979:16)

chop/chopp *nm* (ALE) (A) (B) (Ch) (Ec)   (pint) beer glass; draught beer

El jarro de vidrio o de barro cocido, con asa, de algo menos de medio litro de capacidad, en el que se sirve la cerveza de barril.

(D. Abad de Santillán, **A**, 1976:149)

chopería   *nf* (ALE) (A) (Ch) (Véase también **schopería**)   **(beer) bar**

choro   *nm* (Ch) (Pe)   **mussel**
[=mejillón]

Ingredientes: 4 docenas de mejillones (choros)...

(*El Comercio*, Lima, 5-11-86:C3)

chúcaro, -a   *adj fam* (QCH) (A) (B) (Ch) (Ec) (Pe)   **wild; untamed**
[=bravío]

Era alto y esbelto, con anchas caderas de caballista que no deja un día sin saltar sobre un potro chúcaro o su fogoso caballo.

(L. Durand, **Ch**, 1973:104)

chueco, -a   *adj* (Ch)   **twisted; crooked**
[=torcido]

...espero que cuando haga caja no me venga con cuentas chuecas.

(F. Morales Pettorino, **Ch**, 1985, II:1156)

chuico   *nm* (MAP) (Ch)   **demijohn**
[=damajuana]

Volvió medio curado con una guitarra y un chuico de mosto.

(*Ibíd.*, 1158)

chulo, -a   *adj fam*   **beautiful; handsome**
[=guapo]

—¡Pimpis querida!
—¡Estás chulísima!

(C. Fuentes, **M**, 1969:310)

—Vente conmigo. Nada te faltará. Serás la reina de la costa y el mar. Una reina más chula que todas las reinas.

(A. Yáñez, **M**, 1962:236)

chullo/chullu   *nm* (QCH) (Pe)   **(Andean) woollen cap/headgear**
[=gorro de lana andino]

... miraban la cara recia del indio con chullo, poncho, ojotas...

(M. Vargas Llosa, **Pe**, 1972:128)

chuño/chuñu   *nm* (QCH) (A) (Ch) (Pe)   **dried/frozen potato;**
[=fécula de patata]   **potato starch**

Mi desayuno... consistía en un plato de sopa de carnero, con su mote, su papa, su chuño.

(*Visión Familiar*, Lima, 2-11-86:12)

chupe   *nm* **(QCH) (A) (B) (Ch) (Col) (Pe) (V)**   **stew**
[= cocido]

*Ana me ha hecho un **chupe** de camarones, y eso no me lo pierdo...*
                              (M. Vargas Llosa, **Pe**, 1972:15)

chupón   *nm* **(Ch)**   **baby's dummy/comforter;**
[= chupete]   **(US) pacifier**

*Recogió el **chupón** la vieja. Le limpió el polvillo y las pelusas y volvió a colocárselo
al pequeño en los labios.*
                        (F. Morales Pettorino, **Ch**, 1985, II:1175)

churrasco   *nm* **(PORT) (A) (B) (Ch) (Pe) (Ur)**   **barbecued steak**

*...me comí tres platos de sopa..., un **churrasco** con papas...*
                                    (D. Kon, 1983:70)

churro   *nm* **(A) (B) (Ch) (Pe)**   **attractive man/woman; «dish»**

*...para encontrar un **churro** hay que buscarlo como aguja, ya le iré echando el ojo
a alguno que valga la pena para que no te aburras mucho cuando vengas.*
                        (M. Vargas Llosa, **Pe**, 1974:71)

D

daiquiri/daiquirí *nm esp* **(Cu)**　　　　　　　　　**daiquiri (drink)**
[= cóctel]

　　—*¡Mozo! Un **daiquirí** para el señor...*

　　　　　　　　　　　　　　　　　(C. Fuentes, **M**, 1969:39)

　　—*...que me pongan una hilera de **daiquirís**...*

　　　　　　　　　　　　　　　　　　　　(*Ibíd.*, 323)

damasco *nm*　　　　　　　　　　　**apricot; apricot tree**
[= albaricoque]

　　*...como esos bichos que viven en los **damascos**...*

　　　　　　　　　　　　　　　　　(H. Hediger, 1977:223)

danta *nf*　　　　　　　　　　　　　　　　　　**tapir**

　　*...los Indios Piaroas no comen **Danta** (Tapir americano) por considerarla su animal*
　　ancestral...

　　　　　　　　　　　　　　　(M. J. Tejera, **V**, 1983, I:370)

de

1.　sust + **de mierda/porquería** *exp sust vulg*　　　**bloody; lousy; shitty** *vulg*

　　—*No me gusta que me tutees, **cholo de porquería** —dijo Alberto...*
　　　　　　　　　　　　　　　(M. Vargas Llosa, **Pe**, 1968:107)

　　—*Me duele este **diente de porquería**...*

　　　　　　　　　　　　　　　　　(J. Donoso, **Ch**, 1983:30)

　　*¡Qué te van a estar haciendo caso a vos, **vieja de mierda**!*

　　　　　　　　　　　　　　　　　　　　(*Ibíd.*, 29)

2.　Véase también bajo:　　　**flauta**　　　　**rato**
　　　　　　　　　　　　　　inmediato　　**seguido**
　　　　　　　　　　　　　　poco　　　　**siete**
　　　　　　　　　　　　　　　　　　　　tiro

3.　**de no** *conj*　　　　　　　　　　　　　　**otherwise; if not**
　　—*Dime si aceptas el cargo; **de no**, buscaré a otro.*

　　　　　　　　　　　　　　　　　(C. E. Kany, 1951:298)

[f] 4. **de que** *conj*   that (*esp* **after verbs of**
    [= que]   **saying, thinking,** etc.)

[Este uso se ha extendido muy rápidamente por Hispanoamérica y ahora lo está haciendo en España. Parece especialmente frecuente en Perú.]

(Véase C. E. Kany, 1951:353-354)

*En los últimos años está invadiendo nuestra habla culta —o lo que debiera serlo— un uso antes claramente restringido al habla inculta o vulgar: el empleo abusivo de la preposición **de** ante **que** en casos como «dice **de que** viene».*

(M. Hildebrandt, **Pe**, 1969:143)

*También tendríamos que subrayar la errónea utilización del dativo por el acusativo y viceversa en expresiones tales como: «Dice **de que**...», «Añade **de que**...» y otras similares, en lugar del simple «**que**», lo que indica una absoluta ignorancia en cuanto a la utilización de los diferentes tipos de verbos. Esto no extrañaría si sólo se tratase del vulgo, pero como es de uso común aún en documentos y discursos oficiales, es útil hacer hincapié en la necesidad de cuidar en nuestro léxico esas expresiones...*

(J. Muñoz Reyes, **B**, 1982:10)

*«Pensé **de que** eso era mejor.»*

(M. Hildebrandt, **Pe**, 1969:144)

*«Opino **de que** se ponga a votación.»*

(*Ibíd.*, 144)

*Así se comprueba **de que**...»*

(TV Peruana, marzo 1985 — Ministro del Gobierno)

*«Tuve conversaciones con Carter sobre este tema y mi opinión fue **de que** tenían que separarse tres tipos de derechos...»*

(*Cambio 16*, Madrid, 8-5-77:99 — José López Portillo, Presidente de México)

*«...es difícil **de que** se te pierda.*

(A. Rosenblat, **V**, 1979:247)

*...pero mi opinión personal es **de que**... esos problemas se deben básicamente a...*

(*Ibíd.*, 35)

*Aunque la creencia general es **de que** el futuro económico continuará siendo muy duro.*

(*Visión*, México, 20-4-81:50)

decir *vb*

1. **y no se diga**
   ya no se diga/ya no digamos
   ni se diga   **not to mention**
   [= y no digamos]

*Mi esposa es muy sensible, y en su estado actual si descubre esto, le haría una impresión tremenda. **Y no se diga** a mi madre.*

(M. Vargas Llosa, **Pe**, 1974:139)

*...creo que hay langostas y langostinos, pescado frito y al horno, pollo... y todo lo demás; frutas, **ya no se diga**...*

(A. Yáñez, **M**, 1962:41)

*Comprendía que si por algún motivo llegara a saberse en la colonia, todos los pescadores comparecerían como dueños. En cuanto a las autoridades, **ni se diga**, parecían zopilotes...*

(C. Isla, **M**, 1981:28)

2. **digo** *fam*   **Well...**
   [= **bueno (pues)**]

*—**Digo**, es que muchas veces molesta...*

(J. M. Lope Blanch, **M**, 1971:317)

3. **dizque** (Véase **dizque**)

decolaje *nm* **(FR) (Ch) (Col) (Ec)**   **take-off**
[= **despegue**]

*Piloto debió detenerse en pleno **decolaje**.*

(F. Morales Pettorino, **Ch**, 1985, II:1573)

decolar *vb* **(FR) (Ch) (Col) (Ec)**   **to take off**
[= **despegar**]

*...el anuncio de la radio...: ¡Atención!... Ha sido embarcado en un avión de la Fuerza Aérea, que en estos instantes está **decolando** con rumbo desconocido.*

(P. J. Vera, **Ec**, 1979:278)

delante

1. **delante mío/nuestro,** etc. *exp adv fam esp* **(A) (Ur)**   **in front**
   [= **delante de mí/nosotros,** etc.]   **of me,** etc.

En la Argentina es un uso que forma parte de la norma lingüística culta y se da entre los mejores escritores. También se encuentra, aunque con menos profusión, en Chile..., Bolivia, Ecuador, Santo Domingo, etc...

(A. Rosenblat, **V**, 1978:121)

*Una vez **delante mío**, le preguntó a un matrimonio mendocino...*

(M. Benedetti, **Ur**, 1968a:218)

*—Y una señora entró **detrás mío**, llevando a un chico del brazo. Prácticamente me empujó y se colocó **delante mío**, en la fila.*

(D. Kon, **A**, 1983:56)

2. **en mi/su,** etc., **delante** *exp adv fam*   **in front of me,** etc.
   [= **delante de mí**, etc.]

*Mario Vargas Llosa usa **detrás suyo** y **encima suyo**, pero también (y parece aún más anómalo), **en mi delante, en su delante** (Martha Hildebrandt agrega **en tu detrás, en su encima,** etc.).*

(A. Rosenblat, **V**, 1978:121)

—*¡Como un ángel lloraré, cuando de repente, me aparezca en su delante!.*

(J. M. Arguedas, **Pe**, 1973:141)

—*Se lo dijo en mi delante...*

(M. Vargas Llosa, **Pe**, 1983:155)

delegación   *nf* (M)
1. **delegación**   **Police Station**
   [= comisaría]

...*ignoraba el paradero de su esposo. «...Ya lo habíamos buscado en las **delegaciones;** vinimos aquí, a los hospitales... Y en ningún lado nos informaron»...*

(J. M. de Mora, **M**, 1983:153)

...*pero nos llevó a la Quinta **Delegación** y ahí nos encerraron.*

(O. Lewis, **M**, 1967:213)

2. **delegación**   **Council; Municipal District**
   [= ayuntamiento; término municipal]

...*donde los vendedores se han sentado a consumir algunas sobras... antes de emprender el regreso a las **delegaciones,** a Contreras, a Milpalta y a Xochimilco...*

(C. Fuentes, **M**, 1969:170)

demorar(se) en (+ infinitivo)   *vb*   **to take time (-ing)**
[= tardar (en)]

*Alberto **demora** en **identificar** la voz.*

(M. Vargas Llosa, **Pe**, 1968:18)

—*Ahora ¿cuántos días **se demora** para **ir** allá?*

(J. M. Lope Blanch, **M**, 1971:45)

—*Apenas regreses, me despiertas* —*ordenó el Jaguar*—. *No **te demores** mucho.*

(M. Vargas Llosa, **Pe**, 1968:11)

dengue   *nm* (?AFR)   **dengue fever**
*

dentistería   *nf* (Col) (V)   **dental clinic; dentistry**
[= consultorio del dentista; odontología]

[En Venezuela] ***Dentistería*** *designa la clínica o consultorio dental: «Voy a la **dentistería** a sacarme una muela»... También es equivalente a odontología: «Está estudiando **dentistería».***

(A. Rosenblat, **V**, 1969b:22)

dentística   *nf* (Ch)   **dentistry**
[= odontología]

...*estudio **dentística** en Uruguay por tres años...*

(A. Rabanales y L. Contreras, **Ch**, 1979:21)

departamento *nm*
1. **departamento**   **flat; apartment**

*Cavilando en la penumbra del escritorio de su **departamento**...*
(J. Donoso, **Ch**, 1983:103)

2. **departamento** **(FR) (Ch) (Col) (Pe)**   **Province**

*En 1825 el **Departamento** de Huamanga toma el nombre de Ayacucho, en recuerdo de la victoria de Sucre...*
(*La Prensa*, Lima, 15-2-69:11)

desaparecer a alguien *exp verb*   **to cause to disappear**

* *Existe el caso reciente de Arnulfo Córdoba... que hace 3 años fue igualmente **desaparecido**.*
(E. Poniatowska, **M**, 1983a:120)

*¿Cómo **desaparecen a un muchacho**?*
(E. Poniatowska, **M**, 1983b:144)

desaparecido, -a *adj y nmf*   **kidnapped person;**
*   **victim of illegal arrest**

*A pesar de que el término «**desaparecido**» se emplea en todo el continente latinoamericano, debería cambiarse por el de secuestrado...*
(*Ibíd.*, 177)

*Los militares tuvieron la suficiente imaginación para desaparecer a los que consideran sus enemigos políticos y convertir a América Latina en el continente de los **desaparecidos**.*
(*Ibíd.*, 178)

desarmador *nm* **(M)**   **screwdriver**
[= **destornillador**]

descamisado(s) *Hist nm(pl) esp* **(A)**   **sorker(s); proletariat**

Voz popularizada para designar a los trabajadores, después de la revolución de junio de 1943.
(D. Abad de Santillán, **A**, 1976:166)

descamisar(se) *vb* **(Ch)**   **to take off one's shirt**
[= **quitar(se) la camisa**]

***Se descamisaron** porque el calor era muy grande.*
(F. Morales Pettorino, **Ch**, 1985, II:1617)

descangallado, -a   *adj fam* **(ITAL) (A)**   shabby; the worse for wear
[=desgastado]

Flaca, fané y descangallada
la vi esta madrugada
salir del cabaret.

(De un tango de E. S. Discépolo)

descomponerse   *vb esp* **(M)**   to break (down)
[=estropearse; averiarse]

...y el coche se descompuso en Tlalpan.

(C. Fuentes, **M**, 1969:14)

Hasta la victrola se había descompuesto y quién sabe si alguien alguna vez pudiera
llegar a arreglarla.

(J. Donoso, **Ch**, 1979:127)

descompostura   *nf esp* **(M)**   breakdown
[=avería]

—*¿No volverá la luz, Jacinta?*
—*Pues ¿quién sabe? Dicen que es una descompostura muy grande. A lo mejor nos*
quedamos así una semana.

(R. Usigli, **M**, 1964:4)

...al enterarse del secuestro de su nieta, sufrió una descompostura que obligó a sus
familiares a trasladarlo a un sanatorio privado.

(*La Nación*, Buenos Aires, 26-9-86:1)

descompuesto, -a   *adj esp* **(M)**   broken (down)
[=roto; estropeado; averiado; enfermo]

descontrolar(se)   *vb* **(A) (Ch)**   to lose control (of oneself);
[=perder el control (de sí mismo)]   to get out of control

Llegó un momento en que la situación se descontroló y Puerto Argentino se volvió
insostenible.

(D. Kon, **A**, 1983:165)

Al oír el acento tranquilizador del caballero... un remezón de odio hizo que René se
descontrolara:
—*¿Y quién asegura que la cría es del Mario?*

(J. Donoso, **Ch**, 1983:186)

descuerar   *vb fam* **(Ch)**   to tear to pieces to criticise;
[=criticar fuertemente]   to tell off

—*Puchas, se me hizo tarde. Don Segundo me va a descuerar...*

(J. Donoso, **Ch**, 1983:46)

desde ya   (Véase **ya**)

desdolarización   *nf* (Véase **desdolarizar**)

desdolarizar   *vb*   **to free from the influence of the US dollar**

  Privar de validez o vigencia al dólar en cierta clase de actos o contratos...
                                        (F. Morales Pettorino, **Ch**, 1985, II:1639)

desembarcar(se)   *vb*   **to get off (all kinds of transport)**
  [=**bajar**]

  Me desembarqué del ferrocarril.
                                                      (C. E. Kany, 1960:15)

desempacar   *vb*   **to unpack**
[*f*] [=**deshacer la maleta; sacar**]

  *Pero desde la tarde en que llamó a los niños para que lo ayudaran a **desempacar**
  las cosas del laboratorio, les dedicó sus horas mejores.*
                                          (G. García Márquez, **Col**, 1970:21)

desespero   *nm fam* (**Ch**) (**Col**) (**Ur**) (**V**)   **despair; desperation**
  [=**desesperanza**]

  *—¡Oh, ya le entró el **desespero** a este muchacho!...*
                                              (A. Rosenblat, **V**, 1969b:235)

desgraciado, -a   *adj fam*   **lousy; wretched**

[*f*] *Esta radio **desgraciada** no sirve para nada.*
                                        (F. Morales Pettorino, **Ch**, 1985, II:1654)

desocupación   *nf*   **unemployment**
  [=**desempleo**]

  *Las cifras sobre **desocupación** se obtienen sumando las de cesantía y las de las
  personas que buscan trabajo por primera vez.*
                                                          (*Ibíd.*, 1670)

desocupado, -a   *adj y nmf*   **unemployed**
  [=**desempleado**]

  *Los altos niveles de **desocupados** registrados en marzo.*
                                                          (*Ibíd.*, 1670)

despacio, -a   *adj fam*   **quietly**
[*f*] [=**en voz baja**]

  *Hizo la pregunta muy **despacio,** como si temiera oírla.*
                                                    (J. Donoso, **Ch**, 1983:32)

137

despacioso, -a   *adj*   **very slowly; deliberately**

[*f*] *...hizo un **despacioso** ademán para mirar su reloj de pulsera.*

(J. C. Onetti, **Ur**, 1981:221)

despachar   *vb* (**A**)   **to register (luggage)**
[=**facturar**]

*...armé un cisco con un panoli que me preguntaba si quería **despachar** las valijas o las llevaba conmigo. Le dije que las llevaba conmigo pero facturadas... Menos mal que terció uno que me hizo ver que facturar y **despachar** eran una misma cosa.*

(M. Delibes, **Esp**, 1966:206)

despelote   *nm fam esp* (**A**)   **mess; fuss**
[=**lío**]

*Más recientemente es **despelote**: «Éste es un **despelote**» (lío, desorden, barullo). En Venezuela lo encontramos documentado desde 1970... En la Argentina es mucho más viejo...*

(A. Rosenblat, **v**, 1978:118)

despiole   *nm fam* (**A**)   **fuss; commotion**
[=**jaleo**]

*—¡Sabés el **despiole** que se armó cuando nos vio la gente!*

(*Gente*, Buenos Aires, 4-9-86:41)

destapamiento   *Hist nm* (**M**)   **announcement of official PRI**
[**nombramiento del candidato oficial**   **presidential candidate**
del PRI: véase el Apéndice 5]

*Vivíamos ya los días previos al **destapamiento**. El ambiente general era de un gran nerviosismo...*

(M. Guerra Leal, **M**, 1978:271)

desubicar   *vb*   **to desorientate;** (*esp* **US**) **to desorient**
[=**desorientar**]

*El tiro con efecto **desubicó** al arquero y vino el gol.*

(F. Morales Pettorino, **Ch**, 1985, II:1691)

desvestir(se)   *vb*   **to undress**
[*f*] [=**desnudar(se)**]

*...y se me ha presentado tres veces cayéndose de borracho, había que ayudarlo a **desvestirse**...*

(M. Vargas Llosa, **Pe**, 1974:67)

detrás mío/nuestro, etc.   *exp adv fam esp* **(A) (Ur)**   **behind me,** etc.
[= **detrás de mí,** etc.]   (See C. E. Kany, 1951:44-46)

—*...el otro día, en el club, mientras jugábamos un partido de loba, tenía parado* **detrás mío** *al sobrino del gobernador...*
(*Gente,* Buenos Aires, 16-5-68:37)

—*...he andado* **detrás tuyo** *para pasar el tiempo, pero no me hace falta ya...*
(M. Vargas Llosa, **Pe**, 1968:241)

Salió del cine **detrás suyo** *y... yo la entretuve.*
(S. Magaña, **M**, 1970:586)

detrasito   *adv*   **just/close behind**
[= **justo detrás**]

Detrasito *de él, en la sombra, aguardaba el Tilcuate.*
(H. Hediger, 1977:229)

devolverse   *vb*   **to come back;**
[= **volver**]   **to return**

¿Cuál de las tres maneras es mejor; Fulano **se devolvió** *para su casa,* **se revolvió** *para su casa o* **se volvió** *para su casa? El habla popular de Venezuela prefiere la primera, que se encuentra además en el uso periodístico y aun en buenos autores...*
(A. Rosenblat, **V**, 1960, I:31)

Lo que yo no quería era **devolverme** *cincuenta metros en ese lodazal...*
(O. Cabezas, **N**, 1982:74)

D.F.   *nm* **(M)**   **Capital city area**
[= **Distrito Federal**]

...funcionarios del **DF.**
(*Cambio 16*, Madrid, 22-9-86:86 — C. Monsivais, **M**)

día (domingo/lunes, etc.)   *nm*   **Sunday/Monday,** etc.
[= **domingo/lunes,** etc.]

«*Era un* **día domingo,** *como a las diez de la mañana.*»
(Instituto de Estudios del Sandinismo, **N**, 1982:138)

La restricción del tránsito, que no comprenderá los **días domingos**... *es con la finalidad de...*
(*El Comercio*, Lima, 5-11-86:6)

dietista   *nmf invar* **(Ch) (M)**   **dietician**
[= **dietético**]

Llega a Chile un médico **dietista** *de fama mundial.*
(F. Morales Pettorino, **Ch**, 1985, II:1719)

digo   (Véase **decir**)

dije   *adj invar* **(B) (Ch)**   nice; good-looking
[=simpático]

*Chile es un país muy **dije** (**dije** es la palabra chilena que equivale a encantador,
simpático, agradable, todo el conjunto de perfecciones que hacen a una persona o
una cosa ideal.)*

(E. González-Grano de Oro, **Esp**, 1983:201)

dínamo/dinamo   *nm*   dynamo
[=dínamo/dinamo, la]

*Se le echó a perder el **dinamo** al camión.*

(F. Morales Pettorino, **Ch**, 1985, II:1728)

Diosito   *nm*   **God**

—*Tengo miedo, **Diosito** santo...*

(C. Fuentes, **M**, 1969:79)

direccionales   *nmpl* **(M)**   **(car) indicators;**
[=intermitentes]   **trafficators; blinkers**

discar   *vb*   to dial
[=marcar]

*Luego el jefe **discó** el número que todos sabíamos de memoria...*

(M. Benedetti, **Ur**, 1970:88)

diuca   *nf* **(MAP) (Ch)**   **common Chilean bird**
[=pájaro chileno]   **(Fringilla diuca)**

*El delicioso cantar matutino de la **diuca**...*

(F. Morales Pettorino, **Ch**, 1985, II:1748-9)

dizque   *adv*   **apparently; allegedly**
[=al parecer]

*Y la viuda pronto murió también **dizque** de pena.*

(J. Rulfo, **M**, 1967:88)

*Los votos que las encuestas dicen que **dizque** estamos perdiendo,*
(*El Comercio*, Quito, 1-4-85:A5)

*...los fabricantes de píldoras **dizque** adelgazantes.*

(M. A. Almazán, **M**, 1983:10)

—*...todavía no me he ido y ya estamos **dizque** brindando porque vuelva.*

(P. Vergés, **RD**, 1980:290)

Dls./dls.   *nmpl pren*   **dollars ($)**
[=dólares]

*Elevó América Latina su Disponibilidad de papel oro a 555 millones de **Dls**.*
(*El Día*, México, 7-1-71:11)

dólar   *nm*   **monetary unit of Puerto Rico**
*   [=moneda de Puerto Rico]

dolarización   *nf*   See under **dolarizar**

*...esos burgueses recientes que intercambian videocasetes... y hacen del «aerobics»
otra forma de su **dolarización** militante.*
(*La República*, Lima, 8-4-84:4)

dolarizar   *vb*   **to be ruled by the desire**
[=estar dominado por la cultura   **to acquire US dollars;**
y la economía norteamericanas]   **to ape US style of living**

dominicano, -a   *adj y nmf*   **of/from the Dominican Republic;**
*   **of/from Santo Domingo**

donde (+sust/pron)   *prep* (Ch) (Pe)   **to the home/house/shop of**
[=a casa de; a la tienda, etc., de]

—*Esta tarde irás **donde** tus tíos —dijo la mujer—. Ojalá no sean tan miserables
como el mes pasado.*
(M. Vargas Llosa, **Pe**, 1968:78)

—*Discúlpeme, tengo que irme. Mi señora está **donde** el ginecólogo...*
(*Ibíd.*, 1974:125)

Dorado (El)   *Hist nm*   **El Dorado (legendary treasure city)**

*   *La quimera ya tenía un nombre: **El Dorado**, y en pos de él se lanzaron toda suerte
de aventureros...*
(*El País*, Madrid, 26-5-87:38)

*La Guyana ex británica es un verdadero **El Dorado**...*
(*El Nacional*, Caracas, 13-11-68:1)

dormilona   *nf*
1.   **dormilona**   (V)   **nightdress; nightgown**
[=camisón]

*Me parecen más cómodas las **dormilonas** que las piyamas.*
(A. Rosenblat, **V**, 1960, II:72)

2. **dormilona** (Ch)   **Andean mountain bird (Muscisaxicola)**
[=pájaro andino]

*Todas las especies del numeroso género de las **dormilonas** (muscisaxicola) hacen nidos... debajo de las piedras o rocas.*

(F. Morales Pettorino, **Ch**, 1985, II:1765)

dulce de leche   *nm*   **sugary dessert**

*...una alacena colmada de **dulces de leche**, membrillo...*

(C. Fuentes, **M**, 1969:37)

durazno   *nm*   **peach (tree)**
[=melocotón]

*—A mí se me ha olvidado el sabor de las cosas dulces... Los **duraznos,** las mandarinas...*

(J. Rulfo, **M**, 1966:76)

E

¡eco!/¡école!/¡ecolecuá!   *interj fam* **(ITAL) (B) (Ch) (M) (V)**   1. **Here it is!**
                                                                            2. **Exactly!; That's right**

—*Creo que la pana está en el cable rojo.*
—*¡École!*

(F. Morales Pettorino, **Ch**, 1985, II:1781)

—*¿Quiere decir que me iré por esta calle, cruzo a la izquierda y después a la derecha?*
—*¡Ecolecuá!*

(A. Gómez de Ivashevsky, **V**, 1969:213)

Ecuador   *nm*   **Ecuador**
*

ecuatoriano, -a   *adj y nmf*   **Ecuadorian**
*

Edo.   *nm abrev pren* **(M) (V)**   **State**
[= Estado]

...*el primer lugar lo ocupa actualmente el DF, el segundo el **Edo.** de Veracruz y el tercero el **Edo.** de México.*

(*Tiempo*, México, 7-6-71:4)

egresado, -a   *nmf*   **graduate**
[= graduado; licenciado]

Dícese de la persona que sale de un establecimiento de enseñanza después de cursar todos sus grados. Es sinónimo de graduado.

(D. Abad de Santillán, **A**, 1976:180)

...*la entrada de don Hermenegildo y su presentación de Joaquín seguían gravitando pesadamente:*
—*Egresado de leyes. Sobrino de un distinguido amigo mío.*

(J. Edwards, **Ch**, 1967:97)

egresar   *vb*   **to graduate**
[= licenciarse]

143

egreso *nm*   **completion (of course); graduation**
[=**salir del colegio, de la universidad**, etc.]

> «*Estaba en proceso de regularizar mi título en la Universidad de Tarapacá, de donde* **egresé** *el año 84. Pero le debo diez cuotas de 4.580 pesos para poder recibir el título. Tengo el certificado de* **egreso,** *pero me despidieron igual.*»
>
> (*Hoy*, Santiago, 26-1-87:18)

ejidatario, -a *adj* y *nmf esp* (M)   **communal landowner**
[=**miembro de un ejido**]

> *Los fraccionadores voraces y los* **ejidatarios** *que venden sus parcelas para construcciones urbanas han creado graves problemas...*
>
> (M. Mejido, **M**, 1984:315)

ejido *nm esp* (M)   **communal landholding**
[=**finca comunal**]

> *En Chihuahua hay buenos ejidatarios, pero los* **ejidos** *han sido incorrectamente planeados: de los 932 que hay en el estado (97.000 jefes de familia), únicamente* [el] *10% produce beneficios a los campesinos.*
>
> (*Ibid.*, 6)

ejote *nm* (NAH) (CAm) (M)   **greenbean;**
[=**judía verde**]   **string bean**

> *...juntando rabos de cebolla,* **ejotes** *ya sancochados y...*
>
> (H. Hediger, 1977:235)

elegantoso, -a   **smart; neat**
[=**elegante**]

> *Con el terno nuevo quedaste re* **elegantoso.**
>
> (F. Morales Pettorino, **Ch**, 1985, II:1795)

elenco *nm journ* (Ch) (Pe)   **team**

> *Este* **elenco** [de baloncesto] *de Guayas tiene que trabajar fuerte para estar a punto cuando llegue la oportunidad de intervenir en el torneo nacional.*
>
> (*El Telégrafo*, Guayaquil, 16-9-75:7)

elevador *nm* (M)   **lift; (US) elevator**
[=**ascensor**]

> *Laura entró al* **elevador** *y apretó el botón del noveno piso.*
>
> (A. Azuela, **M**, 1979:279)

elevadorista *nmf* (M)   **lift operator;**
[=**ascensorista**]   **(US) elevator operator**

> *Entró a la secretaría y se dirigió al ascensor... El* **elevadorista** *lo conocía, claro.*
>
> (C. Fuentes, **M**, 1978:24)

elote   *nm* **(NAH)**   **corn on the cob; sweet corn**

Entonces por lo menos comían algo nutritivo, pero cuando no era el tiempo de calabazas ni de elotes...

(E. Poniatowska, **M**, 1983b:221)

embarcar(se)   *vb*   **to board (any vehicle)**
[= subir]

Blanca se embarcó en el tren.

(C. E. Kany, 1960:15)

...y los propios policías la ayudaron a registar las maletas y a embarcarse sin pérdida de tiempo en el mismo avión...

(*El Espectador*, Bogotá, 16-5-86)

embolador   *nm* **(Col)**   **shoeshine boy**
[= limpiabotas]

embolar   *vb* **(Col)**   **to clean shoes**, etc.

Para limpiarse los zapatos tiene que recurrir... a un embolador, que se los embola por cincuenta centavos.

(A. Rosenblat, **V**, 1970:17)

embonar   *vb fam* **(M)**   **to suit; to fit;**
[= ir bien]   **to get on well**

Yo salí del colegio, y me fui con la familia de mi mamá; pero... después a un padre que me dirigía, no le parecía que estuviera yo allí, porque... los caracteres y todo no... embonaban, ¿verdad?

(J. M. Lope Blanch, **M**, 1971:130)

embromado, -a   *adj fam*   **tricky; difficult**
[= difícil; molesto]

—...¿qué palabras elegirías para contar cómo es la guerra?
—¡Qué difícil! Es muy embromado definirla...

(D. Kon, **A**, 1983:65)

embromar   *vb fam*   **to annoy**
[= fastidiar]

—Bueno, porque acá es una cosa muy fácil inventar un ídolo para jorobar a los que estamos acá. Es muy exacto: inventan a una persona para embromar a los que estamos acá, a los que nos quedamos...

(*Extra*, Buenos Aires, mayo 1969:7)

Sin embargo le habían intervenido el teléfono. Qué ganas de embromar.

(M. Benedetti, **Ur**, 1970:221)

145

embute *nm fam* **(M)**   **bribe**
[= soborno]

*Los «embutes» a los periodistas... son una costumbre vieja, parte esencial de la
corrupción del régimen priista.*

(J. M. de Mora, **M**, 1983:122)

empacar *vb*   **to pack (up)**
[= empaquetar, etc.]

*Volvimos a empacar el colchón de mi padre, los tres pellejos de carnero sobre los
que yo dormía, y nuestras frazadas.*

(J. M. Arguedas, **Pe**, 1973:14)

emparedado *nm*   **sandwich**
[*f*]

empatar *vb* **(V)**   **to join**
[= empalmar]

...estaba empatando pedazos cuadrados de trapos de colores...

(M. J. Tejera, **V**, 1983, I:393)

empate *nm* **(V)**   **join**
[= empalme]

emplomadura *nf*   **filling (of tooth)**
[= empaste]

emplomar *vb*   **to fill (tooth)**
[= empastar]

—Siempre me dan las horas peores para emplomar las muelas.

(J. Cortázar, **A**, 1970:295)

en *prep*
1. **en la mañana/tarde/noche**   **in the morning,** etc.
    [= por la mañana, etc.]

    —¿Te cuesta levantarte en la mañana?

    (C. Fuentes, **M**, 1968:160)

    En las tardes leo, escribo cartas... En las noches leo, voy al cine o veo amigos.
    (*Visión*, México, 15-9-76:24 — M. Vargas Llosa)

    *—Bueno, entre nosotras nos llevamos perfecto; somos tres en la mañana y tres
    en la tarde, pero nos turnamos, unas veces unas en la mañana, otras veces otras
    en la tarde, ¿no? A veces cambiamos, según conviene y demás. Yo ya tengo mi
    horario fijo, que son lunes y jueves en la tarde y los demás días en la mañana.*

    (J. M. Lope Blanch, **M**, 1971:44)

En la noche no puedo dormir, me sofoco.

(I. Allende, **Ch**, 1985:93)

*Esto está muerto hoy... Ni un alma... Las fiestas tienen la culpa. Tal vez **en la noche,** cuando enciendan los fuegos artificiales...*

(E. Lafourcade, **Ch**, 1969:75)

*Temprano **en la mañana** de Todos los Santos... ya tenían el día planeado.*

(C. Calderón Fajardo, **Col**, 1983:101)

2. **en** (Véanse también **contra, delante** y **frente**)

enagua(s) *nf(pl)* **(ARW)** petticoat
* [=combinación]

*...pasaba al patiecito oscuro a cambiarse la **enagua**...*

(M. A. Asturias, **G**, 1970:121)

*Con sus **enaguas** de color granate... los santos pueblerinos son la imagen de la mala oratoria.*

(E. Caballero Calderón, **Col**, 1967:29-30)

encamotarse *vb fam* to fall in love
[=enamorarse]

*...cualquier blanquito **se encamota** de una cholita...*

(H. Hediger, 1977:240)

encendedor *nm* cigarette lighter
[ʃ] [=mechero]

*—¿Tienes fósforos? —preguntó Carlos—. Ah, no te molestes, aquí encontré mi **encendedor**.*

(J. Donoso, **Ch**, 1983:155)

encima mío/nuestro, etc. *exp adv fam esp* **(A) (Ur)** above me, etc.
[=encima de mí]

encomendero *nm* holder/Master of an Encomienda
[=titular de una Encomienda]

encomienda *nf*
* 1. **encomienda** *Hist* Colonial Grant of authority over a group of Indians for work and taxes; land grant

«...un derecho concebido por merced real a los beneméritos de las Indias para percibir y cobrar por sí los tributos de los indios...»

(D. Abad de Santillán, **A**, 1976:189)

2. **encomienda**   **parcel; package**
[= paquete]

—*Nos turnábamos con los otros chicos; un día yo atendía a la ventanilla, me ocupaba de las cartas, los telegramas, los giros, las* **encomiendas**...

(D. Kon, **A**, 1983:207)

encuerado, -a   *adj fam*   **naked; nude**
[= en cueros]

—*¡Deja de pasearte* **encuerado,** *como si me llamara la atención tu pajarito arrugado!* —*gritó Ruth*...

(C. Fuentes, **M**, 1978:41)

enchastrar   *vb* **(ITAL) (A) (Par) (Ur)**   **to (make) dirty**
[= ensuciar]

Quedamos todos **enchastrados** *y tuvimos que empezar a hacer los pozos.*

(D. Kon, **A**, 1983:86)

enchilada   *nf* **(M) (NAH)**   **enchilada (rolled corn omelette**
[= torta de maíz rellena]   **spiced with chile)**

...*y las* **enchiladas** *bajo tormentas de moscas que espantaba*... *la vendedora zamba*...

(H. Hediger, 1977:242)

enchilarse   *vb fam* **(M)**   **to get angry/mad**
[= enfurecerse]

enchinar   *vb* **(M)**   **to curl**
[= rizar]

endenantes   *adv fam*   **before**
[= antes]

Sí, pero tú misma me decías **endenantes** *de que muchas veces te chocabas con*... *los problemas humanos*...

(A. Rabanales y L. Contreras, **Ch**, 1979:13)

enfermarse   *vb*   **to become ill; to get ill/sick**
[*f*] [= caer enfermo]

—*¡Te vas a* **enfermar** *si sigues llorando así*...!

(M. A. Asturias, **G**, 1970:263)

enfrente mío/nuestro, *etc.*   *exp adv fam esp* **(A) (Ur)**   **opposite me,** *etc.;*
[= enfrente de mí, *etc.*]   **in front of me,** *etc.*

—*Recuerdo que* **enfrente mío** *venían un coronel y un mayor*...

(D. Kon, **A**, 1983:70)

enganche   *nm* **(M)**   **deposit; down payment**
[= depósito]

*...no tenía automóvil y me era muy necesario... Me proporcionó lo necesario para pagar el **enganche** de uno.*

(M. Guerra Leal, **M**, 1978:230)

engorda   *nf* **(Ch) (M)**   **fattening (of animals, etc.)**
[= engorde]

*En el programa acuícola... se construyeron 365 estanques para la **engorda** de trucha...*

(*Excelsior*, México, 18-7-87:3)

enmicado   *nm* **(M)**   **plastic protective covering**
[= funda de plástico]

enmicar   *vb* **(M)**   **to cover documents, maps, etc., with**
[= cubrir con plástico]   **a protective plastic covering**

enojado, -a   *adj*   **angry; (US) mad**
[*f*] [= enfadado]

*Mi padre está muy **enojado** y si me oye va a ser peor.*

(H. Hediger, 1977:243)

enojarse   *vb*   **to get angry/(US) mad**
[*f*] [= enfadarse]

*—¿Quieres que **me enoje**? —dijo, al cabo—. Que **me enoje,** para pegarme, ¿eh?*

(L. Spota, **M**, 1974:35)

enojo   *nm*   **anger**
[*f*] [= enfado]

*Una voz de mujer clamó con **enojo**: —¡Jesús!...*

(L. Durand, **Ch**, 1973:7)

ensenada   *nf*   **inlet; cove**
[*f*] [= cala]

*...naves móviles y ligeras, fáciles de guarecer en **ensenadas** de poco fondo...*

(A. Carpentier, **Cu**, 1983:172)

ensopar   *vb*   **to drench**
[= empapar]

*...sentado en un banquillo en el centro del patio **ensopado** por el chaparrón.*

(H. Hediger, 1977:245-246)

entrada(s)   *nf(pl)* **(A) (Ch) (Ur)**   **income**
[=ingresos; renta]

El trabajo era difícil, entre 9 y 19 horas... Pero para mí eso no era tan importante
*ya que era una **entrada**.*
                                   (*El Mercurio*, Santiago, 11-5-86; *Revista del domingo*:3)

*Cuando me jubile, además, creo que podré contar con una **entrada** levemente mayor*
(casi cien pesos más)...
                                                          (M. Benedetti, **Ur**, 1974:132)

entrante   *adj invar*   **next**
[ƒ] [=que viene]

*—Quiere mi tía que vengas a cenar a su casa, el jueves **entrante**...*
                                                          (C. Fuentes, **M**, 1969:41)

*El **entrante** sábado en horas de la mañana se le dará apertura a los Juegos Inter*
Compañías...
                                                          (*La Religión*, Caracas, 1-11-68:13)

entrar (a)   *vb*   **to enter; go in (to)**
[ƒ] [=entrar (en)]   (See C. E. Kany, 1951:340-342)

*Y **entró a** la casa dando un portazo.*
                                                          (J. Donoso, **Ch**, 1983:21)

*Cuando logró sacudirse el avispero de las beatas... el buen cura **entró a** su des-*
pacho...
                                                          (E. Caballero Calderón, **Col**, 1967:40)

*...no la había saludado al **entrar a** la tienda...*
                                                          (M. Puig, **a**, 1970:51)

entre (más, ... más ...)   *conj fam*   **the more ..., the more ...**
[ƒ] [=cuanto más, etc.]

***Entre más** estudia, **más** aprende.*
                                                          (F. Morales Pettorino, **Ch**, 1985, II:1896)

***Entre más** seamos mejor podremos defendernos de cualquier intento del exterior...*
                                                          (E. Poniatowska, **M**, 1983b:191)

*...para aligerar la mochila, porque **entre más** caminás es **más** pesada...*
                                                          (O. Cabezas, **N**, 1982:81)

entrenar   *vb* **(Ch)**   **to train**
[=entrenarse]

*Comenzaron a **entrenar** los tenistas italianos.*
                                                          (F. Morales Pettorino, **ch**, 1985, II:1899)

entretecho   *nm* **(Ch) (Col)**   **attic**
[= desván]

Nos disparaban desde las esquinas y desde las casas. Había tiradores incluso en los **entretechos**.

(*Ibíd.*, 1900)

entretención   *nf*   **entertainment**
[= entretenimiento]

...aquéllos eran lindos tiempos... No había tantas **entretenciones** *como ahora, no había ni biógrafo ni televisión.*

(E. Sábato, **A**, 1975:100)

entreverar(se)   *vb* **(A) (Ch) (Ur)**   **to get tangled/mixed up;**
[= mezclar(se)]   **to entwine**

Se recitó con vehemencia episodios indudables y que conservaban una inmortal frescura porque ni siquiera ahora podía descubrir el móvil que le obligó a **entreverarse** *en ellos.*

(J. C. Onetti, **Ur**, 1981:179)

El joven... había respondido con un breve pero convencido discurso, **entreverado** *de citas castellanas.*

(A. Carpentier, **Cu**, 1983:104)

entrevero   *nm* **(A) (Ch) (Ur)**   **tangle; mess**
[= desorden; lío]

Cruzaron dos oficinas sin puertas —polvo, desorden, una soledad palpable, el **entrevero** *de cables de un conmutador telefónico...*

(H. Hediger, 1977:247)

¡epa!/¡épale!   *interj fam esp* **(M) (V)**   **Hey!; Wow!**
[= ¡oiga!]

Dos muchachos de la zona llegaron corriendo. Los llamaron.
*—¡**Epa**!... Por allí no. ¡Es peligroso!*

(A. González León, **V**, 1969:112)

*¡**Epa, epa**! ¿qué clase de conversación es esa, amigazo?*

(F. Morales Pettorino, **Ch**, 1985, II:1908)

equipal   *nm* **(NAH) (M)**   **wicker/leather chair**
[= silla de mimbre o cuero]

...los **equipales** *de cuero rojo, maloliente a bestia recién sacrificada...*

(C. Fuentes, **M**, 1978:121)

escobilla *nf*   **brush**
[*f*] [= cepillo]

*Alberto echa a correr: va guardando en su bolsillo la **escobilla** de dientes y el peine...*
(M. Vargas Llosa, **Pe**, 1968:37)

escuchar *vb*   **to hear**
[= oír]

*Varios disparos aislados se **escucharon** más cerca.*
(A. González León, **V**, 1969:34)

*Ya hemos **escuchado** quejas por el uso de esa palabra.*
(F. Morales Pettorino, **Ch**, 1985, II:1932)

escudo *nm* **(Ch)**   **former monetary**
[= antigua moneda de Chile, 1959-1974]   **unit of Chile (1959-1974)**

*Total, ¿vendiste los porotos a cuatro **escudos**?*
(A. Rabanales y L. Contreras, **Ch**, 1979:265)

escuincle, -a *nmf fam* **(NAH) (M)**   **kid**
[= chiquillo]

*—Los **escuincles** se le arremolinan como moscas y casi siempre vende todo lo que lleva.*

(*Por Esto*, México, 8-5-86:34)

*—¿Qué demonios estás haciendo, maldita **escuincla**?*
(O. Lewis, **M**, 1967:265)

escuintle (Véase **escuincle**)

esculcar *vb*   **to search**
[= registrar]

*—Y un gringote de dos metros gritándote gríser y **esculcándote** todito.*
(C. Fuentes, **M**, 1969:184)

*Se fue derecho a donde estaba la cama y sacó de debajo de ella una petaca. La **esculcó**.*
(J. Rulfo, **M**, 1966:58)

esperma *nf*   **candle**
[= vela]

*Tan alto y sudando frente a la luz de las **espermas**.*
(H. Rojas Herazo, **Col**, 1968:265)

estacionamiento *nm*   **parking (lot)**

[*f*] *El primer **estacionamiento** de paga que se estableció en la ciudad de México fue el del número 9 de la calle de San Juan de Letrán...*

(*Comercio*, México, noviembre 1984:20)

estacionar *vb*   **to park**
[*f*] [=aparcar]

*Lamentándose de no poder **estacionar** su vehículo en el centro.*

(F. Morales Pettorino, **Ch**, 1985, II:1960)

estada/estadía *nf*   **stay**
[=estancia]

*Fue la única vez que entró en el rancho, la última noche de su **estada** en el pueblo.*

(A. Roa Bastos, **Par**, 1967:59)

*A continuación hace referencia a sus ocho años de **estadía** en el hotel...*

(M. Puig, **A**, 1970:102)

estampida *nf*   **stampede**

*...un inesperado estallido de pánico provocó una **estampida** masiva en busca de las salidas del templo.*

(M. J. Tejera, **V**, 1983, I:425)

estampilla *nf*   **(postage) stamp**
[=sello]

*—¿Y qué clase de **estampillas** colecciona?*

(A. Cuzzani, **A**, 1964:31)

estancia *nf* (A) (Ch) (Col) (Ur) (V)   **ranch**
[=finca ganadera]

*Hemos visitado las grandes **estancias** donde pastorean los millones de ovejas que tiene la Patagonia.*

(F. Morales Pettorino, **Ch**, 1985, II:1963)

estanciera *nf* (A)   **station wagon**
[=furgoneta]

estanciero *nm* (A) (Ch) (Col) (Ur) (V)   **ranch owner**
[=dueño de finca ganadera]

*Entre un **estanciero** blanco y un **estanciero** colorado, mucho más que las diferencias políticas cuenta el hecho de que ambos sean **estancieros**.*

(M. Benedetti, **Ur**, 1968a:207)

estanque   *nm* **(Ch)**   **tank (for liquids,** *esp* **petrol)**
[=depósito; tanque]

> *Detectives... hallaron el automóvil abandonado... Tenía todos sus accesorios y vacío*
> *el* **estanque** *de bencina.*
>
> *(El Mercurio*, Santiago, 9-4-69:29)

estaquear   *Hist vb*   **to stretch out between stakes (as punishment)**

> *Estirar a un hombre en el suelo, entre cuatro estacas, mediante maneadores atados a*
> *las muñecas de las manos y a las gargantas de los pies...*
>
> (D. Abad de Santillán, **A**, 1976:206)

> —*Te van a* **estaquear** *sobre las hormigas, para que te coman vivo.*
>
> (A. Roa Bastos, **Par**, 1967:99)

estar   *vb*
¡ya estuvo!   *interj fam*   **That's it/enough**
[=¡ya está!]

> *Con el inicio de la noche se encienden las primeras luces de la ciudad.*
> —*Por hoy* **ya estuvo** —*dice el Jarocho*—.
>
> (*Por Esto*, México, 15-5-85:37)

este   *interj fam*   **er; um**
[=esto...]

> *Bueno... este... entonces y... por ejemplo, hay materias como...*
>
> (A. Rosenblat, **V**, 1979:32)

> —*¿Tú conocías a Felipa antes de venir a trabajar aquí?*
> —*Este...*
> —*Di la verdad.*
>
> (S. Eichelbaum, **A**, 1971:32)

estelar   *adj y nm pren*   **star**
[*f*]   *Richard Conte en el papel* **estelar.**
>
> (*El Día*, México, 7-1-71:16)

> *Nadia y Gustavo Rojo en los papeles* **estelares.**
>
> (*Comercio*, México, febrero 1985:22)

> *Aún no se ha definido si el* **estelar** *será un invitado internacional.*
>
> (F. Morales Pettorino, **Ch**, 1985, II:1967)

estelaridad   *nf* **(Ch)**   **star attraction/billing**
[=popularidad]

> *En canal 11 la* **estelaridad** *la tiene ahora el programa matinal. Tenemos el más*
> *grande estudio a nuestra disposición...*
>
> (*VEA*, Santiago, 8-5-86:12)

estero *nm*
   1. **estero**   **swamp**

   2. **estero (Ch)**   **stream**
      [=arroyo]

*En las piedras del **estero** resonaron los cascos del caballo...*
                                   (L. Durand, **Ch**, 1973:375)

estrellón *nm* **(M)**   **crash**
    [=choque]

*Pronto hará un año que el marido taxista se murió en un **estrellón**.*
                                 (R. Garibay, **M**, 1982:112)

E.U./E.U.A. *nmpl pren*   **USA**
    [=EE.UU.]

*Aviones de **E.U.***
                           (*El Comercio*, Lima, 9-10-68:10)

*...y las siglas del país del norte no se dan en la forma U.S.A. correspondiente al inglés, sino en la correspondiente a la versión española **E.U.A.***
                               (R. Carnicer, **Esp**, 1977:113)

excusado *nm*   **loo; toilet;**
[*f*] [=retrete]   **(US) john**

*Andrés se escondía en el **excusado**...*
                               (J. Donoso, **Ch**, 1983:55)

exitoso, -a
[*f*] [=logrado]   **successful**

*En cambio, **exitoso** no me parece de ningún modo un argentinismo. Es una formación muy reciente, que ha surgido en diversas partes de América, quizá para traducir el inglés* **successful** *o el francés* **réussi**.
                     (A. Rosenblat, **V**, 1960, I:449-450)

expendio *nm*   **retail shop/store**

*«**Expendio**» es el nombre común de unas tiendecitas con una especialización muy concreta («**Expendio** de mezcal», por ejemplo).*
                              (R. Carnicer, **Esp**, 1977:110)

expresar *vb pren*   **to state; to say**
[*f*] [=declarar, etc.]

*Al defender a Díaz Serrano, **expresó** que lo conocía desde niño...*
                             (J. M. de Mora, **M**, 1983:246)

*El comunicado dice que... **Expresa** asimismo que «los jefes de Estado Mayor de las Fuerzas Armadas...».*

(*El Mercurio*, Santiago, 8-5-86:A10)

extrañar   *vb*   **to miss**
   [= echar de menos]

Querido Julius:
*¿Cómo estás? ¿Me **extrañas**? Yo sí te **extraño** mucho. Mamita y yo siempre pensamos en ti.*

(A. Bryce Echenique, **Pe**, 1974:59)

F

facón   *nm* **(A) (Ur)**   large knife

Daga o cuchillo grande, recto, a veces de dos filos, de punta aguda y muy afilada; el gaucho de la campaña lo utiliza mucho en las faenas del campo y también como arma.

(D. Abad de Santillán, **A**, 1976:211)

faena   *nf* **(Ch)**   gang/team of workers
[= **brigada de obreros**]

*La **faena** inició la huelga a las 7 de la mañana.*

(F. Morales Pettorino, **Ch**, 1985, II:2009)

falla   *nf*   fault; weakness; defect
[= **fallo**]

*—Yo creo que una de las grandes **fallas** que tenemos nosotros acá, actualmente, es de que el joven no tiene alternativas... de distracción.*

(A. Rosenblat, **V**, 1979:11)

fallutería   *nf fam* **(A) (Ur)**   hypocrisy
[= **hipocresía**]

*Hay dos procedimientos para abordar a Avellaneda: a) la franqueza...; b) la **fallutería**, decirle aproximadamente: «Mire, muchacha, que yo tengo mi experiencia, puedo ser su padre, escuche mis consejos.»*

(M. Benedetti, **Ur**, 1974:63)

falluto, -a   *adj fam* **(ITAL) (A) (Ur)**   hypocritical
[= **hipócrita**]

*El «señor Santomé» me recordó mi casi cincuentena... y sólo me restaron fuerzas para preguntarle en tono **fallutamente** paternal: ¿El novio?*

(*Ibid.*, 58)

fané   *adj invar fam* **(A)**   worn; tired
[= **cansado**]

*Sola, **fané** y descangayada
la vi esta madrugada
salir del cabaret.*

(De un tango de E. S. Discépolo)

fanesca *nf* (Ec)
[=cocido tradicional de Semana Santa]

traditional Easter Week
stew of cereals,
fish and other ingredients

Se la prepara en leche, con toda clase de granos... Además se añade maní, zapallo..., pescado, etc.

(B. Rodríguez de Meneses, **B**, 1979:15)

farra *nf* (PORT) *esp* (A)
[=parranda; juerga]

merrymaking; spree

*¡Vieran qué lindas **farras**! Los paisanos caían que era un gusto...*

(D. Abad de Santillán, **A**, 1976:215)

fayuca *nf fam* (M)

smuggling

*(Del arcaísmo castellano **bayuca**, taberna). Mercancía de contrabando. En la primera mitad del siglo XVIII existió en el islote y fortaleza de San Juan de Ulúa un establecimiento comercial llamado «La Bayuca»..., donde además de expenderse bebidas embriagantes se comercializaba con artículos de contrabando llegados por barco al puerto de Veracruz...*

(J. Mejía Prieto, **M**, 1984:74)

*Tepito es también el centro tradicional de los contrabandistas de México y todo artículo imaginable de «**fayuca**» o contrabando... se puede conseguir ahí.*

(A. Riding, **M**, 1985:320)

fayuquear *vb fam* (M)

to smuggle

*Lejos de los perfumes... cámaras y secadores de pelo «**fayuqueadas**» en los Estados Unidos...*

(E. Poniatowska, **M**, 1983a:11)

fayuquero *nm fam* (M)
[=vendedor de contrabando]

seller of smuggled goods

*«Nosotros somos sólo las víctimas que recibimos los palos», se quejó un **fayuquero** (vendedor minorista de productos de contrabando)...*

(*Cambio 16*, Madrid, 17-9-78:49)

fierro *nm*
[=hierro; navaja]

iron; knife

*—Tu lógica es de **fierro**.*

(E. Sábato, **A**, 1975:307)

*La única venganza aceptable era la del **fierro** apretado en su mano que comenzaba a calentarlo...*

(J. Donoso, **Ch**, 1986:183)

fifí *nm fam* **(M)**   **playboy**
[=señorito]

—¿*Y Federico Robles? Pues ahí lo tiene usted con los* **fifís** *de Sanborns todas las mañanas...*

(C. Fuentes, **M**, 1969:174)

filoso, -a *adj*   **sharp**
[=afilado]

...acercándose a la guillotina, hizo volar la funda... haciéndola aparecer, por vez primera, desnuda y bien **filosa** *la cuchara, a la luz del sol.*

(A. Carpentier, **Cu**, 1983:134)

filudo, -a *adj* **(Ch) (Pe)**   **sharp**
[=afilado]

Ella les pidió... dos machetes **filudos** *y de buen tamaño...*

(C. E. Zavaleta, **Pe**, 1973:52)

financiera *nf* **(Ch)**   **finance company**
[=sociedad financiera]

Trabaja en una empresa relacionada con dinero, que no es un banco, pero podría ser una **financiera**.

(*VEA*, Santiago, 8-5-86:18)

financista *nmf*   **financier; financial expert**
[=financiero]

La Academia... ha rechazado hasta ahora a **financiar,** *financista* *y* **finanzas,** *con ser de uso tan generalizado como* [el galicismo] **financiero.** *Creo que deben ser acepta-dos todos estos vocablos, o todos rechazados...*

(R. Restrepo, **Col**, 1955:485)

...llegó de Bolivia el doctor Claudio Dávalos, abogado y **financista***...*

(A. Céspedes, **B**, 1965:167)

flaco, -a *adj*   **skinny; puny; or as a term of endearment**

[*f*] *Con el temor que siempre le producen los vendedores, va hacia un muchacho alto y* **flaco,** *de pelo largo.*

(E. Sábato, **A**, 1975:376)

—*Me veía demasiado* **flaquito,** *con los brazos chiquitos...*

(D. Kon, **A**, 1983:90)

flauta
1. ¡**flauta**!/¡**la gran flauta**! *interj fam*   **Hell!; Oh dear!**
[=¡vaya!]

—¡*La gran* **flauta**! *Perdimos el campeonato.*

(F. Morales Pettorino, **Ch**, 1985, II:2064)

2. **de la gran flauta**   *exp adj fam*   **terrific; tremendous**
   [= bárbaro]

*...desapareció de la superficie terrestre, hasta que supimos que está ahora por Tandil con una estancia **de la gran flauta**.*

(M. Puig, **A**, 1970:107)

*—Todavía no descubro si es usted un pelotudo angelical o un cínico **de la gran flauta**.*

(M. Vargas Llosa, **Pe**, 1974:307)

3. **hijo, -a de la gran flauta**   *exp sust fam*   **son of a bitch;**
   [= hijo de puta]   **bastard; bitch**

*—Y yo... sin saber nada y una **hija de la gran flauta** malinformándome con el Señor Presidente...*

(M. A. Asturias, **G**, 1970:272)

flojera   *nf*   **laziness**
[*f*]   [= pereza]

*—Uy, qué bruta, ya te conté el secreto y ahora me da **flojera** romper la carta y empezarla de nuevo.*

(M. Vargas Llosa, **Pe**, 1974:66)

*Que en el caso de él, el agente encargado de rematarlo, seguramente por **flojera** le había disparado el último tiro sin ponerle la pistola en la cabeza.*

(M. Guerra Leal, **M**, 1978:58)

flojo, -a   *adj*   **lazy**

[*f*]   *«¡Qué bueno que no vamos a caminar mucho!», le digo a Agustín. «¡**Floja**!»...*
(E. Poniatowska, **M**, 1983b:127)

flor de (+sust)   *exp adv fam* **(A) (Ch) (Pe) (Ur)**   **What a great...!;**
[= muy]   **very**

*...superlativo de algo... Por ejemplo, **flor de** amigo, **flor de** coche, **flor de** caballo, etcétera.*

(F. Coluccio, **A**, 1985:91)

*Expr. fig. con que se encarece alguna cosa. También acrecienta una cualidad: «**flor de vivo**».*

(E. B. de Alberti, **Ur**, 1971:94)

*«Que ellos, que son **flor de** guarangos, me hagan estos chistes, lo comprendo.»*
(M. Benedetti, **Ur**, 1974:38)

florcita   *nf*   **little flower**
[= florecita]

*...con las **florcitas** silvestres que otrora recogí.*

(M. Puig, **A**, 1970:231)

foco *nm*
1. **foco** (electric light) bulb
   [=bombilla]

   *Un **foco** rojo, opaco, alumbraba brumosamente el dormitorio.*
   (J. M. Arguedas, **Pe**, 1973:60)

2. **foco** street light
   [=farola]

   *El único **foco** de la calle estaba sobre la ventana de mi cuarto. No dormí esa noche.*
   (A. Aramoni, **M**, 1980:97)

3. **foco** (car) headlight
   [=faro]

   *Los **focos** de los camiones estaban pálidos a esa hora de la mañana.*
   (J. Donoso, **Ch**, 1983:134)

foja (de servicios) *nf* record file/sheet
[=hoja...]

*De la duplicación [**hoja**/**foja**] salió un **doblete**: **foja** se especificó como nombre de la **hoja de papel** y **hoja** quedó para los demás usos, el botánico y los figurados (**hoja** de la espada, etc.).*
(M. Hildebrandt, **Pe**, 1969:176)

folder/fólder *nm* (ENG) (Col) (M) folder

*Los dobló en cuatro, archivó en un **fólder**, puso el título y guardó en un cajón.*
(E. Poniatowska, **M**, 1983b:240)

*Cerré el **folder** y me puse de pie.*
(G. González Zafra, **Col**, 1983:12)

fondear *vb* (Ch) to throw to the bottom of the sea;
[=tirar al fondo del mar] to drown at sea

***Fondearía** a todos esos agitadores.*
(F. Morales Pettorino, **Ch**, 1985, II:2084)

fondeo *nm* (Ch) dumping/drowning at sea

*...en la bahía de Valparaíso había barcos llenos de presos. Se contaba que algunos salían en la noche atestados de gente... y al anochecer siguiente regresaban vacíos. Peor que en los **fondeos** de la dictadura de Ibáñez.*
(J. Edwards, **Ch**, 1978:315)

fondillo *nm*   **seat of pants**
[=fondillos]

*Como si una ortiga le hubiese quemado el trasero, restregó Vértiz el **fondillo** de sus
pantalones sobre la piel negra del sofá.*

(L. Spota, **M**, 1981:354)

fondo *nm*
1. **fondo**   **petticoat**
[=combinación]

*...se sentaban en la puerta con las piernas abiertas... Otras, sin **fondo,** con el
brasier y encima una blusa nailon, todas se traslucían.*

(O. Lewis, **M**, 1967:147)

*—Pues quítese el vestido y quédese en **fondo**...*

(E. Poniatowska, **M**, 1972:294)

2. **medio fondo**   **short/half petticoat/slip**

*De otros tiempos todavía se conserva el **fondo,** que hoy se diferencia del **medio
fondo** (aquí no se conocen las **enaguas**).*

(A. Rosenblat, **V**, 1960, II:73)

fono   *nm* **(B) (Ch)**   **phone; tel. (in addresses)**
[=teléfono]

*Cuando Joaquín cogió el **fono** y marcó el número...*

(J. Edwards, **Ch**, 1967:207)

*Vendo bosque... **Fono** 2265333.*

(*El Mercurio*, Santiago, 8-5-86:A6 — anuncio)

fósforo   *nm*   **match**
[*f*] [=cerilla]

*El hombre volvió a meter la mano en el bolsillo. No encontraba los **fósforos**.*

(M. Vargas Llosa, **Pe**, 1968:182)

fotuto   *nm*
1. **fotuto** *Hist*   **wind instrument made from gourd,** etc.
[=instrumento de viento,
hecho de calabaza, etc.]

*...vuelven [los indios zaques] a los empecinados ritos y un melancólico **fotuto**
trae, páramo abajo, el llanto y desolación de la vencida estirpe.*

(M. J. Tejera, **V**, 1983, I:441)

2. **fotuto**   **car horn**
[=bocina]

El carretón iba halada por una mula ya un poco vieja... Había que conducirla
*y gritarle... Oía un **fotuto** y se asustaba, veía un carro de aquellos grandes... y*
se ponía tiesa...

(M. Barnet, **Cu**, 1983:71)

fraccionadora *nf* (M)   **real estate development company**
[=compañía inmobiliaria]

—*Autorice el préstamo del banco a la **fraccionadora** y asegure los terrenos...*

(C. Fuentes, **M**, 1969:261)

fraccionamiento *nm* (M)   **real estate development;**
[=urbanización]   **housing estate/subdivision**

*Y en la tierra de Emilio Zapata, donde los ejidos se convierten en **fraccionamientos***
de lujo y campos de golf...

(J. M. de Mora, **M**, 1983:43)

*El ex presidente... permanece en su residencia del **fraccionamiento** Las Brisas...*

(*Novedades*, México, 30-12-70:15)

franco *nm*
de franco   (A) (Ch) (Ur)   **on (military) leave**

*Cuando salías **de franco** íbamos juntos al cine, o a tomar algo.*

(D. Kon, **A**, 1983:82)

frapista *adj* y *nmf* (Ch)   **supporter of FRAP**
[=partidario del FRAP (Véase el Apéndice 5)]

Frapistas *promueven incidentes en el Congreso.*

(F. Morales Pettorino, **Ch**, 1985, II:2099)

frazada *nf*   **blanket**
[=manta]

*Pero esta vez, se cubrieron la cabeza con las **frazadas** y se callaron...*

(J. M. Arguedas, **Pe**, 1973:213)

frazada eléctrica *nf*   **electric blanket**
[=manta eléctrica]

fregado, -a *adj vulg*   **annoying; damn; bloody;**
[=molesto; pesado]   **lousy; screwed (up)**

—*Qué **fregada** es la vida... No hay justicia.*

(M. Vargas Llosa, **Pe**, 1968:114)

*...estoy **fregado** porque su papá no quiere que nos casemos...*

(M. A. Asturias, **G**, 1970:41)

—*Está visto, los más **fregados** seremos los que teníamos botellas* [escondidas]...

(M. Vargas Llosa, **Pe**, 1968:265)

fregar *vb vulg*   **to screw (up); to annoy**
[=molestar]

*El verbo «fregar» es eufemismo de «chingar» por paronimia y metonimia («restre-
gar con fuerza» = la acción de dos cuerpos durante el coito) o por extensión
metafórica («restregar con fuerza» = «molestar, fastidiar» = «copular»).*

(L. M. Grimes, **M**, 1978:92)

—¡*Qué* ***fregado*** *Amarillo; dizque lo arregló todo y que vuelve con mayor fuerza
para darse gusto en* ***fregarnos*** *a todos, desquitándose de lo que le hicimos, es decir:
de lo que no más pensamos hacerle! ¡Qué Amarillo tan* ***fregón****, tan águila!*

(A. Yáñez, **M**, 1962:173)

fregón, -a *adj vulg*   **annoying**
(Véase **fregar**)

frejol/fréjol *nm esp* **(Pe)**   **bean**
[=haba]
(Véase también **frijol**)

*...debe incentivarse en forma paralela, una mayor producción de papa, camote, yuca
y* ***frejol****...*

(*El Comercio*, Lima, 5-11-86:D1)

frenada *nf* **(Ch)**   **sudden braking**
[=frenazo]

*...contrastan notoriamente con el interminable pasar de las muchedumbres los días
de semana: con los bocinazos y bruscas* ***frenadas*** *de los automóviles...*

(*La Nación*, Santiago, 9-2-87:32)

frente mío/suyo, etc. *exp adv esp* **(A) (Ur)**   **opposite/in front of me,** etc.
[=en frente de mí, etc.]

Me invita a sentarme ***frente suyo****.*

(C. E. Kany, 1951:45)

(Véase también **enfrente mío**)

frigider/friyider *nm* **(FR) (Ch)**   **refrigerator; fridge**
[=nevera]

Vendo ***frigider*** *Fensa $1800.*

(F. Morales Pettorino, **Ch**, 1985, II:2109)

frijol/fríjol *nm*   **bean**
[=haba]

Mejor ve a comprar café negro y ***frijoles*** *para que comas.*

(O. Lewis, **M**, 1967:163)

*Llevaron la comida... Una cosa inmunda: tortillas de maíz, viejas, tiesas, frías,
****frijoles*** *cocidas en quién sabe qué clase de olla, también fríos...*

(H. Lindo, **S**, 1962:70)

friolento, -a   *adj*   **cold; feeling the cold**
[=friolero]

Pobre la Malpapeada, congelándose ahí fuera, ella que es tan friolenta.
(M. Vargas Llosa, **Pe**, 1968:173)

fritanga   *nf*   1.   **fried food(s)**
[=fritada]   2.   **fried food stall**

...las fritangas a que tan aficionados somos los descendientes de Cortés y la Malinche.
(M. A. Almazán, **M**, 1983:104)

fritanguería   *nf* **(Ch)**   **fried food shop**
[=freiduría; tienda de fritada]

Se vende por viaje restaurante, fuente de soda y fritanguería con teléfono y casa habitación.
(F. Morales Pettorino, **Ch**, 1985, II:2112)

fritanguero, -a   *adj y nmf*   **fried food seller**

Tiene más de trescientos locales y como mil pequeños puestecitos que se han añadido como una celda más al colmenar de fritangueros, verduleros, carniceros, panaderos y fruteros que se empeñan en sacar la miel del mercado de Mixcoac.
(*Novedades*, México, 30-12-70:6)

frutilla   *nf* **(A) (Ch) (Ec) (Ur)**   **(large) strawberry**
[=fresa; fresón]

—¿Le gustan las frutillas, señor Sempronio? En mi casa, mi mamá me hacía dulce de frutilla...
(A. Cuzzani, **A**, 1964:37)

¡fucha!/¡fuchi!   *interj fam* **(M)**   **Yuk!**
[=¡uf!]

—Fuchi, si ahora está requete feo esto...
(C. Fuentes, **M**, 1969:309)

fueguito   *nm*   **little fire**
[=fueguecito]

En un rancho de lata, tiembla el fueguito bajo la olla carbonosa.
(E. Galeano, **Ur**, 1975:192)

fuente de soda   *nf* **(ENG) (Ch) (M) (V)**   **(US) soda fountain; cafeteria**

Negocio en el cual se expenden bebidas gaseosas y calientes, helados, pasteles, emparedados, etc., para el consumo inmediato en el mismo local.
(F. Morales Pettorino, **Ch**, 1985, II:2121)

Desayunamos en una fuente de soda con una taza de café frío...
(*El Espectador*, Bogotá, 15-5-86 — escritor chileno)

fuereño, -a   *adj* y *nmf fam*   **stranger; outsider**

*...la señora Santitos y todos los demás **fuereños** que vinieron con la tropa...*
(E. Poniatowska, **M**, 1972:217)

fuete   *nm* **(FR)**   **whip**
[=látigo]

*Parándose en el coche, arrancó el **fuete** a Víctor y descargó tal latigazo hacia
delante, que el caballo entró a galopar...*
(A. Carpentier, **Cu**, 1983:42)

fumada   *nf*   **puff; pull**
[*f*] [=chupada]

*...dejándome que le diera una **fumada** a su propio cigarro...*
(L. Spota, **M**, 1972:137)

fundillo   *nm fam vulg*   1.   **seat of pants**
[=fondillos]   2.   **bum; arse; (US) ass**

*—¡...con los codos de fuera y los pantalones comidos del **fundillo**!*
(M. A. Asturias, **G**, 1970:93-94)

*«...desconoce Marujita el mexicanismo **fundillo** (ano)».*
(R. Prieto, **M**, 1981:502)

fundo   *nm* **(Ch) (Pe)**   **ranch; rural estate**
[=finca]

*He trabajado tan bien, que ya compré los dos **fundos** vecinos y esta propiedad es la
más grande y la más rica de toda la zona... un **fundo** modelo.*
(I. Allende, **Ch**, 1985:64)

*¡Ser comunista y dueño de **fundo** era recontra fácil!*
(J. Edwards, **Ch**, 1978:119)

fungir   *vb*   **to function (as);**
[=actuar; funcionar]   **to act (as)**

*...casi acabó con los asistentes a la boda en la cual don Lucas Páramo iba a **fungir**
de padrino.*
(J. Rulfo, **M**, 1966:83)

fustán   *nm*   **petticoat**
[=combinación]

*El **Pelele** percibió el ruido de su **fustán** almidonado... y corrió tras ella...*
(M. A. Asturias, **G**, 1970:23)

*¡...buscando para disfrazarse pantaletas y **fustanes** de mujer!*
(C. Rengifo, **V**, 1964:71)

futileza   *nf* **(Ch)**   **trifle; something unimportant**

*Lo despidieron del trabajo por una **futileza**.*
(F. Morales Pettorino, **Ch**, 1985, II:2134)

G

gachupín   *Hist nm fam* **(NAH)**   **pejorative nickname for Spaniard**
[= español: apodo despectivo]

Desde que tenía uso de razón, el Fifo venía a la fiesta del Grito: a robar carteras...
*a gritar ¡mueran los **gachupines**!*

(C. Fuentes, **M**, 1969:377)

*...con horarios de esclavo y un jefe de piso **gachupín**.*

(*Ibíd.*, 87)

galpón   *nm* **(?NAH)** *esp* **(A) (Ch) (Ur)**   **shed; warehouse**
[= cobertizo; almacén]

*Del **galpón** nos dirigimos a una carpa improvisada con las lonas...*

(R. Güiraldes, **A**, 1973:91)

*—Nos juntamos todos en **galpones**, cerca del hospital. Y allí fue donde empezamos*
*a descubrir **galpones** y más **galpones** ¡llenos de comida hasta el techo!*

(D. Kon, **A**, 1983:47)

gallego, -a   *adj y nmf fam*   **nickname for Spaniard**
[= español: apodo]

*¡Buenos Aires es una ciudad llena de **gallegos**, italianos e ingleses...!*

(E. Lafourcade, **Ch**, 1976:237)

gallera   *nf*   **cockpit (for cockfight)**

*...el perdedor se apartó de José Arcadio Buendía para que toda la **gallera** pudiera*
oír lo que iba a decirle.

(H. Hediger, 1977:276)

gallero, -a   *adj y nmf*   **cockfight enthusiast**

*La voz del juez resonaba, entonces, y los **galleros** cogiendo a los gladiadores los*
ponían de nuevo frente a frente, en medio de la cancha.

(F. Morales Pettorino, **Ch**, 1985, II:2140)

gallinazo   *nm*   **vulture; (US) buzzard**
[= buitre]

*...me amenazaban con colgarme de un árbol y dejarme para comida de **gallinazos**.*
(A. Albalucía, **Col**, 1984:187)

gallineta *nf*   **guinea fowl (Numida meleagris)**
[=gallina de Guinea]

El entorno natural completa el interior: **gallinetas,** *pavos reales y palomas de cola de abanico se pasean por el balcón...*
               (*El Mercurio*, Santiago, 7-6-86, *Revista Vivienda y Decoración*: 9)

gamín   *nm* (FR) (Col)   **kid**
[=chiquillo]

Tenía mi padre unos **gamines** *allí...*
                              (L. Flórez, **Col**, 1980:74)

gamonal   *nm* (CAm) (Col) (Ec) (Pe) (V)   **village cacique/boss**
[=cacique]

...pensó que a no dudar tendría que haber un **gamonal** *en ese pueblo...*
                      (E. Caballero Calderón, **Col**, 1967:32)

garúa   *nf* (PORT)   **drizzle**
[=llovizna]

...y entonces comparaba el joven, en su memoria auditiva, la diferencia que había entre las lluvias del Trópico y las monótonas **garúas** *del Viejo Mundo.*
                           (A. Carpentier, **Cu**, 1983:167)

garza   *nf* (Ch)   **lager/beer glass**
[=vaso de cerveza]

...los completos de lomito... acompañados de esbeltas **garzas** *de oro espumoso.*
                            (J. Donoso, **Ch**, 1986:87)

garzón, -a   *nmf* (FR) (A) (Ch) (Ur)   **waiter; waitress**
[=camarero, -a]

Necesito **garzones** *jóvenes buena presencia... para restaurante chino de prestigio...*
                       (*El Mercurio*, Santiago, 11-5-86:B27)

gásfiter/gasfiter/gasfitero   *nm* (ENG) (Ch)   **plumber**
[=fontanero]

Me gustaría mostrarle al más incrédulo las cuentas del **gásfiter.**
                   (F. Morales Pettorino, **Ch**, 1985, II:2169-2170)

En el Perú se llama **gasfitero** *al fontanero..., en Chile se emplea la variante* **gasfiter.**
                        (M. Hildebrandt, **Pe**, 1969:193)

gasfitería   *nf* (Ch) (Ec) (Pe)   **plumbing; plumber's workshop**
[=fontanería]

Gasfitería. *Reparaciones-Instalaciones.*

                          (*El Comercio*, Lima, 5-11-86:D5)

gatillero *nm pren* **(M)**   hired gunman
[= pistolero a sueldo]

> *La policía... acabó por desechar la segunda hipótesis, o sea la de que el homicidio*
> *hubiera sido por error; es decir, que en realidad los **gatilleros** hubieran pretendido*
> *atacar en la casa contigua...*
>
> (M. Buendía, **M**, 1984:168)

gauchada *nf* **(A) (Ur)**   good turn; favour;
[= favor]   good deed

> *...con la sonrisa medio de costado de muchacho... capaz de **gauchadas**...*
> (E. Sábato, **A**, 1969:32)

gaucho *nm*   cowboy

*   *...aunque los **gauchos** de Lynch sean más verdaderos que los de Güiraldes.*
> (H. Hediger, 1977:280)

GC *nm* **(Pe)**   paramilitary policeman;
GC *nf* **(Pe)**   paramilitary police force
[= guardia civil]

> *El hampón infirió varios cortes en la casaca al **GC**...*
> (*El Comercio*, Lima, 9-10-68:16)

> *...al mayor **GC** Nelson Grozzo...*
> (*Kausachum*, Lima, 8-4-85:21)

> *Los patrulleros y todos los vehículos disponibles de la **GC** se utilizaron durante la*
> *redada...*
> (*El Comercio*, Lima, 14-2-69:18)

gendarme *nm* **(FR)**   policeman
[*f*] [= policía]

> *Los mendigos callaban y se rascaban las pulgas sin poder dormir, atentos a los pasos*
> *de los **gendarmes** que iban y venían por la playa...*
> (M. A. Asturias, **G**, 1970:10)

gendarmería *nf* **(FR)**   Police
[*f*] [= policía]

> *...llegó... a esta capital el comandante en jefe del Ejército, ...en compañía del*
> *director de **Gendarmería** Nacional...*
> (*La Nación*, Buenos Aires, 4-11-68:5)

gente *nf*
una gente *fam*   a person

> *—Voy al Nacional a ver **una gente**.*
> (G. Cabrera Infante, **Cu**, 1969:110)

*Sólo **una gente** como su fina persona era capaz de hacer el milagro.*

(A. Yáñez, **M**, 1962:7)

***Una gente** que está casada y que* [sic] *sus niños son chiquitos, pues primero son su casa y sus niños chiquitos, ¿verdad?*

(J. M. Lope Blanch, **M**, 1971:223)

*Los tranvías iban que no cabía **una gente**.*

(M. A. Asturias, **G**, 1970:288)

*Que trescientas **gentes** vinieran a la Procuraduría era un hecho inusitado...*

(E. Poniatowska, **M**, 1983b:237)

gil, -a   *nmf fam* **(A) (Ch) (Ur)**   **fool**
[=tonto]

*—Por eso, si descubrías a alguien llorando, te hacías el **gil,** mirabas para otro lado, lo dejabas llorar tranquilo.*

(D. Kon, **A**, 1983:159)

*Ya encontró una **gila** para venderle medias falladas.*

(F. Morales Pettorino, **Ch**, 1985, II:2186)

*...y ella me dice «No seas **gilastra**» y se reía...*

(M. Puig, **A**, 1968:131)

gis   *nm* **(M)**   **chalk; slate**
[=tiza]

*Abrir el cartapacio, calarse los lentes, barrer el polvo del **gis** de su falda que estiraba sobre sus piernas.*

(E. Poniatowska, **M**, 1983b:246)

guardia nacional (GN)   *nf* **(N) (Pan)**   **National Guard**

*...este último murió en combate con la **GN**.*

(R. Rodríguez M., **N**, 1979:106)

godos   *Hist nmpl*   **pejorative nickname for Spanish royalists at the time of Independence**

*...y decir que si estaba de Dios que los **godos** ganaran seguro era por algo.*

(A. Albalucía, **Col**, 1984:91)

*—¡Qué se había figurado ese inmundo **godo**! No recordaba en ese momento que su padre también había sido un inmundo **godo,** llegado a las costas del Maule...*

(L. Durand, **Ch**, 1973:40)

golpiza   *nf*   **beating**
[=paliza]

*Primero le propinaron una **golpiza** espantosa dentro de su misma celda.*

(V. Leñero, **M**, 1979:128)

gomero   *nm*

rubber plantation worker

1. **gomero**
    [= recolector de caucho]

    *Uno de los **gomeros** declaró... que le parecía escuchar silbidos.*
    (J. E. Rivera, **Col**, 1978:273)

rubber tree

2. **gomero**
    [= árbol del caucho]

    *Las raíces de los **gomeros**, las raíces de muchos árboles partían las rocas...*
    (M. Satz, **A**, 1980:273)

bus

góndola   *nf* (ITAL) (B) (Ch) (Pe)
[= autobús]

*En ciertos países les llaman «buses»..., en otros «guaguas», en Bolivia **«góndolas»**.*
(M. A. Asturias, **G**, 1972:336)

darling

gordo, -a/gordito, -a   *nmf* (Ch) (M)
[= mi vida]

*Rosario me dice conmovida: «Mi **gordo** [su hijo Carlos, el segundo] está llorando.»*
(E. Poniatowska, **M**, 1983b:133)

*...el doctor le decía **«gordo»**, y me comentó que eran muy amigos...*
(M. Guerra Leal, **M**, 1978:271)

senior military officer

gorila   *adj* y *nm fam* (Ch)

Alto jefe militar que se inmiscuye en la conducta política de un país...
(F. Morales Pettorino, **Ch**, 1985, II:2208)

*1968 fue un año pródigo en gobiernos **gorilas**.*
(*Ibíd.*)

**tape recorder;
cassette recorder**

grabador   *nm*
[*f*] [= grabadora]

*—Normalmente es un **grabador**, pero parece que se les recalentó....*
(M. Benedetti, **Ur**, 1970:221)

*¿Se dice **grabador** o magnetófono?... El manual dice **grabador**, los de Casa América deben saber.*
(J. Cortázar, **A**, 1970:331)

grass; pasture

grama/gramilla   *nf esp* (A) (Ur)
[= hierba]

*...se preguntaba si había necesitado de todo aquello, de llenar las paredes de letreros, de pisotear la **grama** de los parques...*
(P. Vergés, **RD**, 1980:73)

*El bayo... comenzó a mordisquear la fina **gramilla** ribereña.*
(R. Güiraldes, **A**, 1973:86)

grampa *nf* **(A) (Ur)**   **paper fastener/clip; staple**
[=grapa]

—*Hasta el momento no falta un tornillo.*
—*Ni una grampita —afirmó Kunz.*

(J. C. Onetti, **Ur**, 1981:28)

granadilla *nf*   **granadilla**

Es uno de los nombres que los españoles dieron a la pasionaria... por la analogía del grano de su fruta con el de la granada.

(D. Abad de Santillán, **A**, 1976:255)

granadillo *nm*   **granadilla tree (Passiflora Ligularis)**

grande *adj invar fam* **(A)**   **great; clever; funny**
[=bueno; gracioso]

—*Fue tan grande todo eso, fue un momento de tanta locura y emoción, que yo lloraba...*

(D. Kon, **A**, 1983:191)

—*Haceme acordar en casa que te lea la confesión de Ivonne Guitry, viejo, es algo grande.*

(J. Cortázar, **A**, 1970:269)

grapa *nf* **(ITAL) (A) (Ch) (Ur)**   **(cheap) grape liquor**
[=aguardiente barato]

...no hay grapa ni caña al alcance... para tranquilizar el nervio.

(E. Galeano, **Ur**, 1975:24)

grasoso, -a   **greasy; sticky**
[*f*] [=grasiento]

La señora Etelvina reflejaba un pacífico terror escondido en sus facciones grasosas...

(H. Rojas Herazo, **Col**, 1968:148)

grifero, -a *nmf* **(Pe)**   **gas/petrol pump attendant**
[=empleado de gasolinera]

grifo *nm* **(Pe)**   **petrol pump/station;**
[=gasolinera]   **(US) gas/gasoline station**

Momentos después el auto se estacionó en un grifo...

(S. Cavero Galimidi, **Pe** [s.f.]:222)

gringada *nf fam*   1. **typical gringo action; dirty trick**
                                    2. **group of gringos**

Cosa de gringos, impropia de gauchos. Reunión de gringos.

(E. B. de Alberti, **Ur**, 1971:101)

gringo, -a *nmf* **gringo; foreigner**
* (*esp* US or Anglo-Saxon type)

—*Allí se juntó con otros políticos, algunos militares y con los **gringos** enviados por el servicio de inteligencia...*

(I. Allende, **Ch**, 1985:304)

gripa *nf* (FR) (Col) (M) **flu; influenza**
  [=gripe]

Carlos estornudó.
—*Me pasaste la **gripa** —le dijo...*

(G. González Zafra, **Col**, 1983:34)

griposo, -a *adj y nmf* **ill with flu; flu victim**

[*f*] *...su nariz rojiza, de borrachín..., de **griposo**.*

(H. Hediger, 1977:285)

grisalla *nf* (FR) (M) **rubbish; rusty scrap metal**
  [=chatarra]

*...Liverpool..., el puerto de aguas mercuriales y densas, repletas de desechos de todas las industrias que proyectan su **grisalla**, sus metales sombríos.*

(E. Poniatowska, **M**, 1983b:160)

grisoso, -a *adj* **greyish; grayish**
  [=grisáceo]

*Nosotros decimos **grisoso**. Y si **verdoso** es voz castiza, ¿por qué no podían serlo azuloso, amarilloso y **grisoso**?*

(R. Restrepo, **Col**, 1955:521)

guaca *nf* (QCH) **Indian tomb**
*

guacal *nm* (NAH)
  1. **guacal** (CAm) (M) **calabash; gourd**
     [=calabaza]

     *...mientras... comían su totoposte con café de tortilla, su chile y su sal en el inveterado **guacal** pintado con... achiote y hollín ocotoso.*

(J. M. López Valdizón, **G**, 1966:144)

  2. **guacal** (CAm) (Col) (M) (V) **wooden crate**
     [=jaula]

     *...el **guacal** se lleva a la espalda y sirve para cargar algo... pero, en rigor, es una especie de jaula.*

(R. Prieto, **M**, 1981:518)

guacamayo   *nm* **(ARW) (CAm) (Col) (M) (V)**   **macaw**
[= papagayo]

...*un taparrabos de plumas de* **guacamayo**.

(M. Satz, **A**, 1980:277)

guacamole   *nm* **(NAH) (CAm) (Cu) (M)**   **avocado salad**

...*vio... un plato de fiambre,* **guacamole** *y chile pimiento*.

(M. A. Asturias, **G**, 1970:221)

guaco   *nm* **(QCH) (Ch) (Pe)**   **pre-Columban ceramic**
[= objeto de cerámica precolombino]   **object (found en tombs)**
                                                        [See **guaca**]

guachada   *nf fam*   **dirty/rotten trick**
[= canallada]

Me ha dejado solo a propósito... Una delicadeza o una **guachada,** *depende de cómo se mire.*

(J. Cortázar, **A**, 1970:225)

guachafita   *nf fam* **(Col) (V)**   **row; uproar**
[= alboroto]

Nuestra **guachafita** *designa el desorden alegre: «La* **guachafita** *que tenían los muchachos en clase puso furioso al profesor.»*

(A. Rosenblat, **V**, 1960, II:277)

guachimán   *nm* **(ENG)**   **night watchman**
[= vigilante]

Hoy no hay a bordo ni siquiera un **guachimán**.

(F. Morales Pettorino, **Ch**, 1986, III:2236)

guachinango   *nm* **(NAH) (Cu) (M)**   **red snapper**
[= besugo]

guacho, -a   *nmf fam* **(QCH) (A) (Ch) (Col) (Ec) (Ur)**   **orphan;**
[= hijo natural]   **illegitimate child**

*Pensaba en mis catorce años de chico abandonado, de «***guacho***», como seguramente dirían por ahí.*

(R. Güiraldes, **A**, 1973:29)

guagua   *nf*
1.   **guagua**   **(QCH) (A) (B) (Ch) (Ec) (Pe)**   **baby**
[= nene]

—*Ernesto no entiende; todavía es* **guagua**...

(J. M. Arguedas, **Pe**, 1973:203)

...*tiene una* **guagua** *de tres meses.*

(A. Valencia, 1977:365)

2. **guagua** *Ant*   **bus**
[= autobús]

Un país donde los estudiantes en lugar de estudiar se ponen a quemar guaguas.
(A. Estorino, **Cu**, 1964:82)

guaje *nm* **(NAH) (G) (H) (M)**   1.   **species of acacia**
[= árbol; calabaza grande]   2.   **large gourd for carrying wine**

Para el Güero los mezquites, los guajes, el páramo inmenso y desolado.
(E. Poniatowska, **M**, 1983b:242)

guajiro, -a *adj* y *nmf* **(MAY) (Col) (Cu)**   **white peasant; peasant**
[= campesino]

—No hay un solo guajiro trabajando.
(A. Estorino, **Cu**, 1964:81)

guajolote *nm* **(NAH)** *esp* **(M)**   **species of turkey**
[= pavo]

Una señora... vino a reclamar unos tanques de gas que le habían desaparecido de la azotea; después otra unas gallinas y unos guajolotes.
(O. Lewis, **M**, 1967:288-289)

guambra *nmf invar* **(QCH) (Ec)**   **Indian or mestizo child**
[= niño indio o mestizo]

—Los niños de la escuela.
—¡Los guambras!
(J. Icaza, **Ec**, 1969:66)

guampa *nf* **(QCH) (A) (B) (Ch) (Par) (Ur)**   **horn**
[= cuerno]

guampudo, -a *adj* **(QCH) (A) (B) (Ch) (Par) (Ur)**   **horned**
[= con cuernos]

Los corrales eran de piedra; la hacienda era numerosa, flaca y guampuda; las colas arremolinadas de los caballos alcanzaban al suelo.
(J. L. Borges, **A**, 1980, II:476-477)

guanábana *nf* **(ARW)**   **prickly custard apple; soursop**
[= fruta tropical]

Juan pide batido de chocolate, yo jugo de tomate. Él helado de guanábana.
(H. Hediger, 1977:290)

guanábano *nm* **(ARW)**   **soursop (tree) (Annona muricata)**
[= árbol tropical]

guanaco   *nm* (QCH)
*   1. **guanaco,**
                                                          guanaco

2. **guanaco**   *fam* (Ch)
    [= **camión policial con cañón de agua**]   police water cannon (truck)

—*¿Y el chorro del* «***guanaco***»?
—*El agua no le hace mal a nadie.*

(*El Mercurio semanal*, Santiago, 12-4-86:6)

guanajo   *nm* (ARW) (Cu)
[= **pavo**]   species of turkey

guano   *nm* (QCH)
                                                   seabird manure; guano
*   *...y de la Isla Blanca, tan totalmente cubierta de* **guano** *y excrementos de alcatraces que...*

(A. Carpentier, **Cu**, 1983:199)

guapo   *nm fam*
[*f*] [= **matón**]   tough gu; bully

Cuando los comunistas terminaron de fabricar las celdas tapiadas de la cárcel de Boniato quisieron probar sus efectos en los delincuentes comunes. Y allí metieron a los más «***guapos***», *a los más* «*feroces*», *a los que llevaban más años recorriendo cárceles.*

(A. Valladares Pérez, **Cu**, 1983:110)

guaraca   *nf* (QCH) (A) (Ch) (Col) (Ec) (Pe)
[= **honda de cuero**]   wool or leather sling

guarache   *nm* (NAH) (M)
(Véase **huarache**)   leather sandal

guarangada   *nf*
[= **grosería**]   rude remark

...y [ella] *parece feliz cuando lo mira, mientras él dice* **guarangada** *tras* **guarangada**.
(M. Benedetti, **Ur**, 1968a:188-9)

guarango, -a   *adj* (QCH) (A) (B) (Ch) (Ur)
[= **grosero**]   rude

Las risas de los treinta y dos pasajeros... cubren la acusación de **guarango** *que, enardecida, formula la mujer.*

(M. Benedetti, **Ur**, 1970:232)

guaraní   *adj* y *nmf invar* **(TUP)**
*
          1. **Guarani Indian**
          2. **Guarani language**
3. **monetary unit of Paraguay (1944-)**

*...el carnaval dejó unos 3 millones 200 mil **guaraníes**, en las arcas de los clubes más fuertes.*

(*ABC*, Asunción, 12-2-69:7)

guarapo   *nm*   **fermented cane juice**
[=caña fermentada]

*El barril de **guarapo**... está casi vacío.*

(R. González Montalvo, S, 1977:274)

guardarraya   *nf* **(Cu) (PR)**   **path between rows of coffee bushes,** etc.

*En la **guardarraya**, el peonaje sudoroso.*

(E. A. Laguerre, **PR** [s.f.]:94)

guardia nacional   *nf* **(N) (Pan)**   **National Guard; Army**

*...Torrijos, cuarenta y seis años, comandante de la **Guardia Nacional** y jefe del Gobierno panameño desde el golpe de Estado de 1968.*

(*Cambio 16*, Madrid, 9-10-77:53)

guarura   *nm fam* **(M)**   **bodyguard; thug**
[=guardaespaldas]

En ocasiones el estallido [del «**bubble gum**»] *es tan retumbante, que los **guaruras** que nos vigilan de lejos se ponen nerviosos y acuden metralleta en mano...*

(M. A. Almazán, **M**, 1983:62)

*—¡Además con este despliegue de **guaruras** en torno a cada funcionario!... Cada funcionario tiene los suyos, pero no sólo eso, también su esposa, sus hijitos, su familia entera.*

(E. Poniatowska, **M**, 1983a:16)

guasca   *nf* **(QCH) (Ch) (Ec)**   **whip; strip of leather**
[=látigo]

*«**Látigo** es muy formal;* **chicote** *es frecuente* [en Chile], *pero lo es más **guasca** o* **huasca...** **Fuete** *no se usa.»*

(L. Contreras, **Ch**, 1966:6)

guasipungo   (Véase **huasipungo**)

guaso   (Véase **huaso**)

guata   *nf fam* **(MAP) (Ch)**   **belly; paunch**
[=barriga]

*...apenas como y me duele la **guata** de nuevo.*

(E. Lafourcade, **Ch**, 1976:86)

guate *nm* **(NAH) (CAm)**   corn/maize (thickly) grown for fodder
[=maíz para forraje]

Forraje que se corta en la guatera.

(J. F. Rubio, **G**, 1982:108)

Guatemala *nf*   Guatemala
*

guatemalteco, -a *adj y nmf* **(?MAY)**   Guatemalan
*

guateque *nm fam* **(CAR)**   party
*   [=fiesta]

guatero *nm* **(Ch)**   (hot) water bottle
[=bolsa de agua caliente]

Para calentarse los pies tenía el gato o el guatero.

(F. Morales Pettorino, **Ch**, 1986, III:2271)

guatitas *nfpl* **(Ch)**   tripe casserole
...«*las guatitas a la chilena no tienen la consistencia de los callos a la madrileña,
pero les falta poco».*

(E. González-Grano de Oro, **Esp**, 1983:96)

guatón, -a *adj y nmf fam* **(Ch)**   pot-bellied; fatty
[=barrigón]

—*Mira es que a mí no me gustan los guatones, oye.*

(A. Rabanales y L. Contreras, **Ch**, 1979:425)

—*¡Cállate, guatón!*

(E. Lafourcade, **Ch**, 1976:12)

guayaba *nf* **(?ARW)**   guava
*   *Me escondí tras un árbol de guayaba aprisionado por enredaderas... sus frutos eran
unas vainas plateadas de carne sedosa y dulce.*

(J. M. Arguedas, **Pe**, 1973:157)

guayabera *nf*   short, lightweight jacket; embroidered shirt
*   *Te digo que no me acostumbro a verlo de civil, con guayaberas y blue jeans y la
gorrita jockey...*

(M. Vargas Llosa, **Pe**, 1974:67)

guayabo *nm* **(?ARW)**
*   1. **guayabo**   guava tree (Psidium guajava)

...al lado del guayabo...

(A. Albalucía, **Col**, 1984:16)

2. **guayabo, -a** *nmf fam*   **pretty girl/person**
   [= persona guapa]

   Se pasean unos guayabos muy lindos.

(A. Rosenblat, V, 1978:129)

guayín *nm fam* **(ENG) (M)**   **station wagon**
[= furgoneta]

«*Me subieron al piso de una camioneta guayín, sin placas, donde me tuvieron todo ese día y la noche...*»

(J. M. de Mora, M, 1983:153)

guayuco *nm* **(CAR) (Col) (V)**   **loincloth**
[= taparrabo]

...había varias indias de pecho desnudo, con el sexo apenas oculto por un guayuco blanco, sujeto a la cintura con un cordón pasado entre las nalgas.

(A. Carpentier, Cu, 1979:174)

güero, -a *adj y nmf* **(M) (V)**   **blond(e)**
[= rubio]

Pero los prietos prefieren a las güeras, y aquélla se lo llevó.

(C. Fuentes, M, 1969:13)

...que llegaban ya con los pensamientos aturdidos, los pelos güeros revueltos...

(A. Azuela, M, 1979:164)

güevón *nm vulg* **(M)**   **silly bastard**
[= gilipollas]

[Mi abuelo] *Dijo que mi papá siempre había sido un güevón que se encontró con la mesa puesta...*

(C. Fuentes, M, 1981:21)

(Véase **huevón**)

guineo *nm* **(AFR) (CAm) (Ec) (Pe) (PR)**   **(small) banana**

...plátano guineo —variedad de fruto pequeño, cilíndrico y de pulpa muy dulce.

(J. Tovar Donoso, Ec, 1961:147)

En Caracas la banana se llama cambur... y en los Andes guineo.

(A. Rosenblat, V, 1960, I:17-18)

güincha (Véase **huincha**)

güipil *nm* **(NAH) (CAm) (M)**   **Indian regional dress or blouse**

...otras retratadas de indias con sandalias, güipil... y un cántaro en el hombro...

(M. A. Asturias, G, 1970:78)

(Véase **huipil**)

güira   *nf* **(ARW)** *Ant*   **calabash tree and its fruit (Crescentia cujete)**

Árbol bignoniáceo tropical, llamado en botánica **crecentia cujeta** [sic]... *fruto globoso, de corteza dura..., el cual serrado en dos partes iguales, sirve a los campesinos de América para hacer tazas, platos, etc.*

(*Americanismos. Diccionario Ilustrado Sopena*, 1982)

(Véase **totumo/tutumo**)

güisache   **(NAH)** (Véase **huizache**)

gurí(ses), -sa(s)   *nmf(pl) fam* **(TUP) (A) (Ur)**   **kid**
[=**chiquillo**]

...sobrarán manjares para todos los **gurises** *del barrio.*

(E. Galeano, Ur, 1975:50)

gusano   *nm fam* **(Cu)**   **pejorative nickname for Cuban refugees (post-1959)**

«*Resulta... que nos enseñaron que eran "gusanos" y "traidores". Decían que vivían como lavaplatos y pasando hambre en Miami. Y luego llegan* [a Cuba]... *trayéndote 25.000 regalos.*»

(*Cambio 16*, Madrid, 4-5-80:71)

gusto   *nm*
(es) por gusto (que+subjuntivo**)**   *fam* **(Pe)**   **in vain**
[=**en vano**]

—*Voy con usted* —*dijo el hombre*—. **Es por gusto que siga** *aquí, en el pasillo, sin tener con quien hablar.*

(M. Vargas Llosa, **Pe**, 1968:182)

—*El director de* **El Oriente** *se mata diciendo que él no delató al Hermano, jura y llora que no contó nada a la policía...*
—**Es por gusto,** *ya le quemaron el auto y casi le queman su periódico.*

(M. Vargas Llosa, **Pe**, 1974:280)

H

h-

En nuestro país, como en Uruguay y el Río de Plata, hay pocos vocablos con esta letra, por cuanto la grafía corresponde a la «g» o a la «v». Tal es el caso de la palabra quichua «huincha», que en lenguaje común corresponde a «vincha», o de «huata» (panza), que se nombra guata. En otros países americanos existen, sí, vocablos con esta letra... En el norte argentino encontramos, sin embargo, varios vocablos con esta letra, ... **huaico**, *hondonada, ...* **huaina**, *joven, ...* **huaino**, *canción triste.*

(F. H. Casullo, A, 1964:28-29)

(Si una palabra no se encuentra en **h-**, véase bajo **g-**)

habanera   *nf*   **habanera (dance and music)**
*

habano   *nm*   **cigar**

*   *Encendió el **habano**...*

(Cambio 16, Madrid, 27-8-78:36)

haber   *vb*
1.   **haber**
El uso de las formas de **plural** del verbo impersonal **haber** (correspondientes a **there is/are, there was/were**, etc., en inglés), que en España se considera incorrecto, es mucho más frecuente en el español hispanoamericano, incluso escrito y en el habla culta. Aunque la Academia lo condena, el uso sigue extendiéndose.

(Véase C. E. Kany, 1951:212-217)

*—...de Estados Unidos **habían** varios, ¿no?, **habían** alemanes también.*
(A. Rabanales y L. Contreras, Ch, 1979:134)

*...**habían** en la manifestación de 8 a 10.000 personas.*
(A. Pesantes García, Ec, 1984:331)

*El incidente no pudo pasar desapercibido por las numerosas personas que **habían** en ese momento en la Plaza de Armas.*
(La República, Lima, 31-3-85:7)

*...**habrían** unos veinticinco poetas y novelistas.*
(La Jornada, México, 30-4-85:19 — M. Vargas Llosa)

*—**Hubieron** veinte mil peripecias, ¿no?*
(J. M. Blanch, M, 1971:207)

*—Cierto es... que **han habido** malas épocas.*

(A. Céspedes, **B**, 1969:187)

2. **haber**

Aunque menos extendido, también es bastante frecuente en el habla coloquial el uso de **habemos** (en el sentido de **somos** o **hay algunos de nosotros que**...)

There are/were, etc. (of us); There are, etc. those of us who...

Habíamos cinco alumnos y el catedrático.

(C. E. Kany, 1951:216)

*«Me dan ganas de platicar un día... —dice un campesino—... porque aquí **habemos** muchos jornaleros por falta de tierra...»*

(*Por Esto*, México, 8-5-85:10)

*Comimos sopa de manteca en la primera aguada. La gente está débil y ya **habemos** varios con edema.*

(E. Guevara, **A**, 1971:138)

3 **¡qué hubo!/¡qui(h)ubo(le)!** *fam esp* **(Ch) (M)**   **Hi!**
   [= ¿qué hay?]   (Occasionally: **What's the matter?**)

La Manuela se acercó a la Japonesa.
*—**Quiubo**...*
—Siéntate...

(J. Donoso, **Ch**, 1979:71)

*—**Quihúbole**. Buenas noches, señora.*

(F. Sánchez Mayans, **M**, 1970:221)

...me gritó alegremente:
*—¡**Quiubo**, paisanito! ¿Está enojado conmigo todavía?*

(B. Chuaqui, **Ch**, 1957:125)

Al verla, Mario la tomó de los hombros, sacudiéndola, súbitamente enfurecido:
*—¿**Quiubo**, mierda, qué te pasa?*

(J. Donoso, **Ch**, 1983:138)

4. **¡hubiera(n) visto!** *fam*   **You should have seen!;**
   [= ¡si hubiera(n) visto!]   **If only you had seen...!**

Hubieran visto la bulla que metía este cristiano.

(R. Güiraldes, **a**, 1973:69)

(Véase también **ver**)

5. **hubiera(n) + vb**   **If only you had...!;**
   [= si...; (no) debería haber...]   **You should(n't) have...**

*¡Qué barbaridad! ¡Me **hubieras dicho**! Yo te las hubiera comprado por la quinta parte.*

(J. M. Lope Blanch, **M**, 1971:184)

—*Caramba, disculpen, pero se me hizo un poco tarde. No me* **hubieran esperado**.
(R. M. Cossa, **A**, 1966:30)

haber de *vb auxiliar*
   1. **haber de**   **with future reference**
      [= tiempo futuro]

—*No* **ha de** *tardar mamá. Ya es casi la hora de la cena.*
(W. Cantón, **M**, 1966:53)

—*Pero una cosa te advierto: tan pronto como vea el cadáver, te lo juro..., que te* **he de** *sacar de donde te metas, y te mataré con mis propias manos.*
(G. García Márquez, **Col**, 1970:148)

Tenemos el agrado de dirigirnos a Uds. para acusarles recibo a vuestro [sic] *pedido del 8 del corriente..., el que no* **hemos de** *poder atender ya que...*
(Carta de la Editorial Losada, Buenos Aires, marzo 1971)

Para el exintegrante de la junta de gobierno de El Salvador, Román Mayorga Quirós, el mayor punto de incertidumbre sobre lo que **habrá de** *ocurrir en Centroamérica será el comportamiento de Estados Unidos.*
(*Visión*, México, 4-5-81:13)

   2. **haber de**   **must** (of conjecture:
      [= deber (de); tener que]   **e.g. You must be mad!)**

—**Has de** *estar equivocado.*
—*Las tengo todas juntas y numeradas.*
(S. Bullrich, **A**, 1972:105)

—*Luego, el pabellón más bonito era el de la Santa Sede, del Vaticano...*
—*Ah, sí* **ha de** *haber sido.*
(J. M. Lope Blanch, **M**, 1971:200)

—*Yo no he gritado, Susana.* **Has de** *haber estado soñando.*
(J. Rulfo, **M**, 1966:92)

[*f*]   3. **haber de**   **to have to**
      [= deber/tener que]

El novelista no había sido circunscrito por el por qué, el para qué, el cómo... en cambio el dramaturgo se enfrentó con limitaciones que **hubo de** *superar.*
(R. Arlt, **A**, 1968:7)

habiloso, -a *adj*
                                     skilful; clever
      [= hábil; astuto]

—*Es harto raro que con los años... se haya puesto tan simpática y* **habilosa** *de repente.*
(J. Donoso, **Ch**, 1983:69)

hacendado *nm esp* (A)   **ranch owner; property owner**
[= dueño de finca]

...para convertirse en pocos años en uno de los **hacendados** *más prósperos de la región.*

(E. A. Laguerre, **PR**, 1971:163)

hacer *vb*
1. **no le hace** *fam*   **it doesn't matter**
[= no importa]

—Mira —agregó— que el oficio es duro.
—No le hace.

(R. Güiraldes, **A**, 1973:58)

2. **se me hace que**   **it seems to me that**
[= me parece que]

—Nuestros papás son muy influyentes —dijo...
—Se me hace que no...

(C. Fuentes, **M**, 1978:253)

hacienda *nf esp* (A)
1. **hacienda**   **cattle ranch**
[= finca ganadera]

2. **hacienda**   **cattle**
[= ganado]

Los corrales eran de piedra; la **hacienda** *era numerosa, flaca y guampuda...*
(J. L. Borges, **A**, 1980:476-7)

halar *vb*   **to pull; to haul; to heave**
[= tirar]

...a los inválidos los arrancan de las sillas de ruedas **halándolos** *por las piernas...*
(A. Valladares Pérez, **Cu**, 1983:123)

(Véase **jalar**)

halcón *nm fam* (M)   **young Government-sponsored thug**
[= matón a sueldo del Gobierno]

Los **halcones** *bajaron de camiones del servicio de limpia del Departamento del Distrito Federal.*

(E. Poniatowska, **M**, 1983b:48)

...los manifestantes fueron atacados por una banda paramilitar conocida con el nombre de los **«halcones».**

(A. Riding, **M**, 1985:80)

hamaca *nf* (ARW)   **hammock**

*

hambreador   *adj* y *nm* **(Ch) (Pe)**   **monopolist; exploiter**
[= explotador]

«*Querido público, hoy me ocuparé de los gamonales, de los latifundistas, de los oligarcas **hambreadores** del pueblo...*» *Risas y aplausos...*
(J. M. Estremadoyro, **Pe**, 1977:18)

hambrear   *vb*   **to exploit**

[*f*] *Los que no pudieron **hambrearnos** desde dentro quieren hacerlo ahora desde fuera.*
(F. Morales Pettorino, **Ch**, 1986, III:2301)

hambruna   *nf*   **starvation; extreme hunger; famine**

*...con el aumento de precios se colocó a los trabajadores al borde de la **hambruna**...*
(J. M. de Mora, **M**, 1983:25)

*...desde que comenzó la **hambruna** los animales domésticos han desaparecido de las calles.*
(M. Vargas Llosa, **Pe**, 1984:192)

harto, -a   *adj* **(Ch) (Cu) (M)**   **a lot; a lot of**
[= mucho(s)]

«*Tú ahora levantas una piedra —decía mi madre— y salen **hartos** abogados.*»
(A. Rabanales y L. Contreras, **Ch**, 1979:466)

*—Me compraría uno de esos chalcitos... con **hartos** flecos.*
(J. Donoso, **Ch**, 1983:34)

*No sé por qué me entró **harta** tristeza...*
(E. Poniatowska, **M**, 1983b:187)

*...a mí también me da **hartísimo** gusto...*
(*Ibid.*, 220)

harto   *adv*   **very**
[= mucho; muy]

*—Pero me gustó **harto** Méjico a mí.*
(A. Rabanales y L. Contreras, **Ch**, 1979:323)

*—A veces anda **harto** raro...*
(J. Donoso, **Ch**, 1983:182)

*...es **harto** pecosa, por aquí en los brazos.*
(J. Donoso, **Ch**, 1979:71)

hasta   *prep* **(CAm) (Col) (M)**   **not until**
[= no... hasta]   (See C. E. Kany, 1951:369-373)

«*...el tomo III de esta trilogía será publicado **hasta** fines de año.*»
(*Visión*, México, 8-5-70)

*Asomaron los fulgores del sol y **hasta** entonces pudo verse el despeñadero cubierto de gente.*

(M. Azuela, **M**, 1968:12)

*El banco dio a conocer la cifra de dos millones **hasta** hace unos días, luego que se supo que los depositantes hacían subir el cálculo de pérdidas a varios millones de dólares.*

(*El Universal*, México, 23-4-72)

—¿Y desde cuándo estás en México?
—Una semana.
*—¡Caray! Una semana y **hasta** ahora nos visitas.*

(W. Cantón, **M**, 1966:78)

*«No atienden a mis ruegos de que se salgan de esos cuartos que están por derrumbarse. Temo que entiendan **hasta** que ya sea tarde: cuando ocurra un accidente en el que haya lesionados o muertos», dijo Ramiro Rodríguez.*

(M. Mejido, **M**, 1984:256)

hato *nm* **(B) (Col) (Cu) (V)**   cattle ranch
[= **finca ganadera**]

*En el castellano clásico y moderno **hato** es una porción de ganado mayor o menor... De ahí pasó a significar la hacienda de campo o finca destinada a la cría de ganado, uso general en Venezuela.*

(A. Rosenblat, **V**, 1960, I:195-6)

heladera *nf* **(A) (Ch) (Par) (Ur)**   fridge; refrigerator
[= **nevera**]

*Fui hasta la **heladera** y saqué la botella de leche...*

(M. Benedetti, **Ur**, 1974:25)

henequén *nm* **(?ARW)**   henequen; agave
*

hielera *nf* **(Ch) (M)**   fridge; refrigerator
[= **nevera**]

*Félix se hincó y abrió la **hielera**...*

(C. Fuentes, **M**, 1978:182)

highball *nm* **(ENG)**   cocktail
[= **cóctel**]

*En su presencia hice alardes de salud y consumí más **highballs** de la cuenta.*
(E. A. Laguerre, **PR**, 1978:77)

hijo (Véanse **chingada; jijuna; mi; siete**)

hijoeputa (Véase **hijueputa**)

¡híjole!   *interj fam*   **Wow!; Damn!**
[= ¡caramba!]

«*¡Híjole!*, me quemé toda la mano.»
(A. Gómez de Ivashevsky, **V**, 1969:291)

—*¿Te tomas otra copita?*
«*¡Híjole! Voy a tomar —pensaba—, ¿y si lo saben en la casa?...*»
(O. Lewis, **M**, 1967:254)

hijuela   *nf* (Ch)   **sub-divided rural property**

La tierra fue dividida en **hijuelas** y fueron dueños de ellas los que desde generaciones la cultivaban.
(F. Morales Pettorino, **Ch**, 1986, III:2331)

hijueputa   *nmf vulg*   **son of a bitch; bastard**
[= hijo de puta]

—Los **hijueputas** están haciendo señas... que avancemos...
—Retroceda mejor... cuidado con una emboscada...
(C. Alegría y D. J. Flakoll, **N**, 1982:423)

¡hijunagran (puta)!/¡hijuna!   *interj vulg*   **son of a bitch; bastard**

—*¡Hijuna!*
—*¡Rosario! Mira lo que hables... más decencia! (Se persigna apresuradamente.)*
(C. E. Kany, 1951:434)

Qué va a traer ese **ijuna** grandísima.
(L. Durand, **Ch**, 1973:20)

hincarse   *vb*   **to kneel (down)**
[*f*] [= arrodillarse]

La señora Inés había ido a **hincarse** a los pies del ataúd...
(J. Edwards, **Ch**, 1967:220)

Don Eleuterio estaba **hincado**, con los dedos de la mano derecha elegantemente apoyados en la mejilla...
(*Ibíd.*, 222)

hincha   *nmf invar fam*   **supporter/fan**
* [= aficionado]

La Argentina ha dado al mundo hispánico... dos términos de gran vitalidad: **cancha** (del quechua) e **hincha** (también la hinchada...).
(A. Rosenblat, **V**, 1978:119)

hinchada   *nf fam*   **(group of) supporters/fans**
[*f*] [= aficionados]

Pido a la **hinchada** un poco de paciencia...
(F. Morales Pettorino, **Ch**, 1986, III:2335)

Honduras *nf*   **Honduras**
*

hondureño, -a *adj* y *nmf*   **Honduran**
*

hostería *nf* (Ch)   **tourist hotel/restaurant**
[= hotel/restaurante turístico]

Hostería «Los Acacios». Grato ambiente, cabañas, parque, excelente servicio restaurant.

(F. Morales Pettorino, **Ch**, 1987, IV:4873)

huaca *nf* (QCH)   **Indian tomb**
*   [= tumba india]

*Los tesoros de los palacios, **huaca** y fortalezas desaparecieron.*

(*Ibíd.*, 1986, III:2364)

huacal *nm* (NAH) (M)   **wooden crate; cage**
[= jaula; cajón]

*Caminamos hacia unos **huacales** que sirven de plataforma...*

(E. Poniatowska, **M**, 1983b:132)

*...un lento removerse de los pasajeros, de pollos en **huacales**...*

(C. Fuentes, **M**, 1969:41)

huaco (Véase **guaco**)

huachafería *nf fam* (Pe)   **pretentiousness; affectedness;**
[= cursilería]   **kitsch; «kitschness»**

*Es una novela también sobre «la **huachafería**», esa variante de la cursilería que hemos inventado los peruanos y que expresa tan bien lo que en el fondo somos.*

(*Visión*, México, 15-9-76 — M. Vargas Llosa)

huachafo, -a *adj fam* (Pe)   **affected; pretentious; kitsch**
[= cursi]

*La profe de castellano, bien **huachafa** era y... les mandó redactar una composición...*

(A. Bryce Echenique, **Pe**, 1974:452)

huachinango *nm* (NAH)   **red snapper (fish)**
[= pagro]

*...el olor penetrante de pollos degollados y sangre de **huachinango**...*

(C. Fuentes, **M**, 1969:169)

***Huachinango** a la veracruzana is red snapper in a semispicy red sauce. Finger-lickin' good!*

(A. Hoffman, 1982:109)

huacho, -a   *nmf fam* **(QCH) (Ch)**   **illegitimate child; orphan**
  [=hijo natural]

  *...y a los nueve meses una guagua, un **huacho**, porque no te hagas ilusiones, a él no lo volverás a ver.*
                                                             (J. Donoso, **Ch**, 1983:82)

  (Véase también **guacho**)

huaico   (Véase **huayco**)

huaino   (Véase **huayno**)

huanaco   *nm* **(Ch)**   **guanaco**

*   *«Luego de internarnos en la pampa argentina divisamos un **huanaco** rezagado.»*
                                                             (*El Mercurio*, Santiago, 9-4-69:32)

  (Véase **guanaco**)

huarache   *nm* **(NAH)** *esp* **(M)**   **guarache; leather sandal**
  [=sandalia basta]

  *...hundía un pie en el surco negro para que al día siguiente el sol secara el lodo sobre los **huaraches**.*
                                                             (C. Fuentes, **M**, 1969:92)

  *...y **huaraches** con suela de llantas Goodrich...*
                                                             (C. Fuentes, **M**, 1978:188)

huasca   *nf* **(QCH)**   **whip; strip of leather**
  [=látigo]

  *El cochero hizo sonar la **huasca** por encima de la cabeza del caballo.*
                                                             (F. Morales Pettorino, **Ch**, 1986, III:2379)

huáscar   *nm fam* **(Ch)**   **(police)water cannon truck**
  [=camión policial con   **(bigger and more modern**
  cañón de agua]   **than the «guanaco»)**

  *El **Huáscar**, como se le bautizó, prácticamente duplica en tamaño y potencia a los guanacos tradicionales.*
                                                             (*Ibíd.*, 2380)

huasipungo   *nm* **(QCH)**   **tied plot of land**

  Pedazo de tierra que el hacendado proporciona al indio serrano para que lo cultive y lo tenga en su provecho; pero este indio... tiene la obligación de trabajar en la dicha hacienda.
                                                             (B. Rodríguez de Meneses, **B**, 1979:16)

  *De inmediato, parientes y amigos de la difunta cayeron en el **huasipungo** poblando el patio y la choza de tristes comentarios...*
                                                             (J. Icaza, **Ec**, 1969:145)

189

huaso, -a *adj* y *nmf* **(QCH) (B) (Ch)**   **peasant**
[=campesino]

El «huaso» es el campesino chileno: una especie de «gaucho» de otras latitudes.
Tipo apuesto, altanero, de indumenta pintoresca y ademanes de gran señor.

(M. Delibes, **Esp**, 1956:110)

¡Estas huasitas! ¡Qué ignorantes eran estas huasitas!

(J. Donoso, **Ch**, 1983:43)

huayco *nm* **(QCH) (Pe)**   **landslide of mud and rock(s)**
[=alud de piedras y barro]

...pero cuando subía al monte oyó un ruido muy fuerte... Alcanzó a ver el espantoso
huayco de piedras y lodo que sepultaba a Paca y a sus habitantes y a las aguas que
convertían en una tranquila laguna de patos, truchas y gallaretes lo que había sido
su pueblo.

(M. Vargas Llosa, **Pe**, 1984:131)

Esta obra tiene por objeto poner la planta de tratamiento... a cubierto de los
huaycos, que en años anteriores afectaban al normal abastecimiento de agua a la
población, debido a la gran cantidad de barro que acarrea el río en época de lluvias.

(*La Prensa*, Lima, 15-2-69:1)

huayno *nm* **(QCH) (Ch)**   **traditional folk song and dance**
[=canción y baile tradicionales]

Hinojosa tenía buena voz, bonitos esos huaynitos que había cantado anoche en
quechua...

(M. Vargas Llosa, **Pe**, 1983:256)

huemul *nm* **(MAP) (A) (Ch)**   **southern Andean deer**
[=ciervo andino]

...exploró la parte sur el año pasado. —Encontramos huemules. Los más hermosos
y dóciles animales que haya visto jamás.

(*El Mercurio*, Santiago, 8-6-86: *Revista del Domingo*:14)

huesillos *nmpl* **(Ch)**   **(sun)dried peach**
(Véase **mote**)

hueso *nm fam* **(M)**   **influence; contact; sinecure**
[=enchufe]

...puede ocurrir que busque una influencia política para agenciarme un «hueso»,
forma un tanto canina de nombrar lo que aquí [en España], de modo más técnico,
llamamos «enchufe».

(R. Carnicer, **Esp**, 1977:118-9)

huesoso, -a *adj*   **bony; skinny**
[*f*] [=huesudo]

Más viejo y huesoso...

(J. C. Onetti, **Ur**, 1981:205)

hueva(s)   *nf(pl) vulg* **(Ch)**   **balls** *vulg*
[= huevos]

Al potrillo se le inflamó una **hueva.**
(F. Morales Pettorino, **Ch**, 1986, III:2396)

huevada   *nf vulg* **(A) (Ch)**   **stupidity; stupid act**
[= estupidez]

—*...el compañero Shumann, por ejemplo, que dejémonos de* **huevadas,** *nos importa mucho más a ti y a mí que la maldita justicia social.*
(J. Donoso, **Ch**, 1986:260)

—*No hagas* **huevadas.** *Te lo digo como amigo.*
(A. Céspedes, **B**, 1969:74)

huevear   *vb fam* **(Ch)**   **to mess about;**
[= hacer tonterías]   **to muck around**

No hizo nada en toda la mañana porque anduvo **hueveando.**
(F. Morales Pettorino, **Ch**, III, 1986:2398)

huevo   *nm*
  1. **huevo tibio   (CAm) (Col) (Ec) (M) (Pe)**   **boiled egg**
     [= huevo pasado por agua]

     ...ah el desayuno burguesito... con su **huevo tibio** *y su pan dorado...*
     (E. Poniatowska, **M**, 1983b:165)

  2. (Véanse también **copa** y **paila**)

huevón   *nm vulg* **(A) (Ch) (M) (Pe)**   **silly bastard; stupid fool**
[= imbécil]

...por qué no se atrevía a exhibir sus canas, ¡el muy **huevón**!
(J. Edwards, **Ch**, 1978:336)

—*¡Abran paso, que les vamos a pasar con el tanque por encima a todos estos* **huevones!** —*gritó un coronel.*
(I. Allende, **Ch**, 1985:326)

huincha   *nf* **(QCH) (B) (Ch) (Pe)**   **ribbon; hairband; measuring tape**

Vincha, cinta o tira angosta que se ata alrededor de la cabeza, ciñendo la frente, para sujetar el cabello. Lo usaban los indios pampas y de ellos la adoptó el gaucho...
(D. Abad de Santillán, **A**, 1976:296-7)

huipil   *nm* **(NAH) (CAm) (M)**   **Indian regional dress or blouse**
[= vestido o blusa regional]

«*Por los colores de nuestra ropa, especialmente los* **"huipiles"** *de las mujeres, somos más localizables.*»
(*Cambio 16*, Madrid, 14-2-83:55)

huiro *nm* (QCH) (B) (Ch) (Pe)   **seaweed**
[= alga]

*Me agradan las débiles algas ondulosas y los **huiros** flotantes.*
(F. Morales Pettorino, **Ch**, 1986, III:2413)

huisache (Véase **huizache**)

huitlacoche *nm* (NAH) (CAm) (M)   **species of black mushroom**
[= seta negra]

Su carta de especialidades cuenta con iguana, gusanos de maguey..., venado al ***huitlaicoche**, que es un hongo parasitario de la panocha de maíz...*
(*Cambio 16*, Madrid, 1-9-86:89)

***Huitlacoches** (pronounced wheat-la-coach-ays) is a black mushroom that grows on corn and is considered Mexico's finest.*
(A. Hoffman, 1982:110)

huizache *nm* (NAH) (CAm) (M)   **species of acacia**
[= especie de acacia]

*Se ponen a rascar el suelo con una varita de **huizache** haciéndose los desentendidos.*
(E. Poniatowska, **M**, 1983b:278)

*Entonces me dieron ganas de hacer una necesidad fisiológica y fui a sentarme detrás de un **huizache**.*
(O. Lewis, **M**, 1967:200)

hule *nm* (NAH)   **rubber**
[*f*] [= goma]

*...mi bicicleta de ruedas de **hule**...*
(C. Lars, **S**, 1977:125)

humita *nf* (QCH) (A) (Ch) (Ec) (Pe)   **maize paste with chile,** etc.
      wrapped in a maize leaf

Plato muy sabroso preparado con choclo rallado, sal, mantequilla, huevos, queso, etc. Esta masa se envuelve, por partes, en hojas y se cocina al vapor...
(B. Rodríguez de Meneses, **B**, 1979:16)

*Por fin todas las carnes, papas, manzanas, tamales, **humitas**, habas y quesos, estuvieron alrededor de los huecos que habían abierto... en el corralón.*
(O. Reynosa, **Pe**, 1973:169)

humo *nm* (A) (Ch) (Pe) (Ur)
hacerse humo *fam*   **to disappear**

[La cárcel] *Lurigancho está, una vez más, en el candelero. Hay 88 presos que se* ***hicieron humo**. No es la primera vez ni será la última.*
(*El Comercio*, Lima, 5-11-86:4)

huracán *nm* (ARW)   **hurricane**
*

I

i/. *nm* (Véase **Inti**)

igual *adv fam* (A) (Ch) (Ur) just the same;
all the same in spite of everything
[=a pesar de todo; así y todo]

*...tenía una infección en los pies y lo querían llevar **igual**.*

(D. Kon, **A**, 1983:84)

*Además, muchos fusiles tenían los caños percudidos o picados... **Igual** hacíamos lo que podíamos, tratábamos de tenerlos lo más limpios posible.*

(*Ibíd.*, 88)

*Pasado mañana es mi cumpleaños, pero ella **igual** me mostró sus regalos.*

(M. Benedetti, **Ur**, 1974:164)

*—Yo no robé esa lima, pero usted me expulsó **igual**.*

(E. Wolff, **Ch**, 1964:185)

iguana *nf* (ARW) iguana

* *...las tornasoladas escamas de una **iguana** miedosa...*

(C. Lars, **S**, 1977:115)

ijuna *interj vulg* (Véase **hijuna**)

impactante *adj* striking; impressive
[=impresionante]

*Una espantosa avalancha de noticias con sus respectivas e **impactantes** imágenes nos cayó encima...*

(E. Poniatowska, **M**, 1983b:151)

*...cuando Wilson llegó. La escena fue **impactante,** terrible, exigía música estridente...*

(P. Vergés, **RD**, 1980:335)

impactar *vb* to impress; to strike
to shock
[*f*] [=impresionar; chocar]

*Cuando terminé de leer «Para comerte mejor»... quedé hondamente **impactado**...*

(*Extra*, Santiago, Mayo-1969:12)

*La película de anoche lo **impactó** mucho.*

(M. J. Tejera, **V**, 1983, I:544)

El Primer Mandatario, consultado sobre su impresión personal, expresó su preocupación y resignación ante los hechos del destino y de Dios. Dijo asimismo que [el trágico accidente] *le había **impactado** demasiado...*

(*La Nación*, Santiago, 22-1-87:24)

impacto   *nm*   **impression; shock**

[*f*] *En sentido figurado se habla y se escribe del «**impacto**» dando a entender que es la impresión o el golpe moral que produce un hecho que sorprende o que lastima.*

(P. Lira Urquieta, **Ch**, 1980:257)

impuesto al valor agregado   *nm* (Véase **IVA** en el Apéndice 5)

inca   *adj* y *nmf invar* **(QCH)**   **Inca**
*

incaico, -a   *adj*   **Inca**
*

incanato   *nm* **(Ch) (Pe)**   **the period of Inca rule**

*...la mujer en el **incanato** no trabajaba en las minas.*

(*El Comercio*, Lima, 21-10-68:20)

incentivar   *vb*   **to encourage;**
[*f*] [= estimular]   **to stimulate**

*En consecuencia en el curso del año el comportamiento de la economía argentina no necesitará ser **incentivado**.*

(*La Nación*, Buenos Aires, 17-3-69)

indiada   *nf*   **(group of) Indians**

El Padre Director me azotó...
*—Es un deber sagrado. Has seguido a la **indiada,** confundido por el demonio.*

(J. M. Arguedas, **Pe**, 1973:111)

indiecito, -a   *adj*   **little Indian**

*...los hijos no le saldrían... prietos, sino con su cabello bueno, **indiecitos** muy claros o quién sabe si blancos.*

(P. Vergés, **RD**, 1980:196)

indigenismo   *nm*   **support for the Indian cause**

*   *El padre De Las Casas es el fundador del **indigenismo** latinoamericano.*

(F. Morales Pettorino, **Ch**, 1976, III-2458)

indigenista   *adj* y *nmf*   **supporter of the Indian cause**
*

índigo *nm*   **indigo**

* *Ráfagas del **índigo** crepuscular esmaltaban la arena con pinceladas de oro.*
(F. Buitrago, **Col**, 1979:342)

indio
(subírsele/asomarle el indio) *exp vb fam* **(A) (Ch)**   **to get excited;**
to blow up

Modismo con que se alude a ciertos estados de exaltación del ánimo, ya sean de alegría vehemente o de ira.
(D. Abad de Santillán, **A**, 1976:311)

ing./ingeniero *nm esp* **(M)**   **courtesy title for executives and**
[= título de cortesía]   **public officials**

*La denuncia fue ratificada... por el presidente y vicepresidente de la Sociedad mencionada, señores **Ing.** José Domingo Lavín y Lic. Manuel Ramírez Arriaga.*
(O. Lewis, **M**, 1967:513)

*Lo reveló el **ingeniero** Marino Romero, jefe del Programa de Cereales.*
(*El Comercio*, Lima, 5-11-86:D1)

*Después de esto, el Presidente Echevarría... se dirigió junto con su esposa y el **ingeniero** Víctor Bravo Ahuja, secretario de Educación Pública, al interior de la sala de proyección.*
(*El Nacional*, México, 23-6-71:B8)

ingresar a *vb*   **to enter**
[= ingresar en]

*Terminado el colegio **ingresé a** la universidad a estudiar medicina, pero me recibí de químico.*
(*Visión Peruana*, 2-11-86:23)

El 20 de setiembre [los hampones] ***ingresaron a*** *la fábrica...*
(*El Comercio*, Lima, 21-10-68:19)

íngrimo, -a (y solo) *adj* **(PORT)**   **alone**

[*f*] *Estar **íngrimo y solo** es sentirse un Robinson Crusoe.*
(G. B. Tejeira, **Pan**, 1964:109)

inmediato
de inmediato *adv*   **immediately**
[= inmediatamente]

*...al recibir una carta de Teresa, se dispuso a responderle **de inmediato**.*
(M. Vargas Llosa, **Pe**, 1968:129)

*Si decidiera llamarles ahora, vendrían **de inmediato**.*
(M. Satz, **A**, 1980:123)

intendente *nm*
1. **intendente** *esp* **(Ch)** **area or provincial governor**
    [=gobernador]

    *El **intendente** de la IX Región, coronel (E) Sergio Prado Lazo, llamó a conferencia de prensa... Manifestó que... había enviado al lugar de los hechos... al gobernador provincial...*

    (*La Nación*, Santiago, 22-1-87:22)

2. **intendente (A) (Ch) (Ur)** **mayor; city/municipal governor**
    [=alcalde]

    *...una licencia con goce de sueldo era difícil de conseguir si no mediaba el **Intendente** Municipal...*

    (M. Puig, **A**, 1970:130)

    *...el **Intendente** Metropolitano, mayor general Osvaldo Hernández Pedreras, entregó 25 viviendas sociales ubicadas en...,*

    (*El Mercurio*, Santiago, 8-5-86:C2)

3. **intendente (M)** **police inspector**
    [=inspector de policía]

    *Llegamos frente al **intendente** y me dice: —Nos volvimos a ver, ¿eh, amigo?*
    (O. Lewis, **M**, 1967:220)

interior(es) *nm(pl)* **underpants; (US) shorts**
[=calzoncillos]

*Este hombre tenía un pantalón y un solo **interior**.*

(M. J. Tejera, **V**, 1983, I:546)

inti *nm* **(QCH) (Pe)** **new monetary unit of Peru (1986-),**
[=nueva moneda del Perú 1986- **equivalent to 1000 soles**
símbolo: i/.; *ej:* i/.4]

*Las pérdidas superan los 300 mil **intis** (más de trescientos millones de soles)...*
(*El Comercio*, Lima, 5-11-86:14)

ipecacuana *nf* **(TUP)** **ipecacuanha;**
* **(US) ipecac (Cephaelis ipecacuanha)**

ir
[*f*] que le vaya bien *interj* **Goodbye; Bye**
[=hasta luego]

—*Ya nos vamos...*
—*Bueno: algún día le mostraré, como le decía...*
—***Que le vaya bien**...*
—*La paz sea con usted.*

(H. Lindo, **S**, 1962:221)

irse
   ...nos fuimos   **Let's go; Off we go, then!**
   [= vámonos]

*—Convoy a Puerto Asunción, **nos fuimos** —manda Chupito—.*
                                       (M. Vargas Llosa, **Pe**, 1974:127)

IVA   *nm* **(M)** (Véase el Apéndice 5)

izada   *nf*   **lifting; raising**
   [= alzamiento]

*La **izada** del armario parecía una pelea de boxeo. ¡Coge...!, ¡suelta...!, ¡tumba...! Los hombres utilizaban gruesas cuerdas trenzadas.*
                                       (F. Buitrago, **Col**, 1979:195)

J

jacal *nm* (NAH) (M)   **hut; shack**
[=cabaña]

Entre tanto tienes que atravesar el cafetal si es que quieres llegar a ver a la vieja, a tu viejecita, darte una asomada al jacal...

(E. Poniatowska, **M**, 1983b:148)

jacarandá *nf* (TUP)   **jacaranda**

*   *Seguimos a la sombra de los árboles (laureles o falsos laureles, jacarandás...)...*

(H. Hediger, 1977:315)

jaguar *nm* (TUP)   **jaguar (Felis onca)**
*

jaiba *nf* (ARW) (CAm) (Ch) (Cu) (M)   **species of crab**
[=cangrejo]

...y el diez de enero le cocinaron un caldo largo de robalo, un arroz con mariscos y jaibas...

(C. Isla, **M**, 1981:142)

jaibol *nm* (ENG) (M)   **highball; cocktail**
[=cóctel]

—La familia está reunida, parece. ¿Traigo los naipes? Usted, Fany, irá preparando los jaiboles.

(S. Magaña, **M**, 1970:528)

jalar *vb*   **to pull; to heave;**
[=tirar]   **to haul**

Le jaló los cabellos para obligarla a ofrecer la boca.

(G. Sainz, **M**, 1967:99)

jarpa (Véase **barros jarpa**)

jauja/Jauja *nf*   **paradise; Shangri-La; land of plenty**

*   *Quizá por alusión al pueblo y la provincia del mismo nombre en el Perú, célebres por la bondad del clima y riqueza del territorio.*

(*Diccionario de la Real Academia Española*)

jején   *nm* **(ARW)**   **small mosquito**
[=mosquito pequeño]

...en espera de la malaria... de la fiebre amarilla, luchando bajo una nube de mosquitos... de jejenes...

(M. A. Espino, **S**, 1978:29)

jíbaro, -a   *adj* y *nmf* **(ARW)**
1. **jíbaro   (Ec)**   **Jíbaro (Indian)**

2. **jíbaro   (PR)**   **white peasant**

*Los **jíbaros** —aun los acomodados— se avezan a vivir estrechamente...*

(E. A. Laguerre, **PR**, 1971:7)

jícama   *nf* **(NAH) (CAm) (M)**   **tropical root (fruit)**
[=tubérculo]   **(Pachyrhizus erosus)**

*Se rebanan **jícamas** rociadas de limón y polvos de chile.*

(C. Fuentes, **M**, 1978:23)

jícara   *nf* **(NAH)**   1. **small gourd**
[=calabaza; vasija]   2. **drinking vessel made from gourd**

¡jijo!/¡jíjole!/¡jijunagrandísima!   *interj vulg esp* **(M)**   **son of a bitch;**
[=hijo de puta]   **bastard**

*...«de esos **jijos** de la gran tiznada que no saben defender a una mujer de verdad».*

(A. Azuela, **M**, 1979:87)

*...«Necesitamos lexicógrafos que nos ayuden en nuestra tarea» (entonces, ¿para qué **jijos** están los académicos?...).*

(R. Prieto, **M**, 1981:734)

«¡Hijo!» y su variante «¡Jíjole!» han perdido todo nexo con el concepto tabú en la conciencia de los hablantes. Hoy se emplean como interjecciones inocuas, aun en el habla femenina.

(L. M. Grimes, **M**, 1978:77)

*—¡Tápale el pico, **jijunagrandísima**!*

(M. Vargas Llosa, **Pe**, 1968:33)

jiote   *nm* **(NAH) (M)**   **rash; impetigo**
[=sarpullido; empeine]

*¿No ve esas manchas moradas como de **jiote** que me llenan de arriba abajo?*

(J. Rulfo, **M**, 1966:55)

jipa   *nf* **(Col)**   **Panama hat**
[=sombrero de jipijapa]

*...el sacristán... lo miraba por debajo del **jipa** con ojos maliciosos...*

(E. Caballero Calderón, **Col**, 1967:75)

jipijapa (sombrero de) *nm*   **Panama hat**

*   *El cura, con su **sombrero de jipijapa**...*

                                      (A. Céspedes, **B**, 1965:14)

jirón/jr. *nm* **(Pe)**   **street**
[= calle]

*El autobús se acercaba al **jirón** de la Unión, y Manolo, de pie, se preparaba para bajar.*

                         (A. Bryce Echenique, **Pe**, 1981:56)

*Redacción: **Jr.** Camaná 320.*

                      (*La República*, Lima, 16-3-85:1)

jitomate *nm* **(NAH) (CAm) (M)**   **species of tomato**
[= tomate]

*...Guillermina retuerce sus manos rojas como **jitomates**...*

                      (E. Poniatowska, **M**, 1983b:120)

joder *vb vulg*   **to annoy;**
[= fastidiar]   **to mess around/about**

En la mayoría de sus usos se puede considerar un sinónimo de «chingar», aunque es menos frecuente que ese otro verbo predilecto de los hablantes mexicanos. Y como chingar, el término bajo discusión ha desarrollado dos series generales de acepciones:
(1) herir o dañar en cualquier forma, sea física o psicológicamente y
(2) irritar, molestar o fastidiar en grado extremo.

                      (L. M. Grimes, **M**, 1978:84)

*...y hay un insecto chiquito que **jode** todo el día, que se mete entre los poros de la hamaca o de la cobija, y te anda picando por dentro.*

                      (O. Cabezas, **N**, 1982:117)

*...«¡y hace media hora que nos estamos **jodiendo** con este inglés de biógrafo!» El otro rió y le tendió la mano:*
«¿Montevideo?». «Montevideo», confirmó Farrías.
*«Lo conocí por el **jodiendo**. Ustedes lo emplean bastante más que nosotros* [los argentinos]».

                      (M. Benedetti, **Ur**, 1970:188)

jodido, -a *adj vulg*
  1. **jodido**   **a nuisance; annoying**
     [= pesado]

     *No seas **jodido**...*

                  (F. Morales Pettorino, **Ch**, 1986, III:2532)

  2. **jodido**   **exhausted; all in; bushed**
     [= roto]

jojoba *nf* **(NAH)**   **jojoba (tree and seed)**

* *La **jojoba**, un arbusto que crea una nueva alternativa de producción agrícola en la IV Región.*

(*Ibíd.*, 2532)

jojoto *nm* **(V)**   **(ear of) corn/maize**
[= maíz tierno]

jonrón *nm dep* **(ENG)**   **home run (Baseball)**

*George Bell conectó un **jonrón** con dos en base...*

(*El Nacional*, Caracas, 25-5-86:C16)

jorongo *nm* **(M)**   **Mexican poncho**
[= manta; poncho]

*Especie de frazada que por lo común se usa como cobija o capa. Cuando el sarape tiene bocamanga se le llama **jorongo**.*

(J. Mejía Prieto, **M**, 1984:128)

joropear *vb* **(V)**   **to dance the joropo**
[= bailar el joropo]

joropo *nm* **(V)**   **Venezuelan dance**

Es el baile típico de Venezuela, convertido en baile nacional.

(A. Rosenblat, **V**, 1969a:213)

jote *nm* **(Ch)**   **species of buzzard/vulture**
[= buitre]   **(Cathartes aura jota)**

*En Chile, según Román, se distingue entre el **gallinazo**, de cabeza negra, y el **jote**, de cabeza y cuello violáceos.*

(*Ibíd.*, 213)

joto *nm fam* **(M)**   **homosexual; queer; (US) fag**
[= marica]

*...y miles de pintores y aristócratas y **jotos:** el todo México.*

(C. Fuentes, **M**, 1969:17)

¡joven! *interj* **(M)**   1. **call to waiter**
                                                           2. **said to prospective male client in shop**

jr. (Véase **jirón**)

¡jue'pucha! *interj*

*—¡**Jue'pucha!** —concluyó Pedro—, usté nos ha resultao un chancho que no da tocino.*

(R. Güiraldes, **A**, 1973:91)

(Véanse: **hijo, jijo** y **pucha**)

junto mío/suyo, etc.   *exp adv fam*　　　　　　　　**(together) with me,** etc.

Junto suyo había alguien que no quiso que le [sic] *pegara a los caimanes.*
(C. E. Kany, 1951:46)

justicialismo   *hist nm* **(A)**　　　　　**political movement founded by Perón**
[= movimiento político
fundado por Perón]

justicialista   *adj*

*...expulsaron a Herminio Iglesias del Partido **Justicialista,** como se denomina legal-
mente el peronismo.*
(*Cambio 16,* Madrid, 21-9-87:29)

*«No es fácil que la Argentina vuelva al delirio masivo de la época **justicialista**.»*
(E. González-Grano de Oro, **Esp,** 1983:195)

K

kepí(s)/kepis *nm* **(FR)**
[=gorro militar redondo]

military style pill box hat/cap

Su **kepí,** *muy verdoso...*

(S. Cavero Galimidi, **G,** 104)

...los **kepís** *de los oficiales...*

(C. Fuentes, **M,** 1969:102)

Bajo la mugrienta gorra que en un tiempo tuviera pretensiones de **kepis**...
(R. González Montalvo, **S,** 1977:112)

(Véase también **quepis**)

kerosene *nm*
[=queroseno]

kerosene; paraffin

El fuego se inició por la inflamación de una cocina a **kerosene.**
(*El Comercio,* Lima, 5-11-86:14)

(Véase **querosén**)

kichua (Véase **quechua/quichua**)

El idioma quichua o lengua general del imperio de los Incas... Según el sistema adoptado por los autores para fonetizar las voces de esta lengua americana, el nombre de dicho idioma se registra con las siguientes grafías: **keswa, kichua, kitjwa, quechua, queskwa, quichua, quitba**... *Sin faltar quien dijera* **quechúa.**
(D. Abad de Santillán, **A,** 1976:345)

kuchen *nm* **(ALE) (Ch)** [pronunciado *kujen*]
[=tarta]

**fancy cake;
fruit tart/pie**

Que me cocinen un **kuchen** *de manzanas*
(F. Morales Pettorino, **Ch,** 1986, III:2558)

L

laburar *vb fam* **(ITAL) (A) (Ur)**   **to work**
   [= trabajar]

   lunfardo. *Trabajar...*

                       (D. Abad de Santillán, **A**, 1976:349)

laburo *nm fam* **(ITAL) (A) (Ur)**   **work; job**
   [= trabajo]

   *—Mi padre tenía un buen **laburo** —trabajo—.*
               (*VEA*, Santiago, 28-8-86:22 — cantante argentino)

lacandón, -a *adj y nmf* **(M)**   **Lacandon (Indian/language)**
   [= tribu india]

ladino, -a *adj y nmf* **(CAm)**   **1. Spanish-speaking (Indian)**
                                      2. mestizo

   Se dijo, antes, del indio que sabía expresarse en castellano.
                       (D. Abad de Santillán, **A**, 1976:351)

   *Supongo que su largo contacto con nosotros —tribu **ladina** a la que fue incorporada desde la niñez...*
                           (C. Lars, **S**, 1977:136)

   *Ninguna casa tenía baño, pero la gente **ladina** acomodada construía una pileta en el patio...*
                    (J. M. López Valdizón, **G**, 1966:67)

lagarto *nm*   **alligator**
   [= caimán]

   *El cazador arriesga en cada excursión las piernas y los brazos para que las damas elegantes luzcan bolsas y zapatos de piel de **lagarto**.*
                       (M. Mejido, **M**, 1984:181)

laja *nf*   **rock**

* *Al cabo de dos horas de navegación entre **lajas**, islas de **lajas**, promontorios de **lajas**... una vegetación mediana, tremendamente tupida... sustituye la presencia de la piedra por la inacabable monotonía de lo verde cerrado.*
                       (A. Carpentier, **Cu**, 1979:161)

lamber   *vb fam*   **to lick**
[=lamer]

*Lo **lambieron** hasta que resucitó.*

(F. Morales Pettorino, **Ch**, 1986, III:2573)

lambiscón, -a   *adj y nmf fam*   **flattering; flatterer**
[=lisonjero]

lambisconear   *vb fam*   **to flatter**
[=lisonjear]

*—...los que fuimos **lambiscones** con los de arriba y altaneros con los de abajo...*

(C. Fuentes, **M**, 1969:363)

lampazo   *nm* **(Ch)**   **mop; cloth**
[=trapo]

Hay que pasarle [sic] *el **lampazo** a las mesas de los clientes.*

(F. Morales Pettorino, **Ch**, 1986, III:2576)

lana   *nm fam* **(Ch) (M) (Pe)**   **money; «dough»;**
[=dinero; parné]   **«bread»**

*—¿De dónde piensa sacar esa **lana**?...*
—Solamente jugando un billete de lotería.

(V. Leñero, **M**, 1979:124)

lanceta   *nf*   **sting**
[=aguijón]

*Era una abeja. Agitó los dedos para que cayera la **lanceta**, que se le había quedado en la yema.*

(F. Morales Pettorino, **Ch**, 1986, III:2580)

lanza   *nmf fam*   **pickpocket; sneak thief**
[=ratero]

*Era un **lanza** de los muchos que actúan en los paraderos de microbuses.*

(*Ibid.*, 2583)

lapicera   *nf* **(A) (Ch)**   **pen; biro**
[=bolígrafo]

*El intendente sacó una libreta y una **lapicera**.*

(O. Soriano, **A**, 1980:56)

largavistas   *nm* **(A) (B) (Ch)**   **binoculars**
[=gemelos]

*Desde nuestra posición, con **largavistas**, pudimos ver cómo se movían los helicópteros ingleses.*

(D. Kon, **A**, 1983:35)

laucha   *nf* **(MAP) (A) (Ch)**   **small mouse**
[= ratón pequeño]   **(Mus musculus)**

> *Las bolsas de raciones tenían también galletitas, turrones, caramelos, así que las* **lauchas** *desfilaban por el rincón en donde estaban apiladas.*
>
> *(Ibíd.)*

lavar en/al seco   *exp verb* **(ENG) (Ch) (M) (Pe)**   **to dryclean**
[= limpiar en seco]

> *Mientras que Ud. espere, en su camarín o en el hall... le* **lavarán en seco** *su terno y camisa...*
>
> *(La Prensa, Lima, 15-2-69:5)*

lavaseco   *nm* **(ENG) (Ch)**   **drycleaning (shop)**
[= tintorería]

> *Establecimiento en el que se lava al seco.*
>
> (F. Morales Pettorino, **Ch**, 1986, III:2603)

lavatorio   *nm* **(A) (Ch)**   **washstand; wash basin**
[= lavabo; jofaina]

> *Llevaba un pijama celeste... y sobre el* **lavatorio** *había dejado un cigarrillo encendido.*
>
> *(Gente, Buenos Aires, 4-9-86:12)*

lechosa   *nf Ant* **(V)**   **papaya**
[= papaya]

lempira   *nm* **(H)**   **monetary unit of Honduras**
[= moneda de Honduras]

lépero, -a   *adj* y *nmf fam* **(CAm) (M)**   **rude; rough;**
[= grosero]   **lower class person**

> *—Sólo después se entera una de cómo es en realidad. Primero habla muy bonito, pero después que agarra confianza se vuelve muy* **lépero**.
>
> (C. Fuentes, **M**, 1978:77)

leprosario   *nm* **(M)**   **leper colony**
[= leprosería]

leseras   *nfpl fam* **(Ch)**   **nonsense; rubbish**
[= tonterías]

> *A usted lo que le pasa es que está loco, don Andresito. No diga* **leseras**.
>
> (J. Donoso, **Ch**, 1983:199)

levantada   *nf* **(Pe)**   raising; lifting
[=**levantamiento; alzamiento**]

*En una de sus **levantadas** de cabeza alcanzó el Indio a ver aquellos preparativos...*
(S. Ramírez, **N**, 1982:292)

libra   *nf* **(Pe)**   currency note of 10 soles
[=**billete de 10 soles**]

***Libras** y medias **libras** caían al sombrero como hojas en estío.*
(J. M. Estremadoyro, **Pe**, 1977:19)

librero   *nm* **(M)**   bookshelf; bookcase
[=**estantería**]

*No le va el piso alfombrado ni le van los **libreros** de madera pulida.*
(E. Poniatowska, **M**, 1983a:49)

libreto   *nm*   (film) script
[=**guión**]

*Después, cuando se encontraban en el café, se divertían de lo lindo, y se ponían a tramar el **libreto** para el día siguiente.*
(M. Benedetti, **Ur**, 1970:222)

lic./licenciado   *nm* **(M)**   title applied to professionals with
[=**título de cortesía**]   a university degree, especially lawyers

*—El **licenciado** Robles tiene razón. La ley está con nosotros.*
(L. Spota, **M**, 1974:11)

—No, ¿cómo me llamó?
*—Este... el señor **licenciado**.*
*—¿El señor **licenciado** qué?*
*—Este... nomás, el señor **licenciado**... igual que todos...*
(C. Fuentes, **M**, 1978:22-3)

*...dirigiéndose a la puerta del cancel que decía con letras negras Departamento de Análisis de Precios Jefe **Lic**. Félix Maldonado.*

(*Ibíd.*, 20)

licenciar   *vb* **(Ch)**   to award a diploma
[=**otorgar un diploma**]

*Hoy **licencian** a los cuartinos de los SSCC.*
(F. Morales Pettorino, **Ch**, 1986, III:2633)

liceo   *nm* **(FR)**   high school; secondary school
[=**colegio**]

*...no se le exige para nada, al estudiante universitario, que tampoco lo trae del **liceo**, que sepa redactar...*
(A. Rosenblat, **V**, 1979:51)

liebre   *nf* **(Ch)**   **minibus**
[=microbús]

...*debía aprender a distinguirlos* [los carros] *desde el primer día... Él preguntaba:*
«*¿Ése?*», *y yo tenía que decirle:* «*micro*» *o* «*liebre*» *o* «*colectivo*», *o lo que fuese...*
(M. Delibes, **Esp**, 1966:209)

limpia   *mf* **(CAm) (M)**   **cleaning**
[=limpieza]

El trabajo lo realizan 50 camiones del servicio de limpia citadino...
(M. Mejido, **M**, 1984:250)

*A veces hay que hacer una limpia. La cárcel está llena y los prisioneros no caben
dentro de ella.*
(C. Solorzano, **S**, 1964:344)

limpito, -a   *adj fam*   **nice and clean**
[*f*] —*Estaban muy limpitos*...
(D. Kon, **A**, 1983:122)

lindo, -a
[*f*] 1. **lindo, -a**   *adj fam*   **pretty; beautiful; nice**
[=hermoso]   (See C. E. Kany, 1951:32-34)

—*Fue una experiencia linda para mí.*
(D. Kon, **A**, 122)

[*f*] 2. **de lo lindo**   *exp adv*   **very well**
[=muy bien]

...*se divertían de lo lindo*...
(M. Benedetti, **Ur**, 1970:222)

lindura   *nf*   **beauty**
[*f*] [=hermosura]

linyera   *nm* **(ITAL) (A) (Ch)**   **tramp; (US) bum; vagabond**
[=vagabundo]

*Vagabundo, hombre sin ocupación, que ambula de un lado a otro, viviendo de la
caridad pública o de lo que se arbitra por sus propios medios.*
(D. Abad de Santillán, **A**, 1976:372)

liquidación   *nf* **(M)**   **redundancy pay;**
[=compensación por despido]   **severance pay**

liquidar   *vb* **(M)**   **to pay off (worker);**
[= despedir]   **to dismiss**

*En Cuernavaca la empresa automotriz Nissan Mexicana **liquidó** a unos trescientos obreros en enero... También en enero la DINA comenzó a plantear la **liquidación** de personal, dos mil quinientos trabajadores...*

(J. M. de Mora, **M**, 1983:65)

liso, -a   *nmf* **(A) (Pe)**   **rude**
[= grosero]

lisura   *nf* **(A) (Pe)**   **rude remark; insult;**
[= grosería]   **bad language**

*Dijo una **lisura** en voz alta y... la voz del suboficial Pezoa protestó:
—¿Quién anda diciendo mierda por ahí?*

(M. Vargas Llosa, **Pe**, 1968:131)

liviano, -a   *adj*   **light; slight**
[*f*] [= ligero]

*Larsen sacudió la cabeza con **liviano** desencanto...*

(J. C. Onetti, **Ur**, 1981:16)

living   *nm* **(ENG) (A) (Ch) (Col)**   **living room**
[= salón; sala de estar]

*—...vería clarito ese rincón del **living** donde están todos mis cachivaches...*

(D. Kon, **A**, 1983:66)

living comedor   *nm* **(A) (Ch)**   **living room and**
[= salón y comedor]   **dining room (combined)**

*Arenales 2900, **living comedor** 9 × 3,30, balcón, 2 dormitorios.*
(*La Prensa*, Buenos Aires, 6-2-69:15 — anuncio)

lo
[*f*] 1.   **lo; los**   **him; you; them**
[= le; les]

*...estaba segura de que era el atorrante ese y **lo** quería matar.*

(M. Puig, **A**, 1970:108)

*Al oír**lo** dar gracias en voz alta... Bolívar aparenta despertarse...*

(S. Ramírez, **N**, 1982:215)

*—Pero, buenas tardes, doctor...
—¿No **lo** molesto? —preguntó el médico...*

(J. C. Onetti, **Ur**, 1968:41)

*...el Primer Magistrado después de abrazar al ex-presidente de México, le dijo: «No quise estar en Veracruz sin pasar a saludar**lo** y desearle un feliz año nuevo.»*

(*Excelsior*, México, 7-1-71:1)

2. **(a) lo de**   *exp prep fam esp* **(A) (Ur)**　　　　　**to the house/shop of;**
    [=a casa de]　　　　　　　　　　　　　　**(to) ...'s house/shop**
    (See C. E. Kany, 1951:129-130)

Cena en **lo de** *Vignale. Tiene una casa asfixiante.*
(M. Benedetti, **Ur**, 1974:30)

Tenía necesidad de contárselo a alguien, y me fui hacia **lo de** *Bonasso, en lugar de ir al laboratorio. Se despertó malhumorado.*
(E. Sábato, **A**, 1975:297)

3. **lo +sust**　**(Ch)**

La fotografía —captada desde **Lo Curro** *hacia Providencia, durante un típico mediodía otoñal— muestra el alto nivel de contaminación que afecta a Santiago.*
(*El Mercurio semanal*, Santiago, 19-4-86:8)

Vertedero **Lo Errázuriz** *puede seguir funcionando.*
(*La Nación*, Santiago, 22-1-87:32 — titular)

4. **(a) lo que**　*conj* **(B) (Ch)**　　　　　　**(just) when; as soon as**
    [=en cuanto]

A **lo que** *lo vio, arremetió contra él.*
(C. E. Kany, 1951:375)

« **Lo que** *termine el curso, quiero seguir el de confección industrial.»*
(F. Morales Pettorino, **Ch**, 1986, III-2681)

loco　*nm* **(MAP) (Ch)**　　　　　　　　　**(species of) abalone**
[=oreja marina]

El **loco** *es un marisco demasiado grande y fácil para ser sabroso.*
(M. Delibes, **Esp**, 1956:116)

El chupe de **locos** *es un caldo de mariscos como para chuparse los dedos...*
(E. González-Grano de Oro, **Esp**, 1983:197)

lolo, -a　*adj y nmf fam* **(MAP)**　　　　　　**boy/girl; teenager**
[=chico]

Cinco **lolitos** *se dopaban con marihuana para estar in.*
(F. Morales Pettorino, **Ch**, 1985, II:1762)

Los **lolos** *no tienen intereses verdaderos. Sólo piensan en vestirse bien para pololear.*
(*Ibíd.*, 1986, III:2690)

loma　*nf*　　　　　　　　　　　　　　　　**hill**
[*f*] [=monte; cuesta]

Era una bodega que estaba sobre una **loma,** *un poco protegida.*
(M. Barnet, **Cu**, 1983:153)

lonchería   *nf* **(ENG)**   **snackbar**
[=cafetería]

...*la puta barata entra en una **lonchería** de San Juan de Letrán.*
(C. Fuentes, **M**, 1969:178)

longo, -a   *adj* **(QCH) (Ec)**   **young Indian**
[=indio joven]

*A mediodía, las **longas** casamenteras se agruparon en la zoleta...*
(G. A. Jacomé, **Ec**, 1979:194)

loquería   *nf fam* **(Ch)**   **lunatic asylum;**
[=manicomio]   **mental institution**

*A éste hay que encerrarlo en una **loquería,** porque hace ratito que le está fallando la azotea.*
(F. Morales Pettorino, **Ch**, 1986, III:2697)

loquero   *nm* **(A)**   **row; uproar**
[=bullicio]

*—Déjense de joder —les gritó Traveler a los que golpeaban otra vez la puerta—. Che, en este **loquero,** no se puede hablar tranquilo.*
(J. Cortázar, **A**, 1970:400)

loro   *nm* **(CAR)**   **parrot**
*

lote   *nm* **(A) (Col) (M) (Ur)**   **plot of land**
[=solar]

*Aproveche... para comprar su **lote** en la sección Clara.*
(A. Yáñez, **M**, 1962:212)

luco   (Véase **barros luco**)

lucir   *vb*   **to look** (+adj); **to display;**
[=parecer; tener]   **to have** (+sust)

*las casitas **lucen** limpias...*
(M. Vargas Llosa, **Pe**, 1984:130)

*...se detuvo cuando advirtió que Delia **lucía** serena.*
(A. González León, **V**, 1969:112-113)

*Las camas de latón **lucían** colchas amarillas y el ropero se veía brilloso.*
(O. Lewis, **M**, 1967:93)

lúcuma *nf* **(QCH) (Ch) (Pe)**   **pear-shaped tropical fruit**
[=fruta tropical]

Con una semana de anticipación prepararon el banquete: media res asada..., torta
*de manjar blanco y **lúcumas**.*

(I. Allende, **Ch**, 1985:101)

lúcumo *nm* **(QCH) (Ch) (Pe)**   **tropical fruit tree**
[=árbol frutal tropical]   **(Lucuma)**

*Llegamos a los bosque de **lúcumos** que crecen rodeando las casas de las pequeñas*
haciendas, cerca de Cangallo. Eran unos árboles altos, de tronco recto y con la copa
elevada y frondosa.

(J. M. Arguedas, **Pe**, 1973:29)

luche *nm* **(Ch)**   1. **lettuce-like seaweed**
[=alga; tejo]   2. **hopscotch**

*Es también una comida pobre...: poroto, cochayuyo, papas, **luche**, lechuga...*
(F. Morales Pettorino, **Ch**, 1986, III:2704)

*...una niñita que jugaba al **luche** en la acera.*

(*Ibíd.*: 2705)

luego *adv fam*   **quick; right now**
[=pronto]

*—¿Por qué te vas tan **luego**?*
—Mi abuela está muy mal.

(J. Edwards, **Ch**, 1967:134)

*—**Luego**, señor.*
*—¡Cómo **luego**! Ahora mismo.*

(A. Rosenblat, **V**, 1970:10)

luego luego *expr adv fam esp* **(M)**   **immediately; right now**
[=en seguida]

En la tarde del martes pasaba el Güero con su gente a ver qué lotes habían quedado
*vacíos, porque si uno no ocupaba la tierra **luego luego**, le* [sic] *daba la ficha a otros.*
(E. Poniatowska, **M**, 1983b:187)

lunes
1. **(hacer el) san lunes** *loc* **(B) (Ch) (M) (Pe)**   **to be absent from**
work on Monday after drinking
alcohol during the weekend;
Monday absenteeism

La costumbre del ausentismo después del fin de semana ha llegado a institucio-
*nalizarse en el «**San Lunes**», que en sí se considera explicación suficiente.*
(A. Riding, **M**, 1985:17)

2. (Véase **día**)

lunfardo *nm*   **Buenos Aires slang**

*   *Jerga, lenguaje o modo de hablar propio del hampa porteña, del mundo del delito.*
                                        (D. Abad de Santillán, **A**, 1976:384)

lustrabotas   *nm* **(A) (Ch) (Col) (Pe) (Ur)**   **shoeshine boy**
    [=limpiabotas]

    *...no era raro que un **lustrabotas**, un mendigo o Jacinto le dijeran...*
                                        (M. Vargas Llosa, **Pe**, 1983:159)

lustrador   *nm* **(A) (Ch) (G) (Ur)**   **shoeshine boy**
    [=limpiabotas]

    *...el **lustrador** del pueblo... le tendió la mano...*
                                        (J. M. López Valdizón, **G**, 1966:101)

lustrar   *vb* **(A) (Ch) (G) (Ur)**   **to shine (shoes)**
    [=limpiar (zapatos)]

    *Había demorado lo menos media hora en arreglarse, **lustrar** los zapatos...*
                                        (*Ibid.*, 1968:190)

lustrín   *nm* **(Ch)**   **shoeshine box/stand**
    [=cajón de limpiabotas]

    *Con su cajita de **lustrín**, molestaba a los transeúntes: caballero, ¿le lustro?*
                                        (F. Morales Pettorino, **Ch**, 1986, III:2748)

LL

llama *nf* (QCH)

llama

*

llamado *nm*
[= llamada]

**appeal;
(telephone) call**

*El Ministerio de Educación... formuló un **llamado** a los académicos...*
(*El Mercurio semanal*, Santiago, 27-8-87:1)

*...el **llamado** por teléfono una vez a la semana...*
(J. Donoso, **Ch**, 1983:27)

llanero, -a *nmf* (V)
[= habitante de la llanura; vaquero]

**inhabitant of Venezuelan plains;
cowboy**

*Tanto en el gaucho como en el **llanero**, aquel célebre postulado sociológico de que
entre el servicio y el medio en que vive y se forma existe estrecha relación, se cumple
efectiva y ciertamente.*
(L. Guevara Manosalva, **V**, 1982:181)

llanos *nmpl* (V)
[= llanura]

Venezuelan plains

llanta *nf*
[= cubierta; rueda]

tyre; (US) tire

*...y huaraches con suelas de **llantas** Goodrich...*
(C. Fuentes, **M**, 1978:188)

M

macana *nf* (QCH o ARW)
1. **macana** *Hist* **club**
[= garrote]

*Sacó una **macana** grande para castigar al vecino.*
(F. Morales Pettorino, **Ch**, 1986, III:2721)

2. **macana** *fam esp* (A) **stupidity;**
[= tontería] **foolish thing**

*—Sólo me metí en esta **macana** porque el presidente insistió...*
(M. Vargas Llosa, **Pe**, 1972:174)

macanear *vb fam* (A) (B) (Ch) (Par) (Ur) **to mess about;**
to talk rubbish; to lie

*Decir o hacer **macanas,** disparates, extravagancias, tonterías, etc. Mentir...*
(D. Abad de Santillán, **A**, 1976:394)

*Y qué tanto **macanear** con la fonética, que ya viene de superlejos.*
(E. Sábato, **A**, 1975:228)

macanudo, -a *adj fam* **great!;**
* [= estupendo] **terrific**

*—Es un pueblo **macanudo,** relindo...*
(J. Donoso, **Ch**, 1983:178)

macró *nm* (FR) (A) (Ch) (Ur) **pimp**
[= alcahuete]

*El barrio era algo sórdido, cruzado por mujeres macilentas, maricones o pequeños **macrós**.*
(F. Morales Pettorino, **Ch**, 1986, III:2733)

macuto *nm* (CAR) **haversack; knapsack**
*

machitos *nmpl* (M) **fried tripe sandwich**
[= bocadillo de callos fritos]

machote *nm* **(NAH) (M)**   **pattern; form; draft**
[= patrón; borrador]

Entre los [documentos] *más importantes... figuran: machote para la solicitud de ingreso; esquemas para la primera y segunda investigación...*

(M. Buendía, **M**, 1984:160)

madrazo *nm* **(M)**   **hard blow**
[= golpe fuerte]

Un madrazo es un golpe duro...

(A. Riding, **M**, 1985:25)

madre
*   1.   **la Madre Patria** *nf*   **the Old Country;**
                                                          the Mother Country (Spain)

Nos parece indudable que el uso empezó en la América española para llegar después a la Madre Patria.

(P. Lira Urquieta, **Ch**, 1969:183)

   2.   **darle en la madre** *exp verb fam*   **to hit someone hard**
        [= darle fuerte]

Porque cada día también nacen mil cabrones como tú dispuestos a darle en la madre al rico que nació el mismo día que tú.

(C. Fuentes, **M**, 1981:130)

   3.   **su señora madre** *expr sust* **(M)**   **your/his/her/their mother**
        [= su madre]   [often preferred *madre*, which may give
        (Véase **mamá**)   offence]

Los restos de Galindo... fueron depositados cerca de la tumba que ocupa su señora madre...

(*Excelsior*, México, 18-7-87:2)

   4.   (Véase **valer**)

maestría *nf* **(ENG)**   **Master's Degree**

...se vieron obligados a cerrar fábricas y a despedir miles de empleados, desde directivos preparados con títulos de maestría obtenidos en Estados Unidos hasta obreros.

(A. Riding, **M**, 1985:342)

magistrado *nm*
primer magistrado *pren*   **President;**
[= presidente; primer ministro]   **Prime Minister**

El Primer Magistrado contestó en breves palabras...

(*El Nacional*, México, 24-6-71:5)

maguey   *nm* **(ARW)**   **agave; maguey**

* 	*...esta sangre que me punza como filo de **maguey**.*

(C. Fuentes, **M**, 1969:9)

maíz   *nm* **(ARW)**   **maize; (US) corn**
*

maizal   *nm* **(ARW)**   **maizefield; (US) cornfield**

* 	*El **maizal** pasó del verde claro a una blancura amarillenta...*

(H. Quiroga, **Ur**, 1968:53)

mal de chagas   *nm*   **Chagas' disease**

* 	*...una campaña contra el **mal de chagas**.*

(*El Comercio*, Lima, 21-10-68:9)

malacara   *adj* y *nm* **(A) (Ur)**   **horse with white patch on head**

Dícese del animal equino que tiene en la frente una mancha blanca, larga, que suele prolongarse hasta cerca del hocico.

(D. Abad de Santillán, **A**, 1976:402)

malacate   *nm* **(NAH)**   1. **spindle**
*   2. **capstan; winch**

...una especie de cabrestante invertido, que tiene el tambor en lo alto y debajo las palancas a que se enganchan las caballerías. Se usa mucho en las minas para extraer minerales y agua.

(A. Rosenblat, **V**, 1978:110)

maletera   *nf* **(Ch) (Pe)**   **boot;**
[= baúl]   **(US) trunk (of car)**

*Perpetrado el delito, la víctima fue traída por sus asesinos en la **maletera** del mismo vehículo...*

(*El Comercio*, Lima, 21-10-68:2)

¡malhaya (sea)!   *interj fam*   **Damn (it)!**
[= maldito]

—*Ay, condenado Negro este, **¡malhaya sean** tus gracias!*

(O. Lewis, **M**, 1967:211)

Malinche   *nf* **(M)**   **Cortés's Indian mistress**

*Cortés convirtió a Malintzin dos veces: primero al amor; en seguida al cristianismo. Fue bautizada Marina. El pueblo la llama **Malinche,** nombre de la traición, voz que reveló a los españoles las ocultas debilidades del imperio azteca...*

(C. Fuentes, **M**, 1978:285)

*Es la tierra de la **Malinche**. Hernán Cortés la recibió de manos de los caciques de Tabasco...*

(*Ibíd.*: 285)

malón   *Hist nm* **(MAP) (A) (Ch) (Ur)**   **sudden attack by Indians**
[= ataque indio repentino]

*Un chico desapareció después de un **malón**...*

(J. L. Borges, **A**, 1980:320)

Malvinas   *nf* **(FR)**
*   **las (islas) Malvinas**   **Falkland Islands**

En las escuelas de Argentina los niños aprendían a leer con frases simples: «Las Malvinas son argentinas.»

(*Cambio 16*, Madrid, 7-6-82:95)

malla   *nf* **(A) (Ch) (M) (Ur)**   1.   **swimming costume; swimsuit**
[= traje de baño; leotardo]   2.   **leotards; tights**

—No importa. Vamos a nadar lo mismo.
*—No traje la **malla**.*

(E. Sábato, **A**, 1969:64)

*...con **malla** de entrenamiento...*

(*Ibíd.*, 32)

mamá   *nf fam esp* **(M) (V)**   **mother (preferred to** *madre***)**
[= madre]

En Venezuela, como en otros países hispanoamericanos, se considera mal, y hasta ofensivo, el uso tan general en castellano:
*—Dígale a su madre... Hay que decir su **mamá**.*

(A. Rosenblat, 1960, I:29)

—¿Para qué quiere a Daniel?
*—¿Es usted su **mamá**?*
—Sí. Yo soy.

(F. Sánchez Mayans, **M**, 1970:238)

mamá grande   *nf fam* **(Col)**   **grandmother**
[= abuela]

*...la **Mamá Grande** ordenó que la sentaran en su viejo mecedor de bejuco.*

(H. Hediger, 1977:354)

mamacita   *nf fam*   **mother; mummy**

*—Se murió tu **mamacita** anoche —le dije—, y yo buscándote por todita la ciudad, y nada.*

(C. Fuentes, **M**, 1969:240)

mamadera *nf*   **baby's bottle**
[=biberón]

*Beatíficamente sentado dando al nieto la **mamadera**.*
(F. Morales Pettorino, **Ch**, 1986, III:2772)

mambo *nm* **(AFR)**   **mambo**

*   *—Enséñame el **mambo**...*
(M. Vargas Llosa, **Pe**, 1968:145)

mameluco *nm*   **boilersuit; overalls**
[=overol]

*...un viejo **mameluco** raído aceita los engranajes de los juegos del parque.*
(E. Galeano, **Ur**, 1975:26)

mamey *nm* **(ARW)**   **mamey; mammee apple (tree and fruit)**
[=fruta y árbol tropicales]   **(Mammea americana)**

*...llegaban de las huertas las carretadas de frutas; plátanos, mangos, guanábanas, **mameyes**...*
(E. Poniatowska, **M**, 1972:41)

manatí *nm* **(ARW)**   **manatee; sea cow (Trichechus)**

mancornas *nfpl* **(Col) (V)**   **cuff-links**
[=gemelos]

...escogió una [camisa] *blanca de cuello duro y con mangas para **mancorna**.*
(G. González Zafra, **Col**, 1983:101)

mancuernas *nfpl* **(CAm) (M)**   **cuff-links**
[=gemelos]

*...tiene unas **mancuernas** de oro.*
(A. González Caballero, **M**, 1970:86)

mandarse mudar *exp vb fam*   **to clear off; go away**
[=largarse]   (See C. E. Kany, 1951:210-211)

*A ver si se **mandan mudar** de acá.*
(C. Gorostiza, **A**, 1966:28)

mandatario/primer mandatario *nm pren* **(Ch) (Col) (M) (Pe)**   **President**

*La entrevista del **Mandatario** con el diplomático se prolongó por espacio de 20 minutos.*
(*El Nacional*, **M**, 23-6-71:2)

*...desconoce las propiedades del ex-**mandatario**.*
(J. M. de Mora, **M**, 1983:106)

*Los guaruras del **Primer Mandatario** lo cubrieron con sus cuerpos...*

(C. Fuentes, **M**, 1978:68)

*La delegación de oficiales chilenos terminó de explicar... al **primer mandatario** de la república sudamericana...*

(G. Selser, **Ch**, 1974:7)

¿mande?/¿mande usted? *interj fam* (M)   **(I beg your) Pardon?;**
[=¿cómo?]   **(US) Pardon me? Excuse me**

—¿Dónde hay más delincuencia juvenil? ¿En Estados Unidos o en los países nórdicos?
*—¿**Mande?***
—¿Dónde hay más delincuencia...?

(J. M. Lope Blanch, **M**, 1971:273)

*Primo para todo decía con suavidad: «¿**Mande usted?**» e interrogaba con los ojos.*

(E. Poniatowska, **M**, 1983b:210)

Mandinga *nf* (AFR)   **the Devil**
[=el Diablo]

*Se soltó rezando el rosario y entre frases intercalaba el nombre del demonio **Mandinga**.*

(C. Isla, **M**, 1981:155)

mandioca *nf* (TUP)   **manioc; cassava (Manhiot esculenta)**

* *Si se acercaba le daban alguna poquita cosa de sus provisiones bien magras. Granos de maíz tostado, algún pedazo de **mandioca**...*

(A. Roa Bastos, **Par**, 1967:39)

manejar *vb*   **to drive**
[=conducir]

*...y ya se ve él **manejando** también un Mercedes, descapotable...*

(A. Albalucía, **Col**, 1984:150)

manglar *nm*   **mangrove swamp**

* *Las iguanas hacían su diario recorrido por los **manglares** a las piedras de la playa...*

(C. Isla, **M**, 1981:18)

mangle *nm* (ARW)   **mangrove**

* *Marañas de **mangle** por toda la tierra baja...*

(A. Yáñez, **M**, 1962:57)

maní *nm* (ARW) (Ch) (Ec) (Pe) (Ur)   **peanut**
pl: **manises/maníes**
[=cacahuete]

*Menos mal que quedaban algunos **maníes**...*

(A. Skármeta, **Ch**, 1971:161)

manigua *nf* **(?CAR)** thicket; bush; scrub;
[=maleza] (US) brush

*Cualquier ruido en la **manigua** podía reducirlo todo a una hecatombe de nervios.*

(M. Pereira, **Cu**, 1979:223)

manilla *nf* **(?ITAL) (Ch) (Col)** handle; lever
[=palanca]

*...no tuve presentimientos al tacto de la **manilla** [de la puerta] ni al pisar la nieve.*

(A. Skármeta, **Ch**, 1979:177)

manito/mano *nm fam* **(M)** friend; pal; mate
[=amigo]

*—No más fíjese, **mano** —barbotaba un acento típico mexicano.*

(M. A. Espino, **S**, 1978:39)

manso, -a *adj fam* **(Ch)** great; extraordinary
[=enorme]

*...puso en primera página un grueso titular que decía: «El **manso** temblor de anoche»... refleja el desconcierto de un profesional de la información carente de recursos para describir un fenómeno que escapa a los límites de la inteligencia humana.*

(*El Mercurio*, Santiago, 12-3-85:A3)

manteca *nf* butter
[=mantequilla]

*Fui hasta la heladera y saqué la botella de leche, la **manteca**...*

(M. Benedetti, **Ur**, 1974:25)

manubrio *nm*
1. **manubrio** (bicycle) handlebar
   [=manillar]

   *Tenía el abuelo los bigotes retorcidos, como el **manubrio** de una bicicleta.*

   (J. Donoso, **Ch**, 1983:19)

2. **manubrio** steering wheel
   [=volante]

   *Comenzaron a charlar sobre sus máquinas [camiones], sobre el precio de la gasolina,... sobre **manubrios** y baterías y condensadores.*

   (*Ibíd.*, 134)

   *Átame este brazo al **manubrio**.*

   (A. Roa Bastos, **Par**, 1967:250)

mañanitas   *nfpl* **(M)**   **serenade; birthday song**
[=canción de cumpleaños]

*Y desde luego el éxito de todas las **mañanitas** mejicanas, que se suelen cantar en todas las serenatas.*

(A. Rosenblat, **V**, 1978:108)

mapuche   *adj* y *nm* **(MAP)**   **Mapuche/Araucanian**
* [a veces **mapucha** en femenino]   **(Indian/language)**

*—Yo soy **mapuche**, taita. Un **mapuche** no le tiene miedo a ningún chileno.*

(L. Durand, **Ch**, 1973:21)

*Generalmente la «**mapucha**» se toca con un pañuelo negro con detalles chillones y divide el pelo en dos trenzas...*

(M. Delibes, **Esp**, 1956:143)

maquiladora   *nf* **(M)**   **assembly plant**
[=fábrica de montaje]

*Importaciones de insumos superiores a dos mil millones de dólares realizan en el primer trimestre de este año las **maquiladoras** de la frontera norte del país...*

(*Excelsior*, México, 18-7-87:1)

máquina   *nf* **(Cu) (G)**   **car**
[=coche]

*Y a los mismos automóviles, en México se les dice «coches» en Centroamérica «carros» y en Cuba «**máquinas**».*

(M. A. Asturias, **G**, 1972:336)

maraca   *nf* **(TUP)**   **maraca (from gourd)**
*

maracuyá   *nm* **(Pe)**   **species of passionfruit**
[=especie de pasionaria]

*Por entre la extensa malla metálica se engarzaban firmemente frondosas verdosidades. Eran los «**maracuyás**» que pendían enlazadas de los alambres por sus exuberantes ramas.*

(S. Cavero Galimidi, **Pe**, 239)

maría   *nf fam* **(M)**   **migrant from country to Mexico city**
[=inmigrante del campo a la ciudad]

*...allí andan de vendedoras ambulantes al igual que... las **marías** que llegan al Distrito Federal.*

(E. Poniatowska, **M**, 1983b:42)

mariachi   *nm* **(FR)**   **mariachi**
*

mariguana/marihuana *nf*   **marihuana; marijuana**

* *Otro mejicanismo que ha penetrado en el inglés y también tiene hoy carácter*
   *universal es **marihuana** (al parecer de Mari Juana)...*
                                          (A. Rosenblat, **V**, 1978:110)

marimba *nf* **(AFR)**   **marimba**

* *Venían a ofrecerle una serenata con **marimba** y guitarras...*
                                          (H. Hediger, 1977:364)

más (Véase **nomás**)

masa *nf* **(A)**   **small cake; pastry**
   [= pastelito]

   *...tiene que sobrellevar un té con **masas** y varias señoras...*
                                          (J. Cortázar, **A**, 1970:564)

mata *nf*
   mata de (guayaba, etc.)   **tree/bush/shrub**

   *...entre nosotros puede ser **mata** desde el árbol (o **palo**) más corpulento y frondoso*
   *hasta la planta o la hierba más endeble: **mata de mango, mata de aguacate**...*
                                          (A. Rosenblat, **V**, 1960, II:76)

   *Detrás del bohío..., un grupo de árboles, **matas de plátano**...*
                                          (E. A. Laguerre, **PR**, 210)

matambre *nm* **(A)**   **stuffed rolled beef**
   [= fiambre]

   *—Yo tengo que preparar el **matambre**...*
                                          (M. Puig, **A**, 1968:22)

mate *nm* **(QCH)**
* 1. **mate**   **mate gourd**
      [= calabaza para mate]

      *—A ver, pues, muchacho, traite un **mate** y cébale a Don Segundo.*
                                          (R. Güiraldes, **A**, 1973:51)

   2. **mate (cocido)**   **mate (infusion)**
      [= hierba mate]

      *Las chicas del taller hacen un **mate cocido,** y cuando podía me lo iba a tomar...*
                                          (M. Puig, **A**, 1968:62)

      *Nos sentábamos todos juntos, en una sola rueda, a tomar el **mate**.*
                                          (D. Kon, **A**, 1983:160)

3. **mate de coca/menta**/etc.   **coca leaf infusion;**
   [= infusión de...]   **mint tea; etc.**

   *Un **mate de coca,** una siestecita y como nuevo.*
   (M. Vargas Llosa, **Pe**, 1984:132)

4. **(yerba/hierba) mate**   *nf*   **mate leaves**

matear   *vb* **(A) (Ur)**   **to drink mate**
[= beber hierba mate]

   *Las muchachas de los bares **matean** yerba lavada, al cabo de una noche sin clientes.*
   (E. Galeano, **Ur**, 1975:16)

materialista   *adj* y *nmf* **(M)**   **driver of builder's truck;**
                                                   pertaining to builders' materials

   *«Prohibido a los **materialistas** estacionar en lo absoluto» (los **materialistas** son en este caso los camiones, o sus conductores, que acarrean materiales de construcción).*
   (A. Rosenblat, **V**,1970:9)

   *...y lograron que un camión **materialista** los llevara hasta la iglesita...*
   (C. Fuentes, **M**, 1981:115)

matrero   *Hist nm* **(A) (B) (Ch) (Pe) (Ur)**   **outlaw; robber**

   Díjose del individuo que se internaba a vivir en los montes, huyendo de la justicia...
   (A. Abad de Santillán, **A**, 1976:433)

maximato   *Hist nm* **(M)**   **period of rule by Plutarco Elías Calles**
                                                   following his Presidency

   *Entre 1928 y 1935, gobernando el país desde su mansión en Cuernavaca, Calles fue conocido como Jefe Máximo y su gobierno como el **maximato**.*
   (A. Riding, **M**, 1985:67)

máximo
1. **jefe máximo**   *Hist nm* **(M)**   **title given to Mexican President**
                                                   Plutarco Elías Calles (1924-1928)

   *...a ese hombre con rostro de granito y mirada de tigre, el **jefe máximo** de la revolución, Plutarco Elías Calles.*
   (C. Fuentes, **M**, 1981:17)

   (Véase **maximato**)

2. **máximo jefe/líder**   *nm pren*   **President; Leader**

   *...**máximo jefe** del FMR...*
   (*La Nación*, Santiago, 22-1-87:7)

   *...su **máximo líder** aguantó más que el diablo...*
   (P. Vergés, **RD**, 1980:201-202)

[*f*] 3. **líder máximo**   *nm*
autoridad máxima   *nf*
máximo dirigente   *nm*, etc. *pren*   **leader; chief**

> *Los cubanos y su **líder máximo** son demasiado recelosos en el capítulo de independencia nacional como para aceptar tal situación.*
> (*Cambio 16*, Madrid, 8-12-86:142)

> *...los **máximos dirigentes** del Movimiento Peronista Montonero...*
> (*Ibíd.*, 23-6-78:69)

> *...con el objeto de informar al Ministerio de Hacienda y a las **autoridades máximas** del Banco Central sobre la marcha de las negociaciones...*
> (*La Nación*, Santiago, 9-2-87:3)

[*f*] 4. **máximo, -a**   *adj pren*   **most important; chief; top**

maya   *adj y nmf invar* (**MAY**)   **Maya/Mayan (Indian/language)**
*

mayor   *nm*   **Major**
[=comandante]

> *Exigen disciplina militar y por eso se usan títulos: **mayor,** que es el título mas alto, capitán, y todos los otros rangos que hay en el ejército.*
> (O. Lewis, **M**, 1967:215)

mayoreo   *nm* (**M**)   **wholesale**
[=al por mayor]

> *«Ventas al **mayoreo** y menudeo» (lo de **mayoreo** lo entiende* [el turista español], *pero le resulta extraño).*
> (A. Rosenblat, **V**, 1970:9)

mazacote   *nm*   **sweet mixture**
[=dulce]

> *Puso frente a sus ojos el **mazacote** seco y amarillento.*
> (D. Hediger, 1977:372)

mazamorra   *nf*   **soft maize/**
[=dulce de maíz]   **(US) corn pudding**

> *Las familias de los presos... no tienen nada para comer... Apenas un plato de **mazamorra** cada dos días.*
> (I. Allende, **Ch**, 1985:335)

mazo   *nm* (**A**)   **pack (of cards)**
[=baraja]

> *Cortá el **mazo** en dos, con la mano izquierda. Ahora cortá, otra vez con la mano izquierda...*
> (M. Puig, **A**, 1970:86)

mazorca   *Hist nf*   secret police of Argentine dictator
*   [=policia secreta del dictador Rosas]   General J. M. O. de Rosas

*Una noche, hacia 1842, oyeron el creciente y sordo rumor de los cascos de los caballos... La **Mazorca**, esta vez, no pasó de largo. Al griterío sucedieron los repetidos golpes, mientras los hombres derribaban la puerta...*

(J. L. Borges, **A**, 1980:360)

mecapal   *nm* (NAH) (CAm) (M)   leather strap (to put around head
[=correa]   to carry loads on one's back)

*...al trote los que iban con sus cargas a **mecapal** o a pecho...*

(H. Hediger, 1977:372)

mecapalero   *nm* (M)   porter
[=mozo de cuerda]

*Las secuencias se amontonaban: puestos de fritangas..., lenguajes de **mecapaleros** y pepenadores...*

(A. Azuela, **M**, 1979:183)

mecate   *nm* (NAH) (CAm) (M) (V)   maguey rope/cord
[=cuerda de maguey]

*...los dos sepultureros bajan la urna con ayuda de gruesos **mecates** al fondo del hoyo...*

(M. Otero Silva, **V**, 1972:153)

mecedor   *nm*   rocking chair
[=mecedora]

*Desde el momento en que llegó se sentó a chuparse el dedo en el **mecedor**...*
(G. García Márquez, **Col**, 1970:42)

media(s)   *nf(pl)*   sock(s)
[ƒ] [=calcetín]

*Lo veo jalarse un poco el pantalón desde las rodillas, dejando aparecer las **medias** blancas...*

(A. Bryce Echenique, **Pe**, 1981:21)

mediagua   *nf* (A) (Ch) (N)   shack
[=choza]

*Un barrio tristón de **mediaguas** de tabla y solares de vegetación árida.*
(S. Ramírez, **N**, 1982:121)

medialuna   *nf* (A) (Cu) (Ur)   croissant
[=croissán]

*Después Juan Bautista fue a buscar **medialunas** a la panadería y Florencio cebó mate para todos...*

(E. Sábato, **A**, 1975:285)

medio, -a *adv*   **rather; quite; half**
[=bastante; algo; un poco]

La señora repitió medio enojada.

(C. E. Kany, 1960:35)

Estos cholos están resultando medios haraganes.

(*Ibíd.*)

—Vamos, muchachos, ya está bien... ya se divirtieron bastante... Vamos, muchachos —y medio se sonreía para demostrar que no estaba enojado.

(D. Viñas, **A**, 1962:12)

mejor

1. **mejor** +vb (*usu imper* o *pres indic*)   **(You/I/etc.) better** + vb;
    [=es/sería mejor que...]   **(You'd/I'd/etc.) better** + vb

    —Mejor no ponga el disco —aconsejó Gregorovina.

    (J. Cortázar, **A**, 1970:171)

    —...pues sí las voy a quemar antes de que me muera.
    —Mejor regálemelas.

    (J. M. Lope Blanch, **M**, 1971:254)

    —Mejor vámonos, muchachos. Hemos trafagueado mucho y mañana tenemos que madrugar.

    (J. Rulfo, **M**, 1966:133)

    —Mejor averigüemos de una vez qué les pasó —dijo Santiago—. Voy a llamar por teléfono.

    (M. Vargas Llosa, **Pe**, 1972:195)

    —Mejor nos ponemos a trabajar en seguida.

    (J. Cortázar, **A**, 1970:357)

    —¡Tú, mejor te callas!

    (E. Wolff, **Ch**, 1964:160)

    ...si cuento eso, no les va a gustar... Así que mejor escribo sobre las ventajas del cerebro electrónico.

    (M. Benedetti, **Ur**, 1968a:32)

2. **a la mejor** *adv fam* (**Cu**) (**M**) (**V**)   **maybe; perhaps**
    [=a lo mejor]

    —¿Podría hacerse...?
    —A la mejor, sí —dijo.

    (L. Spota, **M**, 1974:274)

membresía *nf* (**ENG**) (**Ec**) (**M**)   **membership; members**
[=el número de socios]

La membresía de las sociedades secretas... podría ser estimada... en aproximadamente diez mil...

(M. Buendía, **M**, 1984:54)

mentada *nf fam* **(M) (V)**
hacerle a alguien una mentada   **to insult someone**
[= mentarle la madre]   **(by referring to his mother)**

*...lo soltaron medio desmayado... mascullando venganzas y **mentadas** de madre.*
(M. Otero Silva, V, 1972:124)

mentarle la madre (a alguien) *exp verb fam*   **to insult someone**
[*f*]   **(by referring to his mother)**

*—Me dio tanto coraje cuando él **me mentó la madre** que me dieron ganas de matarlo.*
(O. Lewis, M, 1967:204)

menudeo *nm* **(Ch) (Col) (M)**   **retail (sales)**
[= venta al por menor]

*Nadie duda que en sus principios el comercio fue al **menudeo** y eso de detalle derivó del francés «détail»...*
(*El Comercio*, México, noviembre, 1984:43)

mero, -a *fam* **(CAm) (M)**   (Véase C. E. Kany, 1951:36-39)
1. **mero, -a** *adj*   **itself; very**
   [= mismo]

   *En la **mera** esquina.*
   (C. E. Kany, 1951:36)

   *A mi **mero** lo dijo.*
   (*Ibíd.*)

2. **mero, -a** *adj*   **main; real; principal**
   [= verdadero]

   *Pedro es el **mero** malo.*
   (*Ibíd.*)

3. **mero, -a** *adj*   **right; exact**
   [= exacto; preciso]

   *Pedro llegó a la **mera** hora.*
   (*Ibíd.*, 37)

4. **ya mero/merito** *exp adv*   **right now**
   [= ahora mismo]

   —¿Cuándo nos casamos?
   *—**Ya mero**.*
   (*Ibíd.*)

5. **mero** *adv*   almost; nearly
[=por poco; casi]

Mero me deja el tren.

(*Ibíd.*)

6. **el mero mero** *nm*   boss; big shot
[=el mandamás]

—*Siempre estos cuates nos han tratado mal desde cuando entraron a la dirección del sindicato. No hacen nada y ya se creen los* **meros meros** *de la empresa.*
(*Por Esto*, México, 15-5-86:28)

merolico *nm fam* (M)   quack; street salesman

Charlatán, embaucador callejero que explota la credulidad de los transeúntes vendiéndoles productos supuestamente curativos.
(J. M. Prieto, **M**, 1984:108)

mesero, -a *nmf* (Col) (G) (M)   waiter/waitress
[=camarero]

Un **mesero** *se inclinó.*
—*Pasen ustedes, señores. Por aquí.*

(C. Fuentes, **M**, 1969:26)

mesón *nm* (Ch)   large table; counter
[=barra]

Allí, acomodado en el **mesón**, *bebió un vaso de cerveza.*
(F. Morales Pettorino, **Ch**, III:2925)

mesonero, -a *nmf* (Ch) (V)   waiter/waitress; barman
[=camarero, -a]

Se solicitan dos **mesoneros** *de buena presencia para trabajar en la noche. Bar El Águila...*
(*Últimas Noticias*, Caracas, 20-10-68:42)

Necesito joven **mesonero** *sepa el ramo fuente de soda y sandwichería.*
(*El Mercurio*, Santiago, 11-5-86:B27)

metate *nm* (NAH) (M)   grinding stone
[=piedra de moler]

Utensilio de uso doméstico. Es de origen prehispánico y consiste en una piedra cuadrilonga, sostenida en plano inclinado por tres pies, sobre la que las mujeres del pueblo se arrodillan a moler a dos manos maíz, cacao e ingredientes de cocina, valiéndose de un cilindro también de piedra, conocido como el **metlalpil** *o mano de* **metate**.
(J. Mejía Prieto, **M**, 1984:108)

meter *vb*
  1. **meter a**   **to put in/into**
     [=meter en]

     *Se **metió a** la cocina sin decirme nada.*

                                                (M. Vargas Llosa, **Pe**, 1968:258)

  2. **meterse (ropa)**   **to put on**
     [=ponerse]

     *—Pero convenía **meterse** toda la ropa posible.*

                                                (D. Kon, **A**, 1983:125)

meterete *adj invar fam* (A)   **interfering**
  [=entrometido]

metete *adj invar fam* (CAm) (Ch) (Pe)   **interfering**
  [=entrometido]

  *Al papá de Nancy lo cuidaba una monja bastante **metete** y... con muy poca caridad cristiana...*

                                                (J. Urquidi Illanes, **Pe**, 1983:41)

metiche *adj invar fam* (Ch) (M)   **interfering**
  [=entrometido]

  *Si estaba allí de **metiche** no era por **metiche**, sino porque consideraba importante que la lucha sindical no se desgastara en enfrentamientos inútiles.*

                                                (V. Leñero, **M**, 1979:85)

mexicano, -a *adj y nmf* (NAH)   **Mexican**
  [=mejicano]

México (NAH)   **Mexico**
  [=Méjico]

mezanine/mezzanine *nm* (ITAL) (Col) (M)   **mezzanine**
  [*f*] [=entreplanta]

  *En ciudades de Colombia y de varios países de América se emplea con alguna frecuencia la voz italiana **mezzanine**, que en Bogotá se suele pronunciar **mesanín**.*

                                                (L. Flórez, **Col**, 1977:160)

mezcal *nm* (NAH) (M)   **mezcal (spirit distillet from maguey)**
  [=aguardiente del maguey]

  *—A ver, un **mezcal** aquí para mi cuate y dos cervezas.*

                                                (C. Fuentes, **M**, 1969:210)

mezquite *nm* (M) (NAH)   **mesquite (tree and shrub) (Prosopis juliflora)**

  *Para el Güero, los **mezquites**, los guajes, el páramo inmenso y desolado.*

                                                (E. Poniatowska, **M**, 1983b:242)

mi *adj*
  mi hijo/hija, etc. *fam*   **my son**
  [=hijo/hija **mío/mía,** etc.]

  —*No te muevas,* **mi hijita**...
                                  (J. Donoso, **Ch**, 1983:20)

mico *nm* **(?CAR)**   **monkey**
  [=mono]

  Lo habían capturado... y lo llevaban de la mano, hamaqueándolo como a un **mico**.
                               (M. A. Asturias, **G**, 1970:12)

micrero, -a *adj* y *nmf* **(Ch)**   **minibus driver;**
  [=conductor de microbús]   **pertaining to minibuses**

  No sé qué me llevó a conversar con un **micrero**
               (F. Morales Pettorino, **Ch**, 1986, III:2936)

  Cortan la huelga **micrera**.
                                  (Ibíd.)

micro *nf* (a veces *nm*) **(A) (Ch)**   **minibus**
  [=microbús]

  Me descolgué de la **micro** *en la Estación Central*...
                        (A. Skármeta, **Ch**, 1979:200)

  Aunque cogí una **micro** *llegué allí echando el bofe*.
                      (M. Delibes, **Esp**, 1966:284)

  Todas las junturas del **micro** *crujían estruendosamente*.
                      (J. Edwards, **Ch**, 1967:41)

¡miéchica! *interj fam*   **Damn!; bloody...;**
  [eufemismo de **mierda** *vulg*]   **...the heck!**

  —*¿Pero por dónde* **miéchica** *voy a empezar?*
                     (M. Vargas Llosa, **Pe**, 1974:29)

  ¡Flojo de **miéchica,** *te has tardado como una hora!*
                  (J. M. Estremadoyro, **Pe**, 1977:16)

mientras/más/mayor/menos   **The more/greater/less**
[*f*] ... más/mayor/menos/ ... *conj*   **...the more/greater/less**
  [=cuanto más/mayor/menos ... más/mayor/menos...]

  Las formas de comparación proporcional predominantes en América son, pues,
  aquellas introducidas por **mientras: mientras más** *me lo repites,* **menos** *lo creo.*
                   (M. Hildebrandt, **Pe**, 1969:166)

  *...***mientras más** *aventuras sexuales describía ante sus compañeros...,* **más** *intensa era*
  la certidumbre de que nunca estaría en el lecho con una mujer...
                   (M. Vargas Llosa, **Pe**, 1968:94)

Mientras más aprendía más deseoso estaba de conocimientos y más consciente de lo mucho por saber.

(C. Isla, **M**, 1951:181)

Mientras más rápido se desplace el electroimán del tren, más fuerte será el campo de repulsión que se induce.

(*Información científica y tecnológica*, México, junio, 1983:18)

mierda   (Véase **de**)

milanesa   *nf* **(A)**   **schnitzel**
[= **escalope de ternera empanado**]

—*Ya rallé un frasco entero de pan rallado para **milanesas**...*

(M. Puig, **A**, 1968:18-19)

milico   *nm fam* **(A) (B) (Ch) (Pe) (Ur)**   **pejorative term for**
[= **policía/soldado**: voz despectiva]   **policeman or soldier**

Frente a la entrada montaban guardia dos policías.
—¡***Milicos!*** —*gritó Ignacio.*

(O. Soriano, **A**, 1980:29)

milonga   *nf* **(A) (Ur)**   **Argentinian popular dance**
[= **baile argentino tradicional**]

*Alguien infinitamente rasguea una trabajosa **milonga**.*

(J. L. Borges, **A**, 1980:28)

milonguear   *vb* **(A) (Ur)**   **to dance the milonga**
[= **bailar la milonga**]

milpa   *nf* **(NAH) (CAm) (M)**   1.   **field of maize/corn**
[= **maíz**]   2.   **maize/corn plant**

—*Miren nada más: a esto le llaman **milpa**. No dan más que unos elotitos así, chiquititos...*

(*Por Esto*, México, 15-5-86:36)

*Era la época en que el maíz ya estaba por pizcarse y las **milpas** se veían secas...*

(H. Hediger, 1977:382)

milpero, -a   *adj y nmf* **(CAm) (M)**   **maize/corn grower**
[= **cultivador de maíz**]

miltomate   *nm* **(NAH) (G) (M)**   **ground cherry (Physalis)**
[= **fruta**]

mimeografiar   *vb*   **to run off stencilled copies**
[ƒ]

mimeógrafo *nm*
[*f*] [=multicopista]

**copier; copying machine;
stencilling machine**

*...sobre una de las mesas... junto al **mimeógrafo**, había tres pilas de papel.*
(M. Vargas Llosa, **Pe**, 1968:14)

minga *nf* (QCH) (Ch) (Ec)

**voluntary communal (Indian) labour;
work gang**

*«**Minga** es... trabajo colectivo, espontáneo y patriótico que realizan indios y mestizos...»*
(B. Rodríguez de Meneses, **B**, 1979:17)

mirar *vb*
[=ver]

to see

*...dos chicas... fisgoneaban por el ojo de la llave y comentaban que no se **miraba**... nada.*
(*C. E. Kany, 1960:215*)

mirista *adj y nmf* (B) (Ch) (Pe) (V)
(Véase el Apéndice 5)

**supporter of MIR;
pertaining to MIR**

*Problemas, disturbios diarios... en la Universidad habían asesinado a un **mirista**...*
(E. Lafourcade, **Ch**, 1976:219)

misiá/misia *nf fam* (A) (Ch) (Ur) (V)
[de **mi señora**]

Missis; Missus

*El estado de **misiá** Elisita empeoró con los años.*
(J. Donoso, **Ch**, 1983:16)

mismo
1. **mismo, -a que** (M) *esp pren*
[=que; el que; el cual]

who; that; which

*«...e inceneró los restos de la mujer, **mismos que** en pocos minutos quedaron reducidos a cenizas.»*
(R. Carnicer, **Esp**, 1977:108)

*...quien agregó que las autoridades detuvieron a Álvaro Ramírez Salazar, **mismo que** fue trasladado a Pachuca...*
(*Excelsior*, México, 28-4-85:1)

*En este lujoso Motor-Home varios narcotraficantes transportaban valioso cargamento de droga, **mismo que** tenía como destino el vecino país del norte.*
(*Alarma!*, México, 1-5-85:39)

*«Me permito solicitar su aprobación para que la institución cubra el costo del boleto de avión para mi esposa, quien me acompañó en el último viaje (México-Perú-México) **mismo que** estoy anexando.»*
(*Proceso*, México, 29-4-85:24)

*...doscientos pesos por familia, a diez pesos el metro cuadrado, **mismos que** se destinarían al alumbrado público, el agua, los postes, el drenaje, en fin, los servicios.*

(E. Poniatowska, **M**, 1983b:213)

2. **el/la mismo, -a que**   who; that; which
   los/las mismos, -as que   *pren* **(Pe)**
   [= que, etc.]

*...encontraron mal herido al chofer del taxi..., **el mismo que** estaba con las manos apoyadas en la parte superior de su automóvil.*

(*El Comercio*, Lima, 21-10-68:19)

*...la carga de venticinco mil doscientas toneladas métricas de arroz americano, **la misma** que fue adquirida por la Empresa Comercializadora de Arroz.*

(*Ibíd.*, 5-11-86:3)

3. (Véase **ya**)

mita   *Hist nf* **(QCH)**   1.   **tribute paid by Indians**
   [= tributo; trabajo sin pago]   2.   **communal service to landlord**
                                                  (decided by drawing lots)

mitote   *nm fam* **(HAH) (M)**   **uproar; brawl**
   [= alboroto]

—*Me llegaban los ruidos hasta la Media Luna. Me acerqué para ver el **mitote** aquel...*

(J. Rulfo, **M**, 1966:45)

mixteca   *adj* y *nmf invar*   **Mixtec (Indian/language)**

*   *...los **mixtecas**... habían emigrado a los valles de Oaxaca...*

(A. Riding, **M**, 1985:36)

M.N. / m/n / moneda nacional   *nf* **(A) (M)**   **local currency**
[útil para distinguir entre dólares ($) y pesos ($)]

*Se agregaron más tarde $400.000 **m/n**, constituidos por acciones de la cervecería Quilmes.*

(*Extra*, Buenos Aires, mayo 1969:60)

*...en dólares o en **moneda nacional**.*

(*Novedades*, México, 23-2-69:D2)

moai   *nm pl*: moai/moais   **(Ch)**   **Easter Island statue**
   [= estatua de la isla de Pascua]

*Se cuenta que en los tiempos primitivos los gigantescos «**moai**» caminaban solos.*
(F. Morales Pettorino, **Ch**, 1986, III:2974)

mofle/mofler *nm* **(ENG) (M) (Pan) (PR) (RD)**
[=silenciador]

muffler; silencer

molcajete *nm* **(NAH) (M)**
[=mortero]

**stone or pottery mortar
for grinding spices**

*No es lo mismo enchufar la licuadora que estar moliendo en el **molcajete** toda la santa mañana.*

(M. A. Almazán, **M**, 1983:55)

mole *nm* **(NAH) (M)**
[=guisado de carne con salsa]

**meat fricassee with
(red) pepper sauce**

*Mañana vamos a hacer **mole**..., mañana será día de fiesta.*

(E. Poniatowska, **M**, 1983b:228)

mole poblano *nm* **(M)**

regional variation of the above

*Also you'll have to try **mole poblano** con pollo or chicken in chocolate sauce, which is infinitely better than it sounds.*

(A. Hoffman, 1982:110)

momio, -a *adj* y *nmf fam* **Ch)**
[=carroza]

**reactionary; square;
fuddy-duddy**

*...en lo que menos quisiera ser en este mundo: un burgués satisfecho. O como decimos en Chile: un **momio**.*

(*El Espectador*, Bogotá, 11-5-86:12A)

*...un abogado **momio,** de total confianza de los milicos, se lo había aconsejado...*

(J. Edwards, **Ch**, 1978:315)

mona *nf*
1. **mona** **(Col)**

blonde

*Llaman **monas** a las mujeres rubias, aunque sean más feas que tropezón en noche oscura.*

(A. Rosenblat, **V**, 1970:17)

2. **mona** **(V)**

conceited girl

*...**mona** es la presumida, afectada, melindrosa.*

(*Ibid.*, 15)

montonera *Hist nf*
[=fuerza irregular en las guerras civiles]

**troop of mounted rebels
in civil war**

*Formamos una **montonera**. La revolución reventaba ya... Pero nos descubrieron... Mandaron a la caballería y nos agarraron a toditos.*

(A. Roa Bastos, **Par**, 1967:243)

239

*...cincuenta hombres decididos y bien armados, empleando la táctita de las **montone-**
ras de Cáceres, podían encender la mecha del polvorín que eran los Andes.*

(M. Vargas Llosa, **Pe**, 1984:22)

montonero, -a   *adj* y *nmf*
1. **montonero**   *Hist*   **member of or pertaining to a Montonera**
    [=guerrillero]

*Hacia el invierno del setenta, la revolución de Aparicio los encontró en la misma
pulpería... A la cabeza de un piquete de **montoneros,** un brasilero amulatado
arengó a los presentes, les dijo que la patria les precisaba, que la opresión
gubernista era intolerable...*

(J. L. Borges, **A**, 1980:414)

2. **montonero (A)**   **urban guerrilla of the 1970's**
    [=guerrillero urbano de los años setenta]

*Lo cierto es que no sólo en América Latina, sino en todos los países del llamado
tercer mundo la guerrilla se ha dado como forma de lucha: en Argentina (ERP
y **Montoneros**), en Uruguay (los Tupamaros)...*

(E. Poniatowska, **M**, 1983b:149)

*...al jefe de los **montoneros** (guerrilleros peronistas de izquierdas)...*

(*Cambio 16*, Madrid, 9-10-77:56)

mordida   *nf fam*   **bribe**
[=soborno]

«*La **mordida** no sólo es cuestión del que recibe. Es del que da y del que recibe. Yo
puedo vigilar, castigar, cesar al que recibe. ¿Cómo voy a hacer lo mismo con el
que da?*»

(*Tiempo*, México, 7-6-71:3)

morgue   *nf* (ENG/FR)   **(US) morgue; mortuary**
[=depósito de cadáveres]

*...se retiraron 40 cadáveres, los que fueron enviados de inmediato a la **morgue** de
Lautaro...*

(*La Nación*, Santiago, 22-1-87:22)

morocho, -a   *adj* (QCH) (A) (Col) (Ch) (Pe) (Ur)   **brunette; dark-haired**
[=moreno]

*Sheila es una **morocha** muy hermosa.*

(*Para Ti*, Buenos Aires, 22-9-86:120)

morochos   *nmpl* (V)   **twins**
[=gemelos]

*Es que **morochas** en Argentina son las personas de color moreno, o como se dice
aquí, **trigueño** (moreno designa entre nosotros, eufemísticamente, al negro)... En
cambio, en toda Venezuela, los **morochos** son los hermanos mellizos o gemelos.*

(A. Rosenblat, **V**, 1960, II:246)

morralla   *nf* **(M)**   **small change**
[=dinero suelto; calderilla]

Cambio de **morralla**.

(Cartel en un banco de Ciudad de México)

mote   *nm* **(QCH) (A) (Ch) (Ec)**   **boiled maize/corn**
[=maíz cocido]

Mi desayuno... consistía en un plato de sopa de carnero, con su **mote,** *su papa, su chuño.*

(*Visión Familiar*, Lima, 2-11-86:12)

mote con huesillos   *nm* **(CH)**   **maize and peach drink**
[=bebida de maíz y melocotones]

A pesar de la coca-cola, las agüitas de fantasía y los helados, sobrevive en Chile el **mote con huesillos**.

(F. Morales Pettorino, **Ch**, 1986, III:2394)

motoneta   *nf*   **motor scooter; Vespa**
[=scooter; vespa]

...una vespa subió gruñendo por la rampa y paró junto a ellos. Los dos tripulantes de la **motoneta** *animaron la conversación...*

(S. Garmendia, **V**, 1968:194)

motorista   *nmf* **(ENG) (A) (Col) (S)**   **motorist**
[=conductor]

Uno de los policías ocupó el asiento delantero, junto al **motorista,** *y el otro la hizo pasar al posterior, en donde tomó asiento junto a ella.*

(H. Lindo, **S**, 1962:59)

motoso, -a   *adj* **(Ec)**   **flecked; crinkled; kinky (hair)**

Con motas. Dícese del pelo de los negros, y de los nudillos que se forman en algunas telas.

(B. Rodríguez de Meneses, **Ec**, 1979:17)

mozo, -a   *nmf*   **waiter/waitress**
[*f*] [=camarero]

En la sección que da a Broadway, cinco **mozos** *están listos para atender las treinta mesas.*

(M. Benedetti, **Ur**, 1968a:10)

mucamo, -a (PORT) (A) (Bol) (Ch) (Par) (Ur)   servant; maid;
[=criado]   valet; steward

> ...la madre de Mabel estaba desesperada porque la ausencia de la **mucama** la
> obligaba a trabajar sin descanso...
>
> (M. Puig, **A**, 1970:63)

> ...sobornos humillantes para conseguir del **mucamo** una plancha, un cigarrillo...
>
> (J. C. Onetti, **Ur**, 1981:51)

muchachada *nf*   group of young people
[=(grupo de) gente joven]

> La mujer rubia avanzaba con la bolsa, abriéndose paso entre la **muchachada** que le
> gritaba...
>
> (E. Sábato, **A**, 1969:227)

muertito, -a *nmf fam*   dead body
[=muertecito]

> Ya por último le di una última patada al **muertito** y sonó igual que si la hubiera
> dado a un tronco seco.
>
> (J. Rulfo, **M**, 1967:25)

mugroso, -a *adj fam*   grubby; filthy;
[=mugriento]   grotty

> ...y yo me sentí cohibido. Íbamos todos muy **mugrosos,** pero pues en realidad uno
> no tiene la culpa.
>
> (O. Lewis, **M**, 1967:331)

mulato, -a *adj y nmf*   mulatto

*   ...el alboroto de las **mulatas** servidoras...

> (A. Carpentier, **Cu**, 1983:212)

muñeca *nf fam* (A) (Bo) (Ch) (Ur)   influence; influential friend;
[=enchufe]   contact

> ...llega nuestro hombre, y no va a formar directamente al extremo final para esperar
> su turno. Esto lo hacen, como él piensa, los «tarados» y los que no tienen «**muñeca**».
>
> (E. B. de Alberti, **Ur**, 1971:136)

mutual *nf* (Ch) (Pe)   Friendly Society;
[=mutualidad]   Mutual Insurance Association

> ...con las pesadas moles de los Bancos, **mutuales** y compañías de seguros...
>
> (M. Vargas Llosa, **Pe**, 1984:61)

> Tiene un seguro de vida en la **mutual** de seguros de la Armada.
>
> (F. Morales Pettorino, **Ch**, 1986, III:3066)

N

N (Véase **nacional**)

nacional *adj esp* **(A) (M) (Ur)**   **Argentinian, Mexican,**
[=**argentino, mexicano, uruguayo,** etc.]   **Uruguayan,** etc.

Dícese de lo que se distingue, en su género, de lo de otros países...
(D. Abad de Santillán, **A**, 1976:490)

Sus tesoros arqueológicos y sus bellezas han venido despertando el interés de milla-
*res de visitantes extranjeros y **nacionales**...*
(*Por Esto*, México, 15-5-85:7)

[Para hablar de moneda nacional se utiliza el símbolo **N**. Véase también **M.N.**]

El 8 de febrero le entregaron sólo N$2.000.
(*Mate Amargo*, Montevideo, 18-2-88:22)

nada
    a cada nada *exp adv fam* **(CAm) (Ch) (Col) (V)**   **constantly**
    [=**constantemente**]

    Poco estudio o muchos melindres se necesitan para condenar, como algunos lo hacen,
    *este modo adverbial tan común en nuestro lenguaje familiar, en sentido de **a cada***
    ***momento, a cada instante**.*
    (R. Restrepo, **Col**, 1955:681)

nadita
    1. **nadita** *adv fam*   **not at all**
        [=**en absoluto**]

        ***Nadita** me extrañaría que viniera en lugar del mismo ingeniero...*
        (A. Yáñez, **M**, 1962:174)

    2. **en nadita estuvo que** (+subjuntivo) *exp adv fam*   **almost;**
        [=**por poco; casi**]   **nearly**

        ***En nadita estuvo que** lo mataran.*
        (W. Cantón, **M**, 1966:46)

nafta *nf* **(A) (Par)**   **petrol;**
[=**gasolina**]   **(US) gasoline/gas**

*Hagen, el del surtidor de **nafta** en la esquina de la plaza, creyó reconocerlo.*
(J. C. Onetti, **Ur**, 1981:101)

nagua(s) *nf(pl)* **(ARW) (Col) (G)**   **petticoat(s)**
[= combinación]

*...nunca impidieron a la frondosa isleña amarrarse las **naguas** cuando la situación lo requería.*

                                               (F. Buitrago, **Col**, 1979:392)

(Véase también **enaguas**)

nahoa/nahua/náhuatl *adj* y *nmf* **(NAH)**   **Nahua; Nahuatl**
*   **(Indian/language)**

*Los aproximadamente 800.000 **nahuas**... están diseminados por dieciséis estados...*

                                              (A. Riding, **M**, 1985:258)

*Para los sirvientes de la familia «hablar conejo» era expresarse en cualquier idioma que no fuera el deformado español de aquella gente mestiza —con excepción del **náhuatl** de los indios, al que llamaban «la lengua de antes»...*

                                              (C. Lars, **S**, 1977:88)

nana *nf fam*   **nanny; children's nurse**
[= nodriza; niñera]

*...y la **nana** que contaba historias...*

                                             (H. Hediger, 1977:392)

napoleón *nm* **(Ch)**   **pliers; cutters**
[= alicates]

*...cortaron el candado de su casa con un **napoleón**...*

                                           (*Cauce*, Santiago, 4-5-87:12)

naranjilla *nf* **(Ec)**   **naranjilla; Quito orange**

naranjillo *nm* **(Ec)**   **Quito orange tree;**
                                   golden naranjillo (Solanum quitoense)

narcotraficante *nmf pren*   **drug trafficker;**
[*f*] [= traficante de drogas]   **(drug) pusher**

*...el jefe de una de las más tenebrosas bandas de **narcotraficantes**...*

                                       (*El Comercio*, Lima, 5-11-86:15)

narcotráfico *nm pren*   **drug trafficking**

[*f*] *El **narcotráfico** en México ha quedado en unas cuantas manos.*

                                     (*Por Esto*, México, 15-5-85:3)

negocito *nm fam*   **nice profitable deal/business**

*O quizá es un mero argentino que vino a hacer su semanal **negocito** de dólares...*

                                     (M. Benedetti, **Ur**, 1974:126)

negrada *nf*   **(group of) negroes/blacks**
[=(grupo de) negros]

*...debía su riqueza a la secular explotación de enormes **negradas**.*
(A. Carpentier, **Cu**, 1983:261)

negro, -a *nmf*
mi negro *fam*   **darling; my love**
[=mi vida]

Tratamiento cariñoso que suele darse a la persona querida.
(D. Abad de Santillán, **A**, 1976:496)

nenito, -a *nmf fam*   **little baby**
[=nene pequeño]

*—Una señora se acercó con un **nenito**...*
(D. Kon, **A**, 1983:128)

ni bien *conj esp* **(A)**   **as soon as**
[=en cuanto]

—¡Mami, quiero hacer pis!...
*—Dentro de un ratito ya llegamos a la Falda, vas al baño de la estación **ni bien** bajemos... Aguantá un poco.*
(M. Puig, **A**, 1970:234)

nica *adj invar fam* **(N)**   **Nicaraguan**
[=nicaragüense]

*Una caravana de desesperados se acerca a nosotros en busca de dólares para poder salir del país: a doce, luego a quince córdobas **nicas**, cuando bien sabemos que se llega a pagar cada dólar a veinte y hasta a treinta córdobas.*
(C. Lira, **M**, 1980:307)

Nicaragua   **Nicaragua**
*

nicaragüense *adj* y *nmf invar*   **Nicaraguan**
*

nigua *nf* **(ARW)** *Ant* **(CAm)**   **chigger; (US) jigger;**
[=especie de pulga]   **foot flea**

*—Aquí la gente habla poco. Es como si las **niguas** les hayan comido la lengua.*
(M. Pereira, **Cu**, 1979:41)

nixtamal *nm* **(NAH) (M)**   **boiled maize/corn**
[=maíz cocido]

*En los jacales encontramos cazuelas con manteca, las ollas de los frijoles cociéndose y el **nixtamal** puesto en el metate; entonces nos pusimos a moler el **nixtamal**.*
(E. Poniatowska, **M**, 1972:67)

¿no? *interj fam*
[*f*] [=¿verdad?]

didn't he?; won't they? aren't you?;
wasn't she?, etc.; right?; you know

—*Allá en la* [Universidad] *Simón Bolívar, por ejemplo, se estaba tratando de hacer algo de eso, ¿no?*

(A. Rosenblat, **V**, 1979:32)

—*Tanto del lenguaje bárbaro que están empleando aquí... están contando algo y ¿no? y... ¿no?, siguen con su no cada tres palabras...*

(L. Flórez, **Col**, 1980:66)

—*Se persignaba al pasar por las iglesias... Un santito. Quién lo hubiera dicho ¿no? Que terminara comunista, quiero decir.*

(M. Vargas Llosa, **Pe**, 1984:15)

no
[*f*] 1. **no bien** *conj*   **as soon as**
   [=en cuanto]

*No **bien** trascendió la sorprendente noticia, una ola de consternación ganó nuestra ciudad.*

(M. Benedetti, **Ur**, 1968a:198)

*Pero **no bien** vio que se abrió la puerta del avión, se quitó la gorra... y empezó a tararear valsecitos criollos...*

(A. Bryce Echenique, **Pe**, 1974:96)

*No **bien** ido el médico en cuestión, empecé a padecer la desdicha de su ausencia sintiéndome a solas con aquella señora embarazada.*

(R. Marín, **M**, 1967:190)

2. **no más/nomás** *fam*
  a) **no más/nomás**   **only; just**
    [detrás de sustantivo]   (See C. E. Kany, 1951:313-317)
    [=solamente]

*Hace dos días **no más** que se fue.*

(C. E. Kany, 1951:313)

—*¡Ándale, un tiro **no más**!*

(M. Azuela, **M**, 1968:13)

  b) **no más/nomás**   **just; right**
    [como refuerzo verbal o adverbial]

—*Vienen ahí, **nomás,** son miles.*

(D. Kon, **A**, 1983:120)

—*Pero siga **nomás** con sus cuentas, señora.*

(O. Dragún, **A**,1967:71)

c) **no más/nomás**   **scarcely; no sooner... than**
[=**apenas**]

*Al **no más** llegar a la tumba... se inclinó a llorar.*
(C. E. Kany, 1951:316)

d) **nomás (que)**   **as soon as**
[=**en cuanto**]

*...con la intención de echarme a correr **nomás que** llegara a la calle.*
(*Ibíd.*)

*No **más** se comensó la misa y...*
(*Ibíd.*)

3. **nomasito** *fam*
[diminutivo enfático de **no más**]

«*...¿Dónde está la china, que quiero contarle un cuento?*» *Para despistarlo le dije que allí **nomasito,** echándoles granza a las gallinas.*
(E. Caballero Calderón, **Col**, 1967:71)

*Allí **nomasito** estaban Sandino y el otro...*
(C. Alegría y D. J. Flakoll, **N**, 1982:57)

4. (Véase **de no**)

nochero *nm*
1. **nochero**   **(A) (Ch) (Ur)**   **night watchman;**
[=**vigilante**]   **person on night duty**

*Entró de carrera en la Posta, dio aviso al **nochero** adormilado, y huyó...*
(J. Donoso, **Ch**, 1983:192)

2. **nochero**   **(Col)**   **bedside table**
[=**mesita de noche**]

*—Seis días después recibimos una postal, te la voy a mostrar. La sacó del cajón del **nochero** y la contempló pensativa antes de tendérsela.*
(G. González Zafra, **Col**, 1983:134)

nopal   *nm* **(NAH)**   **nopal; prickly pear**
*   [=**chumbera**]

—Es el escudo nacional.
*—...Nomás es muy bonito. Un águila sobre un **nopal,** devorando una serpiente.*
(C. Fuentes, **M**, 1978:25)

normalista   *adj* y *nmf invar*   **primary school teacher; student teacher;**
[*f*]   **pertaining to Teachers' Training College**

*—Bueno, tengo tres niñas... Bueno, una de las muchachas... ya se recibió en Nueva Orleáns en Letras, Letras Españolas. Luego hay la otra chica, **normalista,** que no ha hecho su tesis...*

(J. M. Lope Blanch, **M**, 1971:78)

Perteneciente o relativo a la escuela normal... El o la estudiante que sigue los cursos de magisterio en una escuela normal.

(D. Abad de Santillán, **A**, 1976:502)

*...la protesta de los estudiantes **normalistas**...*

(A. Riding, **M**, 1985:314)

nosocomio   *nm pren*   **hospital**
[*f*] [=hospital]

*El médico responsable del **nosocomio**... pidió urgentemente el envío de medicamentos.*

(M. R. Rodríguez y A. Acevedo Espinoza, **N**, 1979:70)

novedoso, -a   **new**
[=nuevo]

*...pero es algo **novedoso** para nosotros.*

(A. Rosenblat, **V**, 1979:58)

noviar   *vb* (A) (Ch) (Ur)   **to court; to go out with;**
[=estar de novios]   **to date**

*Ninguno de los dos había **noviado** antes. Fue amor a primera vista.*

(F. Morales Pettorino, **Ch**, 1986, III:3115)

Nueva Zelandia   **New Zealand**
[=Nueva Zelanda]

*El ejecutivo del mayor banco de **Nueva Zelandia** se encuentra en Santiago para...*

(*El Mercurio semanal*, Santiago, 24-9-87:4)

nuevito, -a   *adj*   **brand new**
[=nuevecito]

*—...estaban más asustados que nosotros, se notaba que eran muy **nuevitos**...*

(D. Kon, **A**, 1983:85)

Ñ

ña, ño (+ nombre) *fam*
[=señora/señor; doña/don]

**Doña; Don;
Señora; Señor**

...y ña Nora tampoco se ufanaba de sus cosas ante él.
(R. González Montalvo, **S**, 1977:68)

El vozarrón del charapa hizo eco en el semi-oscuro zaguán de la cevichería.
—¡Ña Rosalva!
(S. Cavero Galimidi, **Pe**, 201)

ñame *nm* (AFR)

yam

...con el hígado y el estómago hechos mierda de tanto ron blanco y tanto ñame...
(A. Albalucía, **Col**, 1984:127)

ñandú *nm* (TUP) (A) (Ch) (Ur)
[=especie de avestruz]

**American ostrich;
Rhea americana**

ñandubay *nm* (TUP) (A) (Par)
[=árbol pequeño]

**small hardwood tree
(Prosopis algarobilla)**

En sus rostros indiferentes el agua resbalaba como sobre el ñandubay de los postes,
y no parecían más heridos que el campo mismo.
(R. Güiraldes, **A**, 1973:84)

ñandutí *nm* (TUP) (A) (Par) (Ur)

traditional Paraguayan lace

Encaje fino, muy delicado, hecho a mano, que imita el diseño de cierta telaraña.
Aunque típica del Paraguay, hoy se ha generalizado en todo el Río de la Plata.
(D. Abad de Santillán, **A**, 1976:508)

ñapa *nf* (QCH) (Véase **yapa**)

Yapa, cosa agregada o que se aumenta.

(*Ibíd.*)

ñato, -a *adj*
  1. **ñato** (A) (B) (Pe) (Ur)
     [=chato]

snub-nosed; darling

...su camión... su camión ñato, colorado, con doble llanta en las ruedas traseras.
(J. Donoso, **Ch**, 1979:9)

—¡Cuánto tiempo has perdido, ñato! Estás muy flaco m'hijito.
(A. Céspedes, **B**, 1965:153)

249

2. **ñato** (Col)   **nasal**

Gangoso, que ganguea, que habla gangueando.

(*Americanismos. Diccionario Ilustrado Sopena*, 1982)

ñor *nm fam*   **Mister**
[=**don**]

Aféresis de señor: **ñor** *Antonio.*

(M. Velasco Valdés, **M**, 1967:135)

ñudo

al ñudo *exp adv fam*   **in vain; for nothing**
[=**en vano**]

—*¡Diez capones cuereados al ñudo!... Dejaron ensartados los bichos en los postes... ¡Es un abuso!*

(E. B. de Alberti, **Ur**, 1971:29)

O

ocelote *nm* (NAH)
*

ocelot (Felis pardalis)

ocote *nm* (NAH) (CAm) (M)

resinous pine

*...el **ocote** es una variedad del pino, muy común en México...*
(J. M. Lope Blanch, **M**, 1972:26)

oficialismo *nm*
[=el gobierno]

Government

oficialista *adj* y *nmf*
[=relativo al gobierno]

Government supporter; Government *(adj)*;
pertaining to Government

*Desaparece un tenaz luchador político, a quien **oficialistas** y opositores de su país consideraban como el padre de la joven democracia venezolana.*
(*Ibid.*, 70)

*Militantes descontentos con la inoperatividad y sectarismo de la dirección **oficialista**.*
(F. Morales Pettorino, **Ch**, 1986, III:3154)

oír *vb*
[=escuchar]

to listen to

*—No le **oigas** a tu madre; va a exagerarlo todo.*
(E. Wolff, **Ch**, 1964:160)

ojota *nf* (QCH) (Ch) (Ec) (Pe)

primitive rustic sandal

Calzado rústico a modo de sandalia, hecho de cuero o de filamento vegetal.
(J. Tobar Donoso, **Ec**, 1961:206)

olmeca *adj* y *nmf invar*

Olmec (Indian/language)

* *Se cree que los **olmecas** crearon la primera civilización importante del México central, alrededor de 1200 a.C....*
(A. Riding, **M**, 1985:35)

olote *nm* (NAH) (CAm) (M)
[=tallo del maíz]

stalk

*...las piladeras llenas de maíz troceado... las esperan, y... trituran los **olotes** cubiertos de granos...*
(R. González Montalvo, **S**, 1977:247)

251

ombú   *nm* **(TUP)**   **pampas tree (Phytolacca dioica)**

*   *A la sombra de un* **ombú**... *se asaba la carne para los peones y el pobrerío.*
(R. Güiraldes, **A**, 1973:118)

ómnibus   *nm invar* **(A) (Pe) (Ur)**   **bus**
[= autobús]

Yo estaba desesperado. Dormía en los **ómnibus**...
(E. Galeano, Ur, 1975:141)

once   *nf(pl)* **(Ch)**
onces   *nfpl* **(?ENG)**   **afternoon tea; snack**
[= merienda]

Tomaron **once** *a las 17.30 horas (té o café con tostadas).*
(F. Morales Pettorino, **Ch**, 1986, III:3178)

Unas **once** *bastante rociadas con merengue.*
(*Ibíd.*)

...llamada las **once** *por el número de letras de «la hora del té».*
(*Ibíd.*)

Como en las faenas [de la mina]... *siempre se ha controlado el consumo de bebidas alcohólicas, los trabajadores justificaban la interrupción de sus labores diciendo a sus jefes ingleses: «Vamos a tomar las* **once**», *que para los ingleses era el té y para los chilenos eran «las* **once**» *letras de la palabra «aguardiente».*
(*El Mercurio semanal*, Santiago, 8-5-86:A2 — carta de Arnaldo del Campo A.)

onza   *nf*   **species of wildcat (Leopardus pardalis)**

[*f*] *Jaguar o tigre americano, tamaño menor al jaguar* [Leopardus pardalis].
(J. Muñoz Reyes, **B**, 1982:290)

opa   *adj invar fam* **(QCH) (A) (Ch) (Ur)**   **mentally retarded**
[= retrasado mental]

Era alto, flaco, aindiado, con una cara inexpresiva de **opa** *o de máscara.*
(J. L. Borges, **A**, 1980:321)

operario, -a   *nmf* **(ITAL)**   **workman; worker**
[*f*] [= obrero]

¡Saltar a la gloria, a la celebridad! ¡Usted, un simple ex **operario,** *un oscuro insignificante jubilado viejo e inútil!*
(A. Cuzzani, **A**, 1964:41)

¡órale!   *interj fam* **(M)**   **Hey! Come on!**
[= ¡venga!; ¡oiga!]

*El que quiera chambear, que se quede y el que no, pos que ahueque el ala, ¡**órale**, rápido!*
(*Por Esto*, México, 8-5-85:35)

*El mozo tropezó con el banquero y le gritó: —**Órale, órale,** fíjese por dónde anda...*
(C. Fuentes, **M**, 1969:361)

orden
[*f*] **¡a la orden!**   *interj fam*   **Yes, sir!**
[=**sí, señor**]

*A la **orden** es una especie de consigna nacional... A la **orden** lo dice lo mismo el de la ventanilla del banco que la púdica muchacha; desde el guardia de la esquina... al monaguillo de la parroquia.*
(E. González-Grano de Oro, **Esp**, 1983:216)

orejero, -a   *nmf fam*   **toady; tattletale**
[=**soplón**]

*Creemos que los culpables son los **orejeros** del Gerente General...*
(F. Morales Pettorino, **Ch**, 1986, III:3191)

orejón   *Hist nm*   **Inca officer**

*...el brazo ejecutor de la autoridad incaica eran los **orejones**, seres temibles, que cumplían y hacían temer las leyes a rajatabla.*
(E. Gozález-Grano de Oro, **Esp**, 1983:206-207)

orfanatorio   *nm* **(M)**   **orphanage**
[=**orfanato**]

orillero, -a   *adj y nmf* **(A) (Ur)**   **lower class/common (person)**
[=**arrabalero**]

*—Mi mamá está muy molesta con todo esto de tratar con **orilleras**.*
(M. Puig, **A**, 1970:181)

orita
[pronunciación coloquial frecuente de **ahorita**]

ostión   *nm*   **large oyster**
[=**ostra grande**]

*Entonces con su machete... mi papá arrancaba las grandes ostras, las abría y en la misma concha comíamos los **ostiones** porque están vivitos, fresquecitos.*
(E. Poniatowska, **M**, 1972:24)

ostionería   *nf*   **oyster bar**

otate   *nm* **(NAH) (M)**   **cane; reed; rush**
[=**junco**]

*Había una cama de **otate**, y un equipal en que estaban las ropas de ella.*
(J. Rulfo, **M**, 1966:51)

otomí *adj* y *nmf invar* [*pl* -ies] **Otomi (Indian/language)**
*

overol *nm* **(ENG)** [*pl* **overoles**] **overall**
 [=mono]

*...estaban cubiertas del polvo del taller y usaba **overoles** viejos sin camisa.*
(O. Lewis, M, 1967:120)

*...una docena de chiquillos descalzos vestidos de **overol**...*
(C. Fuentes, M, 1969:133)

P

p.m. (ENG)   p.m.

*A la una habían quedado en verse, y eran ya las doce y media **p.m.***
(M. Satz, **A**, 1980:380)

paco, -a   *nmf fam* **(B) (Ch) (Ec)**   cop; «fuzz»; «pig»
[= policía]

*—Los **pacos** estos se defienden como machos... Entre los policías que salieron con
los brazos en alto...*
(P. J. Vera, **Ec**, 1979:77)

*Híbrido de alpaca y guanaco, de características inestables y regresivas... | Policía
de tránsito...*
(J. Muñoz Reyes, **B**, 1982:292)

Pachamama/pachamama   *nf* **(QCH) (A) (B) (Ch) (Pe)**   Earth Goddess
[= Diosa de la Tierra]

*Le vino la desgracia por no hacerle el convido de guiso de guanaco a la **Pachamama**.*
(F. Morales Pettorino, **Ch**, 1986, III:3211)

pachamanca   *nf* **(QCH) (B) (Pe)**   meat cooked on heated stone
[= carne asada sobre piedras calientes]

*...ya estaban listas las piedras para la **pachamanca**.*
(O. Reynosa, **Pe**, 1973:167)

pachanga   *nf fam* **(NAH) (CAm) (M)**   party; fun; spree;
[= parranda/fiesta]   merrymaking

*—Oye ¿y los gringos se interesan por estas regiones?
—Mm... los gringos... hay de todo... sí se interesan; les gusta todo lo que sea
pachanga, eso sí.*
(J. M. Lope Blanch, **M**, 1971:49)

pachuco, -a   *adj y nmf fam* **(M)**   1. **emigré Mexican in Texas,** etc.
                                      2.   **mixed dialect spoken by emigré Mexicans**
                                                       3.   **flashily dressed person**

*Como es sabido, los «**pachucos**» son bandas de jóvenes, generalmente de origen
mexicano, que viven en las ciudades del Sur* [de los Estados Unidos] *y que se
singularizan tanto por su vestimenta como por su conducta y su lenguaje.*
(O. Paz, **M**, 1969:13)

255

*No le gustaba andar muy **pachuco**, ni pelarse como tarzán, ni nada. Vestía correctamente, andaba muy limpio.*

(O. Lewis, **M**, 1967:476)

padre   *adj invar fam*
padrísimo   *adj fam* **(M)**   **great; terrific**
[= estupendo; bárbaro]

—*Verás qué **padres** fiestas arma Bobó.*

(C. Fuentes, **M**, 1969:17)

*Acapulco era **padrísimo** hace veinte años...*

(*Ibíd.*, 309)

padrote   *nm fam* **(CAm) (M)**   1.   **sugar daddy**
[= alcahuete; chulo]   2.   **pimp**

—*El **padrote** de la popoff... canta boleros en un cabaret...*

(*Ibíd.*, 317)

*...los días entre bares y prostíbulos... entre carcajadas de truhanes y burlas de **padrotes**...*

(A. Azuela, **M**, 1979:163)

pago(s)   *nm(pl)* **(A) (B) (Ch)**   **area; region**
*A los paisanos de mis **pagos**...*

(R. Güiraldes, **A**, 1973:28)

*A la gente de estos **pagos** no parecía importarle nada de nada.*

(*Ibíd.*, 133)

paila   *nf* **(QCH)**
1.   **paila**   **two-handled frying pan;**
     [= sartén]   **(US) frypan**

*...el caballo echó a galopar en un salto, derribando las **pailas** de una mondonguera...*

(A. Carpentier, **Cu**, 1983:42)

2.   **paila**   *esp* **(Ch)**   **fried meal;**
     [= huevos fritos]   **fried/scrambled eggs and bacon/tomato**

*...y después preparó una **paila** común de huevos revueltos con tomate.*

(J. Edwards, **Ch**, 1978:139)

*Prepara la **paila** (huevos revueltos con jamón).*

(F. Morales Pettorino, **Ch**, 1986, III:3225)

paisanada   *nf fam* **(A) (Ur)**   **group of peasants;**
[= (grupo de) campesinos]   **peasants**

*Sufrí la ilusión de que toda la **paisanada** no tenía más razón de ser que la de sus manos, inhábiles en el ocio.*

(R. Güiraldes, **A**, 1973:92)

paisano, -a *nmf* **(ITAL)**   **peasant**

[*f*] *A los **paisanos** de mis pagos...*

(*Ibíd.*, 28)

paja brava *nf*   **tall strong grass of the altiplano**
[= hierba del altiplano]   **(Collataenia gineroides)**

*Los arenales, tapados por la **paja brava**.*

(F. Morales Pettorino, **Ch**, 1986, IV:4878)

pájaro bravo *nm fam* **(V)**   **smart alec**
[= listillo]

*Hoy el **pájaro bravo** es el vivo en cualquier rama de actividad humana, el que se
cuela en cualquier sitio, el que trampea en el juego, en los negocios...*

(A. Rosenblat, **V**, 1969a:151)

pajero *nm vulg* **(Ch) (Pe)**   **masturbater; wanker**
[= masturbador]

—No sé qué me pasa.
*—Yo sí —dijo ella—. Eres un **pajero**.*

(M. Vargas Llosa, **Pe**, 1968:97)

pajonal *nm*   **scrubland**

*Denomínase así a un espacio de tierra áspera, inculta y cenagosa... que contrasta
con la de la llanura que la rodea.*

(D. Abad de Santillán, **A**, 1976:547)

*Al dominar la cresta, la verdura pujante del **pajonal** se extendió ante sus asombrados
ojos.*

(R. González Montalvo, **S**, 1977:145)

palenque *nm* **(A) (Ur)**   **tethering/hitching post**

*Poste muy fuerte, bien clavado en tierra, donde se sujeta el potro... para... ensi-
llarlo...*

(D. Abad de Santillán, **A**, 1976:547)

palo *nm*
  1. **palo de (guayaba/hule, etc.)**   **...tree/shrub/bush**
     [= árbol; arbusto]

* 2. **palo de rosa**   **rosewood (tree)**
     [= árbol de madera muy fina]

*...frente a una mesa de **palo de rosa** que hizo su hijo...*

(M. Mejido, **M**, 1984:270)

palomita *nf* **(M)** **tick (on paper)**
[=marca de aprobación]

*...entonces sacaba otra lista de su cartapacio y la iba diciendo lentamente, poniendo una **palomita** o una cruz al lado de cada nombre.*

(E. Poniatowska, **M**, 1983b:246)

palta *nf* **(QCH) (A) (B) (Ch) (Pe)** **avocado**
[=aguacate]

*Se ha generalizado el nombre de aguacate; pero no se ha olvidado por completo el quichua de **palta**. Admitido por el Diccionario* [de la Academia] *como americanismo meridional.*

(J. Tobar Donoso, **Ec**, 1961:211)

palto *nm* **(QCH) (A) (B) (Ch) (Pe)** **avocado tree**

*La copa de un gran **palto** se movía lentamente.*

(F. Morales Pettorino, **Ch**, 1986, III:3271)

paltó *nm* **(FR)** **overcoat**
[ʃ] [=paletó]

*...vendrá caminando ahora por la acera, el **paltó** doblado sobre el hombro...*

(M. Otero Silva, **V**, 1972:188)

pampa
* 1. **pampa(s)** *nf(pl)* **(QCH)** **pampas**

*Al caer la tarde, después de haber andado unas ocho leguas por la misma **pampa** triste...*

(R. Güiraldes, **A**, 1973:131)

2. **pampa** *adj y nmf invar* **(A) (Ch)** **of the pampas; pampas Indian**

*Dícese del indio cuyas diversas parcialidades, casi todas de la familia araucana, vagaban por la **pampa** austral...*

(D. Abad de Santillán, **A**, 1976:554)

pampero *nm* **(A) (Ur)** **cold South wind**
[=viento frío del sur]

*...la tempestad se desencadenó finalmente en toda su furia: un **pampero** salvaje y helado barría la playa.*

(E. Sábato, **A**, 1969:72)

pana *nf* **(FR) (Ch)**
(quedarse en) pana **to break down;**
[=averiarse; avería] **breakdown (of vehicle)**

*Fuimos a probar un auto que él estaba arreglando y resulta que nos **quedamos en pana**.*

(F. Morales Pettorino, **Ch**, 1986, III:3281)

Panamá   **Panama**
*

panameño, -a   *adj* y *nmf*   **Panamanian**
*

pancito   *nm*   **(bread) roll**
[= panecillo]

*Dos mesas más allá, había otro solitario. Tenía el ceño fruncido partía los **pancitos** a puñetazos.*

(M. Benedetti, **Ur**, 1974:27)

pancho   *nm* **(A)**   **hot dog**
[= perro caliente]

panista   *adj* y *nmf invar* **(M)**   **supporter/member of PAN;**
(Véase **PAN** en el Apéndice 5)

*...Víctor Correa Rachó —el **panista** que arrebató Mérida al PRI hace tres años...*
(*Excelsior*, México, 7-1-71:12)

panocha   *nf*   **brown sugar (candy)**
[= azúcar negro]

*...mirando los jamoncillos, las cajetas y las **panochas** de una dulcería...*
(C. Fuentes, **M**, 1981:115)

panqué   *nm* **(ENG) (Cu) (M)**   **pancake; (US) crepe**
[= crep(e)]

*...le traje seis **panqués**, elaborados con una pasta que yo misma fui haciendo...*
(H. Hediger, 1977:416)

panqueque   *nm* **(ENG) (Ch) (Pe)**   **pancake; (US) crepe**
[= crep(e)]

*Se prepara la masa para hacer una especie de **panqueque** con dos huevos.*
(F. Morales Pettorino, **Ch**, 1986, III:3293)

pantaleta(s)   *nf(pl)* **(M) (V)**   **panties**
[= bragas]

*...una mujer en **pantaletas** ay chica sin sostén ni nada...*
(M. Otero Silva, **V**, 1972:164)

pantimedia(s)   *nf(pl)* **(M)**   **leotards; tights**
[= panty; leotardo]

*Ahora andan de mini [=minifalda], guiados por Ariel el abonero, quien sigue los dictados de la moda y trae, entre sus tesoros, **pantimedias**...*
(E. Poniatowska, **M**, 1983b:16)

papa *nf* **(QCH)** **potato**
[=patata]

El precioso tubérculo de esta planta americana, cuyo uso se ha universalizado como
alimento, después que el conquistador lo aprendiera del indígena, al arribar a Quito.
(D. Abad de Santillán, **A**, 1976:561)

papá grande *nm* **(M)** **grandfather**
[=abuelo]

papachador, -a *nmf* **spoiling; comforting**
[=reconfortante] [Véase **apapachador**, etc.]

papachar *vb* **to spoil; to pamper**
[=mimar]

papachos *nmpl* **(NAH) (M)** **cuddles; caresses**

(Del náhuatl **papatzoa**, *ablandar fruta con los dedos). Hacer mimos, caricias,*
papachos.
(J. Mejía Prieto, **M**, 1984:118)

papagayo *nm* **(V)** **kite**
[=cometa]

papalote *nm* **(NAH) (G) (M)** **kite**
[=cometa]

Al salir topé de frente con unos niños que volaban **papalotes**.
(H. Castillo, **M**, 1981:169)

papaya *nf* **(CAR)** **papaya**
* *...el Pesado escupió unas pepitas negras de* **papaya**.
(M. Vargas Llosa, **Pe**, 1983:207)

papayo *nm* **(CAR)** **papaya tree (Carica papaya)**
*

papel madera *nm* **(A) (Ch)** **brown paper;**
[=(papel) cartón] **board**

Compraron varios pliegos de **papel madera** *para confeccionar las maquetas.*
(F. Morales Pettorino, **Ch**, 1986, III:3310)

papel sanitario *nm* **(Cu) (M)** **toilet paper**
[=papel higiénico]

...lo vistieron con **papel sanitario** *que habíamos guardado durante* **seis meses,** *porque*
era verde.
(A. Valladares Pérez, **Cu**, 1983:91)

papiamento *nm*   **papiamento (Creole language of Dutch West Indies)**

*   *...la única lengua criolla de todo el antiguo territorio del Imperio hispánico: el* **papiamento** *de las Antillas holandesas (Curaçao, Bonaire, Aruba).*
(A. Zamora Vicente, **Esp**, 1967:441)

para
  (al/a) un cuarto para la(s)...   **(at/a) quarter to...**
  [= la(s)... menos cuarto]
  20 (etc.) **(minutos) para la(s)...**   **20** (etc.) **minutes to...**
  [= la(s)... menos 20 (etc.) **(minutos)...]**

En el habla corriente se indican horas así:
— las doce en punto...
*— **un cuarto para las** tres.*
— las tres.
*— **veinte para las** once.*
(L. Flórez, **Col**, 1980:55)

*—Es muy tarde. Son **veinticinco para las** tres.*
—¿Qué?...
*—¡**Veinticinco para las** tres! —aulló Joaquín.*
(J. Edwards, **Ch**, 1967:165)

*—Qué chistoso que tres veces por semana **al cuarto para las** seis recoges a un tal Sergio de la Vega...*
(C. Fuentes, **M**, 1978:256)

paracaidismo *nm fam* **(M)**   **overnight squatting on land and rapid**
  [= ocupacion ilegal y repentino   **erection of flimsy dwelling**
  de un terreno]

*Los golpes demográficos que Tijuana recibe a diario se traducen en la prolife-ración de zonas de **paracaidismo**... Los cinturones de miseria ahogan a la ciudad...*
(M. Mejido, **M**, 1984:192)

paracaidista *nmf fam* **(M)**   **squatter**

*El Ejército Desaloja a los «**Paracaidistas**». Invadieron seis Predios Ganaderos en Durango. ...desalojaron hoy a grupos de campesinos que habían invadido seis predios ganaderos en Durango.*
(*Novedades*, México, 23-2-69:12 — titular y artículo)

paradero *nm*   **bus stop**
  [= parada]

*...interceptaron un microbús... en el sector del **paradero** 15 de Santa Rosa...*
(*El Mercurio*, Santiago, 2-7-86:C2)

parado, -a *adj*　　　　　　　　　　　　　　　　**standing; on one's feet**
[=de pie]

—*Un día llegué a estar catorce horas **parado** [de centinela].*

(D. Kon, A, 1983:67)

—*Bueno... —dęcía el abuelo al mirar los preparativos para el casamiento— ¡Hay gente que nace **parada**!*

(C. Lars, S, 1977:155)

Paraguay　　　　　　　　　　　　　　　　　　　　　　　**Paraguay**
*

paraguayo, -a　*adj y nmf*　　　　　　　　　　　　　**Paraguayan**
*

pararse　*vb*　　　　　　　　　　　　　　　　　　　**to stand up;**
[=levantarse]　　　　　　　　　　　　　　　**to get to one's feet**

parar　*vb*　　　　　　　　　　　　**to raise; to cause to stand (up)**
[=levantar]

—*El avión se alejó y nosotros... seguimos en el piso, unos segundos, todos en silencio. Nos empezamos a **parar**...*

(D. Kon, A, 1983:96)

*El perro se sienta sobre las patas de atrás y **para** las orejas...*

(E. Galeano, Ur, 1975:27)

parihuela de mariscos　*nf*　　　　　　　　**shellfish platter/basket**
[=zarzuela de mariscos]

parlante　*nm* (ITAL)　　　　　　　　　　　　　　　**loudspeaker**
[=altavoz]

*Fuera de la playa, los **parlantes** empezaron a vocear propaganda.*

(O. Soriano, A, 1980:23)

parqueadero　*nm*　　　　　　　　　　　**car park; parking lot**
[=aparcamiento]

*Y la profusión de **parqueaderos** donde **parquean** los **carros,** es decir, estacionan los automóviles...*

(A. Rosenblat, V, 1970:16)

parquear　*vb*　　　　　　　　　　　　　　　　　　　**to park**
[=aparcar]

*...**parqueó** su Chevrolet, es decir, el carro de su padre, en frente de la casa...*

(P. Vergés, RD, 1980:101)

parrampán *nm fam* **(Pan)**   **pretentious person**
[= cursi]

*Tampoco **parrampán** significa exactamente «tonto» o «payaso». Más bien nuestro pueblo adjetiva de tal modo al tipo petulante y cursi.*
(G. B. Tejeira, **Pan**, 1964:57)

parrilla *nf* **(Ch)**   **roof-rack; (bicycle) pannier (bag)**
[= baca]

*Ajustan sus pertenencias en la **parrilla** del automóvil, para iniciar el viaje de regreso.*
(F. Morales Pettorino, **Ch**, 1986, III:3342)

parrillada *nf*   1. **barbecue**
[= **carne**, etc., **asada en la parrilla**]   2. **steak house**

*...por toda nuestra América, y realmente por el mundo entero, el **tango**... y la **parrillada** mixta (en Caracas han proliferado en el último tiempo las **parrilladas** y los restoranes argentinos).*
(A. Rosenblat, **V**, 1978:116)

partero *nm* **(M)**   **gynaecologist**
[= tocólogo]

*Cuando nací se asustó el **partero**.*
(A. Aramoni, **M**, 1980:23)

pasabocas *nm* **(Col)**   **hors d'oeuvres;**
[= tapas]   **titbits; snacks**

*No acababa de consumir el whisky cuando ya el barman le cambiaba el vaso, eliminaba las colillas de su cenicero y renovaba los **pasabocas**.*
(F. Buitrago, **Col**, 1979:164)

pasadores *nmpl* **(Pe)**   **shoelaces**
[= cordones]

*...detrás de él, el resto..., también amarrados y con los zapatos sin **pasadores**.*
(M. Vargas Llosa, **Pe**, 1984:296)

pasajero, -a *nmf* **(Ch) (Col)**   **traveller; guest;**
[= viajero; turista]   **tourist**

*El **pasajero** llegó... y pidió una suite. Le mostraron la única que nos iba quedando y no le gustó...*
(*El Mercurio*, Santiago, 1-3-85:C7)

pasapalos *nm* **(M) (V)**   **hors d'oeuvres; titbits**
[= tapas]

*...lo que en España llaman **tapas**, en la Argentina **ingredientes** y en Venezuela **pasapalos**).*
(A. Rosenblat, **V**, 1970:9)

pasto *nm*   **grass; turf; lawn**
[= hierba; césped]

*Sobre el **pasto**, al pie de los árboles, parejas o familias enteras toman el fresco de la noche...*

(M. Vargas Llosa, **Pe**, 1968:241)

pata *nf*
1. **pata** (**Ch**)   **stage; leg**
[= etapa]

*Se inicia así la segunda **pata** del plan con vistas al mundial de México.*

(F. Morales Pettorino, **Ch**, 1986, III:3371)

2. **patas** *nfpl fam*   **cheek**
[= caradura]

*El tío de su amigo tiene hartas **patas**; apenas me lo presentan me pidió cien escudos prestados.*

(*Ibíd.*)

patata *nf*   **potato**
*

patente *nf* (**Ch**)   **(vehicle) licence plate**
[= matrícula]

*—El otro día en Reñaca había puros autos con **patente** argentina y sólo un chileno que tenía patente de acá.*

(*La Nación*, Santiago, 9-2-87, Viña 87 [Suplemento]:iii)

pava *nf* (**A**) (**Ch**) (**Ur**)   **mate kettle or teapot**
[= tetera para el mate]

*—Cuidado que no se te hierva el agua. Después el mate se quema y no sirve. (La **pava** empieza a echar humo)*

(A. Cuzzani, **A**, 1964:23)

pavada(s) *nf(pl) fam* (**A**) (**Pe**) (**Ur**)   **stupidity;**
[= tontería]   **stupid thing**

*«Durante años yo cedí en todo. Desde cosas importantes hasta **pavadas**, como dejar de ver una película porque a él no le gustaba.»*

(*Gente y la Actualidad*, Buenos Aires, 30-3-78:64)

pavo *nm*   **turkey**
*

paya *nf* (**A**) (**Ch**)   **improvised ballad**
[= canción improvisada]

*Aquí van a ser los concursos de tonás [= tonadas], **payas** y checas.*

(F. Morales Pettorino, **Ch**, 1986, III:3416)

payada   *nf* (A) (Ur)   **ballad extemporised by payador or gaucho**

*Canto del payador; creación poética improvisada que el payador cantaba con acompañamiento de guitarra, individualmente o, las más de las veces, alternando con otro, en las **payadas** de contrapunto.*

(D. Abad de Santillán, **A**, 2976:591)

payador   *nm* (QCH)   **(gaucho) minstrel/singer**

*   *Este último resultó además ser hijo del popular **payador** Benedicto Salinas...*

(*El Mercurio*, Santiago, 2-7-86:C2)

pebre   *nm* (Ch)   **lightly piquant sauce or dish**

*Se sirven con **pebre**, salsa típica compuesta de cebolla picada muy fina, cilantro..., limón, sal y agua.*

(M. Delibes, **Esp**, 1956:117)

pécari/pecarí   *nm* (CAR/FR)   **peccary (Tayassu)**
*   [= saíno]

*En francés es **pécari**, procedente del indigenismo americano báquira.*

(L. Flórez, **Col**, 1977:178)

pedregullo   *nm* (PORT) (A) (Ch) (Ur)   **gravel**
   [= grava]

*Antes de la puesta de sol su madre había regado los canteros y los caminos de **pedregullo**...*

(M. Puig, **A**, 1970:130)

pehuén   *nm* (MAP) (Ch)   **species of Araucaria tree**
   [= especie de araucaria]   **(Araucaria imbricata)**

pehuenche   *Hist adj y nmf* (MAP) (Ch)   **Pehuenche (Indian)**

*Relativo... a la raza de indios que habitaban la región andina occidental, desde Chillán hasta Valdivia. Formaban tribus nómadas que vivían de la caza y de los **piñones** de los **pehuenes**.*

(F. Morales Pettorino, **Ch**, 1987, IV:3439)

pelado, -a   *adj y nmf fam*   **ordinary person;**
   [= pobre; humilde]   **poor; humble**

*—En Izalco está mi hermano Calizto, y no es un **pelado** como ustedes creen.*

(C. Lars, **S**, 1977:121)

pelón   *Hist nm* (M)   **nickname for Government soldier used by**
   [= mote de soldado federal]   **revolutionaries (1911-1920)**

*Los kepís de los **pelones** reverberaban con palidez rojiza.*

(C. Fuentes, **M**, 1967:84)

pelotudo, -a   *adj* y *nmf vulg*   **bloody fool; (US) jerk;**
[=imbécil]   **idiot; naive**

—*...alguien me sacudió para despertarme. ¿Qué haces pelotudo? Me cortaste el sueño le dije.*

(D. Kon, **A**, 1983:208)

No te creas que fuese tímido pero era del género buen muchacho, del género católico pelotudo...

(E. Sábato, **A**, 1969:54)

pena   *nf* **(Col) (M) (V)**   **shame:**
me da pena   **I'm ashamed of it**
[=vergüenza]

¿No te da pena bostezar así?

(A. Rosenblat, **V**, 1960, I:108)

penca   *nf*   **leaf of palm, pita, nopal,** etc.

[*f*] *...y sólo se produjo la explosión y un breve incendio que Bejerano sofocó tirándole agua al techo y saltando sobre las pencas ardientes.*

(M. Pereira, **Cu**, 1979:59)

pendejada   *nf fam*   **stupidity**
[=imbecilidad]

Menuda pendejada la de anoche.

(E. González-Grano de Oro, **Esp**, 1983:212)

...van a empezar a preguntar pendejadas, de qué murió, por qué no llamé al médico...

(S. Garmendia, **V**, 1982:219)

pendejo, -a   *nmf fam* o *vulg*   **idiot; bloody fool;**
[*f*] [=imbécil]   **(US) jerk**

...y el término «pendejo», antes de perder su concepto motor proscrito, se refería al vello púbico para incrementar la hostilidad de los conceptos «torpe», «estúpido» o «cobarde».

(L. M. Grimes, **M**, 1978:17)

«...[en Colombia] me hacía mucha gracia el abuso de la palabra pendejo. Pendejo y pendejada están siempre a flor de labio. Muchas veces hasta con un sentido cariñoso. Oye, pendejo, ven para acá. Menuda pendejada la de anoche. A mí pendejaditas, no.»

(E. González-Grano de Oro, **Esp**, 1983:212)

penetrar a   *vb*   **to go into**
[=penetrar en]

En cayuco hay que penetrar al pantano.

(M. Mejido, **M**, 1984:181)

peonada *nf*   **(group) of workers**
[= (grupo de) peones]

Parte de la **peonada** *estaba detenida en la tienda y en su batey.*
(E. A. Laguerre, **PR** [s.f.]:74)

peonaje *nm*   **(group) of labourers**
[= (grupo de) peones]

En la guardarraya, el **peonaje** *sudoroso.*

(*Ibid.*, 94)

peoneta (Véase **pioneta**)

pepenador, -a *nmf fam* (NAH) (CAm) (M)   **rubbish/garbage sifter**
[= el que hurga entre la basura de un vertedero]

...los **pepenadores,** *nombre que se les da a los recogedores de basura profesionales...*
(A. Riding, **M**, 1985:312)

pepenar *vb fam* (NAH) (CAm) (M)   **to sift/sort through garbage/rubbish**
[= hurgar entre la basura]

...los labios torcidos de una ebria que iba **pepenando** *basura.*
(A. Azuela, **M**, 1979:86)

perico *nm* (Col)   **white coffee; coffee and cream**
[= café con leche]

O bien le ofrecen un **perico,** *que es un pequeño café con leche.*
(E. García Piedrahíta, **Col**, 1978:109)

peronismo *nm*   **Peronism**
*

peronista *adj y nmf*   **Peronist**

*   —*Dicen que no soy* **peronista.**

(O. Soriano, **A**, 1980:24)

personalismo *nm*   **the domination by one person of the**
*   **political life of a country**

personero, -a *nm(pl)*   **official(s); official representative(s)**
[*f*] [= representante gubernamental]

...encumbrados **personeros** *del régimen.*

(*Visión*, México, 15-8-76:19)

Onasis visitó Venezuela a principios de año y después de entrevistarse con **personeros** *oficiales acudió a una discoteca.*

(*El Universal*, Caracas, 21-10-68:9)

267

Perú (QCH)   **Peru**
*

peruano, -a (QCH)   **Peruvian**
*

pesar *nm*
[*f*] **a pesar suyo,** etc.   **in spite of himself**
　[=**a pesar de sí mismo,** etc.]

pesero, -a *nmf* (M)   **collective taxi**
　[=**taxi colectivo con precio fijo**]   **(taxi with fixed route and fare)**

　*Félix Maldonado detuvo un **pesero** y se sentó sólo en la parte de atrás. Era el primer*
　cliente del taxi colectivo... El chofer rodó por la Avenida 5 de Mayo con la mano
　asomada por la ventanilla y el dedo índice parado, anunciando así que el taxi sólo
　cobraba un peso y seguía una ruta fija, del Zócalo a Chapultepec.

　　　　　　　　　　　　　　　　　　　　　　　　　　　　　　(C. Fuentes, **M**, 1978:15)

　*...tiene «cuantiosos intereses» con los choferes de «**peseras**»...*
　　　　　　　　　　　　　　　　　　　　　　　　　(*Excelsior*, México, 18-7-87:2)

　(Véase **colectivo**)

peso *nm*
　moneda de: Colombia, Cuba,   monetary unit of: Colombia, Cuba,
　Chile, México, Rep. Dominicana   Chile, Mexico, Rep. Dominicana
　y Uruguay; y antigua de: and Uruguay; and fomerly of:
　Argentina, Guatemala, Honduras,   Argentina, Guatemala, Honduras,
　Panamá y Paraguay   Panama and Paraguay
　[símbolo: $; símbolo en Uruguay: N$]

peso boliviano *nm* (B)   **monetary unit of Bolivia**

petaca *nf* (NAH)
* 1. **petaca**   **chest; leather box**

　2. **petaca** (M)   **suitcase**
　　[=**maleta**]

　*Se fue derecho a donde estaba la cama y sacó de debajo de ella una **petaca**.*
　　　　　　　　　　　　　　　　　　　　　　　　　　　　　　(J. Rulfo, **M**, 1966:58)

petate
* 1. **petate** *nm* (NAH)   1. **palm matting; woven palm**
　　[=**estera de palma**]

　　*...un sombrero de **petate**...*

　　　　　　　　　　　　　　　　　　　　　　　　　　　　　(C. Fuentes, **M**, 1969:448)

2. **petate**   2. **palm sleeping mat; bedding roll**
    [=**lío de la cama**]

    ...nuestras madres nos malparieron en un petate...

    (J. Rulfo, M, 1966:10)

petiso/petizo, -a   (FR)
   1. **petiso/petizo**   *nmf* **(A) (Ur)**   **small horse**
       [=**caballo pequeño**]

       ...llegué al corralón, enfrené mi petiso, lo ensillé y abriendo la gran puerta del fondo, gané la calle.

       (R. Güiraldes, A, 1973:45)

   2. **petiso/petizo**   *adj* y *nmf fam* **(A) (Ch) (M) (Pe) (Ur)**   **short person;**
       [=**bajito**]   **«shorty»; small**

       El Flaco bailaba con la más petisa...

       (M. Benedetti, Ur, 1970:136)

petunia   *nf* **(TUP)**   **petunia**
*

peyote   *nm* **(NAH)**   **peyote**
*

pibe, -a   *nmf fam* **(ITAL) (A) (Ur)**   **kid; guy; chick**
    [=**chico**]

    A algunos pibes, los de más guita, les llegaba cada tanto un giro del pueblo...
    (D. Kon, A, 1983:89)

    La piba más linda del mundo...

    (M. Puig, A, 1970:48)

picana   *nf*   **electric prod (for torture)**

*   *La picana atraviesa todo el continente latinoamericano y pasa por México, la picana de origen norteamericano, **shock baton**, «palo que da toques», se aplica a las partes blandas. Es un tubo de metal que se introduce en el ano de los hombres...*
    (E. Poniatowska, M, 1983b:106)

    ...le meten la picana en la boca, en el ano, en el uretra...

    (E. Sábato, A, 1975:448)

picanear   *vb*   **to torture with the picana**

*   *Los picanean a los dos.*

    (*Ibíd.*)

picante   *nm* **(B) (Ch) (Ec) (Pe)**   **highly seasoned sauce or dish**
[=**salsa picante**]

Los hacendados de los pueblos pequeños contribuyen con grandes vasijas de chicha
*y pailas de **picantes** para las faenas comunales.*

(J. M. Arguedas, **Pe**, 1973:38)

picantería   *nf* **(B) (Ch) (Ec) (Pe)**   **humble restaurant**
[=**restaurante modesto**]

*...en las **picanterías** y chicherías...*

(M. Vargas Llosa, **Pe**, 1983:32)

pico   *nm tabú* **(Ch) (Pan) (S)**   **penis; «prick»** *taboo*

picoso, -a   *adj* **(M)**   **piquant; spicy**
[=**picante**]

*Allí acostumbraba comer tortillas con chile **picoso** y frijoles de olla.*

(*Dichos mexicanos*, No. 2,79)

pichincha   *nf fam* **(PORT) (A) (B) (Ur)**   **bargain**
[=**ganga**]

*Los carniceros del lugar espiaban una **pichincha**.*

(R. Güiraldes, **A**, 1973:119)

pichula   *nf tabú* **(Pe)**   **penis; «prick»** *taboo*
[=**picha**]

*—¿Y si traemos al poeta a que cuente una de esas historias que engordan la **pichula**?*
(M. Vargas Llosa, **Pe**, 1968:32)

piecito   *nf fam*   **little foot**
[=**piececito**]

*...él siente sus **piecitos** resbalándole sobre la piel.*

(E. Galeano, **Ur**, 1975:17)

piedrita   *nf fam*   **little stone**
[=**piedrecita**]

*A través de las suelas gastadas de los zapatos siente **piedritas** que le pinchan...*
(*Ibíd.*, 17)

piernita   *nf fam*   **little leg**
[=**piernecita**]

*...tengo que mirarle algo... las **piernitas** lisas...*

(M. Puig, **A**, 1968:97)

pieza *nf*   **room**
[*f*] [=habitación]

*...había aparecido en el umbral de la **pieza** contigua.*

(M. Vargas Llosa, **Pe**, 1983:209)

pije *nm fam* (**Ch**)   **pretentious person**
[=cursi]

*...lo de la persecución y la Ley Maldita, cuando no se trataba de **pijes** comunistoides como Pablito Espínola, no era ninguna broma...*

(J. Edwards, **Ch**, 1978:161)

pila *nm*
[*f*] **una pila (de...)** *fam*   **a lot/heap (of...)**

*...frente a **una pila de** carpetas de sucesos muertos...*

(J. C. Onetti, **Ur**, 1981:62)

*—Y esta muchacha tuvo **una pila de** hijos...*

(E. Sábato, **A**, 1969:74)

pilcha(s) *nf* (**MAP**) (**A**) (**Ch**) (**Ur**)   1. **peasant's/gaucho's clothing**
[=ropa de campesino/gaucho; recado]   2. **harness**

*Fabiano me ayudó a juntar mis **pilchas,** mi ropa y a ensillar.*

(R. Güiraldes, **A**, 1973:163)

pilche *nm* (**Ec**) (**Pe**)   **gourd cup**
[=vasija de calabaza]

*Con el mismo **pilche**... repartió el guarapo.*

(J. Icaza, **Ec**, 1969:108)

pileta *nf*
1. **pileta**   **sink; trough**
    [=pila]

    *...con **piletas** de lavar ropa...*

(M. Benedetti, **Ur**, 1970:213)

2. **pileta (de natación)**   **swimming pool**
    [=piscina]

    *...un palacete con 7 dormitorios, 4 baños... y **pileta** de natación de aguas calientes.*

(*Panorama*, Buenos Aires, 20-5-69:71)

piloncillo *nm* (**M**)   **sugarloaf**
[=pilón]

*Sólo 18 centavos de ganancia en kilo de **piloncillo** permiten los intermediarios a una familia de cinco miembros...*

(M. Mejido, **M**, 1984:267)

pinche   *adj invar fam* **(M)**   lousy; rotten;
[= **maldito**]   miserable

*Una de las formas injuriosas más empleadas en México, «pinche», es un término
que ha retenido su aspereza emotiva a pesar de haber perdido todo nexo con su
motivación tabú en la conciencia popular. Como adjetivo su significado aproximado
es «vil, despreciable, de calidad inferior, ruin, o miserable».*

(L. M. Grimes, **M**, 1978:74)

*—Como se ve que en tu **pinche** vida has visto tanto junto...*

(C. Fuentes, **M**, 1969:27)

pinga   *nf tabú* **(Col) (M) (Pe)**   penis; «prick» *taboo*
[= **picha**]

*—Quién lo hubiera dicho —dijo el Boa—. Tiene una **pinga** de hombre.
—Y tú una de burro —dijo Alberto—. Ciérrate el pantalón, fenómeno.*

(M. Vargas Llosa, **Pe**, 1968:111)

pinol/pinole   *nm* **(NAH)**   roasted maize/corn flour
[= **harina de maíz tostado**]

*Al tercer día se nos acabaron las tortillas y los frijolitos... y al cuarto día ya nada
más son tres cucharadas de **pinol** por tiempo.*

(O. Cabezas, **N**, 1982:91)

*Las palabras se le trabaron como **pinole** en la garganta a Bernabé...*

(C. Fuentes, **M**, 1981:115)

*Viven en cuevas y se alimentan con **pinole,** cuando hay **pinole**.*

(R. Garibay, **M**, 1982:180)

pinta   *mf* **(M) (N)**   graffito
[= **pintada**]

*Participaría en las «**pintas**» que los miembros... iniciaron en toda la ciudad: «Cristianismo sí, comunismo no».*

(C. Careaga, **M**, 1984:176)

piña   *nf*   pineapple
*

piola   **(A)**
1. **piola**   *adj invar fam*   smart; cunning;
    [= **astuto**]   clever

    *—Es una chica muy **piola,** muy inteligente.*

(D. Kon, **A**, 1983:200)

2. **piola** *adj invar fam*   **great; terrific**
   [≐ **estupendo**]

   *...era un lugar bastante **piola,** porque se podía dormir bajo techo, bastante calentitos.*

   (*Ibíd.,* 60)

3. **piola** *nf tabú*   **penis; «prick»** *taboo*
   [= **picha**]

   *Parece que te gozás mostrando la **piola** a las pendejas.*

   (F. H. Casullo, **A**, 1972:174)

piolín *nm* **(A)**   **string; twine; thread**
[= **hilo; cuerda**]

*...lo había mirado un instante antes de agacharse para juntar un **piolincito** verde y arrollárselo al dedo.*

(J. Cortázar, **A**, 1970:242)

pioneta/peoneta *nm* **(Ch)**   **driver's mate**

*El bus de pasajeros quedó reducido prácticamente a la mitad de su tamaño, dijo **pioneta** del camión que cayó a la berma del camino.*

(*La Nación,* Santiago, 22-1-87:24)

pipón, -a *nmf fam* **(PR)**   **kid**
[= **chiquillo**]

—*Y suerte que desde Dolorito no han venido más **pipones**...*

(E. A. Laguerre, **PR**, 1971:16)

pipote *nm* **(V)**   **rubbish bin; garbage can/tin**
[= **cubo de basura**]

piquera *nf* **(M)**   **spit and sawdust bar;**
[= **taberna barata**]   **cheap bar**

*Entran después en las **piqueras**... el hombre sale al rato con un vaso de mezcal.*

(R. Garibay, **M**, 1982:179)

piragua *nf* **(CAR)**   **canoe**
*

piraña *nf* **(PORT)**   **piranha**
*   *...lo más parecido a un editor es una sanguijuela o una **piraña**.*

(*Cambio 16,* Madrid, 22-4-79:119 — J. Lezama Lima, **Cu**)

pirca *nf* **(QCH) (A) (B)**   **dry-stone wall**

Tapia o pared de piedra en seco, es decir, sin argamasa.

(D. Abad de Santillán, **A**, 1976:663)

pirquén *nm* (MAP) (Ch)   **rented mine**
[=mina alquilada]

Ese país del mote con huesillos, de la mina al pirquén.
(F. Morales Pettorino, **Ch**, 1987, IV:3669)

pisco *nm* (QCH) (B) (Ch) (Pe)
1. **pisco**   **pisco (liquor)**
[=aguardiente]

El pisco me hacía arder la garganta...
(M. Vargas Llosa, **Pe**, 1968:57)

2. **pisco saur**   **pisco sour (cocktail)**
[=cóctel]

*...a medida que Hermenegildo y su ayudante repartían las copas de pisco
sauer...*
(J. Edwards, **Ch**, 1978:14)

piso *nm*   **floor**

[*f*] *Esteban cayó como un fardo y lo colocaron de través en el piso del vehículo,
mientras retornaban al pueblo.*
(L. Spota, **M**, 1967:113)

pita *nf* (ARW)   **maguey; agave**

* *A la derecha e izquierda de la carretera, ... sólo se ven pitas y huizaches.*
(R. Garibay, **M**, 1982:178)

pitada *nf fam*   **puff**
[=chupada]

Encendió un cigarrillo y lo arrojó después de dar dos pitadas.
(M. Vargas Llosa, **Pe**, 1968:94)

pitahaya *nf* (ARW) *Ant* (CAm)   **pitahaya (cactus)**

Cacto que produce una fruta sabrosa mayor que la tuna y de color rojo vinoso.
(C. Gagini, **CR**, 1975:179)

pitar *vb fam*   **to puff**
[=chupar]

Pitó aplicadamente hasta calentar el cigarrillo y estropearlo.
(J. Cortázar, **A**, 1970:174)

pitillo *nm* (Col)   **drinking straw**
[=paja]

Cañuto empleado para tomar bebidas y evitar así llevar el recipiente a la boca.
(R. Restrepo, **Col**, 1955:774)

pituco, -a   *adj* y *nmf fam* **(A) (Ch) (Pe)**   nouveau riche; affected;
[=cursi]   (over-)elegant

*Yo conozco el Montevideo de los hombres a horario, que entran a las ocho y media y salen a las doce... Pero está la otra ciudad, la de las frescas **pitucas** que salen a media tarde recién bañaditas, perfumadas, despreciativas...*

(M. Benedetti, **Ur**, 1974:13)

Dícese de la persona artificialmente elegante, que se da aires de distinción y trata de sobresalir.

(F. Coluccio, **A**, 1985:218)

piyama   *nf* **(ENG)**   pyjamas;
[=pijama]   (US) pajama(s)

*Había un tipo en **piyama**.*

(E. Galeano, **Ur**, 1975:179)

pizca   *nf* **(M)**   harvest; picking
[=cosecha]

*...que la **pizca** de la uva era la mejor... que la primera **pizca** del tomate sí convenía...*

(O. Lewis, **M**, 1967:327)

placa   *nf*   (vehicle) number/licence plate
[*ʃ*] [=matrícula]

*Un automovilista que guiaba un Ford Galaxie de modelo reciente, cuyas **placas** nadie pudo ver, arrolló a 10 personas...*

(*Novedades*, México, 30-12-70:22)

placar/placard   *nm* **(FR) (A) (Ur)**   built-in cupboard;
[=armario empotrado]   (US) closet

*Almagro: Rivadavia-Colombres, externo, 1 ambiente amplio, con **placards**, óptimo estado.*

(*La Prensa*, Buenos Aires, 6-2-69:15 — anuncio)

placero, -a   *nmf*   street vendor;
[=vendedor callejero]   street stall-holder

*...era el Mercado: las **placeras** comenzaban a tender sus mantas al pie de los algarrobos, a ordenar sus mercancías.*

(M. Vargas Llosa, **Pe**, 1983:159)

*...descubrió a un pintor norteamericano... pintando a los vendedores... «¡A mí, míster!, a mí, míster!», le rogaban los **placeros**.*

(A. Bryce Echenique, **Pe**, 1974:73)

placita   *nf fam*   little square
[=plazuela]

*...en la banca maldita de la **placita** del ferrocarril...*

(S. Ramírez, **N**, 1982:32)

plagiar *vb* **to kidnap**

*...la dueña de la agencia de viajes «Globe Tours»... fue **plagiada** en mayo... y la joven María Elena... fue secuestrada en setiembre...*

(*El Comercio*, Lima, 5-11-86:1)

plagiario, -a *nmf* **kidnapper**

*Juez demandó severas penas para 6 **plagiarios**.*

(*Ibíd.* — titular)

plagio *nm* **(M) (Pe) (V)** **kidnap**
[= secuestrar; secuestrador; secuestro]

*Rigurosas medidas de seguridad... demandó ayer un juez... para 6 secuestradores, a quienes espera un ejemplar castigo... por haber cometido los **plagios** después de entrar en vigencia la nueva ley antisecuestros.*

(*Ibíd.*)

planchado *nm* **(A) (Pe)** **panel beating**
[= chapistería]

*...empecé a trabajar en un taller de **planchado**...*

(D. Kon, **A**, 1983:83)

planilla *nf* **form**
[= formulario]

*...hiciste bien al falsificar su firma cuando llenaste la **planilla** de alfabetizador.*

(M. Pereira, **Cu**, 1979:24)

plata *nf* **money**
[= dinero]

*...lo que pudimos vender lo vendimos para llevarnos la **plata**.*

(A. Rosenblat, **V**, 1979:56)

platal *nm fam* **a fortune**
[= dineral]

*...le dijeron que la Tora quería vender la casa... —Pedirá un **platal** —pensó...*

(J. C. Onetti, **Ur**, 1968:68)

plátano *nm* **(ARW)** **banana**
*

plática *nf* **(CAm) (M)** **talk; chat**
[= charla]

*En la **plática** cordial, el Presidente... le informaba a su nuevo amigo...*

(P. J. Vera, **Ec**, 1979:255)

platicar   *vb* **(CAm) (M)**   **to talk; to chat;**
[=hablar; decir]   **to speak; to tell**

Platicaban de lo que platican todas las familias...
(E. Poniatowska, **M**, 1983b:91)

—Bueno, de la natación te puedo platicar muchas cosas.
(J. M. Lope Blanch, **M**, 1971:11)

Era una persona muy callada, y como yo era el más chico a mí no me platicaba nada.
(O. Lewis, **M**, 1967:4)

platudo, -a   *adj fam*   **(very) rich; wealthy**
[=adinerado; rico]

—Eso sí que lo supo hacer —dijo Bermúdez...—. Casarse con una mujer platuda...
(J. Edwards, **Ch**, 1967:184)

playa de estacionamiento   *nf* **(A) (Ch) (Pe) (V)**   **car park;**
[=aparcamiento]   **parking lot**

...el terreno cercado que sirve para aparcar automóviles y otros vehículos; el nombre se mantiene aun cuando se trate de modernos edificios de varios pisos especialmente construidos para ese objeto, o de aparcamientos subterráneos.
(M. Hildebrandt, **Pe**, 1969:315)

playera   *nf* **(G) (M)**   **T-shirt**
[=camiseta]

—Bueno, me senté a la orilla de la cama... Yo tenía la playera fuera del pantalón.
(O. Lewis, **M**, 1967:207)

plomería   *nf* **(ENG)**   **plumbing**
[=fontanería]

Plomería en general a domicilio: reparaciones cañerías...
(*El Universal*, Caracas, 4-11-68:42)

plomero   *nm* **(ENG)**   **plumber**
[=fontanero]

...entre la pequeña multitud de albañiles, plomeros, carpinteros, peones...
(*Por Esto*, México, 8-5-85:33)

pluma fuente   *nf* **(ENG) (M) (V)**   **fountain pen**
[=pluma]

Y no hay que olvidar los anglicismos enmascarados, como las plumas fuentes...
(A. Rosenblat, **V**, 1960, I:19)

población *nf*
1. **población callampa   (Ch)**   **shanty town**
    [= barrio de chabolas]

    *—La hicimos en una **población callampa**... que se llama de «autoconstrucción»,
    irónicamente.*
                                                    (A. Rabanales y L. Contreras, **Ch**, 1979:241)

2. **población   (Ch)**   **shanty town**
    [= barrio de chabolas]

    *El FPMR está implantado en las universidades, en los cuarteles, en las organi-
    zaciones populares de las **poblaciones** (barrios misérrimos de chabolas)...*
                                                    (*Cambio 16*, Madrid, 22-9-86:155)

    *De allí salió la formación del primer equipo chileno, y todos los contactos para
    filmar en las **poblaciones**.*
                                                    (*El Espectador*, Bogotá, 18-5-86)

poblador, -a *nmf* **(Ch)**   **slum dweller**
[= inquilino de chabola]

    *...son también los responsables de la campaña de amedrentamiento que experimenta
    la **pobladora** L... R..., y de la salvaje paliza que sufrió el **poblador** M... M...*
                                                    (*Cauce*, Santiago, 4-5-87:1)

pocillo *nm*   **small (coffee) cup**
[ƒ] [= tacita]

    *...mientras alzaba el **pocillo** del café para chupar el azúcar...*
                                                    (J. C. Onetti, **Ur**, 1981:36)

poco
1. **a poco/¿a poco (no)?** *fam esp* **(M)**   **I suppose; ...then?;**
    [= ¿es que...?; ...¿no?]   **isn't it?; wasn't it?, etc.**

    *—¿**A poco no** está divino Acapulco?*
                                                    (C. Fuentes, **M**, 1969:313)

    *—¿No has visto a todos esos niños bien con coche...? ¿**A poco** tú y yo les vamos
    a hacer competencia?*
                                                    (*Ibíd.*, 334)

    *—¿Pues qué te estás creyendo tú? **A poco** me vas a presumir de señorita.*
                                                    (C. Gorostiza, **M**, 1971:12)

    *—Estuvo bien, maestro, ¿**a poco no**?*
                                                    (V. Leñero, **M**, 1979:173)

2. **de a poco** *exp adv* **(A) (Ur)**   **gradually**
    [= poco a poco]

    ***De a poco** me fui calmando y a la media hora ya había entrado en calor.*
                                                    (M. Benedetti, **Ur**, 1974:111)

pochismo *nm fam* **(M)**
[=anglicismo]

1. **language error caused by English influence** (See **pocho**)
2. **characteristic of pocho**

...«*La Academia siempre está abierta*» — **pochismo** *derivado del inglés* **open,** *aquí equivalente al giro* **en funciones**...

(R. Prieto, **M**, 1981:680)

pocho, -a *fam* **(M)**
1. **pocho** *nmf*   **Americanised Mexican migrant; child of the latter**

Mexicano norteamericanizado, **agringado;** *o bien, norteamericano de sangre mexicana.*

(J. Mejía Prieto, **M**, 1984:121)

2. **pocho** *adj*   **americanised**
[=norteamericanizado]

...*me molestaba el constante uso del inglés. La capital hace años que perdió su mexicanidad y se ha convertido en una ciudad* **pocha.**

(M. A. Almazán, **M**, 1983;119)

podadora *nf* **(M)**   **lawn mower**
[=máquina cortacésped]

polera *nf* **(Ch)**   **T-shirt**
[=camiseta]

«*El segundo* [asaltante] *era moreno, crespo, usaba vestón... café y* **polera** *roja.*

(*El Mercurio*, Santiago, 9-4-69:29)

pololear *vb fam* **(MAP) (B) (Col) (Ch) (Ec)**   **to go out with; to date**
[=salir de novios]

—...*esta niña... y después estuvo* **pololeando** *con un niño, se casó y dejó la carrera.*

(A. Rabanales y L. Contreras, **Ch**, 1979:17)

pololeo *nm* **(MAP) (Ch)**
1. **pololeo** *fam*   **courting; dating**

«...*el* **pololeo** *es un juego peligroso*...»

(A. Valencia, **Ch**, 1977:369)

2. **pololeo** *fam*   **small job with little income**
[=chapuza]

...*pulula por doquier los «puestos» de los vendedores ambulantes...; es una forma más del «***pololeo***» (la chapuza), una curiosa palabra del lenguaje coloquial que también significa estar de novios, flirtear, coquetear.* **Pololear** *es otra estrategia de supervivencia que permite ahuyentar el hambre...*

(*Cambio 16*, Madrid, 20-10-86:92 — R. Herrén)

pololito *nm fam* **(Ch)** little/casual job
[= chapuza]

—*Si vendo todas las bolsas* [de mote mei]... *nos alcanza para comer en el día.*
Además la «patrona» [= mujer] *también hace sus pololitos.*
(*Extra Informativo*, Sydney, 16-9-87:8 — reportaje desde Chile)

pololo, -a *nmf fam* **(MAP) (B) (Col) (Ch) (Ec)** boyfriend;
[= novio] girlfriend

Tiene varias pololas y hay compañeras de oficina que lo persiguen.
(*VEA*, Santiago, 8-5-86:86)

poltrona *nf* armchair; easy chair
[*f*] [= butaca]

La condujo por los senderos del jardín, y al pasar cerca de la desvencijada poltrona
de mimbre en que reposaba Don Andrés Abalos...
(J. Donoso, **Ch**, 1983:12)

polvoso, -a *adj* dusty
[= polvoriento]

Había también un coche, un polvoso Ford parado ante el hotel...
(L. Spota, **M**, 1974:56)

La Academia dice **polvoroso** *o* **polvoriento,** *como si* **polvoso** *no fuera de más genera-*
lizado uso [en Hispanoamérica], *aunque los primeros sean de mejor prosapia (latín*
pulvis, *genitivo de* **pulvis**).
(R. Restrepo, **Col**, 1955:788)

pollera *nf* **(A) (B) (Ch) (Pe) (Ur)** skirt
[= falda]

—*Porque somos sirvientas se creen que nos pueden levantar las polleras y hacernos*
lo que quieran.
(M. Puig, **A**, 1968:21)

pollero *nm fam* **(M)** guide for illegal immigrants to USA
[= guía del inmigrante ilegal]
[Véase **pollo**]

Los enganchadores que en Tijuana se conocen como «polleros» trabajan impunemen-
te y están a disposición de cualquiera en las terminales de los autobuses foráneos,
loncherías y centros de vicio de la zona norte de la ciudad.
(M. Mejido, **M**, 1984:197)

pollo *nm*

1. **pollo** *fam* **(M)**   **would-be illegal immigrant to the USA**
[= el que quiere inmigrar   **(via the Mexican**
ilícitamente a EE.UU.]   **border)**

*El paso ilegal de trabajadores mexicanos a los Estados Unidos cuesta entre 250
y 450 dólares, dependiendo la «tarifa» del lugar en que son «tirados los **pollos**»...*
        (*Ibid.*, 196)

*... la zona norte de Tijuana, zona refugio de **«pollos»** a la espera del momento
mejor para burlar la vigilancia americana.*
        (R. Garibay, **M**, 1982:52)

2. **pollo rostizado** *fam* **(M)**   **torture where victim is suspended**
[= tortura contemporánea]   **from a pole or spit**

*Nos hicieron lo del **«pollo rostizado»**, tú estás hincado y amarrado de los brazos
y de las piernas encima de un palo; tú mismo tienes que guardar el equilibrio
porque te amarran de los genitales de tal modo que si pierdes el equilibrio
pierdes otra parte.*
        (E. Poniatowska, **M**, 1983b:168)

ponchada *nf fam* **(A) (Ch) (Par) (Ur)**   **a ponchoful (of...)**

*Cantidad de objetos que cabe o puede ponerse en un poncho, tomándolo de las cuatro
puntas.*
        (D. Abad de Santillán, **A**, 1976:697)

ponchar(se) *vb fam* **(ENG) (G) (M)**   **to puncture;**
[= pinchar(se)]   **to get a puncture/(US) flat**

*Apenas se había subido, cuando se **ponchó** una llanta, que el chofer cambió...*
        (J. A. Peñalosa, **M**, 1979:146)

poncho *nm* **(MAP)**
* 1. **poncho**   **poncho**

*El **poncho** es manta grande de lana, cuadrangular, con abertura de medio para
sacar la cabeza y que cae hasta las rodillas del que lo lleva.*
        (J. Tobar Donoso, **Ec**, 1961:227)

2. **donde el diablo perdió el poncho** *exp adv fam* **(A) (Ch)**   **in a god-forsaken**
        place/hole/dump

*Y ahora a la loca se le ocurría irse a un pueblo desgraciado, en medio de
montañas, **donde el diablo perdió el poncho**.*
        (F. Morales Pettorino, **Ch**, 1985, II:1704)

poner *vb*
se me pone (que) *fam*   **it seems to me**
[= me parece]

*—**Se me pone que** el indio aquel vino a contarte todo.*
        (E. Caballero Calderón, **Col**, 1967:22)

pongo, -a   *nmf* **(QCH) (B) (Ec) (Pe)**   **(unpaid) Indian servant**

> *El **pongo** esperaba en la puerta. Se quitó la montera, y así descubierto, nos siguió hasta el tercer patio.*
>
> (J. M. Arguedas, **Pe**, 1973:11)

popoff   *adj invar fam* **(M)**   **posh; society** *(adj)*
[= de mucha categoría]

> *...viajes a los Estados Unidos, y una esposa **popoff**, y todas esas cosas que dan prestigio.*
>
> (C. Fuentes, **M**, 1969:175)

popote   *nm* **(NAH) (M)**   **drinking straw**
[= paja]

> *...Rodrigo chupó los **popotes** con entusiasmo...*
>
> (*Ibíd.*, 317)

porongo   *nm* **(QCH) (A) (Pe) (Ur)**   **mate gourd; bowl**
[= calabaza para mate]

> *...activé las brasas y llené el **poronguito** en la yerbera.*
>
> (R. Güiraldes, **A**, 1973:51)

poroto   *nm* **(QCH)**   **bean**
[= judía]

> *...la huerta donde crecen tomates colorados como puños y donde la enredadera de los **porotos**, llena de vainas repletas y gordas como dedos, ...*
>
> (A. Roa Bastos, **Par**, 1967:44)

porquería   (Véase **de**)

portabusto(s)   *nm* **(M)**   **bra**
[= sostén]

> ***Portabustos...** es una de las miles de voces que no merece la atención de la Madre Academia, pues ella prefiere el sostén...*
>
> (R. Prieto, **M**, 1981:594)

portafolio(s)   *nm* **(ITAL/FR) (A) (Ch) (M) (Ur)**   **briefcase**
[= cartera]

> *...vieron a Gregorovius... cargando como de costumbre con un **portafolio** cargado de libros.*
>
> (J. Cortázar, **A**, 1970:53)

> *Los malhechores... les quitaron los **portafolios** donde llevaban el dinero.*
>
> (*Excelsior*, México, 18-7-87:4)

portamaletas   *nm* **(Ch)**   **boot; (US) trunk**
[= **baúl**]

...amenazaron al conductor... a quien llevaron hasta el sector de Quilín... donde lo
*obligaron a introducirse en el **portamaletas**.*

(*La Nación*, Santiago, 9-2-87:23)

porteño, -a   *adj* y *nmf*   **(inhabitant) of Buenos Aires**
* [= **bonaerense**]

*Era clase media, era **porteño**...*

(J. Cortázar, **A**, 1970:32)

pos   (Véase **pues**)

posta   *nf* **(Ch)**   **First Aid Post/Station**
[= **caseta de primeros auxilios**]

«Deben de haberlo molido a palos... Después lo fueron a botar por ahí...» «Murió
*en la **posta**, parece.»*

(J. Edwards, **Ch**, 1967:149)

postergación   *nf*   **postponement**
[*f*] [= **aplazamiento**]

postergar   *vb*   **to postpone; to put off**
[*f*] [= **aplazar**]

*...habían aplazado la entrevista. Así, no tendría él que **postergar** la junta...*
(L. Spota, **M**, 1981:16)

pote   *nm* **(FR)**   **pot; jar**
[= **bote**]

...estamos presenciando en Venezuela, desde hace años, la pacífica invasión de los
***potes**. Todo nos llega en **potes**: sopas, legumbres, ensaladas, jugos, frutas en almibar,*
*leche en polvo... En otras partes les dan el nombre más modesto de **latas**. Mis*
*amigos españoles reaccionan frente a los **potes** venezolanos y los llaman insistente-*
*mente **botes**.*

(A. Rosenblat, **V**, 1960, II:124)

potrero   *nm*   **field; paddock**
[= **campo**]

*Saliendo de las barrancas, vi tendido delante mio un vasto **potrero** y a lo lejos divisé*
el monte.

(R. Güiraldes, **A**, 1973:89)

potrillo   *nm* **(Ch)**   **large glass**
[= **vaso grande**]

*...comenzó a alcoholizarse, a un **potrillo** de vino seguía el otro...*
(J. Edwards, **Ch**, 1978:197)

prado *nm* **(Ch) (Col) (M)**   **lawn**
[=césped]

*Entonces comenzaba el paisaje de setos altos y **prados** de Las Lomas...*
(C. Fuentes, **M**, 1969:207)

precandidato *nm* **(M)**   **short-listed Presidential candidate**
[=candidato presidencial escogido]

*...cuanto dijo tiene la virtud de aplicarse a más de un **precandidato**...*
(M. Buendía, **M**, 1981:80)

predio *nm* **(PORT)**   **land; estate;**
[*f*] [=finca; local]   **premises; site**

*...pero lo que no soportaron es que el nuevo dueño de los **predios** se apoderara del río.*
(*Por Esto*, México, 8-5-85:6)

*Problemas por la disputa de tierras en el **predio** El Seis, del municipio de Madera.*
(M. Mejido, **M**, 1984:7)

*Se renta este **predio**.*
(Anuncio al lado de una tienda de Mérida [México], 1985)

prender *vb*   **to light; to switch on;**
[*f*] [=encender]   **to turn on**

*—Encontramos gentes que... que **prenden** sus cigarros con billetes de quinientos pesos.*
(J. M. Lope Blanch, **M**, 1971:214)

prepa/preparatoria *nf* **(M)**   **pre-University course/school**
[=COU]

*—La mera verdad, soy estudiante fósil. Me eternizo en la **Prepa**...*
(C. Fuentes, **M**, 1978:136)

*—Cuando cumplí dieciséis años, iba a entrar a la **preparatoria**.*
(*Ibíd.*, 115)

prepotencia *nf*   **arrogance;**
[*f*] [=soberbia]   **officiousness**

*—¿Ha visto la desvergüenza de estos gringos que han venido dizque para ayudarnos? Ni saben hablar cristiano y se pasean con sus fusiles y se meten a las casas, qué **prepotencia**.*
(M. Vargas Llosa, **Pe**, 1984:257)

prepotente   *adj invar*   **arrogant; officious**
[ƒ] [= soberbio; arrogante]

> *No pensaba que tan pronto fuera a dirigirme de nuevo a ti, Carlos, pero tu estúpida
> y **prepotente** acción, al detener al reportero de POR ESTO... me obligan [sic]... a
> dirigirte una carta más.*
>
> (*Por Esto*, México, 8-5-85:21)

> *...la demanda que un policía negro formuló en su contra, acusándolo de racista y
> **prepotente**.*
>
> (*VEA*, Santiago, 28-8-86:34)

prieto, -a   *adj* y *nmf esp* (**M**)   **dark; brunette**
[= moreno]

> —*Pero los **prietos** prefieren a las güeras, y aquélla se lo llevó...*
>
> (C. Fuentes, **M**, 1969:13)

priísta   *adj* y *nmf invar* (**M**)   **supporter of the PRI;**
[= relativo al PRI. Véase el Apéndice 5]   **pertaining to the PRI**

> *Esa oligarquía **priísta** se abre, sin embargo, a todos los que se proponen ingresar en
> ella.*
>
> (J. M. de Mora, **M**, 1983:76)

prócer   *nm*   **illustrious/famous**
[ƒ] [= hijo preclaro]   **son (of a country)**

> *Mi gran curiosidad actual es cómo se las arreglarán, blancos y colorados, para
> revelar que el hijo, nada menos que el hijo de uno de sus **próceres,** mató nada menos
> que al **Prócer**.*
>
> (M. Benedetti, **Ur**, 1968a:273)

> *...con una secretaria para su uso personal, a sus espaldas un grandioso retrato de
> los **Próceres** de la Patria en alguna honrosa batalla.*
>
> (I. Allende, **Ch**, 1985:305)

profesionista   *nmf invar* (**M**)   **professional**
[= profesional]

> *Me voy a oponer terminantemente a que mis hijos sean obreros. Si no llegan a ser
> **profesionistas**, los voy a meter a un comercio.*
>
> (O. Lewis, **M**, 1967:357)

prolijo, -a   *adj*   **smart; neat**
[ƒ] [= pulcro]

> [Los soldados ingleses] *Estaban muy limpitos, muy **prolijos**, como para sacarse una
> foto.*
>
> (D. Kon, **A**, 1983:122)

propiciador, -a *nmf* **sponsor**
[= patrocinador]

propiciar *vb* **to sponsor**
[= patrocinar]

Prestigiar, estimular, favorecer, ayudar, trabajar en favor de algo.
(D. Abad de Santillán, **A**, 1976:733)

propio
    propio *fam* **(In answer to Con [su] permiso = Excuse me)**
    [= claro] **Certainly; By all means; Of course**

—*Bien, entonces no hay más que hablar. Con su permiso, licenciado.*
—***Propio**, capitán.*
(W. Cantón, **M**, 1976:83)

provisorio, -a *adj* **(A) (Ch) (Ur)** **provisional**
[= provisional]

*Provisional, ... gobierno **provisorio**.*
(D. Abad de Santillán, **A**, 1976:735)

provocarle a uno *exp verb* **(Col) (M) (Pe) (V)** **to want;**
[= apetecer] **to feel like**

—*Déjenla, no más —dijo el sargento—. Que no salga si no **le provoca**.*
(M. Vargas Llosa, **Pe**, 1983:147)

pucará *Hist nf* **(QCH) (A) (B) (Ec)** **Indian fortress;**
Indian burial mound

Fortalezas indígenas levantadas en lugares estratégicos...
(D. Abad de Santillán, **A**, 1976:739)

pucha *interj*
    ¡pucha(s) (que)! *fam* **(A) (Ch) (Par) (Pe) (Ur)** **Gosh!; Gee!;**
    [eufemismo de **puta**] **Wow!**
    [= ¡caramba!]

—***Pucha**, si quizá es medianoche... —murmuró Santiaguito restregándose a puño cerrado los ojos dormilones...*
(R. González Montalvo, **S**, 1977:142)

—***Puchas**, se me hizo tarde.*
(J. Donoso, **Ch**, 1983:46)

—*¡**Pucha que** tiene los cabros grandes!*
(A. Rabanales y L. Contreras, **Ch**, 1979:413)

pucho   *nm* **(QCH) (A) (Ch) (Ur)**   **cigarette butt/end**
[=colilla]

*...que no se quitaba jamás el **pucho** amarillento de la comisura de los labios...*
(J. Edwards, **Ch**, 1978:103)

pueblito   *nm fam*   **village**
[=pueblecito]

*...en el **pueblito** nuestro se habían refugiado varios guatemaltecos...*
(C. Lars, **S**, 1977:33)

pueblo joven   *nm* **(Pe)**   **shanty town**
[=barrio de chabolas]

*Sólo en Lima Metropolitana hay 250 mil familias que ocupan los lotes en los aproximadamente 480 **pueblos jóvenes**...*
(*Visión Peruana*, Lima, 2-11-86:5)

puelche   *adj* y *nmf invar* **(MAP) (A) (Ch)**   **Puelche (Indian)**

Dícese del indígena perteneciente a las tribus que habitaban los territorios comprendidos entre los ríos Negro y Colorado y parte de la actual provincia de La Pampa.
(D. Abad de Santillán, **A**, 1976:743)

puertita   *nf fam*   **little door**
[=puertecita]

*Atravesamos la **puertita** verde...*
(J. C. Onetti, **Ur**, 1968:14)

Puerto Rico   **Puerto Rico**
*

puertorriqueño, -a   **Puerto Rican**
*   [preferido a **portorriqueño**]

pues/pué/pu/pos   *fam*   **...then; or as reinforcement or filler**
[*f*]   (See C. E. Kany, 1951:392-394)

—Dónde queda por aquí la casa de Lorenzo Barquero?
*—¿No lo sabe, **pues**?*
(R. Gallegos, **V**, 1942:65)

*—Dejen descansar, **pues**.*
(C. E. Kany, 1951:392)

—¿Por qué no vienes?
*—No quiero **pues**.*
(*Ibíd.*, 394)

—*Me cansé*, **pué**.

(*Ibíd.*)

—**Pos** *quién sabe*

(*Ibíd.*)

puestero, -a *nmf*   **stall holder**

*Ningún **puestero** en un mercado inglés, estadounidense o francés... admitiría que le obligasen a pertenecer a determinada organización política para poder trabajar...*
(J. M. de Mora, **M**, 1983:270)

pulóver *nm* **(ENG) (A)**   **pullover; sweater**
[=**suéter**]

—*Vos llevabas el **pulóver** verde...*
(J. Cortázar, **A**, 1970:107)

pulpería *nf*   **general store and bar**
[=**tienda y bar**]

...mi abuelo andaba visitando... los pueblos venezolanos en mula... llevando muestrarios... y vendiéndole [sic] *a las **pulperías** y a las... tienditas de los pueblos...*
(A. Rosenblat, **V**, 1979:642)

pulpero, -a *nmf*   **owner of pulpería**
[=**dueño de una pulpería**]

*El **pulpero** alcanzaba las bebidas por entre una reja de hierro grueso...*
(R. Güiraldes, **A**, 1973:69)

pulque *nm* **(NAH) (CAm) (M)**   **pulque; fermented juice of maguey**

Líquido que se extrae de la cepa del maguey...
(J. Tobar Donoso, **Ec**, 1961:231)

pulquería *nf* **(Cam) (M)**   **pulque store/bar**
[=**tienda y bar**]

pulquero, -a *nmf* **(CAm) (M)**   **pulque bar owner**
[=**dueño de una pulquería**]

—*Avísele al **pulquero** que hoy hay velorio.*
(C. Fuentes, **M**, 1969:378)

pullman *nm* **(ENG)**   **sleeping car (railway)**
[=**coche cama**]

En los ferrocarriles, coche de lujo para pasajeros.
(D. Abad de Santillán, **A**, 1976:750)

puma *nm* **(QCH)**   **puma**
*

puna *nf* **(QCH)**
*   1. **puna**   **Andean high plateau**

*...cercano a las nubes, en la **puna** infinita, a 3.800* [sic] *metros o más sobre el mar...*

(A. Céspedes, **B**, 1965:vii)

  2. **puna** *fam* **(A) (B) (Ch)**   **altitude sickness; soroche**

Nombre vulgar del mal de montaña... que experimentan los viajeros... en los lugares muy altos de la cordillera.

(D. Abad de Santillán, **A**, 1976:751)

(Véase **apunarse**)

punta *nf*
  una punta de *fam*   **a lot of; a pack of**
  [= unos]

*...si son **una punta de** huevones.*

(E. Poniatowska, **M**, 1983b:237)

puntaje *nm*   **score**
[= puntuación]

*Además del alto **puntaje** de la Prueba de Aptitud Académica se exige, como requisito de ingreso...*

(I. Cabrera, **Ch**, 1984:9)

punto acápite *nm*   **new paragraph**
[= punto y aparte]

Todavía hoy en el Perú —según me informa la doctora Hildebrandt— se alterna **punto seguido** *con **punto acápite**.*

(A. Rosenblat, **V**, 1960, I:286)

punzó *adj invar* **(FR) (A) (Col)**   **crimson; bright red**

*«Rojo **punzó**», dicen las señoras cuando hablan de ciertas telas. Deben decir «rojo subido»...*

(R. Restrepo, **Col**, 1955:825)

puro, -a *adj*   **only**
  1. **puro** *fam esp* **(M)**   (See C. E. Kany, 1951-39:41)
     [= sólo]

*Aquí se sirve la **pura** comida.*

(C. E. Kany, 1951:39)

  2. **puro** *fam esp* **(M)**   **itself; right**
     [= mismo]

*Yo creí que era de **puro** Bogotá.*

(*Ibíd.*, 40)

—*¡Toma!... ¡En la* **pura** *cabeza! ¿Viste?*

(M. Azuela, **M**, 1968:80)

—*A ver si aprenden ya a matarlos con la* **pura** *descarga* —*le dijo al pelotón...*

(C. Fuentes, **M**, 1969:80)

puteada   *nf vulg* **(A) (Ch) (Ur)**   **insult; swearword**
[=**injuria**]

Los sentí a todos... cada palabrota murmurada... Sin embargo, las **puteadas** *eran de Esteban, que nunca toma.*

(M. Benedetti, **Ur**, 1974:28)

Insulto grosero, exclamación procaz.

(D. Abad de Santillán, **A**, 1976:761)

Q

¡qué!

1. **¡qué** + adj + sust! *fam*   What a + adj + noun!
   [= **¡qué** + sust + **más/tan** + adj!]

   —*¡**Qué** gallego amarrete!...*

   (O. Dragún, **A**, 1968:144)

   —*¡**Qué** buen amigo!*

   (S. Garmendia, **V**, 1968:124)

   *¡**Qué** linda carta me mandaste...*

   (M. Puig, **A**, 1970:103)

2. **¡qué** + adj/sust + **que** + vb! *esp* (**A**)   What a + adj + noun + vb!
   [= **¡qué** + sust/adj + vb!]

   *¡**Qué** nervioso **que** te ponés.*

   (J. Cortázar, **A**, 1968:423)

   *Uy, estoy acá, estoy vivo, **qué** suerte **que** tengo...*

   (D. Kon, **A**, 1983:196)

   —*Él decía: «**Qué** simpática **que** es...»*
                (*Cambio 16*, Madrid, 18-11-85:180 — citando al general Perón)

3. **¿qué hubo(le)?/¡qué hubo(le)!** *fam*   Hi; How are things?;
   [Véase **haber** (3)]   Well?; What happened?

4. **¿qué mucho que** + subj? *fam*   So what if...?;
   [= **¿qué importa si...?**]   What does it matter if...?

   *¿Y **qué mucho** si mi vecino... muera de fiebre?*

   (J. E. Rivera, **Col**, 1968:170)

5. **¡qué tal(es)** + sust! (**Pe**)   What (a)...!
   [= **¡qué** + sust!]

   *...pasaron cerca en caballos chúcaros, **qué tales** locos...*

   (M. Vargas Llosa, **Pe**, 1973:140)

6. **¿qué tan/tanto** + adj? *fam*
   ¡qué tan/tanto + adj! *fam*   How (much)...?
   [= **¿qué/cuán** + adj?; **¿cuánto...?**]

   *¿**Qué tan** grande es?*

   (C. E. Kany, 1951:331)

*No se sabe **qué tan** frecuentes son los crímenes de violencia familiar.*
(Noticias de la TV cubana, Miami, EE.UU., 8-5-85)

*Usted que habita en la metrópoli... ¿**qué tan** lejos cree hallarse de los sitios donde han estallado bombas?*
(M. Buendía, **M**, 1984:104)

*Cuando las mujeres se fijan en alguien, lo primero que hacen es investigar **qué tan** grande es su cuenta bancaria.*
(M. Almazán, **M**, 1983:8)

*Bueno, pero... por ejemplo: Esas cremas que dicen humectantes y no sé **qué tanto**... ¿de veras... sirven?*
(J. M. Lope Blanch, **M**, 1971:23)

—Es que tengo que cuidar a la señora, pues.
*—¿Y **qué tanto** le tiene que cuidar?*
(J. Donoso, **Ch**, 1983:45)

quebracho   *nm*   **quebracho (species of hardwood tree)**
[=especie de árbol]

*Levantaron la casa: cuatro horcones de **quebracho** sólidamente sembrados...*
(R. González Montalvo, **S**, 1977:52)

quebrada   *nf*   **stream**
[=arroyo]

*Las aguas de la **quebrada** se han sometido a su mandato...*
(M. A. Espino, **S**, 1978:127)

quebrar   *vb*   **to break**
[*f*] [=romper]

*—Tu tío ya se levantó. Está furioso y **quebró** un plato.*
(R. Navarrete, **M**, 1966:2)

quechua   *adj y nmf invar* **(QCH)**   **quechua**

*   *Entre buenos autores se ha dicho **quechua** o quichua... indistintamente.*
(R. Restrepo, **Col**, 1955:830)

quedar   *vb*   **to be**
[*f*] [=estar]

*«¿Y adónde **queda** Iquique?» le había preguntado la muchacha.*
(J. Donoso, **Ch**, 1983:191)

*Yo conocí la clínica de ese señor, **quedaba** en la Avenida Debayle en León...*
(O. Cabezas, **N**, 1982:12)

quedar de (+ infinitivo) *vb*   **to arrange to**
[= quedar en]

Quedamos de vernos allí a las seis en punto.

(G. Sainz, **M**, 1967:41)

quena *nf* **(QCH) (A) (B) (Col) (Ch) (Ec) (Pe)**   **reed flute; quena**
[= flauta india]

*...y en la pared había indiecitos tocando la **quena**.*

(H. Hediger, 1977:476)

quepí(s) *nm* **(FR)**   **round/pillbox/military hat/cap**
[= gorro militar redondo]

*...les probaron los uniformes de paño; pantalón añil y guerreras negras... **quepí** blanco.*

(M. Vargas Llosa, **Pe**, 1968:52)

[Véase **kepí(s)**]

queque *nm* **(ENG) (Ch) (Pe)**   **cake; bun**
[= pastel; bollo]

*...bebe té con una rebanada de «**queque** aéreo» preparado por sus amigas...*
(*El Mercurio*, Santiago, 8-6-86, Revista del Domingo:6)

querosén/querosene *nm* **(ENG)**   **kerosene; parrafin**
[= queroseno]

*...alumbrado por un farol a **querosene**...*

(O. Soriano, **A**, 1980:146)

Querosén: Subproducto del petróleo, usado como combustible...
(D. Abad de Santillán, **A**, 1976:770)

(Véase **kerosene**)

quesadilla *nf* **(CAm) (M)**   **light pasty or pie**

*Especie de empanada de masa de maíz, en forma de media luna y frita. Es típica de México. Originalmente, se rellenaba únicamente de queso, de donde le vino el nombre. Pero hoy se le llama **quesadilla** no sólo si está rellena de queso, sino de papa, picadillo, hongos, chicharrón, chorizo o algún otro ingrediente.*

(J. Mejía Prieto, **M**, 1984:124)

quetzal *nm* **(NAH)**
* 1. **quetzal**   **tropical bird with**
[= pájaro tropical]   **brilliant plumage**

   2. **quetzal (G)**   **monetary unit of Guatemala**
[= moneda de Guatemala]

*... los terroristas aumentaron sus exigencias... y... agregaron una coletilla: 700.000 **quetzales**...*

(*Visión*, México, 24-4-70:16)

quiché *adj* y *nmf* **(G)**   **Quiché**
    [= tribu india]   **(Indian/language)**

quichua *adj* y *nmf* **(QCH)**   **Quechua**

    ...la palabra **quichua** *es desconocida. Quienes la practican, en efecto, la llaman* **runa shimi**, *literalmente* **lo que habla el hombre**. *El origen de ese nombre* **quichua** *es incierto, pero... es preferible a quechua, que suena de por sí extraño a un idioma que... carece de las vocales* **e** *y* **o** *como sonidos fundamentales.*
                                       (E. Pesantes García, **Ec**, 1984:345)

    (Véase **quechua**)

¡quihubo!/¡quiubo!   (Véase **haber**)

quilombo *nm* **(AFR) (A) (Ch) (Ur)**   **brothel**
    [= burdel]

    Atados al palenque había caballos y en el zaguán y adentro más gente que en el **quilombo**.
                                         (J. L. Borges, **A**, 1980:387)

quillango *nm* **(MAP) (A) (Ch) (Ur)**   **blanket of furs**
    [= manta de pieles]

    ...sonreía sudorosa con las piernas envueltas en el **quillango**...
                                       (J. C. Onetti, **Ur**, 1981:144)

quimbombó *nm* **(AFR)**   **okra (plant: Hibiscus**
    [= planta de semilla comestible]   **esculentus, and fruit)**

    Se dirigió al caldero del **quimbombó**.

                                         (H. Hediger, 1977:478)

quina *nf* **(QCH)**   **cinchona bark; quinine**
*

quinaquina *nf* **(QCH)**   **cinchona bark; quinine**
    [= corteza del quino; quinina]

quinina *nf* **(QCH)**   **quinine**
*

quino *nm* **(QCH)**   **cinchona (Cinchona)**
    [= árbol]

quinta *nf*   **house; building**
    [= chalet; casa]

    Se alquila en San Bernardino **quinta** *de cinco dormitorios...*
                              (*El Universal*, Caracas, 4-11-68:37)

    Recuerda que quizá el amigo esté en Tumbaco, en su **quinta**...
                              (*El Comercio*, Quito, 1-4-85:A4)

quintral   *nm* **(MAP) (A) (Ch)**   **species of mistletoe**
[=**muérdago**]

*Nombre vulgar dado en la Patagonia a la planta parásita... llamada en castellano
muérdago...*

(D. Abad de Santillán, **A**, 1976:777)

quipo(s)/quipu(s)   *Hist nm(pl)* **(QCH)**   **knotted cords for**
*   **(Inca) accounts**

*Ramales hechos con cuerdas y nudos de colores empleados por los incas como
escritura, para consignar datos y registrar cuentas.*

(*Ibid.*, 778)

quirquincho   *nm* **(QCH) (A) (B) (Ch) (Pe)**   1. **armadillo**
[=**armadillo; guitarra**   2. **ten-stringed instrument made**
hecha del caparazón]   **from armadillo shell**

*...preguntará... por los músicos de su aldea, algún arpista, algún famoso tocador de
quena, de mandolina, de **quirquincho**...*

(J. M. Arguedas, **Pe**, 1973:171-172)

¡quiubo!   (Véase **haber**)

R

radial *adj invar*   **radio** (as *adj)*
  [=de la radio]

    *...se hablaban en la cocina escuchando una comedia **radial**.*
                                          (J. Donoso, **Ch**, 1983:34)

radio *nm*   **radio** (set)
  [=la radio]

    *—Yo la oí, por el **radio**...*
                                       (A. Rosenblat, **V**, 1979:135)

    *Un almibarado bolero yucateco de los cincuenta... estremece el **radio** de pila...*
                                       (S. Sarduy, **Cu**, 1984:58)

radioso, -a *adj*   **radiant**
  [=radiante]

    *...yo la veía avanzar... **radiosa**...*
                             (A. González León, **V**, 1969:233)

rajarse *vb fam*   **to back down/off**
*   [=acobardarse]

    *El lenguaje popular refleja hasta qué punto nos defendemos del exterior: el ideal de la «hombría» consiste en no «**rajarse**» nunca. Los que se abren son cobardes.*
                                       (O. Paz, **M**, 1969:26)

ramada *nf* (**Ch**)   **festival stall**
  [=puesto de feria]

    *Allí estuvimos, unidos, celebrando el 18..., probando los gustos familiares, que se repetían en las **ramadas** y fondas.*
                                (*El Unitario*, Melbourne, sept. 1987:3)

rampla *nf* (**Ch**)   **trailer**
  [=remolque]

    *...otro camión carguero con **rampla** con más de treinta toneladas de madera.*
                               (*La Nación*, Santiago, 22-1-87:23)

ranchera   *nf*
   1. **(canción) ranchera**   **popular song; ranchera**

   «*Piensan que voy a desempeñar el papel heroico que les asignan las* **canciones**
   rancheras *y convertirse en un legendario personaje de corrido...*»
                                                    (E. Poniatowska, **M**, 1983b:263)

   2. **ranchera   (V)**   **station wagon**
      [=furgoneta; rubia]

      —*...yo recuerdo, por ejemplo, de esa Caracas de mi infancia, que... cuando*
      llegaron las primeras camionetas que hoy se llaman **rancheras**...
                                                    (A. Rosenblat, **V**, 1979:407)

ranchero, -a   *adj y nmf* **(M)**   **peasant**
   [=campesino]

   Plática entre un citadino y un **ranchero**:
   —*¿Cómo es que Uds, los del campo, tienen unos niños tan robustos y grandotes?*
                                                    (*Dichos mexicanos*, No. 2, 90)

rancho   *nm*
   1. **rancho**   **rough hut; mud hut**
      [=choza]

      La gente se tumbaba en el pasto a escucharlo. O salía de los **ranchos**.
                                                    (A. Roa Bastos, **Par**, 1967:21)

      Las cuadrillas de indios que barrían durante la noche... regresaban a sus **ran-**
      chos...

                                                    (M. A. Asturias, **G**, 1970:130)

   2. **rancho   (M)**   **ranch**
      [=finca grande]

      Hay que tener en cuenta que en México **rancho** *tiene nivel más alto que en el*
      resto de Hispanoamérica: designa una finca de relativa extensión (de ahí ha
      pasado a los Estados Unidos...)

                                                    (A. Rosenblat, **V**, 1978:107)

   3. **ranchos/ranchitos**   *nmpl* **(V)**   **shanty town**
      [=barrio de chabolas]

      Por los **ranchos** *hacia El Observatorio, la gente estaba asomada a la puerta y*
      quería ayudar.

                                                    (A. González León, **V**, 1969:113)

rasco, -a   *adj fam* **(Ch)**   **low; common; ordinary**
   [=ordinario]

   Es posible que en este último caso se esté configurando una nueva acepción, pero
   aún no me atrevería a decirlo, porque se han instalado también hosterías algo **rascas**
   («ordinarias»).

                                                    (F. Morales Pettorino, **Ch**, consulta personal)

rastacuero, -a   *adj* y *nmf fam* **(FR)**   **nouveau riche; ostentatious**
[=nuevo rico]

Dícese de la persona que hace gastos excesivos... con exhibicionismo, para hacerse notar.

(D. Abad de Santillán, **A**, 1976:801)

...el **arrastracueros** *venezolano, que ha circulado por Europa y ha vuelto a América transfigurado en el* **rastaquouère** *francés.*

(A. Rosenblat, **V**, 1960, I:17)

rato   *nm*
  de a ratos   *exp adv* **(A)**   **from time to time**
  [=de vez en cuando]

Amaneció nublado, el sol salía **de a ratos** *y sopló durante toda la tarde un viento persistente...*

(*Clarín*, Buenos Aires, 4-2-69:B1)

rayuela   *nf* **(A)**   **hopscotch**
  [=tejo]

Nombre de un juego infantil que consiste en ir haciendo pasar un tejo, que se impulsa con un pie... por una serie de divisiones que contiene una figura casi rectangular trazada en el suelo...

(D. Abad de Santillán, **A**, 1976:807)

raza   *nf fam* **(Pe)**   **cheek**
  [=descaro]

Plántale la mano encima, fuerte, con **raza.**

(M. Hildebrandt, **Pe**, 1969:337)

re-   *prefijo ponderativo*   **very**
[*f*] [=muy]

—Se murió **re***joven, ¿verdad?*

(J. M. Lope Blanch, **M**, 1971:429)

—¡Ilógico! ¡Ilógico! ¡Ilógico!
*—¡**Re**lógico! ¡**Re**lógico! ¡**Re**lógico!*

(M. A. Asturias, **G**, 1970:55)

...al final nos hicimos **re***amigotes.*

(D. Kon, **A**, 1983:205)

real   *nm* **(Pe)**   **ten centavos**

—Cinco **reales** *por trago...*
Sacó su cartera y le dio un billete de cinco soles.
—Diez tragos —dijo.

(M. Vargas Llosa, **Pe**, 1968:108)

rebasar   *vb* **(M)**   **to pass; to overtake (vehicle)**
[=adelantar]

*Y por eso manejar constituye su única aventura para romper el vacío y la estupidez de sus vidas. Por eso **rebasan** por la derecha, no respetan señales y atropellan a inermes peatones...*

(G. Careaga, **M**, 1984:188)

rebenque   *nm*   **whip**
[=látigo]

*...su papá andaba con un **rebenque** enorme, con el que llegaba a sacarle [sic] sangre a los caballos cuando los azotaba...*

(J. Donoso, **Ch**, 1979:87)

recado   *nm* **(A) (Ur)**   **saddle and harness**

Conjunto de piezas que componen la montura de un hombre de campo.

(*Americanismos. Diccionario Ilustrado Sopena*, 1982)

*...me regaló una yunta de petisos y un **recadito,** para que fuera con el a caballo en nuestros paseos.*

(R. Güiraldes, **A**, 1973:33)

recámara   *nf* **(CAm) (Col) (M)**   **bedroom**
[=dormitorio]

*...arriba hay cuatro **recámaras** y tres baños.*

(J. M. de Mora, **M**, 1983:98)

recamarera   *nf* **(M)**   **maid**
[=criada]

*La señora le dijo a su **recamarera:** Guadalupe, no estoy contenta contigo...*

(*Chistes de todos los colores*, No. 6, **M**, 36)

recibirse (de)   *vb*   **to graduate (as/in);**
[*f*] [=licenciarse]   **to qualify (as)**

*He hecho de todo: mecánica, herrería, carpintería, albañilería. Con el tiempo **me recibí de** etnólogo y me consultan de todo el país.*

(*Siete Días*, Buenos Aires, 29-3-78:28)

*...al **recibirse de** abogado.*

(W. Cantón, **M**, 1966:76)

*—Tengo dieciocho años, soy maestra, recién **recibida**...*

(M. Puig, **A**, 1970:41)

recién   *adv* **(A) (B) (Ch) (Ec) (Pe) (Ur)**   **just (now); recently**
[=recientemente; acabar de; apenas; sólo]   (See C. E. Kany, 1951:323-326)

*—**Recién** usaste la palabra resignación.*

(D. Kon, **A**, 1983:139)

—*Recién a las dos de la tarde del día siguiente pude ver a mis familiares.*
(*Ibíd.,* 71)

—*Recién salía de casa cuando llegó mi viejo amigo.*
(C. E. Kany, 1951:325)

—*Ahora tendremos que dormir en Sapukay y seguir **recién** mañana, al amanecer.*
(A. Roa Bastos, **Par**, 1967:75)

*Cuando **recién** nos casamos no era tan feo...*
(M. Puig, **A**, 1970:223)

***Recién** entonces Oliveira se acordó de que...*
(J. Cortázar, **A**, 1970:124)
(*Vid.* C. E. Kany, 1951:323-326)

reclamo   *nm* **(A) (Ch) (Ec)**   **complaint**
[= queja; denuncia]

*En el Instituto Chileno-Francés hubo **reclamos** porque* [las películas]*... no estaban subtituladas en castellano...*
(*El Mercurio,* Santiago, 11-5-86:C18)

recomendado, -a   *adj* **(FR) (Pe)**   **registered (post/mail)**
[= certificado]

*A los pocos días llegó un paquete **recomendado** de los Estados Unidos. Venía dirigido a Bobby...*
(A. Bryce Echenique, **Pe**, 1974:498)

recontra   *adv fam*   **extremely**
[ʃ] [= -ísimo]

—*¿Estás seguro de la gente del Mercado?*
—***Recontra**seguro... yo tengo experiencia...*
(M. Vargas Llosa, **Pe**, 1972:490)

*¡Ser comunista y dueño de fundo era **recontra**fácil!*
(J. Edwards, **Ch**, 1978:119)

recorrida   *nf* **(A)**   **trip; walk**
[= recorrido]

*Una **recorrida** que hice en jeep me confirmó la bondad del consejo...*
(*Gente,* Buenos Aires, 16-5-68:8)

*...como todas las noches, el mayor haría su **recorrida** característica entre las plantas* [del jardín].
(M. Satz, **A**, 1980:225)

refacción   *nf*   **repair**
[= reparación]

refaccionar *vb*   **to repair**
[=reparar; arreglar]

*Se **refacciona** toda clase de colchones con resortes...*
(El Comercio, Lima, 5-11-86:D5)

refaccionaria *nf*   **repair shop/garage**
[=taller de reparaciones]

refacciones *nfpl*
1. **refacciones**   **repairs**
    [=reparaciones; arreglo]

    ***Refacciones,** baños, cocinas, sanitarios.*
(La Nación, Buenos Aires, 26-9-86, III:11)

2. **refacciones (M)**   **spare parts**
    [=piezas de repuesto]

    *...con una miserable parcela de tierras de temporal, sin maquinaria, sin **refacciones**...*
(C. Fuentes, M, 1969:109)

refrigerador *nm*   **refrigerator; fridge**
[*f*] [=nevera]

*Compro **refrigeradores** cualquier estado.*
(El Mercurio, Santiago, 8-5-86:B8)

refrigeradora *nf* (Pe)   **refrigerator; fridge**
[=nevera]

***Refrigeradoras** americanas, remato 1,2 puertas excelentes colores y funcionamiento garantizado...*
(El Comercio, Lima, 5-11-86:D8)

refucilo/refusilo *nm*   **flash of lightning**
[=relámpago]

*—Mirá, no es que yo ande buscando que me caiga un **refusilo** en la cabeza...*
(J. Cortázar, A, 1970:317)

regadera *nf* (M)   **shower**
[=ducha]

*Utilizó un grueso cordón, con el cual se colgó de la **regadera** del baño de su casa.*
(Últimas Noticias de Excelsior, México, 18-2-69:2)

regalón, -a *adj fam*   **spoiled**
[*f*] [=mimado]

*Se enfermó su hijita **regalona**.*
(F. Morales Pettorino, Ch, 1987, IV:4025)

regalonear *vb fam* **(Ch)**   **to spoil**
[= mimar]

...regalonearlos demasiado [a los niños] *nos hace perder su respeto.*

(*Ibíd.*)

regente *nm* **(M)**   **Mayor**
[= alcalde]

*Después de los sucesos del 10 de junio, el Presidente le pidió al **Regente** de la ciudad y al Jefe de la Policía que se fuesen.*

(O. Paz, **M**, 1979:107)

regio, -a *adj fam*   **great; terrific**
[= estupendo; fenómeno]

*...le fue **regio**, fabuloso...*

(A. Rabanales y L. Contreras, **Ch**, 1979:17)

*—Con el pelo largo está **regia**...*

(M. Puig, **A**, 1968:57)

regiomontano, -a *adj* **(M)**   **(person) from Monterrey**
[= relativo a Monterrey]

*...reproducía las declaraciones del grupo **regiomontano**...*

(H. Hediger, 1977:491)

registrar *vb* **(ENG) (M)**   **to register (mail)**
[= certificar]

*Servicio Postal Mexicano Correspondencias **Registradas**.*

(Oficina de Correos, México)

regresar *vb*
1. **regresar** (transitivo) **(M)**   **to take/to put/**
   [= devolver]   **to bring back**

*...ya cuando termine usted la entrevista, la **regresaremos** en un avión...*

(E. Poniatowska, **M**, 1983a:123)

*...sacó el libro que traía escondido en la chamarra. Lo **regresó** de inmediato a un estante del rincón.*

(A. Azuela, **M**, 1979:31)

2. **regresarse**   **to return; to go back**
   [= volver]

   *—Nos **regresamos***
   *—¿Cómo que se **regresaron**?*

(V. Leñero, **M**, 1979:301)

*Me **regresé** al despacho particular.*

(C. E. Kany, 1951:191)

rejego, -a   *adj fam* **(M)**   **difficult; obstinate**
[=rebelde; terco]

—*Ándale, no seas **rejego** ni tacaño. Invítales a una copita...*
(*Por Esto*, México, 15-5-85:37)

*Hasta ahora que estoy más grande me doy cuenta, pero entonces fui muy **rejega**.*
(E. Poniatowska, **M**, 1972:144)

relajo   *nm fam esp* **(CAm) (M)**   **fuss; disorder**
[=alboroto; desorden]

*Que, por el **relajo** que hice, me metieron a la cárcel...*
(F. J. Santamaría, **M**, 1959:929)

*Me dijo que si iba a andar con **relajos** no me daba permiso, pero que si iba a ser una cosa seria, sí...*
(O. Lewis, **M**, 1967:149)

rematar   *vb*   1. **to sell at a bargain price**
[=liquidar; subastar]   2. **to auction**

***Remato** comedor 9 piezas, con vidrios, $1.500.000.*
(*Excelsior*, México, 7-1-71:C18)

***REMATO** Alfombra 100 m., teléfono inalámbrico, cocina...*
(*El Comercio*, Lima, 5-11-86:D5)

remate   *nm*   **auction; bargain sale**
[=subasta; liquidación]

*...los terrenos fueron puestos a **remate** conforme a la ley...*
(E. Poniatowska, **M**, 1983b:206)

remecer   *vb*   **to shake**
[=sacudir]

*Despertó **remecido** con violencia por la mujer.*
(J. Edwards, **Ch**, 1967:201)

remera   *nf* **(A)**   **T-shirt**
[=camiseta]

*Porque así llegó a Dinamarca. Con sus lentes oscuros, su **remera** negra marcándole cada uno de sus músculos...*
(*Gente*, Buenos Aires, 4-9-86:24)

remezón   *nm*   **shaking; tremor**
[=sacudón]

*... los inquilinos... salieron a la calle impresionados por un tremendo **remezón** que los hizo pensar en un fuerte temblor.*
(*El Comercio*, Lima, 21-10-68:19)

remoción *nf*   **dismissal (of official)**
[*f*] [=cese; destitución]

*También la Junta Directiva tiene la facultad de proponerle al Presidente la **remoción** del Rector.*
(*El Mercurio*, Santiago, 11-5-86:D1)

remover *vb*   **to dismiss (an official)**
[*f*] [=cesar; destituir]

*Fueron **removidos** de sus cargos todos los funcionarios comprometidos en la «broma».*
(*Visión*, México, 15-6-76)

*...era previsible que de algún modo sus integrantes quedaran desplazados pero la forma en que se los **removió** fue torpe e hipócrita.*
(F. Luna, **A**, 1972:45)

rengo, -a *adj* (A) (B) (Ch) (Ec) (Pe) (Ur)   **lame; limping**
[=cojo]
[Véase también **coger**]

*Esta noche a las ventidós horas, entró en una tienda un joven de ventiún años, **rengo**.*
(O. Dragún, **A**, 1968:120)

renguear *vb* (A) (B) (Ch) (Ec) (Pe) (Ur)   **to limp**
[=cojear]

*Sin embargo, todavía **rengueaba** ligeramente.*
(M. Vargas Llosa, **Pe**, 1968:316)

renguera *nf* (A) (B) (Ch) (Ec) (Pe) (Ur)   **limp**
[=cojera]

*...y cada una de las posibilidades que ésta prometía: la muerte, la **renguera**...*
(J. C. Onetti, **Ur**, 1981:140)

renta *nf* (ENG) (Ch) (M)   **rent**
[=alquiler]

*...vivían todos juntos... antes de que se descongelaran las **rentas** y el propietario don Federico Silva les aumentara sin piedad las suyas.*
(C. Fuentes, **M**, 1981:102)

rentar *vb* (ENG) (Ch) (M)   **to rent**
[=alquilar]

*Entonces **renté** otro cuartito chiquitito...*
(E. Poniatowska, **M**, 1983b:186)

renuente   *adj invar*   opposed to;
[*f*] [=en contra de; reacio a]   reluctant (to)

...aconsejándonos quedarnos allí hasta que Manuel se fuera de la casa. Yo estaba **renuente** *porque pensé que si Paula se iba... los niños iban a sufrir.*

(O. Lewis, **M**, 1967:264)

Renuentes *a exponerse al contacto emocional, los hombres mexicanos se tocan unos a otros, con familiaridad latina...*

(A. Riding, **M**, 1985:21)

repasador   *nm* **(A) (Ur)**   tea towel;
[=paño de cocina]   (US) dish towel

...se dirige a la pileta de lavar los platos... y se seca con un **repasador**.

(M. Puig, **A**, 1970:11)

reportar   *vb pren* **(ENG)** *esp* **(M)**   to report
[=informar]

Debo **reportar** *la muerte de 39 seres.*

(M. Buendía, **M**, 1981:205)

reporte   *nm* **(ENG)** *esp* **(M)**   report
[=reportaje]

El **reporte** *del incendio.*

(Noticias en la TV, México D.F., abril 1985)

reposera   *nf*   canvas deck chair;
[=tumbona]   folding garden chair

...hace a un lado la manta, deja la **reposera** *y se dirige a la habitación número catorce.*

(M. Puig, **A**, 1970:109)

repostero   *nm* **(Ch) (Pe)**   pantry
[=despensa]

Entré al **repostero** *en busca de algo de comer, cuando ya amanecía, y encontré que ella y un par de tipos estaban sentados en el suelo, picoteando con sus tenedores una corvina fría medio desmoronada en una fuente.*

(J. Edwards, **Ch**, 1978:139)

De todo en el **repostero**: *galletitas, pasitas, papitas fritas, conservas...*

(M. Vargas Llosa, **Pe**, 1972:220)

represa   *nf* **(A) (Ur) (V)**   dam; reservoir
[=presa]

...los trabajos de construcción de la **represa** *de Guri.*

(*El Universal*, Caracas, 4-11-68:24)

República Dominicana *nf* **(the) Dominican Republic**
*

requerir de *vb* **to require/to need**
[*f*] [= precisar; necesitar]

*...muchas de las palabras las hemos tomado de obras literarias bolivianas, sobre todo de novelas cuyo argumento **requería del** lenguaje coloquial...*
(J. Muñoz Reyes, **B**, 1982:12)

*...los inversionistas extranjeros **requieren de** ciertas garantías...*
(*El Mercurio*, Santiago, 11-5-86:B2)

resbalada *nf fam* **slip; sliding**
[= resbalón]

*Una **resbalada** del alazán hizo que el mozo... lanzara una gorda interjección al requerir al caballo...*
(L. Durand, **Ch**, 1973:17)

resfrío *nm* **cold**
[= resfriado; catarro]

*Nunca decimos **resfriado** y lo más corriente, en el lenguaje familiar, es decir **resfrío**.*
(D. Abad de Santillán, **A**, 1976:853-854)

residencial *nf* (A) (Ch) **boarding house;**
[= pensión barata] **cheap lodging house**

*Ella está feliz... instalada en la **residencial** de unos amigos, con su marido, el ex intendente de Santiago...*
(*El Mercurio semanal*, Santiago, 22-10-87:6)

retacón, -a *adj fam* **short and tubby**
[= rechoncho; retaco]

*El muchacho era **retacón**, pero atlético...*
(M. Puig, **A**, 1973:39)

rete-/rete *adv fam* (M) **very**
[= muy]

*...su otro hijo, Fidencio Gómez, tenía dos hijas muy juguetonas: una prieta y chaparrita,... y la otra que era **rete** alta.*
(J. Rulfo, **M**, 1967:110)

—*Es **rete** duro eso de no morirse a tiempo.*
(E. Poniatowska, **M**, 1972:315)

—*¿Fueron muchas?...*
—*Ya hasta perdí la cuenta. Fueron **rete**muchas.*
(J. Rulfo, **M**, 1966:78)

retén *nm*
[ƒ] 1. **retén**   **police reserves;**
[=control; reserva de policías]   **police or military post;**
                                        roadblock/checkpoint

...*porque llegábamos a la garita de policía del kilómetro 13. Los soldados del*
retén *rodearon el taxi ametralladora en mano.*

(S. Ramírez, N, 1982:84)

«*El Cajón del Maipo es un lugar muy conocido, estrecho, de un solo carril, que
hace imposible pensar en un atentado. Hay* **retenes** *a pocos metros. Es muy raro
que alguien pueda escapar con vida.*»

(*Cambio 16*, Madrid, 22-9-86:161 — Isabel Allende)

2. **retén** **(V)**   **remand home;**
[=cárcel transitoria]   **detention centre**

Diez menores se fugaron hoy del **Retén** *del Consejo Venezolano del Niño...*

(*El Universal*, Caracas, 4-11-68:28)

riesgoso, -a *adj*   **risky**
[=arriesgado]

El trayecto es largo, **riesgoso,** *y, a ciertas horas, lentísimo por la congestión del
tráfico.*

(M. Vargas Llosa, **Pe**, 1984:61)

rin *nm* **(ENG)**
1. **rin** **(V)**   **wheel rim**
[=llanta]

*Se llama así el aro metálico que forma el borde de la rueda del automóvil y en
el que se ajusta el caucho. Viene del inglés* **rim**... *y es un error muy difundido...
confundirlo con* **ring**...

(A. Rosenblat, **V**, 1960, II:339)

2. **rin** **(Pe)**   **metal (phone) token;**
[=ficha telefónica]   **jeton**

ríspido, -a *adj*   **rough; coarse**
[ƒ] [=rudo]

«*Me jacto de... meter la soga en casa del ahorcado*», *decía, gozándose en ser
insoportable y* **ríspido.**

(A. Carpentier, **Cu**, 1983:98)

rocote/rocoto *nm* **(QCH) (B) (Ec) (Pe)**   **large hot pepper**
[=pimiento]

Cortaba un gran **rocoto** *verde amarillo. Lo cortaba cuidadosamente.*

(J. M. Arguedas, **Pe**, 1973:156)

rochabús *nm fam* **(Pe)**   **(police) water cannon truck**
[= camión blindado con cañón de agua]

[*Nota*: **rochar**: rozar la tierra limpiándola de matas...; **(Ch)**, sorprender a alguien
en algo ilícito — *Diccionario de La Real Academia Española*]

rodeo *nm*   **rodeo**
*

rol *nm* **(ENG/FR)**   **role**
[= papel]

*«Carabineros tiene entre sus **roles** una misión fundamental...»*
                              (*El Mercurio semanal*, Santiago, 12-4-86:6)

rondín *nm*
   1. **rondín** **(B) (Ec) (Pe)**   **harmonica**
      [= armónica]

   *Al mediodía Romero se decidió a tocar su **rondín**.*
                                    (J. M. Arguedas, **Pe**, 1973:129)

   2. **rondín** **(B) (Ch)**   **night watchman**
      [= vigilante]

   *Estos delincuentes para cometer sus asaltos aprovechaban a una mujer quien se
   encargaba de coquetear con las víctimas, especialmente **rondines**, lo que aprovechaban para actuar.*
                             (*La Nación*, Santiago, 9-2-87:23)

rosa *nf* **(M)**
Zona Rosa   **elegant (tourist)**
[= barrio turístico de la Ciudad de México]   **quarter of Mexico City**

*No es un divertimiento propio para una tardeada en la **Zona Rosa**.*
                                  (M. Buendía, **M**, 1984:32)

rosca *nf fam* **(B) (Col)**   **ruling clique/oligarchy**
[= camarilla]

*Pero la **rosca** no se resignó a ceder el poder y a respetar el triunfo electoral del
adversario...*
                                  (A. Céspedes, **B**, 1965:xii)

rosquete *adj y nm vulg* **(Pe)**   **homosexual; queer**
[= marica]

*Ocho gargantas aflautadas siguen entonando ayes femeninos; algunos excitados
unen el pulgar y el índice y avanzan las roscas hacia Alberto. «¿Yo, un **rosquete**?»,
dice éste.*
                                (M. Vargas Llosa, **Pe**, 1968:41)

*—...a lo mejor es un gallo **rosquete**.*

                                          (*Ibíd.*, 32)

rosquetón, -a   *adj fam* **(Pe)**   **effeminate**
[= **de marica**]

Ya el coronel había empezado a hablar con su vocecita rosquetona.

(*Ibíd.*, 188)

rosticería   *nf* **(ITAL) (Ch) (M)**   **roast chicken shop**
[= **tienda de pollos asados**]

Vendo fiambrería y rosticería

(F. Morales Pettorino, **Ch**, 1987, IV:4137)

rostizado, -a   **(M)**
  1. **(pollo) rostizado**   **roast (chicken);**
    [= **(pollo) asado**]   **Kentucky fried chicken**

...le preguntamos si quería pizza o pollo rostizado...

(E. Poniatowska, **M**, 1983b:156)

  2. Véase también **pollo rostizado**   **(M)**

rotisería   *nf* **(FR) (A) (Ch)**   **delicatessen**
[= **fiambrería**]

...ahora que estoy acá, no voy a ir a la rotisería a robarme un salame.

(D. Kon, **A**, 1983:194)

roto, -a   *nmf* **(A) (Ch)**   **working class person**
[= **obrero**]

El «roto» muestra sus sucias carnes por los agujeros de los pantalones o su camisa.

(M. Delibes, **Esp**, 1956:106)

¿Cómo se atrevía ese roto a violar los límites tan cuidadosamente preservados por varias generaciones de la familia Abalos?

(J. Donoso, **Ch**, 1983:186)

rotoso, -a   *adj* y *nmf fam*   **worn (out);**
[= **roto; harapiento**]   **ragged (person)**

Un chico rotoso y maloliente...

(M. Benedetti, **Ur**, 1970:139)

...saca una libreta de tapas negras. Mariano parpadea: es su rotosa libreta de teléfonos y direcciones.

(E. Galeano, **Ur**, 1975:41)

ruana   *nf* **(Col) (V)**   **poncho**
[= **poncho**]

...vio apelotonados en un rincón, cubiertos por una ruana, al sacristán y la boba.

(E. Caballero Calderón, **Col**, 1967:75)

ruca   *nf* **(MAP) (A) (Ch)**   **hut**
[=choza]

Las «rucas» no cuentan con otra ventilación que la que procura un minúsculo
ventanuco en su costado norte.

(M. Delibes, **Esp**, 1956:141)

rucio, -a   *adj fam* **(Ch)**   **blond(e)**
[=rubio]

*Un hombre **rucio** chico...*

(F. Morales Pettorino, **Ch**, 1987, IV:4145)

ruletear   *vb* **(CAm) (M)**   **to drive a taxi/cab**
[=conducir un taxi]

*...veinte años de **ruletear** de noche...*

(C. Fuentes, **M**, 1969:26)

ruleteo   *nm* **(CAm) (M)**   **cab/taxi driving**
—*Las placas corresponden a un taxi de **ruleteo**.*

(C. Fuentes, **M**, 1978:236)

ruletero   *nm* **(CAm) (M)**   **cab/taxi driver**
[=taxista]

*Estaba en la cárcel porque había matado a un **ruletero** en una riña callejera.*
(O. Lewis, **M**, 1967:232)

ruma   *nf* **(A) (Ch) (Ec) (Pe) (V)**   **pile**
[=montón]

*...molían —entre descomunales **rumas** de papas, habas, camotes—... puñados de*
maíz.

(O. Reynosa, **Pe**, 1973:162)

rumba   *nf* **(AFR)**   **rumba**
*

runa   *nm* **(QCH) (A) (Ec) (Pe)**   **Indian (man)**
[=indio]

Fue fácil en el primer momento para los soldados... avanzar sin temor, adiestrando
*la puntería en las longas, en los guaguas y en los **runas**...*

(J. Icaza, **Ec**, 1969:171)

runa simi   *nm* **(QCH)**   **Quechua**

¿Cuál era el Idioma Oficial del Tawantinsuyu Inkaiku? —Fue el poético y expresivo IDIOMA RUNASIMI, actualmente denominado KHESHWA o QUECHUA... RUNASIMI literalmente quiere decir: LA BOCA DE LA GENTE, IDIOMA DEL HOMBRE.

(M. A. Quiroga, **B**, 1968:21)

ruso, -a   *nmf fam* **(A)**   **Jew**
    [= judío]

*...así como se llaman **rusos** a los judíos, porque llegaban desde Rusia en primer término.*

(E. Sábato, **A**, 1975:97)

S

S/.   (Pe)   **symbol for Peruvian soles** (q.v.)
[=símbolo de soles]

*...que representa una capitalización de **S/.** 4'830,300.00, en el lapso de 15 años.*
(*El Peruano*, Lima, 14-2-69:1)

S.A. de C.V.   (M)   **and Co Ltd./Inc.**
sociedad anónima de capital variable
[Véase el Apéndice 5]

sabana   *nf* (ARW)   **savannah**

*   *El viajero, a primera vista, sufre una gran decepción. **Sabanas** áridas, hierba reseca...*
(L. Guevara Manosalva, **V**, 1982:203)

saber   *vb fam*   **usually**
[=soler]   (See C. E. Kany, 1951:205-209)

—*...yo le he visto más de una vez. **Sabía** venir por acá a hacer la tarde.*
(R. Güiraldes, **A**, 1973:37)

sabroso, -a   *adj fam*   **pleasant; nice**
[=agradable; rico]

*Es muy **sabroso** el golpe del agua del mar.*
(E. Poniatwska, **M**, 1972:26)

sacar(se)   *vb*   **to take off**
[=quitar(se)]

—*Me tuve que **sacar** casi toda la ropa.*
(D. Kon, **A**, 1983:125)

saco   *nm*   **jacket; coat**
[=chaqueta; americana]

*...usaba un pantalón abombado y un **saco** de cuadros amarillos.*
(C. Fuentes, **M**, 1969:187)

salado, -a   *adj*   **unfortunate**
[=desgraciado]

*«...está fregado eso de estar muriéndose tres días»; «faltaban sólo dos meses para terminar, eso se llama ser **salado**».*
(M. Vargas Llosa, **Pe**, 1968:222)

313

salame   *nm* **(ITAL) (A) (Ch) (Ur)**   **salami**
[=salchichón]

Sorprendimos una vez a una señora joven, elegante y buenamoza metiéndose un
salame *en el escote.*

(F. Morales Pettorino, **Ch**, 1987, IV:4170)

salitre   *nm* **(Ch)**   **Chilean nitrate**
[=nitrato de Chile]

En su etapa de «oro», la industria del ***salitre*** *llegó a representar el 52% de las ventas*
ordinarias del país...

(*El Mercurio semanal*, Santiago, 19-2-87:8)

salivadera   *nf* **(A) (Ur)**   **spittoon;**
[=escupidera]   **(US) cuspidor**

...y una ***salivadera*** *repleta de materias secas e indefinibles...*

(J. C. Onetti, **Ur**, 1981:121)

salón   *nm* **(Ch)**
(clase) salón   **first class (Railway)**
[=primera clase]

Trae ***clase salón,*** *coche bar, económica.*

(*El Mercurio*, Santiago, 16-12-87:A8 — Horarios de los ferrocarriles)

salpicadera   *nf* **(M)**   **mudgard; (US) fender**
[=guardabarro]

...tratando de pasar entre los coches, golpeándose en contra de las ***salpicaderas,***
atorándose en las portezuelas...

(E. Poniatowska, **M**, 1983b:14)

Salvador (El)   **El Salvador**
*

salvadoreño, -a   **Salvadoran; Salvadorean; Salvadorian**
*

samba   *nf* **(PORT/AFR)**   **samba**
*

sambo, -a   *nmf*   **offspring of black person and (American) Indian**

...Robertito le servía al ***sambo*** *otra cerveza.*

(M. Vargas Llosa, **Pe**, 1972:568)

san   (Véase **lunes**)

sancocho *nm*   **stew**

olla compuesta de carne, yuca, plátano y otros ingredientes...
(J. Tobar Donoso, **Ec**, 1961:254)

sandinista *nmf*
* 1. **sandinista** *Hist* **(N)**   **pertaining to or member of Sandinist(a)**
                                              guerrilla movement (1927-1933), named
                                              after its leader, Augusto César Sandino

2. **sandinista**   **Sandinist(a); pertaining to or member (or supporter)**
                                 of 1970's guerrilla movement and, later (1979-),
                                 left-wing government of Nicaragua

*Un grupo de **sandinistas**, rodeado, se entrega al enemigo.*
(M. A. Espino, **S**, 1978:163)

*...la imaginación de López Portillo se había disparado con la lucha **sandinista**...*
(A. Riding, **M**, 1985:417)

sánduche/sánguche/sanguchito *nm fam* **(ENG)**   **sandwich**
[=bocadillo]

*...donde los maestros comenzaron a repartir **sánguches** y fruta.*
(O. Reynosa, **Pe**, 1973:173)

sandwichería *nf* **(ENG)**   **sandwich bar**

Sandwichería. *Necesito mozos ayudantes pago hasta 1500...* [sic]
(*El Comercio*, Lima, 5-11-86:D12 — anuncio)

sapote (Véase **zapote**)

sarape *nm*   **hand-woven Mexican blanket**

* *Envolvieron el cadáver en el **sarape**...*

(J. Revueltas, **M**, 1967:65)

sargazo *nm*   **seaweed**
* [=alga]

*...flotaban como en un mar de **sargazos**.*

(S. Sarduy, **Cu**, 1984:39)

sartén *nm*   **frying pan;**
[=sartén *nf*]   **(US) frypan**

*Decimos «el **sartén**», por la sartén.*

(J. F. Rubio, **G**, 1982:208)

sauna *nm* **(A) (Ch)**   **sauna**
[=**sauna** *nf*]

*Van al **sauna** a reducir de peso.*

(F. Morales Pettorino, **Ch**, 1987, IV:4214)

schop *nm* **(ALE) (A) (Ch)**   **draught beer; «pint»**
[=**cerveza de barril**]

*...los jóvenes que visten ropas de marca y beben **schops** en los **pubs** de Providencia.*

(J. Donoso, **Ch**, 1986:23)

schopería *nf* **(ALE) (A) (Ch)**   **(beer)bar**
[=**cervecería**]

*Señoritas atender **schopería**.*

(F. Morales Pettorino, **Ch**, 1987, IV:4215)

scruchante *nm fam* **(ITAL) (A)**   **burglar; housebreaker**
[=**ladrón**]

*Cayó una gavilla de **scruchantes**.*

(F. Coluccio, **A**, 1985:181)

sebiche (Véase **ceviche**)

seguido *adv*   **often**
[=**frecuentemente**]

*Don Fabio dejó de venir **seguido**.*

(C. E. Kany, 1951:301)

*Es de eso de lo que quizá nos acordemos aquí más **seguido**.*

(J. Rulfo, **M**, 1967:65)

*—¿Habla muy **seguido**?*
—Tres veces por semana.

(*Gente*, Buenos Aires, 4-9-86:16)

seguro *nm* **(CAm) (M)**   **safety pin**
[=**imperdible**]

Alfiler de dos ramas, una de las cuales termina en punta y la otra en una dobladura o cubierta en donde traba aquélla.

(J. F. Rubio, **G**, 1982:109)

sencillo *nm fam*   **(small) change**
[=**calderilla; suelto**]

*...y uno compra. —«¿Lleva **sencillo**?— preguntan, y cuando dan el vuelto, a veces el tren ya va caminando.*

(F. Silva, **N**, 1969:27)

senderista *adj* y *nmf* **(Pe)**
[= relativo a Sendero Luminoso]

**member of Sendero Luminoso;
pertaining to that guerrilla movement;
by Sendero Luminoso**

*El Comandante... ha sido objeto de un atentado **senderista**...*
(*El Mercurio*, Santiago, 8-5-86:A7)

Sendero Luminoso *nm* **(Pe)**
[= movimiento guerrillero maoísta]

**Maoist guerrilla movement led by
ex-professor Abimael Guzmán
(centred on Ayacucho)**

*Y esta situación... explica... la aparición del extremismo de **Sendero Luminoso**.*
(*El Comercio*, Quito, 7-4-85:A10)

sentir *vb*
[*f*] [= oír]

to hear

*Junto a la entrada, había un hombre... Al **sentirlo,** se incorporó.*
(M. Vargas Llosa, **Pe**, 1968:175)

separo *nm* **(M)**
[= celda]

(jail/police/prision) cell

*A golpes detuvieron a 63 trabajadoras... y fueron llevadas a los **separos** para ser
puestas a disposición de la Procuraduría de Justicia.*
(J. M. de Mora, **M**, 1983:66)

seviche (Véase **ceviche**)

*...calamares con papitas..., **seviche** de Chipichipi...*
(F. Buitrago, **Col**, 1979:65)

sexenal *adj*
sexenalmente *adv* **(M)**
[= cada seis años]

every six years

*Al final de la ruta **sexenal** será interesante recontar qué clase de decisiones impul-
sará...*
(M. Buendía, **M**, 1981:77)

sexenio *nm* **(M)**
[= seis años de presidencia]

Presidential six year term of office

*...es buen momento para la reorganización. El **sexenio** está comenzando a declinar
y ya hay pugnas entre los presidenciables.*
(*Por Esto*, **M**, 8-5-85:23)

siempre *adv*
[= así y todo]

**really; still
(in spite of something)**

*¿**Siempre** se va mañana?*

(C. E. Kany, 1951:327)

Siempre me casaré el sábado.

(Ibíd.)

«¿De modo que *siempre* volvió Donia? La mujer estaba segura de que jamás lo volvería a ver.»

(J. Rulfo, M, 1966:63)

—¿Sabes si *siempre* se murió Ambrosio?

(G. B. Tejeira, Pan, 1964:53)

—¿Se casó *siempre* Juanita con Anselmo?... Es como si se preguntara: ...¿Casóse en definitiva Juanita con Anselmo?

(Ibíd.)

siete

1. **¡la gran siete!** *interj fam*   **Wow!; Hell!**
   [=¡caramba!]

   —¿Qué hay?...
   Como tampoco obtuve respuesta me incorporé y miré a través del mosquitero...
   —*¡La gran siete!* ¿Qué hubo? —dije, variando esta vez la forma verbal de la pregunta...

   (A. Céspedes, B, 1969:216-217)

2. **de la gran siete** *exp adj fam*   **terrible; tremendous**
   [=de aúpa]

   —¿A qué hora te fuiste ayer?
   —Hice dos horas extra. Se armó un pastel *de la gran siete*.
   (M. Benedetti, Ur, 1970:228)

3. **hijo de la gran siete** *exp sust vulg*   **son of a bitch;**
   [=hijo de puta]   **bastard**

   Los doctores son unos perfectos *jijos de la gran siete*.
   (C. E. Kany, 1951:435)

¡siga! (Col) (PR)   **Come in!**
[=pase]

Quiere entrar en una oficina y golpea discretamente con los nudillos, y oye que le contestan enérgicamente: *¡Siga!*... Siga significa **pase adelante**.
(E. García Piedrahíta, Col, 1978:109)

sinfonola *nf*   **juke box**
[=tocadiscos tragaperras]

...el murmullo del disco favorito, tocando una y otra vez por la *sinfonola* del bar desierto...
(C. Fuentes, M, 1969:428)

sinsonte   *nm* **(NAH)**   **mockingbird**
[pájaro]
(Véase **cenzontle/zenzontle**)

A la tardecita cantan los **sinsontes**...

(M. Pereira, **Cu**, 1979:148)

siquiera   **at least; just**
[ƒ] [= por lo menos]   (*esp* **with imperatives**)

—**Siquiera** *come un poquito de pescado*...

(M. Vargas Llosa, **Pe**, 1983:338)

—*Estás temblando de frío.*
—*No lo siento.*
—*Entonces,* **siquiera** *tómate un trago para no pescar pulmonía.*

(L. Spota, **M**, 1970:123)

El otro me acerca algo a los labios, lo mete entre ellos. Lo escucho: —Fuma
siquiera.

(*Ibíd.*, 326)

—*¿Y es buena* **siquiera?**

(J. Donoso, **Ch**, 1983:87)

sisal   *nm*   **sisal (Agave sisalana)**

*   *Uno de los mejicanismos recientes de mayor importancia* [en Venezuela] *es* **sisal**
    (Agave sisalana)... *Sus fibras se emplean en la fabricación de sacos, cordeles y*
    mecates.

(A. Rosenblat, **V**, 1978:110)

siútico, -a   *adj fam* **(Ch)**   **affected; pretentious**
[= cursi]

Ya es significativo que los chilenos tengan su palabra propia para expresar lo
cursi: **siútico, siútico** [sic], *dicen*...

(E. González-Grano de Oro, **Esp**, 1983:198)

Me cargan esos famosos tés de beneficencia. No se ven más que **siúticas** *y diplomá-*
ticas centroamericanas...

(J. Donoso, **Ch**, 1983:163)

*«**Siútico**» es más que «cursi».*

(M. Delibes, **Esp**, 1956:165)

soconusco   *nm*   **fine chocolate**
*

sol (de oro)   *nm* **(Pe)**   **former monetary unit of Peru**
[= antigua moneda del Perú]

—*¿Puedes prestarme veinte* **soles?**

(M. Vargas Llosa, **Pe**, 1968:27)

soldadera   *Hist nf* (M)
[compañera del soldado]

...*las ollas... de las **soldaderas**...*

**female camp follower
(Mexican revolution)**

(C. Fuentes, **M**, 1969:103)

sombrilla   *nf* (Véase **valer**)

sompopo   *nm* (S)
[=hormiga amarilla]

...*el agua que caía en los hoyos de los **sompopos**...*

yellow ant

(C. Lars, **S**, 1977:93)

sonso, -a   *adj* y *nmf* (Véase **zonzo**)
[ƒ] [=tonto]

—*No seas **sonso**...*

fool; silly

(J. Cortázar, **A**, 1970:169)

soquete   *nm* (FR)
[=calcetín corto]

Se le dice al calcetín, media corta...

ankle sock

(D. Abad de Santillán, **A**, 1976:895)

soroche   *nm* (QCH)

*   *Le habían advertido más de una vez que la altura provoca **soroche**...*

altitude sickness

(M. Satz, **A**, 1980:436)

sorpresivo, -a   *adj*
[=inesperado]

*Dícese de lo que se hace o viene por sorpresa: ataque **sorpresivo**.*

**unexpected;
surprising**

(D. Restrepo, **Col**, 1955:921)

*El Vicario Apostólico salió **sorpresivamente** de la isla...*

(F. Buitrago, **Col**, 1979:155)

soya   *nf* (Col)
[=soja]

Soja *es el nombre castizo de esta planta... Pero si hemos de considerar su nombre
y su pronunciación en las distintas lenguas orientales..., de donde nos ha llegado,
podremos también escribir **soya**.*

soya bean

(R. Restrepo, **Col**, 1955:922)

su(s)   *adj* (Véase **ustedes**)
[=vuestros]

**your
(familiar plural)**

subrogante *adj invar pren* **(Ch)**   **acting; deputy**
[=interino]

El vicealmirante Rigoberto Cruz Johnson asumió la Jefatura del Estado Mayor de
la Defensa Nacional... Hizo entrega del mando el general de brigada aérea Jorge
Massa Armijo, quien actuaba como **subrogante** en el alto cargo.

(El Mercurio semanal, Santiago, 5-3-87:5)

subte/subterráneo *nm fam* **(A)**   **Underground (railway);**
[=metro]   **(US) subway**

Apócope de «**Subterráneo**», con que en Buenos Aires se designa al tren subterráneo
y que el vulgo dice «**subte**».

(D. Abad de Santillán, **A**, 1976:897)

sucre *nm* **(Ec)**   **monetary unit of Ecuador**
[=moneda del Ecuador]

Y la misa fue de a cien **sucres**, con banda de pueblo...

(J. Icaza, **Ec**, 1969:75)

sudadera *nf* **(M)**   **sweatshirt**

Lo acompañaba un enano negro... **sudadera** y pantalones sin forma y labios blancos
o como de gis...

(R. Garibay, **M**, 1982:147)

sudado *nm* **(Pe)**   **stew**
[=cocido]

—¿Cómo inició el día?
—Muy bien. En el desayuno un **sudado** de mariscos...

(El Comercio, Lima, 21-10-68:4)

suich *nm* **(ENG) (M)**   **switch**
[=botón; arranque]

—¿Qué pasó con la música?
—Nada más no enciende.
—Debe estar bajado el «**suich**».

(S. Magaña, **M**, 1970:526)

surazo *nm* **(A) (B)**   **strong southerly wind**
[=viento fuerte del sur]

El día comenzó a descomponerse y, por último, el **surazo** nos obsequió una noche
de frío y agua.

(E. Guevara, **A**, 1971:158)

321

suspensores *nmpl*
1. **suspensores**   **braces;**
   [= tirantes]   **(US) suspenders**

   *Muchos hombres se quitaron las chaquetas y quedaron en **suspensores**.*
   (J. Donoso, **Ch**, 1979:70)

2. **suspensores**   **athletic support;**
   [= suspensorio]   **jockstrap**

   *...llénense de piedras los bolsillos, no se olviden de los **suspensores,** el hombre
   debe cuidar los huevos más que el alma.*
   (M. Vargas Llosa, **Pe**, 1968:61)

switch *nm* (ENG) (M)   **starter button;**
   [= arranque]   **ignition (switch)**

   *...pidió la llave, la puso en el **switch,** hizo funcionar la radio y comenzó a oprimir
   los botones de selección automática.*
   (*Tiempo*, México, 7-6-71:63)

T

tabaco *nm* **(ARW)** **tobacco**
*

taco *nm*
1. **taco (NAH) (CAm) (M)** **rolled maize pancake with filling**

Tortilla de maíz hecha rollo, con alguna vianda o alimento en su interior.
(J. Mejía Prieto, **M**, 1984:129)

*Los puestos de **tacos** de chorizo...*
(C. Fuentes, **M**, 1969:193)

2. **taco (A) (Ch) (Pe) (Ur)** **heel of shoe**
[= tacón]

*...con zapatos de **taco** altísimo...*
(J. C. Onetti, **Ur**, 1981:157)

tacho *nm* **(?PORT)** **bucket; bin; pail**
[= cubo]

*...bordeando la casa... en medio de yuyos y **tachos** viejos, de basura...*
(E. Sábato, **A**, 1969:49)

taíno, -a *Hist adj* y *nmf* **(ARW)** **Taino (Indian/language)**

taita *nm* **(A) (B) (Ch) (Ec) (Pe)** **father (and term of respect)**
[= padre]

*Voz cariñosa, equivale a padre y su origen está en **tata**.*
(D. Abad de Santillán, **A**, 1976:906)

*—Yo soy mapuche, **taita**.*
(L. Durand, **Ch**, 1973:21)

***Taita** se aplica igualmente a personas de respeto: «**Taita** cura».*
(B. Rodríguez de Meneses, **Ec**, 1979:80)

tal (Véase **qué**)

tamal   *nm* **(NAH) (CAm) (M)**   **tamale (minced meat and maize/ corn paste wrapped in large leaf)**

...es de harina de maíz, cocida al vapor o al horno, que puede tener en su interior otros elementos y envolverse de varias maneras, en hojas de maíz o plátano.
(J. Tobar Donoso, **Ec**, 1961:266)

tambero   *Hist nm* **(QCH)**   **inn-keeper**
[=mesonero]

*...19 abogados...35 fotógrafos, 29 policías, 63 **tamberos**, 3 talabarteros...*
(*Panorama*, Buenos Aires, 20-5-69:36)

tambo   *Hist nm* **(QCH)**
1.   **tambo**   **wayside Inca inn**

Designa las construcciones que a distancias regulares flanqueaban las carreteras de los Incas, que servían de aposento y escala de aprovisionamiento en los viajes del Inca y en los movimientos de tropas.
(D. Abad de Santillán, **A**, 1976:908)

2.   **tambo   (A) (Par) (Ur)**   **(small) dairy (farm)**
[=(pequeña) vaquería]

*...leche en polvo, queso y manteca, productos que a los **tambos** les reporta menores precios que la leche fluida...*
(*La Nación semanal*, Buenos Aires, 17-3-69:6)

tambocha   *nf* **(Col)**   **highly poisonous ant**
[=hormiga muy venenosa]

*¡**Tambochas**!... Tratábase de la invasión de hormigas carnívoras, que nacen quién sabe dónde y al venir el invierno emigran para morir, barriendo el monte en leguas y leguas...*
(R. Gallegos, **V**, 1942:182)

tan
[*f*] 1.   **¡(y) tan** + adj/adv **que/como** + vb!   *fam*   **(And)... so/such...!**
                                    (for regret, reproach or disappointment)

...la mujer de René, ahora, era un espectro...
*—¡Y **tan** relindos dientes **que** tenía yo de chiquilla!*
(J. Donoso, **Ch**, 1983:30)

***Tan** feliz **que** estaba yo, y hoy mi mamá se ha molestado* [=enfadado] *conmigo, porque he traído malas notas del liceo.*
(E. Barrios, **Ch**, 1962:157)

***Tan** hermosa **que** fue la huérfana, y tanto que se ha secado ahora, se lamenta Pastorita.*
(S. Ramírez, **N**, 1982:279)

2. **de tan** + adj + **que/como** + vb   *fam*   **because... so**
   [= **porque... tan**]

   Se rió, más para enseñar sus grandes, redondos dientes blancos que parecían
   *postizos encima de la encía rosada, **de tan** parejos **que** eran.*
                                                          (G. Cabrera Infante, **Cu**, 1969:104)

   *Parecía que había dormido, **de tan** arrugado **como** estaba su traje.*
                                                          (F. Krüger, **A**, 1960:75)

3. Véase **qué**

tangana   *nf* (**Pe**)   **large oar**
   [= **remo grande**]

   *De pie, el práctico Nieves ladea la **tangana** a derecha e izquierda.*
                                                          (H. Hediger, 1977:527)

tango   *nm* (**?AFR**)   **tango**

* . *El **tango** sigue privando aquí lo mismo que hace treinta años y Carlos Gardel*
   continúa siendo un símbolo popular.
                                                          (M. Delibes, **Esp**, 1956:43)

tano, -a   *adj y nmf fam* (**ITAL**) (**A**) (**Ur**)   **nickname for Italian**

   Deriva de «napolitano». Voz vulgar despectiva que se aplica a los italianos...
                                                          (D. Abad de Santillán, **A**, 1976:912)

   *...porque este país está fundamentalmente hecho de **tanos** y gallegos...*
                                                          (E. Sábato, **A**, 1975:228)

   (Véase también **gallego**)

tanque   *nm* (**ENG**)   **(petrol/gas) tank**
[ʃ] [= **depósito**]

   *—Estos carros... ¡Siempre tienen algo! Le llené el **tanque** en Matanzas...*
                                                          (A. Estorino, **Cu**, 1964:104)

tanto   (Véase **qué**)

tantito   *adj y adv fam* (**M**)   **a little**
   [= **un poquito**]

   *«Si al menos hubiéramos traído **tantito** pulque, no importaría...»*
                                                          (J. Rulfo, **M**, 1966:90)

   —Se acabó la gasolina...
   *—No se apuren, nosotros tenemos **tantita,** ahora vamos a traerla.*
                                                          (J. A. Peñalosa, **M**, 1979:143)

   *Ese aire que sopla **tantito** antes de la madrugada...*
                                                          (J. Rulfo, **M**, 1967:26)

tapa *nf*   **top; cap (of bottle,** etc.)
[=tapón]

...*pateando una piedra o una* ***tapa*** *de botella...*
(M. Vargas Llosa, **Pe**, 1968:140)

tapabarro *nm* **(Pe)**   **mudguard;**
[=guardabarros]   **(US) fender**

En el ***tapabarro*** *de un colectivo abandonado dejaron sus sacos.*
(J. Ramón Ribeyro, **Pe**, 1973:116)

tapado *nm*
1. **tapado (A) (Ch)**   **(top)coat**
[=abrigo]

—*Mañana entregará a su hijo sus* ***tapados*** *y pieles; hay gente que los necesita.*
(E. Wolff, **Ch**, 1964:175)

2. **tapado (M)**   **official PRI election candidate (and future President)**
[=candidato oficial   **whose name is not revealed by the current**
para la presidencia]   **President until a specific date**

De ***tapado*** *a Presidente —previo el breve trámite de una campaña y unas elecciones— sin que nadie pueda impedirlo.*
(M. Buendía, **M**, 1981:142)

tapatío, -a *nmf* **(NAH) (M)**   **person from Guadalajara;**
[=relativo a Guadalajara]   **pertaining to that city**

Persona oriunda de la ciudad de Guadalajara, capital de Jalisco.
(J. Mejía Prieto, **M**, 1984:131)

tapioca *nf* **(TUP)**   **tapioca**
*

tapir *nm* **(TUP)**   **tapir (Tapirus terrestris)**
*

taquería *nf* **(M)**   **shop or stall where tacos are sold**
[=tienda de tacos]

...*a medida que avanza el día en los comales de las* ***taquerías*** *cercanas a la catedral.*
(E. Poniatowska, **M**, 1983b:80)

tarjeta verde *nf* **(M)**   **Green Card (for Mexican residents of USA)**

...*discurrió acerca de los trabajadores conocidos con el nombre de* ***tarjetas verdes*** *o sea mexicanos con visa de residentes permanentes en los EE.UU. que conservan su domicilio en territorio mexicano y trabajan en territorio norteamericano.*
(*Tiempo*, México, 7-6-71:11)

tarro *nm* **(PORT)**   **tin; can**
[*f*] [=bote; lata]

*La cocina se llenó de **tarros** vacíos...*

                                            (I. Allende, **Ch**, 1985:263)

tasajear *vb*   **to cut; to slash**

*...las gentes **tasajean** los asientos de los ómnibus.*

                                      (*El Comercio*, Lima, 9-10-68:2)

tasajo *nm* **(PORT)**   **jerked beef; dried salted strips of meat;**
[*f*] [=carne salada]   **(US) jerky**

*Cuando salimos apresuradamente del campamento habíamos metido en la mochila un **tasajo** de carne cada uno y llevábamos leche en polvo; era sólo un poquito de carne, un pedacito de dos pulgadas de ancho y dos cuartas de largo, porque nosotros cortábamos la carne en ristras, **tasajos** largos.*

                                      (O. Cabezas, **N**, 1982:143)

tata *nm*   **father (and term of respect)**
[=padre]

*Mi **tata** le hablaba al oído...*

                                   (R. González Montalvo, **S**, 1977:47)

Tawantinsuyo (Inkaiku) *Hist nm* **(QCH)**   **The Four United Provinces**
[=las cuatro provincias unidas]

*¿Por qué recibió la denominación de **Tawantinsuyo Inkaiku**? —Porque estaba dividido en Cuatro Confederaciones Agrícolas...*

                                   (M. A. Quiroga, **B**, 1968:19)

tecolote *nm* **(NAH) (CAm) (M)**   **owl**
[=búho]

*—¿Será un **tecolote**?*
*—¡Qué ocurrencia la suya! Cómo le voy a regalar ese pájaro que anuncia a la **pelona**?* [=la muerte].

                                          (C. Lars, **S**, 1977:107)

tecomate *nm* **(NAH) (CAm) (M)**   **narrow-necked gourd (liquid container)**

Cucurbitácea rastrera cuyo fruto tiene forma de ocho y vaciado sirve para llevar líquidos al campo, tapados generalmente con un pedazo de olote.

                                      (J. F. Rubio, **G**, 1982:222)

tehuelche *Hist adj y nmf* **(A) (Ch)**   **Tehuelche (Indian/language)**
                                                          (in Patagonia)

tejer *vb*   **to knit**
[*f*] [=**hacer punto**]

—*Sí, mi abuela teje prácticamente todo el día...*

(A. Rosenblat, **V**, 1979:137)

temblor *nm*   **earthquake**
[*f*] [=**terremoto**]

*...fue entonces cuando ocurrió el **temblor** y se cayeron muchos edificios.*

(E. Poniatowska, **M**, 1972:37)

temporario, -a *adj*   **temporary**
[*f*] [=**temporal; provisional**]

*...había afirmado que el gobierno de Levingston era **temporario**.*

(F. Luna, **A**, 1972:212)

tener *vb*

tener+expresión temporal: **(not) to have been**
+**de**+infinitivo   +present participle/noun:
+gerundio   +**for**+time expression
+*exp adv*   (See C. E. Kany, 1951:229-230)
+**de**+sust
+**sin**+infinitivo
[=**llevar**+expresión temporal:
+gerundio
+*exp adv*
+**como**+sust
+**sin**+infinitivo]

—*¿Qué querrá este muchacho? **Tiene** un mes **de** venir todas las tardes. ¿Estudian juntos?*

(J. Ibargüengoitia, **M**, 1962:393)

*...dijo finalmente a los reporteros que en los seis años que **tiene de** servir a la PGR sufrió amenazas...*

(*La Jornada*, México, 17-4-85:23)

*...se conoció que la infeliz muchacha **tenía pocas horas** de haber llegado a Caracas donde **tenía un mes** trabajando.*

(*Últimas Noticias*, Caracas, 20-10-68:45)

***Tengo mucho tiempo** queriendo a la morena, señor gringo.*

(C. Prieto, **M**, 1962:97)

***Tengo dos años** aquí.*

(C. E. Kany, 1951:229)

*Don Manuel **tiene venticinco años** de pescador.*

(M. Mejido, **M**, 1984:151)

Tienen poco tiempo *de casados, ¿no?*
—*Dos años.*

(A. Rosenblat, **V**, 1979:283)

Cuatro años **tenía sin** *verlo.*

(C. E. Kany, 1951:230)

[Los detenidos] *Tienen* tres días **sin** *probar bocado.*

(*Excelsior*, México, 28-4-85:1)

tenida   *nf* **(FR) (Ch)**   **outfit; kit; suit; clothes;**
[=traje]   **costume; uniform**

Es Bobby, el hijo. Trae valija y raqueta de tenis, **tenida** *de sport.*

(E. Wolff, **Ch**, 1983:160)

—*Ésa es* **tenida** *de noche, no de tarde.*

(J. Donoso, **Ch**, 1983:195)

teocali/teocalli   *Hist nm* **(NAH) (M)**   **ancient Mexican temple**
[=templo de los antiguos mexicanos]

Las crónicas del [siglo] XVI *dicen que era pueblo de importancia con veinte mil personas y muchos* **teocallis,** *y que su gente era altiva pues no se rindió antes de 1551.*

(R. Garibay, **M**, 1982:165)

tequila   *nf* **(M)**   **strong liquor made from pulque; tequila**

Aguardiente típicamente mexicana que se obtiene de la planta xerófita «Agave tequilana»...

(J. Mejía Prieto, **M**, 1984:133-134)

terno   *nm*   **(two-piece) suit**
[*f*] [=traje de dos piezas]

Abundaban por ahí unos hombres pálidos, muy sucios, de **terno,** *corbata y sombreros negros.*

(A. Bryce Echenique, **Pe**, 1981:155)

...me fui derecho al lugar de la catástrofe, vestido con un flamante **terno** *azul.*
(B. Chuaqui, **Ch**, 1957:242)

terral   *nm*   **cloud of dust**
[=polvareda]

...la pista pierde el asfalto y se llena de agujeros, pero el auto puede avanzar todavía unos metros, zangoloteando en medio de corralones y **terrales***...*

(M. Vargas Llosa, **Pe**, 1984:61)

tezontle   *nm* **(NAH) (M)**   **volcanic rock (for building)**

Piedra volcánica porosa, resistente y de color rojo oscuro. Desde los tiempos virreinales ha sido usado en nuestro país para la construcción de edificios.
(J. Mejía Prieto, **M**, 1984:134)

tianguis   *nm* **(NAH) (M)**   **open air street market**
[= **mercado; rastro**]

...tianguis es el mercado indígena que se celebra al aire libre...
(J. M. Lope Blanch, **M**, 1972:26)

tibio   (Véase **huevo**)

tiburón   *nm* **(ARW)**   **shark**
*

tico, -a   *adj* y *nmf fam*   **nickname for Costa Rican**
[= **costarricense**]

Nombre con que los nicaragüenses designan al hablante de Costa Rica por ser muy inclinado a usar en la conversación diminutivos como hermanitico, hijitico, etc....
(C. Gagini, **CR**, 1975:203)

*De ahí que el Departamento de Estado haya decidido catequizar a los **ticos**, intentando convencerlos en primer término, de que Nicaragua está todos los días a punto de invadirlos.*
(*El País*, Madrid, 18-6-84:9 — M. Benedetti)

tiempito   *nm fam*   **a little time**
[= **un poco de tiempo**]

*Te ruego que me escribas cuanto antes...; ojalá tuvieras un **tiempito** para contarme cuáles son las últimas reacciones de Mario.*
(J. Urquidi Illanes, **Pe**, 1983:204)

tiendita   *nf*   **little shop**
[= **tiendecita**]

*...llevando muestrarios... a las pulperías... y a las **tienditas** de los pueblos...*
(A. Rosenblat, **V**, 1979:642)

tierral   *nm*   **cloud of dust**
[= **polvareda**]

*...se ve una geografía de cerros calvos... y bastan los grises del grabado en acero para sugerir el rigor de los **tierrales** bajo el solazo bravo y el cielo azul.*
(J. Donoso, **Ch**, 1986:308)

tigre *nm*   **jaguar (Felis onca)**
[= jaguar]

*El felino conocido en América con el nombre de **tigre**, debe llamarse propiamente
jaguar.*

(C. Gagini, **CR**, 1975:203)

tigrillo *nm* **(CAm) (Col) (Ec) (V)**   **ocelot (Felis pardalis);**
[= ocelote]   **(Felis tigrina)**

tiliches *nmpl* **(NAH) (CAm) (M)**   **belongings; junk**
[= trastos]

*Se habían traído lo más indispensable, sus cazuelas, **tiliches**, una que otra macetita,
sus perros y sus gatos.*

(E. Poniatowska, **M**, 1983b:182)

timón *nm*   **steering wheel**
[= volante]

*Se subió a su camión y se vino a Lima lo más fresco. Cuando lo encontraron ahí,
salido de la carretera, se había quedado dormido sobre el **timón**.*

(M. Vargas Llosa, **Pe**, 1968:200)

tina *nf*   **bath(tub)**
[*f*] [= bañera]

*Una araña de patas largas que caminaba por el medio de la **tina** no logró inquie-
tarlo.*

(J. Edwards, **Ch**, 1967:213)

tipa *nf fam*
1. **tipa** **(A) (Ur)**   **girl; «chick»**
    [= tía]

*¿Qué tiene que ver esta **tipa** con la otra que se desnudó en tiempo record?*
(M. Benedetti, **Ur**, 1974:39)

2. **tipa** **(Ch)**   **pretentious woman**
    [= mujer cursi]

*Es bonita, pero no cae bien, porque es una **tipa**: se cree la muerte.*
(F. Morales Pettorino, **Ch**, 1987, IV:4478)

tiradero(s) *nm(pl)* **(M)**   **(rubbish/garbage)**
[= vertedero]   **tip/dump**

*En los cinco **tiraderos**... se descargan todos los días 500 toneladas de basura y
desperdicios.*

(M. Mejido, **M**, 1984:249-250)

331

tiradores *nmpl* (A) (Ur) **braces;**
[= tirantes] **(US) suspenders**

*El dueño del establecimiento lleva los dedos pulgares enganchados a los **tiradores** del pantalón...*

(E. Galeano, Ur, 1975:45)

tiro *nm*
1. **al tiro** *fam* (Ch) **immediately**
   [= en seguida]

   ...después se les olvida.
   *—Se les olvida **al tiro.***

   (A. Rabanales y L. Contreras, Ch, 1979:349)

2. **de a tiro** *fam* **completely**
   [= completamente] (See C. E. Kany, 1951:284-285)

   *...para ayudarle en el quehacer, porque ella ya no puede con nada. Está **de a tiro** vieja, la pobre...*

   (*Por Esto*, México, 8-5-85:34)

   *...pero esa mujer que vino ayer a llorar aquí... estaba **de a tiro** desconsolada.*
   (J. Rulfo, M, 1966:68)

titipuchal *nm fam* (M) **(noisy) crowd**
[= tropel]

*Tenderos y **titipuchal** de niños.*

(R. Garibay, M, 1982:96)

tiza *nf* (NAH) **chalk**
*

tiznado, -a
hijo, -a de la tiznada *exp sust vulg* **son of a bitch;**
[= hijo de puta] **bastard; slut**

*...«**hijo de la tiznada**», una injuria atenuada por metáfora («la chingada» = «la que ha sido violada o cogida» = «ensuciada» = «tiznada»).*
(L. M. Grimes, M, 1978:78)

*—¡**Hijos de la tiznada**!, ya me agujerearon mi sombrero; ora cuando llueva me voy a mojar.*

(C. E. Kany, 1951:435)

De las barracas comenzaron a salir los cortadores vomitando malas palabras.
*—Lluvia **hija de la tiznada**...*

(M. A. Espino, S, 1978:39)

tlapalería *nf* (NAH) (M)   **ironmonger's;**
[=ferretería; droguería]   **hardware store; paint shop**

Tienda en donde se vende pintura para muros y muebles, material eléctrico, utensilios para trabajos manuales, materiales de construcción y un sinfín de artículos...
(J. Mejía Prieto, **M**, 1984:135)

*...se da el nombre de **tlapalería** a un tipo especial de ferretería, parecido a las droguerías españolas...*
(J. M. Lope Blanch, **M**, 1972:26)

tlascal *nm* (NAH) (M)   **tortilla**
[=torta de harina de maíz]

tocayo, -a *nmf* (NAH) (M)   **namesake**
*   [=homónimo]

*...dio instrucciones en ese sentido a mi **tocayo** Mario Vargas Saldaña...*
(M. Guerra Leal, **M**, 1978:349)

tocineta *nf* (Col)   **bacon**
[=tocino]

*...desayunaba con café negro y huevos con **tocineta**...*
(F. Buitrago, **Col**, 1979:142)

tocuyo *nm* (A) (B) (Ch) (Ec) (Pe)   **coarse cotton cloth**
[=tela basta de algodón]

*Su chiripá, por entre cuyos pliegues se veían los calzoncillos de **tocuyo**, tenía unas borlas rojas...*
(L. Durand, **Ch**, 1973:16)

toditito, -a *adj fam*   **(absolutely) all;**
[=todo, todo]   **the whole lot**

*Nosotras dos fuimos testigos de la muerte de las familias que vivían allí. Murieron **todititos**.*
(Instituto de Estudio del Sandinismo, **N**, 1982:143)

todito, -a *adj fam*   **all; the whole**
[=todo]

*Ella hasta tuvo ganas de echársele a llorar entre los brazos y mojarle **todita** la camisa.*
(P. Vergés, **RD**, 1980:352)

todo

    toda la vida *interj fam* (A) (Ch) (M)   **Yes, indeed!;**
    [=¡claro!]   **Absolutely!**

    —O sea que prefiere usted el hampa tradicional a la juventud alborotada.
    *—¡Huy, mi jefe, pero **toda la vida**!*
(M. A. Almazán, **M**, 1983:39)

toletole *nm* **(A) (B) (Ch) (Ur)**   **row; uproar;**
[=alboroto]   **commotion**

—*Comenzó el **tole-tole** —dijo el aviador—. Mañana tengo que volar sobre Laguna Chuquisaca y Bogado y ver si hay concentración de paraguayos por allá. Se teme, creo, que ataquen Florida.*

(A. Céspedes, **B**, 1969:73)

tolteca *Hist adj* y *nmf invar* **(NAH) (M)**   **Toltec**
                                                           (Indian/language)

*El surgimiento de los **toltecas**... se remonta directamente a Teotihuacán.*

(A. Riding, **M**, 1985:37)

tolvanera *nf* **(CAm) (M)**   **dust storm**
[=polvareda]

*En la distancia de la carretera..., las **tolvaneras** que marcan el rastro del camión viajando solitario...*

(S. Ramírez, **N**, 1982:183)

tomado, -a
(estar) tomado *exp verb fam*   **(to be) drunk**
[=borracho]

—*¿Está **tomado**? —dijo luego, la voz medrosa y vacilante...*

(M. Vargas Llosa, **Pe**, 1983:166)

tomar *vb intransitivo fam*   **to drink**
[*f*] [=beber]

*Empecé a **tomar**, encontraba una triste voluptuosidad en el mareo alcohólico.*

(E. Sábato, **A**, 1975:277)

tomate *nm* **(NAH)**   **tomato**
*

tongo *nm fam* **(B) (Ch) (Pe)**   **Indian woman's hat**
[=bombín; sombrero hongo]

*El **bombín, sombrero hongo**, o simplemente **hongo**... tiene en el Perú y Chile el nombre familiar de **tongo***

(M. Hildebrandt, **Pe**, 1969:374)

topadora *nf* **(A) (M) (Ur)**   **bulldozer**
[=buldózer]

—*¡Les damos cinco minutos, che! ¡Si no salen les tiramos la casa abajo con la **topadora**!*

(O. Soriano, **A**, 1980:91)

tope *nm* **(M)**   **speed hump/ramp**
[= **tachuela**]

*En la ciudad de Moraine, Ohio... ha desaparecido una de las mayores causas de enojo para los automovilistas: los **topes** de acero o cemento que servían para obligar a los vehículos a disminuir la velocidad.*

                                        (*Tiempo*, México, 7-6-71:62)

torrentoso, -a *adj*   **torrential**
[= **torrencial**]

*...frente al río practicaba, pronunció muchos discursos en esas aguas **torrentosas**...*

                                      (E. Lafourcade, **Ch**, 1976:183)

torta de huevos *nf* **(M)**   **omelette; (US) omelet**
[= **tortilla**]

tortilla *nf* **(CAm) (M)**   **thin maize pancake;**
[= **torta de harina de maíz**]   **tortilla**

*Sólo se les oyó sorber el chocolate... y masticar **tortilla** tras **tortilla**...*

                                      (J. Rulfo, **M**, 1966:100)

totopo *nm* **(NAH) (M)**   **crisp tortilla**
[= **torta de harina de maíz**]

*Pasaron humeando las cazuelas de mole y **totopos** con frijoles y tamales costeños de piel dorada...*

                                       (H. Hediger, 1977:548)

totoposte *nm* **(NAH) (CAm)**   **crisp tortilla**
[= **torta de harina de maíz**]

*Contenían la respiración los hombres, mientras, silentes, comían su **totoposte** con café de tortilla, su chile y su sal en el inveterado guacal pintado con... achiote y hollín ocotoso.*

                                (J. M. López Valdizón, **G**, 1966:144)

totora *nf* **(AYM) (A) (B) (Ec) (Pe)**   **large reed; rush**
[= **junco**]

*En los grandes lagos, especialmente en los que tienen islas y bosques de **totora**, hay campanas que tocan a medianoche.*

                                    (J. M. Arguedas, **Pe**, 1973:11)

*Los de San Miguel... sobreviven tejiendo **totora**.*

                                    (G. A. Jácome, **Ec**, 1979:73)

totoral *nm* **(A) (B) (Ec) (Pe)**   **clump of large reeds**
[= **juncal**]

*...los **totorales** de los pantanos.*

                                    (J. Icaza, **Ec**, 1969:171)

totuma *nf* **(CAR) (B) (Col) (Pe) (V)**   1.   **fruit of calabash tree (totumo)**
                                                    2.   **cup or bowl made from the shell of the fruit**

Tutuma *o* **totuma** *es el nombre de origen caribe* **(tutum)** *del fruto de un árbol americano. Del fruto, especie de calabazo, una vez seco, se hacen rudimentarias vasijas.*

(M. Hildebrandt, **Pe**, 1969:387-388)

...cogió su agua con la **totumita** *y bebía...*

(A. Rosenblat, **V**, 1979:133)

totumo *nm* **(CAR) (B) (Col) (Pe) (V)**   **calabash tree (Crescentia cujete)**

traganíqueles
(máquina) traganíqueles *nf fam* **(N)**   **jukebox**
[=(máquina) tragaperras]

...las antiguas **máquinas traganíqueles** *de manubrios herrumbrados...*

(S. Ramírez, **N**, 1982:14)

tranque *nm* **(Ch)**   **dam**
[=embalse]

El **tranque** *almacena millones de metros cúbicos de material de desecho.*

(*El Mercurio*, Santiago, 16-12-87:A12)

transar *vb*
  1. **transar**   **to compromise**
      [=transigir]

  —Yo quería **transar** *amigablemente, mejorar un poco las relaciones.*

(D. Kon, **A**, 1983:205)

  2. **transar** **(Ch)**   **to trade**
      [=hacer negocios con]

  En Chile en el último tiempo se ha incrementado notablemente la actividad bursátil, donde se **transan** *acciones y toda clase de instrumentos financieros y otros.*

(*El Mercurio semanal*, Santiago, 5-2-87:2)

trapiche *nm*   **(sugar) mill; press**
[*f*] *Mecanismo usado para exprimir el jugo de la caña de azucar.*

(D. Abad de Santillán, **A**, 1976:942)

...en un abandonado **trapiche** *de caña...*

(M. Satz, **A**, 1980:76)

trasnochada *nf fam*   **late night (celebration);**
[*f*]   **lost sleep**

...el rostro empezaba a mostrar el efecto de las **trasnochadas**...

(J. Edwards, **Ch**, 1978:123)

trastabillar *vb*
[= dar tropezones]

to stagger;
to stumble

Canela apartó aquella forma desmedida de un manotazo haciéndola **trastabillar** *en el montón de tierra...*

(S. Garmendia, V, 1982:215)

La recorrieron **trastabillantes,** *bebiendo a pico de la botella el líquido excitante...*

(P. J. Vera, Ec, 1979:94)

traste *nm fam* (A)
[= trasero]

bottom

—Y la noche que el soldado me tocó el **traste**...

(H. Hediger, 1977:550)

tratativas *nfpl* (ITAL) (A) (Par)
[= gestión; trámites]

negotiations; steps

Todas aquellas personas de Victoria interesadas en las **tratativas** *para lograr la reunión familiar deben dirigir su correspondencia a...*

(*El Español en Australia*, Sydney, 27-5-80:7)

triates *nmpl* (?NAH) (M)
[= trillizos]

triplets

Nacieron **triates** *en Tasco, Pero Murieron por Falta de Atención.*

(*Excelsior*, México, 20-2-69:19 — titular)

tricota *nf* (FR)
[= suéter de punto]

heavy knitted sweater

...se ponía sobre el pullover una **tricota** *azul de marinero que su cuerpo no llegaba a estirar...*

(J. C. Onetti, Ur, 1981:167)

trocha *nf*
[*f*] [= camino]

track; path

El cerro estaba lleno de caminos y veredas. Eran **trochas** *entre los ranchos que se torcían a un lado y otro como cansadas... Pero todas llevaban a las mismas encrucijadas sucias...*

(A. Uslar Pietri, V, 1980:101)

trompear/trompearse *vb fam*
[= dar un puñetazo; pelearse]

to punch;
to have a fight

—Todo el mundo sabe que tienes miedo. Hay que **trompearse** *de vez en cuando para hacerse respetar.*

(M. Vargas Llosa, Pe, 1968:23)

tronar/tronarse   *vb fam*   **to shoot; to blow someone's brains out;**
[=cargarse a alguien a tiros]   **to blow one's brains out**

*...y gritó: «¡al que se mueva me lo **trueno**!».*
(S. Ramírez, N, 1982:284)

tropear   *vb* **(A)**   **to herd**
[=conducir el ganado]

tropero   *nm* **(A)**   **cowboy; cattle drover**
[=vaquero]

*Otálora bebe con los **troperos** y luego los acompaña a una farra...*
(J. L. Borges, A, 1980:25)

trusa(s)   *nf(pl)* **(M) (Pe)**   **underpants; (US) shorts;**
[=calzoncillos; bragas]   **panties**

¿Desgarraría [el balazo] *tu camisa Puritan, tu blusa Vanity, tu **trusa** (qué fea palabra: **trusa**)...?*
(E. Poniatowska, M, 1983b:161)

tucán   *nm* **(TUP)**   **toucan**

*   *...con jaula de **tucanes** y cenzontles junto al mostrador...*
(A. Carpentier, Cu, 1983:202)

tuna   *nf* **(ARW)**   **prickly pear;**
[=higo chumbo]   **(fruit of nopal)**

*Algunos de los ejidatarios despojados empezaban a... sacar unas tortillas, nopalitos, **tunas**.*
(V. Leñero, M, 1979:131)

tupamaro, -a   *adj* y *nmf* **(Ur)**   **urban guerrilla (1970's)**
[=guerrillero urbano]

...recordando aquel 4 de noviembre de 1780 en que se inició el movimiento acaudillado por Túpac Amaru.
(El Comercio, Lima, 5-11-86:6)

*Los **Tupamaros** Amenazan a Turistas Argentinos si Veranean en Uruguay.*
(El Nacional, México, 30-12-70:3 — titular)

tupí   *adj* y *nmf invar* **(TUP)** *(pl* **tupís)**   **Tupi (Indian/language)**
*

tupí-guaraní   *adj* y *nmf invar* **(TUP)**   **Tupi-Guarani (Indian/language)**
*

turco, -a *adj* y *nmf fam* **(A) (Col) (Ch) (Pe) (Ur)**   **indiscriminate pejorative**
[= epíteto despectivo dado a los   **nickname for inmigrants**
inmigrantes del Oriente Medio]   **from the Middle East**

Hacia finales de siglo llegaron a la Argentina centenares de miles de emigrantes. Los que provenían de Siria o Líbano, en aquel tiempo pertenecientes al imperio otomano, fueron y siguen siendo llamados **turcos;** *así como se llaman* **rusos** *a los judíos, porque llegaban desde Rusia en primer término.*

(E. Sábato, **A**, 1975:97 — nota a pie de página)

...el instinto me hizo comprender... el sentido despectivo que aquí en Chile se le ha dado a la palabra **turco.**

(B. Chuaqui, **Ch**, 1957:166)

tutuma   *nf* **(CAR)** (Véase **totuma**)   **See totuma**
  1. **tutuma** **(B) (Pe)**   **fruit of tutumo**

  2. **tutuma** **(B) (Pe)**   **cup or bowl made from the shell of this fruit**

  3. **tutuma** *fam* **(Pe)**   **head; brains**
    [= cabeza; sesos]

...la comparación con la cabeza es obvia.

(M. Hildebrandt, **Pe**, 1979:378)

tutumo   *nm*   **calabash tree (Crescentia cujete)**

U

ubicación *nf*   situation; position;
[*f*] [=situación]   location

> ...*siendo los policías los únicos seguros de la **ubicación** de la calle Agravios...*
>> (J. Donoso, **Ch**, 1983:169)

ubicado, -a *adj*   situated; located
[*f*] [=situado]

> —*De donde nosotros estábamos **ubicados** se llegaba derechito a Puerto Argentino...*
>> (D. Kon, **A**, 1983:99)

ubicar *vb*   to situate; to locate
[*f*] [=situar]

ubicarse *vb*   to be situated;
[*f*] [=situarse; estar situado]   to be located

> ...*y aunque nunca logré **ubicarme**, me imagino que nos tuvieron en el Campo Militar número Uno.*
>> (E. Poniatowska, **M**, 1983b:158)

ud./uds.   you
   [=vd.; vds.; usted(es)]

> *Mientras que **Ud.** espere...*
>> (*La Prensa*, Lima, 15-2-69:5)

> *Tenemos el agrado de dirigirnos a **Uds**...*
>> (Carta de la editorial Losada, Buenos Aires, 1971)

> (Véase **ustedes**)

¡újule! *fam* **(M)**   Huh!; Phew!; Wow!
   [=¡huy!; ¡vaya!]   (indicating surprise or mockery)

> —*¿En cuántas casas ha trabajado, señorita Nicasia?*
> —*¡**Újule**, pos ya perdí la cuenta!*
>> (M. A. Almazán, **M**, 1983:63)

ultimador, -a *nmf pren*   murderer; killer
   [=asesino]

> —*Morirse así nomás, sin razón... Sin verle la cara a su **ultimador**...*
>> (C. Fuentes, **M**, 1969:421)

ultimar   *vb pren*   **to kill**
  [=asesinar]

*Apenas salió del aula en que había **ultimado** a Willy... decidió cambiar de arma...*
                                                  (E. Sábato, **A**, 1975:250)

último
  ahora último   *exp adv*   **lately; recently**
  [=recientemente]

*...que quizás existieran desde antes, pero cuyo advenimiento se había hecho notar sólo **ahora último**...*
                                                  (J. Donoso, **Ch**, 1986:258)

urubú   *nm* **(TUP) (Par) (Ur)**   **species of vulture/buzzard**
  [=buitre]

*En el Paraguay... **iribú** o **urubú**, del guaraní... En el Uruguay, **urubú**...*
                                                  (A. Rosenblat, **V**, 1969a:213)

Uruguay   *nm* **(TUP)**   **Uruguay**
*

uruguayo, -a   *adj y nmf*   **Uruguayan**
*

usina eléctrica   *nf* **(FR)**   **electric power station**
  [=central eléctrica]

Galicismo. Planta de energía eléctrica.
                                                  (D. Abad de Santillán, **A**, 1976:961)

ustedes   *pron*   **you** (*the plural of* **tú**,
  [=vosotros]   as well as of **usted**)

***Ustedes**, niños queridos, sabrán explicar a sus padres...*
                                                  (C. Fuentes, **M**, 1969:132)

*«Tú no sabes lo que es eso, le dijo. **Ustedes** los jóvenes...»*
                                                  (A. Bryce Echenique, **Pe**, 1981:78)

utilería   *nf* **(FR) (A) (Col) (Cu) (M)**   **props;**
  [=accesorios]   **property department (Theatre)**

*No logró admirarme siquiera la noche pasada en la **utilería** del teatro de Bayreuth, bajo una wagneriana zoología de cisnes y caballos colgados del cielo...*
                                                  (A. Carpentier, **Cu**, 1979:100)

V

vacilar *vb fam* (M)   to have fun
[=divertirse]

Vacilar en México es divertirse, parrandear...

(A. Rosenblat, V, 1978:112)

vacilón   *nm esp* (CAm) (M)   party; fun; revel
[=fiesta; juerga]

vacilón, -ona   *nmf esp* (CAm) (M)   fun-loving; reveller
[=parrandero; juerguista]

A Venezuela llegó su derivado [de vacilar=divertirse] ***vacilón*** *con la acepción mejicana de «parrandero»: «Ando de **vacilón**» (también fiesta, holgorio)...*

(*Ibíd.*)

vaina *nf fam*   nuisance; bother;
[=molestia]   trouble

*Entonces, la **vaina** es así: solicitud denegada. No hay dónde ir.*

(E. Lafourcade, Ch, 1976:10)

vale   *nm fam* (V)   friend
[=amigo]

—*¿Qué hacemos, **vale**?*
—*No sé.*

(S. Garmendia, V, 1968:136)

valemadrista   *adj y nmf fam* (M)   indifferent (person);
[=apático; cínico]   cynic(al)

En la [Colonia] *Jaramillo, la gente más dejada de la mano de Dios la más brava, la más **valemadrista**, provenía de Guerrero.*

(E. Poniatowska, M, 1983b:224)

valenciana   *nf* (M)   trouser turn-up/(US) cuff
[=vuelta]

valer *vb*
1.   **me vale (madre)** *fam*   I couldn't care less
[=me importa un bledo/tres pepinos]

*...**me vale madre** significa «me importa un bledo».*

(A. Riding, M, 1985:25)

343

—*Pos el patrón me dijo...*
—*¡Me vale lo que haya dicho tu patrón! Yo le dije bien claro que tenía una camioneta, no un camión.*

(*Por Esto*, México, 15-5-85:36)

2. **me vale sombrilla** *fam*   **I couldn't care less**
[= me importa un bledo]

—*...las fechas **me valen sombrilla** —dijo Félix.*
—*Me encantan esas locuciones mexicanas. En efecto, una sombrilla vale muy poco en un país tropical, a menos que se tema una insolación.*

(C. Fuentes, **M**, 1978:155)

ve *nf*
1. **ve corta** *fam*   **(the letter) v**
[uve; ve de Valencia/vaca]

«*Nena, llegó tu novio*», *decía la tía,... pronunciando la **ve corta** como sólo consiguen hacerlo ciertas maestras de primer grado.*

(M. Benedetti, **Ur**, 1968b:55-56)

(Véase **be larga**)

2. **ve chica** *fam* **(M)**   **(the letter) v**
[= uve; ve de Valencia/vaca]

3. **doble ve** *fam* **(A) (Ch)**   **(the letter) w**
[= uve doble; ve doble]

Por riguroso turno, todos tienen que limpiar el water. Y así, un día el señor Zanetta dirige el conjunto en **Hamlet** *y Norah Rollan,* **née** *Fanny Rabinovich, limpia el **doble ve**-ce. Otro día el denominado Zanetta limpia el **doble ve**-ce...*

(E. Sábato, **A**, 1969:161)

velador *nm*   **bedside table**
[= mesita de noche]

*Al ver aparecer su marido... dejó el pote en el **velador**...*

(J. Donoso, **Ch**, 1983:165)

veladora *nf*   **candle**
[= vela]

*...debe depositar un peso... para comprarle una **veladora** a la Virgen.*

(O. Lewis, **M**, 1967:222)

venezolano, -a *adj y nmf*   **Venezuelan**
*

Venezuela   **Venezuela**
*

ventolada *nf* **PR**   strong wind; gale
[= vendaval]

*Pasado el peligro, y porque la **ventolada** destruyó su casita...*
(E. A. Laguerre, **PR**, 1971:136)

ver *vb*
1. ¡viera(s)!/¡vieran!/¡hubiera(s) visto!/   If only you saw/
    ¡hubieran visto! *fam*   had seen!
    [= ¡si viera(s)/hubieras visto!   You should have seen...!
    debería(s) ver/haber visto, etc.]

    —**Vieras** cómo impresioné a los de Ovando, Federico.
    (C. Fuentes, **M**, 1969:153)

    —*El Padre Azócar me estuvo mostrando los proyectos de la Ciudad del Niño.
    ¡Son preciosos! ¡**Viera** qué ventanales!*
    (J. Donoso, **Ch**, 1971:14)

    —*Cuando pienso en mi juventud, tan distinta... **Hubieras** visto los uniformes que
    se usaban entonces, aquellos penachos y los cascos.*
    (C. Fuentes, **M**, 1969:286)

    *Esas calles, ¡**hubieran** visto!*
    (Instituto del Estudio del Sandinismo, **N**, 96)

2. **ver**   to look at
    [= mirar]   (See C. E. Kany, 1960:215)

    *(El forastero **ve** en derredor suyo)*
    (C. Solorzano, **G**, 1964:316)

    *...se para detrás de mi. Voltea y se me queda **viendo**, entonces yo me lo quedo
    viendo...*
    (O. Lewis, **M**, 1967:316)

3. **verse** + adj *fam*   to look; to seem
    [= parecer]

    «*No, Julia, te **ves** divina. Escuchado en Méjico = se te ve, te vemos, luces
    divina*».
    (J. Polo, **Esp**, 1968:263)

    *¡Qué ridícula te **ves** con ese vestido con tantos vuelitos!*
    (J. Donoso, **Ch**, 1971:406)

    *Con la gorra puesta, mi mayor se **ve** diez años más joven.*
    (E. Caballero Calderón, **Col**, 1969:82)

vereda *nf*   pavement; footpath;
[= acera]   (US) sidewalk

*El tranvía logró detenerse, y el conductor saltó a la **vereda**.*
(A. Bryce Echenique, **Pe**, 1981:128)

vermú/vermut/
vermouth   *nf* (FR) (A) (Col) (Ch) (Pe) (Ur)   **(cinema) matinee;**
  [=función de la tarde]   **performance early evening**
  (7 p.m, etc.)

  *...y me llevó al Solís, a la **vermut** claro, porque de noche yo me duermo...*
  (M. Benedetti, **Ur**, 1968a:88)

vertiente   *nf*   **spring**
  [=manantial]

  *En el Cerro de la Cruz hay una **vertiente** que no se corta en todo el año.*
  (F. Morales Pettorino, **Ch**, 1987, IV:4708)

vesre/vesrre   *nm fam* (A)   **back slang**

  *...lenguaje secreto hecho invirtiendo algunas o todas las sílabas de las palabras, por ejemplo, **tirba**, por **batir**; **jebrame** por **hembraje**...*
  (F. H. Casullo, **A**, 1972:210)

vestón   *nm* (FR) (Ch)   **jacket; coat**
  [=chaqueta; americana]

  *...usaba **vestón**... café y polera roja.*
  (*El Mercurio*, Santiago, 9-4-69:29)

vez
  vez que   *conj fam* (Pe)   **whenever**
  [=cuando; cada vez que]

  Vez que le pesco una de esas porquerías, se la echo a la basura.
  (M. Vargas Llosa, **Pe**, 1973:74)

  Vez que le haga falta algún dato, yo se lo proporcionaré.
  (M. Vargas Llosa, **Pe**, 1972:142)

vía   (Ec)
  1. **una vía** [señal] (ENG)   **One Way (street)**
    [=sentido único]   (Quito, 1985)

  2. **doble vía**   [señal] (?ENG)   **Two-Way Traffic**
    [=doble sentido]   (Quito, 1985)

viaraza   *nf* (A) (Ur)   **fit (of anger);**
  [=ataque; ocurrencia]   **sudden idea**

  *...un chalequito de fuerza por unas horas, hasta que el muchacho reaccionara de su **viaraza**.*
  (J. Cortázar, **A**, 1970:395)

  «¿Qué dirías vos si dejo el empleo público?»...
  *«¿Y a qué se debe esta **viaraza**?»*
  (M. Benedetti, **Ur**, 1974:101)

victimario *nm pren*   **killer; murderer**
[= asesino]

Así se llamaba el sirviente de los antiguos sacerdotes, que encendía el fuego, ataba a las víctimas y las sujetaba en el acto del sacrificio...

(R. Restrepo, **Col**, 1955:999)

Y como en los crímenes bien planeados, vemos a las víctimas pero no vemos a los **victimarios.**

(*La República*, Lima, 8-4-85:4)

victrola *Hist nf*   **gramophone;**
[= gramófono]   **(US) phonograph**

cierto fonógrafo de lujo, que tiene forma de consola.

(R. Restrepo, **Col**, 1955:999)

...escuchábamos en una vieja **victrola***... discos de Gustav Mahler...*

(J. Edwards, **Ch**, 1978:36)

vicuña *nf* (QCH)   **vicuña**

*   *...a un metro de distancia... lo contemplaban los ojos de la* **vicuña***.*

(M. Vargas Llosa, **Pe**, 1968:13)

vidriera *nf*   **shop window**
[= escaparate]

Se detenían en cada tienda, en cada **vidriera***.*

(A. Bryce Echenique, **Pe**, 1981:56)

vidrio *nm* (Col) (Ch) (M)   **window**
[= ventanilla]

El último tramo hasta Puerto Montt fue en un transbordador de **vidrios** *rotos por donde se metía con aullidos el viento polar...*

(*El Espectador*, Bogotá, 19-5-86 — escrito por un chileno)

viejito, -a *adj y nmf fam*

1. **viejito**   **(nice) old (person)**
   [= viejecito]

   ...como la vieja y yo estábamos **viejitos** *ya...*

   (A. Rosenblat, **V**, 1979:651)

   ...¿se llamaba Fabio Cuesta el gobernador?; sí, un **viejito** *simpático...*

   (M. Vargas Llosa, **Pe**, 1983:196)

2. **viejito**   **friend**
   [= amigo]

   ...no lograba zafarse del abrazo pegajoso de Rivera. «Tú me comprenderás, **viejito***...»*

   (J. Edwards, **Ch**, 1967:171)

3. **viejito** [Véase **viejo** (4)]

viejo, -a

1. **viejo, -a** *nmf fam esp* **(A) (Ch) (Ur)**   1. **my father/mother**
   [=**mi padre/madre; mi marido/mujer;**   2. **my husband/wife**
   mi vida, etc.]   3. **term of endearment**
        to any of 1 or 2 above

   *Mi pobre **viejo** se la tuvo que aguantar... pero la **vieja** cuando él se murió...*
   empezó a chiyar [=chillar] *como loca.*

       (M. Puig, **A**, 1970:107)

   *Mi pobrecita **vieja** nunca se quejó. Nunca me pidió nada...*

       (O. Lewis, **M**, 1967:102)

   *...porque tengo que recoger a mi **vieja** en casa de su hermana, mi cuñada pues.*

       (*Por Esto*, México, 15-5-85:37)

2. **mis viejos** *nmpl fam esp* **(A) (Ch) (Ur)**   **my parents**
   [=**mis padres**]

   *...me vine para casa a saludar a **mis viejos**.*

       (D. Kon, **A**, 1983:201)

3. **(mi) viejo, -a** *nmf fam*   **(my) friend/mate/pal**
   [=**amigo**]

   *Haceme acordar en casa que te lea la confesión de Ivonne Guitry, **viejo**...*

       (J. Cortázar, **A**, 1970:269)

4. **Viejo/Viejito (de Pascua)**
   Viejito Pascual/Pascuero *nm fam*   **Father Christmas**
   [=**Papá Noel**]

   *Yo hace tiempo que dejé de creer en el **Viejo de Pascua**.*

       (F. Morales Pettorino, **Ch**, 1987, IV:4728)

5. **las viejas** *nfpl fam*   «chicks»; «birds»;
   [=**tías**]   (US) «dames»

   *—Tendría harta lana si no fuera por las **viejas** y el bailecito.*

       (C. Fuentes, **M**, 1969:13)

vientito *nm*   **breeze; light wind**
[=**vientecito**]

*...y ese **vientito** suave se mezclaba con la tibieza del auto.*

    (D. Viñas, **A**, 1962:280)

¡viera(s)!/¡vieran! (Véase ver)

villa miseria   *nf* **(A) (Ur)** (*pl* **villas miseria**)   **shanty town**
[= **barrio de chabolas**]

Nombre creado por Bernardo Bervitsky [= Verbitsky] *para designar las aglomeraciones de viviendas precarias o de emergencia que se levantan en los centros urbanos. Las casas son de cartón, chapas viejas...*

                                                (F. Coluccio, **A**, 1985:202)

vincha   *nf* **(QCH) (A) (B) (Col) (Ch) (Ec) (Pe)**   **hairband; headband**

Alicita es morocha, con el pelo no negro, castaño limpito y las ganas de tocarle el pelo, con la **vincha** *blanca ancha, de seda. Que brilla la* **vincha** *y brilla el pelo.*

                                                   (M. Puig, **A**, 1968:77)

(Véase **huincha**)

violencia   *Hist nf* **(Col)**   **long period of civil disturbance**
                                        and killings beginning in 1948
(Véase **bogotazo**)

violentismo   *nm pren* **(Ch)**   **agitation;**
[= **agitación**]   **social unrest**

En la página editorial de «El Mercurio» del 12 de febrero de 1970 hemos encontrado las palabras **«violentismo»,** *«violentista» como neologismos que se desean emplear para describir un estado permanente de violencia y para señalar a los partidarios y a los actores de la violencia.*

                                      (P. Lira Urquieta, **Ch**, 1969:100)

violentista   *adj* y *nmf pren* **(Ch)**   **supporter of social unrest;**
[= **agitador**]   **subversive**

...dijo que grupos minoritarios de **violentistas** *han tratado de crear una falsa imagen...*

                          (*El Mercurio semanal*, Santiago, 19-4-86:3)

...a raíz de la ocupación de sus recintos por alumnos **violentistas**...

                                              (*Ibíd.*, 1)

Viracocha   *Hist nm* **(QCH) (B) (Ch) (Ec) (Pe)**   1. **Inca god**
[= **dios de los incas**]   2. **name given by Incas to**
                                              the early Conquistadors

El Diccionario registra esta palabra como nombre que los antiguos indios de Chile y Perú daban a los españoles. No creo que se les diese a todos los españoles, sino únicamente a los patronos o amos.

                                    (J. Tobar Donoso, **Ec**, 1961:288)

viracocha   *nmf fam* **(QCH) (B) (Ec) (Pe)**   **respectful title for**
[= **título dado a los «blancos»**]   **«whites» by Indians**

...yo me dejaba abusar por mis **viracochas** *ganosas, embelesado en el mismo azul de ojos, en el mismo oro de pelos...*

                                    (G. A. Jácome, **Ec**, 1979:22)

visa *nf*   **visa**
[= visado]

En la ciudad de México hizo la conexión con American Airlines, a Houston. Tenía **visa** *para múltiples entradas al territorio norteamericano...*

(C. Fuentes, **M**, 1978:141)

vitrina *nf* (FR)   **shop window**
[*f*] [= escaparate]

...me prohibían cruzar continuamente de una vereda a otra para mirar las cosas más insignificantes en las **vitrinas** *apenas iluminadas...*

(J. Cortázar, **A**, 1970:18)

vitrola *Hist nf*   **gramophone;**
[= gramófono]   **(US) phonograph**

—Se acabó lo que se daba —gritó la ronda, con tres palmadas sonoras. Paró la **vitrola.**

(S. Sarduy, **Cu**, 1984:165)

(Véase **victrola**)

vizcacha *nf* (QCH)   **viscacha**
*

voceador (de periódicos) *nm*   **newspaper vendor;**
[= vendedor de periódicos callejero]   **newsboy**

Gladys no podía hablar de las fritangas y los gorros de papel de los **voceadores**...

(C. Fuentes, **M**, 1969:12)

vocero, -a *nmf*   **spokesman; spokeswoman;**
[*f*] [= portavoz]   **spokesperson; representative**

Pero regresaron, y William Powell, **vocero** *oficial del Secretario de las Naciones Unidas, declaró...*

(J. Fuentes Mares, **M**, 1984:192)

vodú *nm* (AFR)   **voodoo**
*   *Pero la ceremonia* **Vodú** *no se detuvo por eso.*

(M. Pereira, **Cu**, 1979:171)

volantín *nm* (Ch)   **kite**
[= cometa]

...niños con orzuelos que encumbran **volantines**...

(A. Skármeta, **Ch**, 1979:177)

voltear *vb*
1. **voltear**   **to turn (over)**
   [= volver algo]

   *Y él, al **voltear** el rostro para seguir la mirada del indio, encontró el rostro inmóvil de su mujer...*
              (C. Fuentes, **M**, 1967:95)

   ***Voltearon** la estera, y el sudor salía del otro lado.*
              (G. García Márquez, **Col**, 1970:51)

2. **voltear**   **to turn (to the right,** etc.**)**
   [= doblar; torcer]

   —*Oye, tú, niño, ¿dónde queda el correo?*
   —*Camina usted diez cuadras y luego **voltea** a la izquierda.*
              (J. A. Peñalosa, **M**, 1979:104)

3. **voltear**   **to turn (a)round**
   [= volverse]

   *...uno de mis amigos me dio un codazo y me dijo que **volteara**... Lo hice y encontré todavía al licenciado viéndome.*
              (M. Guerra Leal, **M**, 1978:270)

4. **voltear**   **to turn over;**
   [= volcar; derribar]   **to knock over**

   *...destripando los colchones, **volteando** el contenido de los armarios...*
              (I. Allende, **Ch**, 1985:352)

5. **voltear**   **(to...) again**
   [= volver a]

   —*No es nada —**volteó** a decir...*
              (H. Hediger, 1977:572)

6. **voltearse**   **to turn (a)round**
   [= volverse]

   —*Y se **volteó** pal* [para el] *otro lado y se acomodó.*
              (E. Poniatowska, **M**, 1972:38)

7. **voltearse**   **to overturn;**
   [= volcarse]   **to tip over**

   *...un autobús... se había **volteado** poco antes de llegar a Nuevo Laredo; había un muerto y varios heridos.*
              (M. Guerra Leal, **M**, 1978:336)

VOS

vos   *pron esp* **(A) (Par) (Ur)**   **you (familiar singular form)**
[= **tú**]   (See C. E. Kany, 1951:55-91)

Este pronombre forma parte del habla estándar de Argentina, Paraguay y Uruguay. También se encuentra en el lenguaje familiar de la mayoría de los otros países hispanohablantes de América, con la excepción de la República Dominicana, México, Panamá y Puerto Rico. Está poco extendido en Cuba, Perú y Venezuela.

Vos acompaña a la segunda persona del singular de las formas verbales, que en algunos tiempos y usos, sobre todo en el presente de indicativo y de subjuntivo y en las formas imperativas, son distintas de las del español peninsular y otras variedades estándar, fundamentalmente porque la acentuación se hace recaer en la terminación del verbo, dando como resultado una forma más próxima a las de la segunda persona del plural en el español peninsular (-**áis**, -**éis** e -**ís**). Por ejemplo: *vos* **cantás,** *vos* **volvés,** *vos* **decís,** *vos* **sos** [= **tú eres**]; **(que)** *vos* **cantés, (que)** *vos* **volvás, (que)** *vos* **digás; cantá, no cantés; volvé, no volvás; hacé, no hagás; aprendé, no aprendás; abrí, no abrás; decí, no digás; calláte, sentáte, reíte, decíme; demostrámelo, ponételo.**

Como se puede ver arriba, los verbos de radical irregular (p. ej., **volver, sentarse, demostrar**) resultan especialmente afectados.

El pronombre directo y el indirecto sigue sin cambiar (es decir, **te**), y el adjetivo posesivo correspondiente a *vos* es **tu (tus).** A continuación se dan ejemplos de uso de las tres naciones donde el empleo del *vos* (= **voseo**) está más generalizado.

«*Vos* no **decís** nada, pero yo no quiero tener problemas. **Andá** al hospital», me ordenó.

(D. Kon, **A,** 1983:68)

—¡**Soltáme, querés!**

(O. Dragún, **A,** 1967:58)

—¡*Ah!* **Sos** *vos... En la cocina* **tenés** *verdura fría de hoy... Yo ya comí...*

(A. Cuzzani, **A,** 1964:31)

—*Vos te habrías ahorcado.*

(D. Kon, **A,** 1983:213)

...no estaría hablando con vos.

(*Ibíd.*)

—¿*Vos sentías que tu destino ya estaba marcado?*

(*Ibíd.*)

—**Venite** *conmigo.*

(*Ibíd.,* 205)

—¿*Qué más averiguó?...*
—*Dice que a* ***vos*** *te siguen buscando por el monte.*

(A. Roa Bastos, **Par,** 1967:137)

¡*Vos sí que me* **hacés** *gracia!... Vos* **sos** *el ladrón, vos no más.*

(J. C. Onetti, **Ur,** 1981:28)

352

Ejemplos de otros países, donde el uso se encuentra menos extendido o está socialmente restringido:
Chile: El uso está prácticamente limitado a la clase obrera. La terminación en -**ai** es frecuente.

—*¡Puchas que te* **hai** *puesto papá consciente...!*

(J. Donoso, **Ch**, 1986:79)

El **vos** *se escucha en la norma inculta en alternancia con* **tú** *y con formas verbales que proceden de las propias de* **vosotros**, *pero abreviadas:* **vos tení(s), vos sabí(s).** *En la norma culta informal estas mismas formas suelen usarse, pero con* **tú** *expreso o tácito:* **Tú vai** *a tener que rediseñar una ciudad...*

(H. Cifuentes, **Ch**, 1980-1981:747)

Colombia:

Es mejor que **esperés** *a que te compre la silla de ruedas.*

(G. González Zafra, **Col**, 1983:129)

Guatemala:

Actualmente poco se utiliza el tú en Guatemala. Si no hay confianza o existe respeto se emplea «usted», de otro modo se usa el «vos».

(J. F. Rubio, **G**, 1982:240)

Nicaragua:

—*¡Qué* **sabés** *vos!*

(F. Silva, **N**, 1969:18)

El Salvador:

...ya **sabés** *vos cómo es que esas cosas se dicen.*

(R. González Montalvo, **S**, 1977:21)

voseo *nm*
[= el uso de vos]
the linguistic term for the use of the *vos* form
and its corresponding verb forms

¡vóytelas! *interj fam* (M)
[= ¡caramba!]
Wow!

Exclamación de sorpresa.

(J. Mejía Prieto, **M**, 1984:140)

vudú *nm* (AFR)
voodoo

* *...la supervivencia del «**vudú**» y la proliferación de diversas sectas protestantes...*

(F. Buitrago, **Col**, 1979:111)

vueltita *nf fam*
[= vueltecita]
walk; drive

—*Anímese, tía. Venga a dar una* **vueltita** *conmigo.*

(M. Benedetti, **Ur**, 1968a:87)

vuelto *nm*   **change**
[= **vuelta**]

*—¿Para qué diste tanto? —susurró Rivera—. ¡Pide el **vuelto**!*

                                      (J. Edwards, **Ch**, 1967:165)

vuestro, -a *adj esp* **(A) (Ur)**   **sometimes misused for** *su(s)* **in business**
[= **su**]   **correspondence and formal language**

*Creemos que resultará de **vuestro** interés conocer el contenido de... Podrán comprobar por ella que...*

               (Comunicación personal de una editorial argentina, 1969)

*El motivo de ésta es ofrecer a ustedes un perfecto ejemplar de... Esperando **vuestra** respuesta sobre el particular saludamos a ustedes muy atentamente...*

               (Comunicación personal de una librería uruguaya, 1969)

W

wachimán (Véase **guachimán**)

werak'ocha (Véase **viracocha**)

X

xauxa (Véase **Jauja**)

Y

1. **y**   *fam* **(A)** (al principio de la respuesta: **Well...**
   esp con **bueno** y **claro)**
   [= **bueno; pues**]

   —*Es roñoso, este Ñato, ¿eh?*
   —*Ahora que no está, no hablés mal de él, che.*
   —*Y bueno... ¿No es un roñoso, acaso?*

   (C. Gorostiza, **A**, 1971:72)

   —*¿Y cómo te sentías en el medio de la guerra y desarmado?*
   —*Y, es terrible.*

   (D. Kon, **A**, 1983:142)

   —*¿No es cierto que es un honor?*
   —*Y claro que es un honor, y bien grande.*

   (R. Arlt, **A**, 1968:68)

   —*¿Cómo te sentís ahora?...*
   —*Y, bien, bien del todo no estoy.*

   (D. Kon, **A**, 1983:191)

   —*...¿cómo fue ese mes de vida civil antes de la reincorporación?*
   —*Y, empecé a trabajar en el taller de planchado, pero no me sentía bien.*

   (D. Kon, **A**, 1983:83)

2. **(a)** + vb + **y** + vb   *exp vb fam*   **on and on;**
   [= vb + **que** + vb]   **constantly...-ing**

   (See C. E. Kany, 1951:240-241 and B. Steel, 1981:189)

   —*Tengo pena por la perra Malpapeada, que anoche estuvo llora y llora.*

   (M. Vargas Llosa, **Pe**, 1968:173)

   —*Las ocho ya. ¡Válgame! Y yo aquí habla y habla.*

   (R. Usigli, **M**, 1964:5)

   —*Desquitas bien el sueldo, hijo. A reniega y reniega, pero a trabaja y trabaja.*

   (M. Azuela, **M**, 1968:105)

ya

1. **desde ya**   *exp adv fam* **(PORT) (A) (Ch)**   1. **immediately; right away**
   [= **desde luego**]   2. **of course!**

   —*Sólo con una condición...*
   —*Desde ya aceptada, hijo.*

   (C. E. Kany, 1951:332)

2. **ya mismo**   *exp adv fam*   **right now**
   [= ahora mismo]

   ¡Te largas ya mismo de mi casa!

   (*Ibíd.*)

   —¡Bájese, abuelito! —seguía el chofer— ¡Ya mismo!

   (D. Viñas, **A**, 1962:280)

3. **ya mero**   (Véase **mero**)

4. **ya estuvo**   (Véase **estar**)

yacaré   *nm* **(TUP) (A) (B) (Par) (Ur)**   **alligator**
   [= caimán]   **(Caiman latirorostris)**

   Un yacaré emergía de entre las aguas fangosas.

   (F. H. Casullo, **A**, 1964:98)

yapa   *nf fam* **(QCH)**   **a little extra; bonus**

   ...en casi toda América yapa o ñapa designa aquello que el vendedor da voluntaria-
   mente sobre el peso o medida de lo comprado...

   (M. Hildebrandt, **Pe**, 1969:394)

yaqui   *adj* y *nmf* **(M)**   **Yaqui (Indian)**

   Desde la época de la Conquista, los guerreros yaquis se habían negado, tercamente,
   a aceptar la derrota y durante gran parte del siglo XIX *pelearon contra las coloni-*
   zadores blancos...

   (A. Riding, **M**, 1985:257)

yarará   *nf* **(TUP) (A) (B) (Par) (Ur)**   **highly poisonous snake**
   [= culebra muy venenosa]

   —Lo único que falta es que venga ahora una yarará a acostarse conmigo —se
   chanceó Gamarra...

   (A. Roa Bastos, **Par**, 1967:242)

yaraví   *nm* **(QCH) (A) (B) (Pe)**   **plaintive Indian song**
   [= canción india melancólica]

yerba   *nf*
[*f*] 1. **yerba**   **grass**
   [= hierba]

2. **yerba (mate)**   *nf esp* **(A) (Par) (Ur)**   **yerba mate (plant from which**
                                                         mate is made; the leaves from
                                                         which it is made)

   —...aprovechaba para comprar leche, yerba, y algunas otras cosas.

   (D. Kon, **A**, 1983:89)

yerbal *nm* **(A) (Par) (Ur)**   **(yerba) mate plantation**
[= plantación de hierba mate]

*El **yerbal** era inmenso. Nadie conocía sus límites.*

(A. Roa Bastos, **Par**, 1967:85)

yerbatero
1. **yerbatero** *nmf*   **herbal healer**
   [= curandero]

   *Pregonan los **yerbateros** pomadas exóticas, raíces medicinales, collares de ajo, pulseras magnéticas...*

(F. Buitrago, **Col**, 1979:13)

2. **yerbatero, -a** *adj*   **(of) mate;**
   [= relativo a la yerba mate]   **pertaining to mate**

   *Si nuestras compañías **yerbateras**...*

(E. B. de Alberti, **Ur**, 1971:196)

yerbera *nf* **(A) (Par) (Ur)**   **mate (leaves) container**
[= vasija para hojas de mate]

*...llené el poronguito en la **yerbera**.*

(R. Güiraldes, **A**, 1973:51)

yuca *nf* **(ARW)**   **yucca (Manihot Aipi)**
*   *...tubérculo comestible... del cual se hace pan.*

(J. Tobar Donoso, **Ec**, 1961:292)

yungas *nmpl* **(QCH) (B) (Pe)**   **deep Andean tropical canyons**
                                                in Bolivia and Peru

Valle caliente y húmedo... Proviene del nombre de los indios «Yuncas» que vivían en esa región.

(J. Muñoz Reyes, **B**, 1982:387)

yuntas *nfpl* **(V)**   **cufflinks**
[= gemelos]

*En Caracas y en la mayor parte del país hay que pedir **yuntas**... sólo la gente culta conoce el nombre de **gemelos**, un latinismo de la época clásica... los hermanos gemelos son **morochos**.*

(A. Rosenblat, **V**, 1960, II:175)

yuyal *nm* **(A) (B) (Par) (Ur)**   **clump of wild or medicinal grass**
[= mata de hierba medicinal]

*Inclinado entre el **yuyal**... el rancho los miraba.*

(A. Roa Bastos, **Par**, 1967:278)

yuyo *nm* **(QCH) (A) (B) (Par) (Pe) (Ur)**　　　　1.　**wild grass**
　　[=**hierba salvaje o medicinal**]　　　　　　　　　2.　**medicinal grass**

*Se metía en el monte y salía con brazadas de plantas y **yuyos** medicinales.*

(A. Roa Bastos, **Par**, 1967:54)

*...lo arrojó a una zanja, entre los **yuyos**.*

(O. Soriano, **A**, 1980:153)

Z

zacate *nm* (NAH)
[=paja]

straw; thatch; grass

—*El bandido del Pucuyo, me ha quemado las parvas y me deja amolado para el verano: ¡sin zacate!*
(R. González Montalvo, S, 1977:75)

zafacón *nm* (PR) (SD)
[=cubo de la basura]

rubbish bin; wastepaper basket; (US) waste basket

zafarse *vb*
[ʃ] [=soltarse]

to break away/loose; to free oneself; to escape

Bernstein se zafó de Félix con una fuerza desesperada...
(C. Fuentes, M, 1978:190)

La beso, pero se me zafa, con gesto rápido, huyendo de los brazos que la abrazaban...
(A. Carpentier, Cu, 1979:239)

No creo que haya peor horror que el de tener que estar inmóvil y no poder respirar. Yo quería zafarme y no podía.
(O. Lewis, M, 1967:340)

zambo, -a *adj y nmf*
[=mestizo de negro e indio]

offspring of black person and Indian

... el piloto de L'Ami du Peuple —zambo de caribe y negro.
(A. Carpentier, Cu, 1983:188)

zamuro *nm* (V)
[=buitre]

species of vulture/buzzard

La verdad es que si alguien dice zamuro afirmaremos que es venezolano, y si dice zopilote lo identificaremos como mejicano.
(A. Rosenblat, V, 1978:212)

...se confunden varias especies distintas. El zamuro es el Coragyps atratus, todo negro, incluyendo la cabeza; zamuro rey o rey zamuro es el Sarcorhamphus papa, con alas y cola negra, pero toda la parte inferior blanca y un collarín gris en el cuello.
(A. Rosenblat, V, 1969a:212)

zancudo *nm*   **species of mosquito**
[=mosquito]

...*y entonces el* **zancudo** *pica al mono, y después pica al hombre.*
(A. Rosenblat, **V**, 1979:647)

zapallo *nm* **(QCH) (A) (B) (Pe) (Ur)**   **marrow; pumpkin; squash**
[=calabacín]   **(Cucurbita maxima)**

Tenemos comida para diez días y en las inmediaciones hay **zapallo** *y maíz.*
(E. Guevara, **A**, 1971, 143)

«Allí mismo échele un kilo y medio de **zapallo** *bien amarillo.»*
(*La Nación*, Buenos Aires, 17-1-69:5)

zapote *nm* **(NAH) (CAm) (M)**   **sapote (tree and fruit)**
[=árbol y fruta tropicales]   **(Calocarpum sapota)**

...*abriéndole, como a un* **zapote** *maduro...*
(C. Fuentes, **M**, 1969:409)

zapoteca *Hist adj y nmf* **(M)**   **Zapotec (Indian)**

...*los* **zapotecas** *aparecieron primero en la región de Oaxaca, alrededor del 300 a.C...*
(A. Riding, **M**, 1985:36)

zapotillo *nm* **(NAH) (CAm) (M)**   **sapodilla plum (tree and fruit)**
[=árbol y fruta tropicales]   **(Achras sapota)**

zarigüeya *nf* **(PORT)**   **(o)possum**
*

zenzontle *nm* **(NAH) (CAm) (M)**   **mockingbird**
                                        (Mimus polyglottus)

Pequeña ave canora parecida al mirlo y como él de color pardo, aunque tiene el pecho y el vientre blancos.
(J. Mejía Prieto, **M**, 1984:142)

zíper *nm* **(ENG) (M)**   **zip; (esp US) zipper**
[=cremallera]

El vestido caía, pese al atorón del **zíper**...
(C. Fuentes, **M**, 1969:193)

zoncera *nf fam*   **foolishness;**
[=tontería; disparate]   **silly thing**

zonzo, -a *adj y nmf*   **silly (person)**
[*f*] [=tonto; bobo]

—*Calla, mamá, no seas* **zonza**...

(M. Vargas Llosa, **Pe**, 1974:212)

zopilote *nm* **(NAH) (CAm) (M)**   **species of vulture/(US) buzzard**
    [= **buitre**]   **(Cathartes atratus)**

*...los **zopilotes**, que por cierto sobrevuelan los basureros, son gordos, de plumas negras y lustrosas.*

(M. Mejido, **M**, 1984:249)

zoquetes *nmpl* **(FR) (A)**   **ankle socks**
    [= **calcetines cortos**]

*...claro, pensaste que era una nena, con mis˙zapatos sin taco y mis **zoquetes** blancos...*

(M. Puig, **A**, 1968:244)

APÉNDICES

APPENDICES

Apéndice 1

Palabras y significados no registrados o no etiquetados en la vigésima edición del *Diccionario de la lengua española* de la RAE (1984).

a) *Palabras, acrónimos y significados no registrados.*
   [Véase también el Apéndice 5]

a la mañana, etc.
a más... más...
a poco
¿a poco, (no)?
la AAA
la Triple A
abajino
abajo de
abarrotería
abasto
abulón
acompañado
acotamiento
achoclonarse
AD
adeco
adeísta
adelante mío
adentro de
adentro mío
adiosito
aeromoza
afiche
afilar
afuera de
afuerano
afuerino
afuerita
afusilar
agarrar y
agringado
agringarse
agripar(se)

aguaitada
aguaruna
ahorita/ahoritita
ajustador(es)
ALADI
ALALC
alberca
alcabala
alcanzar algo a alguien
alebrestarse
aliado
¡aló!
alrededor mío
allacito
a.m.
amueblada
amueblado
¡ándale!/¡ándele!
andar
andaras
antara
antojitos
apapachado
apapachador
apapachar
apapachos
APRA
aprista
ARDE
ARENA
arepera
Argentina
arrechar(se)

arriba de
arriba mío
asado
asesora (del hogar)
así
asisito
asorochar(se)
ate
atorón
atrás de
atrás mío
atrechar
austral
automercado
auyama
ave
aventón
babosada
bacán
balacear
Banda Oriental
bandeja
bañada
barrio
barros jarpa
barros luco
batacazo/batatazo
baúl
be larga
bebito
bencina
bencinera
betarraga/beterraga

bibliorato
BID
biógrafo
birome
blanco
blanquillo(s)
bloomers
blue-jean(s)
bluyín, -es
blúmer(s)
boca
bogotazo
bolear
bolería
bolero
boleta (de venta)
bolillo
bolitas
Bolivia
bolsa de dormir
boludo
bombero
boquita
botana(s)
botija
box
brasier/brassier(e)
breteles
brevedad
brilloso
bruja
Bs.
Bs.As
buen día
¿bueno?
bueyada
bulín
buró
buseca
buzo
cabrita
cachama
cachetada
cada que
cafiche
cafisho
cajeta (2)
cajetilla

cajuela
calamina
calaveras
calote
calzonaria(s)
calzonario(s)
callampa (2)
calle ciega
camarera
camellón
camisola
campera
campero
campito
candeal
cansador
cantegril(es)
capi
capitán
carabinero(s)
¡carambolas!
Caribe
carretero
carro comedor
carro dormitorio
cenzontle
CEPAL
cerca tuyo
cerquillo
cesantear
científicos
cientista
cierre eclair/cierrecler
cinturón de miseria
citadino
ciudad perdida
cívico
clavadista
clavarse
closet/clóset
CNC
CNI
CNT
cobre
cocinada
cofre
coger
coigüe/coihue

coipo/coipu
cojudear
cojudez
cojudo
cola de paja
colegiatura(s)
colimba
Colombia
colonia
colonia proletaria
colorado
combinado
comerse
COMIBOL
comisario
como
como que
como ser
(a) cómo dé/diera lugar
compa
compadrear
compita
completo
comunero
CONASUPO
concha
conchudo
cono sur
de mi (mayor) considera-
   ción
Contadora
continuismo
en contra mía
en mi contra
contra nf
contra adj/nmf
conversada
coño
(huevos a la) copa
COPEI
copeyano
corchetera
corcholata
cordobazo
corpiño
corrida
corrido
Costa Rica

costanera
cotelé
coyote (2)
crudo
CTM
cuadrar
¿cuál?/¿cuáles?
Cuba
cuba libre
cucur(r)ucú
cuchepo
cuero
cuicos
cuota
curita
cuye
C.V.
chabacano
(sandwich) chacarero
Chaco
chamarra
chamba
champa
chance
chanchada
chanchito
changarro
charapa (2)
charrúa
chasís
chasquilla(s)
chato
chau/chaucito
chaufa
chavalo
chaveta
chavo
chifa
chihuahua
chilpayate
(hijo de la) chingada
chingado
chingar
chingón
chino (2)
chinita (2)
chiquillada
chiva

chivato
choclón
chonchón
chop(p)
chopería
chuico
chullo/chulli
chuño/chuñu
chupón
churro
daiquiri/daiquirí
de mierda
de porquería
de no
de que
(y no se) diga (etc.)
digo
decolaje
decolar
delante mío
(en mi) delante
delegación (1-2)
demorar(se) en
dentística
desaparecer
desaparecido
desarmador
descangallado
descomponerse
descompostura
descompuesto
descontrolarse
desdolarización
desempacar
desocupado
despacio
despachar
despelote
despiole
destapamiento
desubicar
detrás mío
detrasito
devolverse
D.F.
día domingo (etc.)
dietista
dije

DINA
dínamo/dinamo *nm*
Diosito
direccionales
Dls./dls.
dólar
dolarización
dolarizar
donde
Dorado (El)
dormilona (1-2)
dulce de leche
¡eco!/¡école!/¡ecolecuá!
Ecuador
Edo.
egresar
egreso
ejidatorio
elegantoso
elenco
elevador
elevedorista
ELN
embarcar(se)
embromado
embute
en la mañana (etc.)
encima mío
enchastrar
enfrente mío
enganche
enmicado
enmicar
enojado
entrada(s)
entrar a
entre más ... más
entrenar
EPL
EPS
ERP
escuincle
escuintle
esperma
estanque
estaquear
¡ya estuvo!
este

estelaridad
E.U.(A.)
exitoso
faena
FALN
falla
fallutería
fané
fanesca
FARC
fayuca
fayuquear
fayuquero
FDN
FDR
FGL
fifí
financiera
financista
flauta (1-3)
FLN
flor de...
florcita
FMLN
FMR
foco (3)
folder/fólder
fondear
fondeo
fondillo
FPMR
fraccionadora
fraccionamiento
de franco
FRAP
frapista
frazada
frazada eléctrica
fregón
frejol/fréjol
frenada
frente mío
frigider/friyider
fritanguería
fritanguero
FSLN
¡fucha!/¡fuchi!
fueguito

fuente de soda
fuereño
fuete
fundillo
futileza
gamín
garza
garzón
gásfiter/gasfiter/gasfitero
gasfitería
gatillero
GC *nm*
GC *nf*
(una) gente
gil
G.N.
golpiza
góndola
gordo/gordito
gorila
grande
grapa
grifero
grifo
gringada
gripa
grisoso
guachada
guachafita
gambra
guampudo
guanaco (2)
guarangada
guardia nacional
guarura
Guatemala
guatitas
guayín
güevón
gusano
gusto
¡qué hubo(le)!
¡hubiera(n) visto!
no le hace
halcón
hambreador
harto
hasta

hielera
highball
¡híjole!
¡hijoeputa!/¡hijueputa!
¡hijuna!/¡hijunagran (puta)!
hinchada
Honduras
huáscar
huasipungo
huaso
huayco
huayno
hueso
hueva(s)
huevada
huevear
huevo a la copa/a la paila
huitlacoche
huizache
i/.
igual
INBA
incanato
indiecito
ing./ingeniero
ingresar a
intendente
interior(es)
inti
IPC
que le vaya bien
¡nos fuimos!
IVA
jaibol
jícama
¡jijo!/¡jíjole!/
    ¡jijunagrandísima!
jiote
jitomate
jodido
jojoba
jonrón
jorongo
joto
¡joven!
jr.
junto mío
justicialismo

justicialista
kepí(s)/kepis
kerosene
kichua
kuchen
laburar
laburo
lagarto
lambiscón
lambisconear
lampazo
lana
lanceta
lapicera
largavistas
lavar en seco
lavaseco
leprosario
leseras
libra
libreto
lic./licenciado
licenciar
líder máximo
liebre
limpito
lindura
living
living comedor
(a) lo de
lo + sust
(a) lo que
lolo
lonchería
longo
loquería
lucir
luche (1)
lunes (san)
lustrín
los Llanos
M-19
macró
machitos
madrazo
darle en la madre
su señora madre
maestría

primer magistrado
mal de Chagas
malacara
maletera
¡malhaya (sea)!
Malinche
Malvinas
mamá grande
mamacita
mambo
mameluco
mancornas
mandarse mudar
mandatario/primer
¿mande (usted)?
manilla
manito/mano
manso
manubrio
mañanitas
maquiladora
máquina
maría
masa
mata
maximato
jefe máximo
máximo jefe/líder
mazo
MDP
mecedor
mediagua
medio
mejor
a la mejor
membresía
mentada
mentarle (a) la madre
mero (1-5)
mero mero
merolico
mesón
mesonero
meter a
meterete
metete
metiche
mezanine/mezzanine

mi hijo
micrero
micro
¡miéchica!
milonguear
milpero
MIR
mirista
mirar
misiá/misia
(el) mismo que
mixteca
MLN
M.N.; m/n
MNR
moai
mofle/mofler
momio
montonera
montonero
morgue
morochos
morralla
motoneta
MPM
MRTA
muertito
mutual
N
nacional
nada: a cada nada
nadita
nagua(s)
napoleón
narcotraficante
narcotráfico
negocito
negrada
negrito
ni bien
nica
Nicaragua
nixtamal
no más (que)
nomasito
nochero (2)
noviar
Nueva Zelandia

nuevito
ñato (2)
ñor
ñudo
OEA
oír
olmeca
olote
¡órale!
orejero
orfanatorio
ostionería
otate
otomí
p.m.
paco
Pachamama/pachanama
pachanga
pachuco
padre/padrísimo
padrote
paila (2)
paisanada
pájaro bravo
pajero
palenque
palomita
paltó
pampa (2)
PAN
pana
Panamá
pancito
panista
panocha
panqué
panqueque
pantaleta(s)
pantimedia(s)
papá grande
papachador
papagayo
papel madera
papel sanitario
(un cuarto) para (las once)
paracaidismo
paracaidista
Paraguay

parar(se)
parihuela de mariscos
parlante
PARM
parqueadero
parrampán
parrilla
parrillada
partero
pasabocas
pasadores
pasapalos
pasto
pata (1-2)
patente
paya
PCN
PDC
pécari/pecarí
pedregullo
pelón
pelotudo
PEMEX
pendejada
penetrar a
pepenador
pepenar
peronismo
peronista
personero
Perú
pesera
pesero
peso boliviano
peyote
PGB
PGR
PGT
picana
picanear
picante
picantería
pico
picoso
pichincha
pichula
piecito
piedrita

piernita
pila
piloncillo
pinche
pinga
pinta
piola (1-3)
piolín
pioneta/peoneta
PIP
pipón
pipote
piquera
piraña
pirquén
pisco saur
pitada
pitillo
pituco
piyama
pizca
PJF
placa
placar/placard
placita
planchado
playera
pluma fuente
PNR
población (callampa)
poblador
de a poco
pochismo
pocho
podadora
polera
pololeo (1-2)
pololito
polvoso
pollero
pollo
pollo rostizado
ponchar(se)
donde el diablo perdió el
  poncho
se me pone
popoff
portabusto

portamaletas
posta
pote
potrillo
PPS
prado
precandidato
prepa/preparatoria
prepotencia
prepotente
PRI
priísta
PRM
profesionista
propiciador
propiciar
propio
provisorio
PSUM
PTB
pueblito
pueblo joven
puertita
Puerto Rico
pulóver
pulquero
pullman
puntaje
punto acápite
puro
puteada
qué (1-6)
quedar de
quepí(s)
queque
¡quihubo!/¡quiubo!
quinaquina
quinta
quipo(s)/quipu(s)
radial
radio
ramada
rampla
ranchera (1-2)
ranchero
ranchos/ranchitos
rasco
rastacuero

de a ratos
raza
re-
rebasar
recamarera
recién
reclamo
recomendado
recontra
recorrida
refucilo/refusilo
regadera
regalón
regalonear
regente
regio
registrar
regresar(se)
rejego
remecer
remera
renguera
reportar
reporte
repostero
República Dominicana
requerir de
resbalada
residencial
retén
riesgoso
rin (1-2)
rocoto
rochabús
rol
rondín
Zona Rosa
rosca
rosquete
rosquetón
rostizado
rotisería
rucio
ruletear
ruleteo
ruletero
runa simi
S/.

S.A. de C.V.
saber
salitre
(clase) salón
salpicadera
Salvador (El)
samba
sambo
sandinista
sanduche/sánguche/
  sanguchito
sandwichería
sartén *nm*
sauna *nm*
schop
scruchante
seguido
seguro
senderista
Sendero Luminoso
separo
sexenal
sexenalmente
SIDE
siete (1-3)
¡siga!
sinfonola
soldadera
su(s)
subrogante
subte/subterráneo
sudadera
sudado
suich
surazo
suspensores (1-2)
switch
taco (1)
¡(y) tan ... que ...!
de tan ... que/como ...
tangana
tano
tanque
tantito
tapa
tapado (2)
taquería
tarjeta verde

375

tasajear
Tawantinsuyo (Inkaiku)
tener ... de ...
terno
terral
tezontle
tiempito
tiendita
tierral
timón
tipa
tiradero(s)
al tiro
titipuchal
hijo de la tiznada
tlapalería
tocineta
toditito
tolelote
tomado
tomar
tongo
topadora
tope
torta de huevos
totopo
traganíqueles
tranque
triates
tronar(se)
tropear
trusa(s)
tupamaro

tupí-guaraní
turco
tutuma
tutumo
ubicado
ud./uds.
¡újule!
ahora último
UNAM
UP (1-3)
URNG
Uruguay
ustedes
vacilar
vacilón
vale
valemadrista
valenciana
valer madre
valer sombrilla
ve corta
ve chica
doble ve
veladora
Venezuela
ventolada
¡viera(s)!
verse
vertiente
vesre/vesrre
vestón
vez que
una vía

doble vía
victimario
victrola
vidrio
viejito (1-2)
viejo (1-5)
vientito
villa miseria
violencia
violentismo
violentista
vitrola
voceador
vodú
voltear (2-7)
vos
¡vóytelas!
vudú
vueltita
y (bueno, etc.)
(a) vb + y + vb
desde ya
ya mismo
yaqui
yarará
yuntas
yuyal
zapoteca
zenzontle
zíper
zoquetes

b) *Palabras y significados no etiquetados por país o zona.*

abigeo
abundoso
acá
acaso
achiote
adentro
adonde
afuera
agarrar(se)
agente

aguaitar
ahorita
ají
alcancía
altoparlante
allanamiento
allanar
amargoso
amarilloso
amarrete

amasia
ananá(s)
anteojos
antier
apercancar(se)
arco
arepa
arquero
arrumar
arrume

arveja
aura
aventar
azafate
azuloso
baboso
bacinica
bacinilla
bagre
balanceo
baño
báquira
barrilete
bejuco
berma
betarraga
bombilla
boricua
botar
brasilero
cacahuate
cacle
cafetalero
caguama
calzón
calzones
cambur
camino
camión
canciller
cancha
caña
cedrón
cerillo
comida
¡cómo no!
confitería
corchete
cuña
curda
charango
chícharo
chicharra
chichería
chinchorro
chofer
churrasco
damasco

danta
descamisado
descamisar(se)
desembarcar(se)
desespero
ejido
embolar
encomendero
enfermarse
entrante
escuchar
esculcar
estada/estadía
estanciero
estelar
extrañar
frazada
friolento
fritanga
fundo
gachupín
gallera
gallinazo
gis
grama/gramilla
grampa
guineo
se me hace que
hacienda
halar
heladera
hincarse
hostería
hacerse humo
impactante
indiada
de inmediato
izada
jalar
joder
limpia
liquidación
liquidar
loquero
lote
luego
luego luego
lustrar

llamado
manteca
materialista
mayor
mayoreo
medialuna
menudeo
meterse
mico
mona (2)
motorista
mugroso
nana
nigua
no más
ocelote
ómnibus
onza
ostión
paja brava
pajonal
pampero
parquear
pasajero
pavada(s)
pebre
peonada
pileta (2)
piso
placero
plata
platal
plática
platicar
plomería
prieto
¡pucha(s)!
puestero
quesadilla
radioso
rancho (1)
rayuela
refacción
refrigeradora
relajo
rematar
remate
rengo

renguear
renta
rentar
represa
resfrío
rete-/rete
sabroso
sacar
saco
sargazo
sedicente

sencillo
sentir
siempre
soya
tico
todito
toda la vida
tolvanera
trasnochada
trastabillar
traste

trompear/trompearse
tuna
ultimador
utilería
velador (2)
ver
vidriera
vitrina
vocero
voltear (1)
zapotillo

Apéndice 2

Préstamos de lenguas amerindias y otras lenguas extranjeras.

ARAHUCO

ají
arahuaco
baqueano/baquiano
batata
bohío
boniato/buniato
butaca
cabuya
cacique/cacica
caguama
caimán
caimanito
caníbal
canoa
caoba
caraota
carey
casabe/cazabe
catire
cayo
cayuco
ceiba
cocuyo
colibrí
comején
conuco
cumanagoto
chicha
enagua(s)
guacamayo
guanábana/guanábano
guanajo
(?) guayaba/guayabo
güira
hamaca
(?) henequén

huracán
iguana
jaiba
jíbaro
(?) macana
maguey
maíz
mamey
manatí
mangle/manglar
maní
nagua(s)
nigua
pita
pitahaya
plátano
sábana
tabaco
taíno
tiburón
tuna
yuca

NÁHUATL

achiote
aguacate
ahuehuete
amate
apapachado
apapachar
apapacho
atol/atole
ayate
azteca
cacahuate/cacahuete
cacao
cacle

caite
cajeta
camote
capulí
cenzontle
comal
coyote
cuate
cuitlacoche
champa
chapulín
chela
chicle
chico zapote
chihuahua
chile
chilpayate
chinampa
chocolate
ejote
elote
enchilada
equipal
escuincle/escuintle
gachupín
(?) galpón
guacal
guachinango
guaje
guajolote
guarache
guate
güipil
güisache
huacal
huachinango
huipil
huitlacoche

huisache/huizache
hule
jacal
jícama
jícara
jiote
jitomate
jojoba
machote
malacate
mecapal/mecapalero
mecate
metate
mezcal
mezquite
milpa/milpero
miltomate
mitote
molcajete
mole (poblano)
nahoa/nahua/náhuatl
nixtamal
nopal
ocelote
ocote
olote
otate
pachanga
papachador
papachar
papachos
papalote
pepenar
petaca
petate
peyote
pinol(e)
quetzal
sinsonte
taco
tamal
tapatío
tecolote
tecomate
teocali/teocalli
tezontle
tianguis
tiliches

tiza
tlapalería
tlascal
tocayo
tolteca
tomate
totopo
totoposte
(?) triates
zacate
zapote
zapotillo
zenzontle
zopilote

QUECHUA

achura(s)
alpaca
amancay
Andes
antara
apa
ayllu
cachaco
callampa
cancha
carpa
caucho
(?) coca
cochayuyo
cóndor
coto
(?) curco
(?) curcucho
(?) curcuncho
cuy(e)
chaca
chagra
(?) chancaca
charqui
chasqui
chasquilla(s)
chasca/chascón
chauca
chiche
chilca
china/chinita

chinchulines
chingana
chino
(?) chirimoya/chirimoyo
chiripa
choclo
cholo
chonta
chúcaro
chullo/chullu
chuño/chuñu
chupe
guaca
guaco
guacho
guagua
guambra
guampa/guampudo
guanaco
guano
guaraco
guarango
guasca
huaca
huaco
huacho
huaico/huayco
huaino/huayno
huanaco
huasca
huasipungo
huaso
huincha
huiro
humita
inca
inti
longo
lúcuma/lúcumo
llama
(?) macana
mate
minga
mita
morocho
mote
ñapa
ojota

opa
Pachamama/
   pachamama
pachamanca
paila
palta/palto
pampa(s)
papa
payador
Perú/peruano
pirca
pisca
pongo
porongo
poroto
pucará
pucho
puma
puna
quechua
quena
quichua
quina
quinaquina
quinina
quino
quirquincho
rocote/rocoto
runa
runa simi
soroche
tambero/ tambo
Tawantinsuyo (Inkaiku)
vicuña
vincha
Viracocha
vizcacha
yapa
yaraví
yungas
yuyo/yuyal
zapallo

CARIBEÑO

anón/anona
arepa
auyama

barbacoa
batea
batey
bejuco
Caribe/caribe
curare
curiara
chapopote
guateque
guayuco
loro
macuto
(?) manigua
mico
papaya/papayo
pecarí/pécari
piragua
totuma/totumo
tutuma/tutumo
Uruguay
uruguayo

MAPUCHE (ARAUCANO)

apercancarse
araucano
araucaria
boldo
coigüe/coihué
coipo/coipu
colocolo
copihue
chamal
chilco
diuca
guata/guatero
guatitas/guatón
huemul
laucha
loco
lolo
malón
mapuche
pehuén
pehuenche
pilcha
pololear

pololeo
pololo
poncho
puelche
quillango
quintral
ruca

TUPÍ-GUARANÍ

anana(s)
carancho
coatí/cuati
Chaco
guaraní
gurí
ipecacuana
jacaranda
jaguar
mandioca
maraca
ñandú
ñandubay
ñandutí
ombú
petunia
piraña
tapioca
urubú
yacaré
yarará

AYMARA

aimara/aimará/aymara
calato
(?) coca
coco
Chile
chileno
chinchilla
totora

MAYA

cenote
cigarro
guajiro

381

(?) Guatemala
guatemalteco
maya

INGLÉS

a.m.
balanceo
beba/bebe/bebito
béisbol
blue jeans/bluyín/
    bluyines
blúmer/blúmers
budín
bus
cientista
closet/clóset
condominio
chomba/chompa
folder/fólder
fuente de soda
gásfiter/gasfiter/gasfitero
guachimán
guayín
highball/jaibol
kerosene
jonrón
lavar en seco/lavaseco
living (comedor)
lonchería
maestría
membresía
mayor
mofle/mofler
morgue
motorista
once(s)
overol(es)
p.m.
panqué/panqueque
piyama
plomería/plomero
pluma fuente
pulóver
pullman
queque
querosen(e)
registrar

renta/ rentar
reportar
reporte
rin
rol
sanduche/sánguche/
    sanguchito
sandwichería
suich/switch
tanque
una vía
(?) doble vía
wachimán
zíper

FRANCÉS

afiche
betarraga/beterraga
box
brasier/brassier(e)
breteles
buró
cierre eclair/cierrecler
cierre relámpago
contralor
contraloría
cotelé
chance
chasís
chofer
decolaje
decolar
departamento
frigider/friyider
fuete
gamín
garzón
gendarme
gendarmería
gripa
grisalla
kepi(s)
liceo
macró
Malvinas
mariachi
(?) morgue

pana
pécari
petiso/petizo
placar(d)
(?) portafolio(s)
punzó
quepí(s)
rastacuero
recomendado
rol
rotisería
sedicente
soquete/zoquete
tenida
tricota
usina
utilería
vermú/vermouth
vestón
vitrina

ITALIANO

altoparlante
ambiente
bacán
bodrio
bulín
buseca
cafiche/cafisho
campaña
citadino
(?) curda
chao/chau/chaucito
descangallado
¡eco!/¡école!/¡ecolecuá!
enchastrar
falluto/falutería
góndola
grapa
laburar
laburo
linyera
mezanine
(?) manilla
operario
paisano
parlante

pibe
(?) portafolio(s)
rosticería
rostizado
salame
scruchante
tano
tratativas

PORTUGUÉS (BRASILEÑO)

brasilero
cachimba/cachimbo
calote
caneca
conchabar(se)/
   conchavar(se)
criollo
changa
changador
charol/charola
churrasco

farra
garúa
íngrimo
mucamo
pedregullo
pichincha
(?) samba
(?) tacho
tarro
tasajo
desde ya

LENGUAS AFRICANAS

bongó
cachimba/cachimbo
candombe
conga
(?) chévere
(?) dengue
guineo
mambo

Mandinga
marimba
ñame
quilombo
quimbombó
(?) samba
(?) tango
vodú/vudú

OTRAS LENGUAS

Alemán

chop/schop
chopería/schopería
kuchen

Chino

chaufa
chifa

Dutch

arrumar/arrume

Apéndice 3

Palabras de origen latinoamericano que ahora son de uso general en el español (señaladas con asterisco [*] en el texto).

achinado
agave
aguacate
aimara
ALADI
ALALC
alpaca
altiplanicie
Altiplano
América
americanismo
americano
amerindio
anaconda
Andes
andino
anón/anona
antillano
Antillas
arahuaco
araucano
araucaria
Argentina
argentino
armadillo
arrurruz
asado
ayllu
azteca
balsa
barbacoa
batata
boa
bogotazo
bolas/boleadoras
boldo
boleto
Bolivia
boliviano

bongo
bongó
boniato
bracero
butaca
cacahuete
cacao
cacique/cacica
cachimba/cachimbo
caimán
canasta
candombe
caníbal
canoa
caoba
carey
Caribe
caribe
caucho
cayo
ceiba
científicos
cigarro/cigarrillo
ciguatera
cimarrón
coatí
cobaya
cobija
coca
cocaína
coco
cochinilla
colibrí
Colombia
colombiano
comején
cóndor
conga
cono sur

Contadora
continuismo
contra *nf*
contra *nmf*
Costa Rica
costarricense
coyote
criollo
cuarterón
Cuba
cuba libre
cubano
cumanagoto
curare
Chaco
chau/chaucito
chibcha
chicano
chicle
chihuahua
Chile
chileno
chinchilla
chirimoya/chirimoyo
chocolate
chonta
dengue
desaparecer a alguien
desaparecido
dólar
dominicano
Dorado (El)
Ecuador
ecuatoriano
emparedado
enagua(s)
encomienda
gaucho
guanaco

guateque
gringo
guaca
guanaco
guano
guaraní
Guatemala
guatemalteco
guayaba/guayabo
guayabera
habanera
habano
hamaca
henequén
hincha
Honduras
hondureño
huaca
huanaco
huracán
iguana
inca
incaico
indigenismo
indigenista
índigo
ipecacuana
jacarandá
jaguar
Jauja/jauja
jipijapa
jojoba
laja
loro
lunfardo
llama
macanudo
macuto
Madre Patria
maguey
maíz
maizal
mal de Chagas
Malvinas
mambo
mandioca
mangle
manglar

mapuche
maraca
mariachi
mariguana/marijuana
marimba
mate
maya
mazorca
mixteca
muchachada
mulato
nahoa/nahua/náhuatl
Nicaragua
nicaragüense
nopal
ocelote
OEA
olmeca
ombú
onza
otomí
palo de rosa
pampa(s)
Panamá
panameño
papaya/papayo
papiamento
Paraguay
paraguayo
patata
pavo
payador
pecarí/pécari
peronismo
peronista
Perú
personalismo
peruano
petaca
petate
petunia
peyote
picana
picanear
piña
piragua
piraña
pita

plátano
poncho
porteño
Puerto Rico
puertorriqueño/
   portorriqueño
puma
puna
quechua
quetzal
quina
quinina
quipo/quipu
rajarse
República Dominicana
rodeo
rumba
sabana
Salvador (El)
salvadoreño
samba
sandinista
sarape
sisal
soconusco
soroche
tabaco
tango
tapioca
tapir
tiburón
tiza
tocayo
tomate
tucán
tupí
tupí-guaraní
Uruguay
uruguayo
venezolano
Venezuela
vicuña
vizcacha
vodú/vudú
yuca
zarigüeya

Apéndice 4

AMERICANISMOS DE FRECUENCIA

Palabras que se emplean con más frecuencia en el español de Hispano-américa que en el español peninsular (marcadas con una [ƒ] en el texto).

a-
abono
acá
¿acaso?
-ada
adjetivos utilizados en función adverbial
agarrar(se)
agente
agregar
-al
alcancía
alcanzar algo a alguien
alcaucil
altillo
allanamiento
allanar
a.m.
amarrar
amulatado
angosto
angurria
angurriento
apenar
apenas
apurar(se)
apuro
aretes
arrecho
arrendar
arribar
arribo
arriendo
arriscar
atorarse
auto
avaluar
balde
banana

banano
baqueano/baquiano
becado
béisbol
bien
blue-jean(s)/bluyín/
  bluyines
bochinche
bodrio
bravo
budín
cabellos
cachete
cafetal
camarera
caminar
canasto
candela
cantina
cantinero
capitalino
caracol
caracola
¡carajo!
castellano
cecina
cerca tuyo
cerro
cesante
cesantía
comadre
comadrear
como
¡cómo no!
compadre
confitería
contador
conventillo
coraje

corvina
costeño
costo
cuartelazo
cuatrero
chaparro
chico
chiflar
chile
chiquito
de que
demorar(se) en
desempacar
desgraciado
despacio
despacioso
desvestirse
-ear
emparedado
encendedor
enfermarse
enojado
enojarse
enojo
ensenada
entrante
entrar a
entre más ...
escobilla
estacionamiento
estacionar
estelar
excusado
exitoso
expresar
flaco
flojera
flojo
fósforo

fumada
gendarme
gendarmería
grabador
grasoso
griposo
guapo
haber de
hambrear
hincarse
hinchada
huesoso
hule
impactar
impacto
incentivar
íngrimo
ir: que le vaya bien
-ito
líder máximo
limpito
lindo
de lo lindo
lindura
liviano
lo/los
loma
máximo (4)
medias
mentarle la madre
mexicano
mezanine
mientras más

mimeografiar
mimeógrafo
mozo
-ng-
¿no?
no bien
normalista
nosocomio
operario
¡a la orden!
paisano
penca
pendejo
personero
a pesar suyo
pieza
pila
piso
placa
pocillo
poltrona
postergación
postergar
predio
prender
prepotencia
prepotente
prócer
prolijo
pues
quedar
re-
recibirse

recontra-
remoción
remover
renuente
retén
ríspido
sentir
siquiera
sonso
¡y tan...!
tanque
tarro
tasajo
tejer
temblor
temporario
terno
tiempo condicional
tiempo pasado
tina
tomar
trapiche
trasnochada
trocha
ubicación
ubicado
ubicar(se)
-udo
vocero
yerba
zafarse
zonzo

Apéndice 5

Acrónimos

AAA (la Triple A)   *nf* **(A)** [Alianza Anticomunista Argentina]

*...con documentos del gobierno peronista de Argentina que... incluyen listas de miembros de la lúgubremente célebre **Triple A** rioplatense.*

(*Cambio 16*, Madrid, 13-11-77:68)

*...había sido amenazado en numerosas ocasiones por la Alianza Anticomunista Argentina **(la Triple A)**.*

(*Cambio 16*, Madrid, 1-5-77:97)

AD   *nf* **(V)** [Acción Democrática]

*Fundador en 1941 del Partido **Acción Democrática (AD)** ...*

(*Visión*, México, 19-10-81:70)

*Sólo **AD** y COPEI, que gobernaban coligados en el período de Rómulo Betancourt (1958-63), detentan una parte considerable de poder político y poder económico...*

(*Primera Plana*, Buenos Aires, 10-12-68:27)

ALADI   *nf*   **Latin American Association**
*   [Asociación Latinoamericana   **for (Trade) Integration (1981-)**
de Integración]

Asociación que reemplaza a ALALC = LAFTA.

ALALC   *nf* [Asociación   **LAFTA (Latin American**
*   Latinoamericana de Libre Comercio]   **Free Trade Association)**

*Como invitados especiales participarán observadores de la **ALALC**...*

(*Novedades*, México, 30-12-70:19)

APRA   *nf* **(Pe)** [Alianza Popular Revolucionaria Americana]

*Es curioso y sorprendente que mucha gente de la calle a la que se pregunta sobre la solidez de los diez primeros meses de gobierno de la Alianza Popular Revolucionaria Americana **(APRA)** destaque los mínimos resultados positivos obtenidos...*

(*El País semanal*, Madrid, 25-5-86:4)

ARDE   *nf* **(N)** [Alianza Revolucionaria Democrática]

*Para el ex-dirigente de **ARDE** [Edén Pastora]...*

(*Cambio 16*, Madrid, 9-2-87:68)

ARENA   *nf* **(S)** [Alianza Republicana Nacionalista]

But the Church is facing other challenges. The far Right party Alianza Republicana Nacionalista (ARENA) gets a base vote of about thirty per cent.

(*The Australian*, Sydney, 1-4-87:9)

BID   *nm* [Banco Interamericano de Desarrollo]

El economista chileno Felipe Herrera, ex-presidente del Banco Interamericano de Desarrollo (BID), dio también su opinión...

(*Tiempo*, México, 7-6-71:19)

CEPAL   *nf* [Comisión Económica Para América Latina]   **ECLA (Economic Commission for Latin America)**

La Comisión Económica para América Latina (CEPAL) podría ser el organismo más adecuado para...

(*Visión*, México, 19-10-81:60)

CNC   *nf* **(M)** [Confederación Nacional Campesina]

Asimismo, [el presidente Lázaro Cárdenas] formó la Confederación Nacional Campesina (CNC), con intención de dar voz al campesino dentro del partido gobernante.

(A. Riding, **M**, 1985:70)

CNI   *nf* **(Ch)** [Central Nacional de Informaciones]   **Secret Police**

Los sorprendentes anuncios gubernamentales en relación a las atribuciones de la Central Nacional de Informaciones... dejaron a los chilenos con un gran signo de interrogación.

(*Cauce*, Santiago, 4-5-87:14)

CNT

1. **CNT**   *nf* **(Col) (G) (M) (Ur)** [Confederación Nacional de Trabajadores]

2. **CNT**   *nm* **(Ch)** [Comando Nacional de Trabajadores]

...el discurso... fue el único pronunciado en el acto del Comando Nacional de Trabajadores...

(*Ibíd.*, 38)

COMIBOL   *nf* **(B)** [Corporación Minera de Bolivia]

CONASUPO   *nf* **(M)** [Compañía Nacional de Subsistencias Populares]   **Mexican Government Buying and Selling Organization (for subsidised food, clothing and furniture)**

...ya había creado un impresionante imperio comercial cuando fue director de la CONASUPO, Compañía Nacional de Subsistencias Populares...

(A. Riding, **M**, 1985:157)

COPEI *nm* **(V)**   **Christian Democrat Party**
[Comité Organizador para Elecciones Independientes]

El Partido Socialcristiano **COPEI** *de Caracas informa a la opinión pública que su programa de radio... fue suspendido...*

(*El Nacional*, Caracas, 25-5-85:B12)

CTM *nf* **(M)** [Confederación de Trabajadores Mexicanos]

...su Confederación General de Obreros y Campesinos de México (CGOCM), que, en febrero de 1936, fue absorbida por la nueva Confederación de Trabajadores Mexicanos (CTM).

(A. Riding, M, 1985:70)

C.V. (Véase **S.A. de C.V.**)

DINA *nf* **(Ch)**   **Secret Police (until 1977)**
[Dirección de Inteligencia Nacional]

...la **DINA** *(Dirección de Inteligencia Nacional), creada por Pinochet y puesta directamente a sus órdenes...*

(*Cambio 16*, Madrid, 27-3-77:73)

Ese día, Washington podría pedir la extradición de dos altos jefes de la **DINA***, antiguo nombre de la policía política de la dictadura...*

(*Cambio 16*, Madrid, 23-3-87:68)

ELN *nm* **(B) (Col)** [Ejército de Liberación Nacional]

Aumenta en especial la lucha de un grupo guerrillero que desde hace por lo menos quince años se consideraba agotado: el Ejército de Liberación Nacional (ELN)...

(*Cambio 16*, Madrid, 15-12-86:124)

EPL *nm* **(Col)** [Ejército Popular de Liberación]

Además de las FARC..., operan en Colombia otros movimientos guerrilleros, como el Ejército de Liberación Nacional (ELN) y el Ejército Popular de Liberación (EPL). No hay unidad entre ellos...

(*Cambio 16*, Madrid, 27-2-77:57)

EPS *nm* **(N)** [Ejército Popular Sandinista]

ERP *nm* **(A) (S)** [Ejército Revolucionario del Pueblo]

La muerte del líder guerrillero Mario Roberto Santuche... supone un duro golpe para los guerrilleros del **ERP** *(Ejército Revolucionario del Pueblo), movimiento que inició la lucha armada en 1970.*

(*Cambio 16*, Madrid, 2-8-76:46)

FALN   *nf* **(V)** [Fuerzas Armadas de Liberación Nacional]

*Tanto las **FALN-FLN** (Fuerzas Armadas de Liberación Nacional y su expresión política: el Frente de Liberación Nacional) como el MIR (Movimiento de Izquierda Revolucionaria) eran hasta hace poquísimo... las más «cubanas» de las organizaciones guerrilleras que con diversa fortuna subsisten en América del Sur.*

(*Panorama*, Buenos Aires, 20-5-69:26)

FARC   *nfpl* **(Col)** [Fuerzas Armadas Revolucionarias de Colombia]

*Se mantenía, sin embargo, la tregua de las **FARC** (Fuerzas Armadas Revolucionarias de Colombia), de inspiración comunista, que es el grupo guerrillero más antiguo y poderoso del país: unos seis mil hombres, cuando los demás, sumados, no pasan de dos mil.*

(*Cambio 16*, Madrid, 29-9-86:86)

FDN

1. **FDN**   *nm* **(M)** [Frente Democrático Nacional]

   *...y el Frente Democrático Nacional **(FDN)**, grupo de partidos que se ha alineado tras Cuauhtémoc Cárdenas (hijo de Lázaro Cárdenas).*

   (*Mate Amargo*, Montevideo, 15-6-88:31)

2. **FDN**   *nfpl* **(N)** [Fuerzas Democráticas Nicaragüenses]

FDR   *nm* **(S)** [Frente Democrático Revolucionario]

*La guerra seguirá. Así lo han anunciado el Frente Democrático Revolucionario **(FDR)** y el Frente Farabundo Martí de Liberación Nacional (FMLN), que agrupan a todas las fuerzas de oposición de izquierda...*

(*Cambio 16*, Madrid, 5-4-86:58)

FGL   *nfpl* **(PR)** [Fuerzas Guerrilleras de Liberación]

...las llamadas Fuerzas Guerrilleras de Liberación, un grupo independentista...

(*El País*, Madrid, 26-5-87:14)

FLN   *nm* **(Pe) (V)** [Frente de Liberación Nacional]
(Véase **FALN**)

FMLN   *nm* **(S)** [Frente Farabundo Martí de Liberación Nacional]

*Five separate insurgent organizations... were subsumed under the **FMLN**/FDR* [Frente Democrático Revolucionario]...

(C. Clements, 137)

FMR   *nm* **(Ch)** [Frente Manuel Rodríguez]

*La acción se la adjudicó el «Frente Manuel Rodríguez» **(FMR)** en un mensaje entregado a los medios informativos...*

(*El Mercurio semanal*, Santiago, 27-8-87:1)

FPMR   *nm* **(Ch)** [Frente Patriótico Manuel Rodríguez]

...tenía concertada... la entrevista con los dirigentes del Frente Patriótico Manuel Rodríguez... El nombre le viene de un personaje alegórico de la independencia chilena de 1810...

(*El Espectador*, Bogotá, 17-5-86)

(Véase **FMR**)

FRAP   *nm* **(Ch)** [Frente de Acción Popular]

...los desfiles del FRAP y de la Democracia Cristiana...

(A. Skármeta, **Ch**, 1979:176)

FSLN   *nm* **(N)** [Frente Sandinista de Liberación Nacional]

El FSLN no era más que un grupo de muchachos valientes que se enfrentaban a la Guardia y que morían.

(Instituto de Estudio del Sandinismo, N, 43)

INBA   *nm* **(M)** [Instituto Nacional de Bellas Artes]

IPC   *nf* **(Pe)** [International Petroleum Company]

Los peritos encargados de la valorización de los bienes de la IPC viajaron ayer al Sur Chico...

(*La Prensa*, Lima, 15-2-69:2)

IVA   *nm* [Impuesto al valor agregado]   **value-added tax; VAT**
[= Impuesto sobre el valor añadido]

El impuesto al valor agregado, por ejemplo, el IVA, lo soporta básicamente la parte más necesitada de la población, puesto que prácticamente se impone en todo.

(J. M. de Mora, **M**, 1983:63)

M-19   *nm* **(Col)** [Movimiento 19 de Abril]

En su despacho se hallaban los guerrilleros del M-19 que unas pocas horas antes habían tomado sangrientamente el Palacio de Justicia, en pleno centro de Bogotá.

(*Cambio 16*, Madrid, 25-11-85:140)

MDP   *nm* **(A)** [Movimiento Democrático Popular]

El MDP está integrado por el Partido Socialista de Almeyda, el Partido Comunista, el Mapu-MOC, el Movimiento de Izquierda Revolucionaria (MIR) y el fusionado grupo de los socialistas «XXIV Congreso» y Coordinadora Nacional de Regionales.

(*El Mercurio semanal*, Santiago, 19-4-86:1)

MIR   *nm* **(B) (Ch) (Pe) (V)** [Movimiento de Izquierda Revolucionaria]

—No defendemos el nombre. En algún lugar se llama MIR, en otros, Montoneros, con variantes locales. Se trata de una idéntica aspiración hacia la justicia humana.

(E. Lafourcade, **Ch**, 1976:34)

MLN *nm* **(G) (M) (Pe) (Ur)** [Movimiento de Liberación Nacional]

MNR *nm*
  1. **MNR** **(B) (S)** [Movimiento Nacionalista Revolucionario]

  ...abrazamos a viejos y nuevos amigos, hombres del Movimiento Nacionalista Revolucionario, protagonistas de la joven revolución...
  (A. Céspedes, **B**, 1965:vii)

  2. **MNR** **(G)** [Movimiento Nacional Reformista]

MPM *nm* **(A)** [Movimiento Peronista Montonero]

  ...los máximos dirigentes del Movimiento Peronista Montonero...
  (*Cambio 16*, Madrid, 26-3-78:69)

MRTA *nm* **(Pe)** [Movimiento Revolucionario Túpac Amaru]

  La policía responsabilizó de los ataques contra el Instituto a otro grupo insurgente, el Movimiento Revolucionario Túpac Amaru (MRTA).
  (*El Español en Australia*, Sydney, 19-4-88:1)

OEA *nf* [Organización de   **OAS (Organization of**
 *   los Estados Americanos]   **American States)**

  En la República de Santa Lucía se efectuará la próxima asamblea ordinaria de la Organización de los Estados Americanos (OEA)...
  (*Visión*, México, 19-10-81:70)

PAN *nm* **(M)** [Partido de Acción Nacional]

  El PAN es el heredero del antiguo Partido Conservador y de la tradición católica mexicana.
  (*Comercio*, México, enero 1986:14 — O.Paz)

PARM *nm* **(M)** [Partido Auténtico de la Revolución Mexicana]

  ...los compañeros de viaje del PRI —el PPS y el PARM— siguieron la tradición apoyando al candidato oficial, Miguel de la Madrid...
  (A. Riding, **M**, 1985:123)

PCN *nm* **(S)** [Partido de Conciliación Nacional]

  Perhaps the oddest transformation is being forced on one of El Salvador's oldest political organisations, the Party of National Conciliation (PCN).
  (*The Australian*, Sydney, 1-4-87:9)

PDC *nm* **(A) (B) (Ch) (CR) (Pe) (S)** [Partido Demócrata Cristiano]

  El PDC busca lanzar cuanto antes la campaña por las elecciones libres...
  (*Hoy*, Santiago, 26-1-87:8)

PEMEX (M) [Petróleos Mexicanos] **Mexican State Petrol Company**

*El director de **PEMEX** habló... Negó que Petróleos Mexicanos sea insuficiente...*
(*Unomásuno*, México, 16-5-85:8)

PGB *nm* (Ch) [Producto Geográfico Bruto] **GDP (Gross Domestic**
[= **PIB** Producto Interior Bruto] **product**

*...durante cinco de los seis años..., el **PGB** creció a una tasa inferior a la histórica...*
(*El Mercurio semanal*, Santiago, 25-2-88:3)

«El sector industrial manufacturero genera aproximadamente el 21% del Producto Geográfico Bruto del país.»
(*Ibíd.*, 8)

PGR *nf* (M) [Procuraduría General de la República]

*...coordinador de la Campaña Contra el Narcotráfico de la **PGR**...*
(*Por Esto*, México, 8-5-85:17)

PIP *nf* (Pe) [Policía de **(Police) Criminal**
Investigaciones del Perú] **Investigation Branch**

*Las investigaciones están siendo practicadas tanto por la GC, y [sic] por el personal de Homicidios de la **PIP**.*
(*El Comercio*, Lima, 21-10-68:19)

PJF *nf* (M) [Policía Judicial Federal] **Federal Police**

*...acribillaron a un vecino del comandante de la **PJF**...*
(*Por Esto*, México, 8-5-85:17)

PNR *Hist nm* (M) [Partido Nacional Revolucionario (precursor del PRI)]

*Al dejar la presidencia, [Calles] virtualmente decretó la existencia del Partido Nacional Revolucionario **(PNR)**.*
(A. Riding, **M**, 1985:68)

PPS *nm* (M) [Partido Popular Socialista]

*En las cámaras están representados otros tres partidos, el PAN conservador, el **PPS** de inspiración inicial próxima al socialismo y ahora convertido en un apéndice del PRI y el PARM, partido insignificante y residual.*
(*Cambio 16*, Madrid, 1-5-77:88)

PRI *nm* (M) [Partido Revolucionario Institucional] **Mexican governing party**

*Nadie puede entender México si omite al **PRI**.*
(O. Paz, **M**, 1979:30)

PRM   *nm* **(M)** [Partido de la Revolución Mexicana]

En 1939 el PNR fue nuevamente bautizado, ahora con el nombre de Partido de la Revolución Mexicana (PRM).

(A. Riding, **M**, 1985:72)

PSUM   *nm* **(M)** [Partido Socialista Unificado de México]

En 1981 se hizo un gran esfuerzo por lograr la unidad, cuando el Partido Comunista aceptó unir sus fuerzas con las de varios partidos pequeños —entre ellos MAP, PPM, PSR, MAUS— para formar el nuevo Partido Socialista Unificado de México (PSUM).

(A. Riding, **M**, 1985:130)

PTB   *nm* **(Pe)** [Producto Territorial Bruto]   **GDP (Gross**
   [= **PIB** (Producto Interno Bruto)]   **Domestic Product)**

S.A. de C.V.   *nf* **(M)** [Sociedad Anónima de Capital Variable]   **and Co. Ltd.; Inc.**

SIDE   *nm* **(A)** [Secretaría de Inteligencia del Estado]   **(Peronist) Secret Service**

UNAM   *nf* **(M)** [Universidad Nacional Autónoma de México]

Soy estudiante del último año de preparatoria y pienso ingresar en la licenciatura de física de la Facultad de Ciencias de la UNAM.

(*Información Científica y Tecnológica*, México, 1-6-81:2 — carta)

UP   *nf*

1. **UP** [Unidad Popular] **(Ch)**   **left wing party** (1970-1973)

¿Eran empleados de tiempos de la UP que permanecieron en sus puestos...

(J. Donoso, **Ch**, 1986:168)

2. **UP** [Unión Patriótica] **(Col)**   **left wing party**

...en el último año y medio han caído asesinados 457 militantes de la Unión Patriótica (UP), partido legal surgido a partir de la tregua firmada con las guerrillas comunistas FARC.

(*Cambio 16*, Madrid, 21-9-87:73)

3. **UP** [Unión Popular] **(Pe)** .

URNG   *nf* **(G)** [Unidad Revolucionaria Nacional Guatemalteca]

Los grupos rebeldes de la Unidad Revolucionaria Nacional Guatemalteca (URNG) —la guerrilla más antigua de Centroamérica— apenas si cuentan con 2.000 hombres.

(*Cambio 16*, Madrid, 13-6-88:107)

Apéndice 6

Otros americanismos morfológicos y sintácticos

a-

Véanse: (i)   **acriollado**   **agriparse**
                     acriollarse   **aguasarse**
                     achinado   **aindiado**
                     acholado   **amulatado**
                     agauchado   **apunarse**
                     agauchar   **asorocharse**
                     agringado
                     agringarse

           (ii)   **abalear; achoclonarse; acotejar.**

           (iii) **adentro; adonde; afuera.**

-ada *fam*

[*f*] Aunque este sufijo es totalmente común y productivo para derivados en España, es particularmente productivo y característico del español hispanoamericano, especialmente en el lenguaje coloquial. Aquí ofrecemos listas de muestra. En su orden alfabético normal, el lector encontrará ejemplos en el texto de los sustantivos marcados con un asterisco.

       (Véase C. E. Kany, 1951:15-19; 1960:101-104, y J. M. Lope Blanch, 1972:17)

   1.   **-ada**

      Denota la acción del verbo raíz. Suele aparecer en frases que contienen verbos del tipo **dar, echar, hacer, poner**. P. ej.:

afeitada	**cortada**	**limpiada**
agarrada	**fregada**	**platicada**
*aguaitada	***fumada**	**puteada**
alojada	***guiñada**	**regañada**
atropellada	**husmeada**	**repasada**
*bañada	**insultada**	***resbalada**
caminada	***izada**	**tomada de pelo**
*cocinada	**leperada**	***trasnochada**
*conversada	***levantada (de cabeza)**	

      Hay que darle [sic] *una **cocinada** larga a los porotos.*

                                    (C. E. Kany, 1960:101)

2. **-ada**

Acción típica (buena o mala) de un sustantivo raíz. P. ej.:

animalada	*chanchada	*guachada
cimarronada	*chilenada	*gringada
compadrada	*gauchada	muchachada

Me hizo una chanchada.

(*Ibíd.*, 102)

3. **-ada**

Grupo de... (sustantivo raíz). P. ej.:

animalada	*chiquillada	*negrada
*bueyada	gauchada	paisanada
caballada	*indiada	*peonada
*chanchada	*muchachada	viejada

Se junta la viejada en la cocina a contar casos y cuentos.

(*Ibíd.*, 103)

4. **-ada**

Otros significados. P. ej.:

discada: colección de discos.
estada: estancia.
huevada: acto típico del «huevón»; estupidez.
parrafada: charla.
ventolada: viento fuerte, galerna.

adjetivo con uso adverbial

[f] Aunque fenómeno hispánico general... la adverbialización se da con mayor frecuencia en América que en España. Así, pueden oírse en México a cada paso expresiones semejantes a éstas: «venía muy **rápido**»; «canta **suave**» (=bien); «huele **feo**»; «lo veo **seguido**» (=frecuentemente); «canta **bonito**»...

(J. M. Lope Blanch, **M**, 1972:18)
(Véase también C. E. Kany, 1951:32-34)

Toca lindo.

(C. E. Kany, 1951:33)

Que le vaya bonito.

(*Ibíd.*)

Y sollozaba tan suave que no molestaba su llanto.

(*Ibíd.*)

—*¡Qué feo rechina esto!*
—*¿Por qué rechinará? Ponle aceite.*

(J. M. Lope Blanch, **M**, 1971:240)

-aje

Este sufijo crea sustantivos masculinos colectivos.
[Véase **-ada** (3)]

—*Hay que atajar el levantamiento del obreraje.*

(E. A. Laguerre, **PR** [s.f.]:202)

-al

[*f*] Este sufijo habitual en español es especialmente frecuente para formar palabras que designan la flora americana, en particular los arbustos, las plantas y los árboles. Los sustantivos que crea son masculinos. P. ej.:

algodonal	cocal	*totoral
*bananal	chontal	*yerbal
*cafetal	*maizal	*yucal
camotal	mandiocal	*yuyal

[* = registradas alfabéticamente en el diccionario]

Inclinado entre el **yuyal**... *el rancho los miraba.*

(A. Roa Bastos, **Par**, 1967:278)

...*los* **totorales** *de los pantanos.*

(J. Icaza, **Ec**, 1969:171)

-azo *fam*

Se usa frecuentemente para formar adjetivos y sustantivos con matiz aumentativo; **muy, -ísimo**, etc. Algunas veces tiene sentido peyorativo.

(Véase C. E. Kany, 1960:110-112)

—*Meterse al río con una mujer, los dos calatos —dijo Aquilino—. Nunca se me ocurrió de joven y ahora me pesa. Debe ser algo* **buenazo,** *Fushía.*

(M. Vargas Llosa, **Pe**, 1983:94)

Venía **cansadazo**...; *se ha dormido*...

(R. Güiraldes, **A**, 1973:205)

El vecino del «Peluca»..., con lo **grandazo** *que es, está igual que tú: hasta más pálido.*

(J. M. Arguedas, **Pe**, 1973:88)

—*Mi papá era tuerto, pero muy* **habladorazo**...

(J. Donoso, **Ch**, 1983:179)

—*¿Cómo te has sentido, Lourdes?*
—**Malaza,** *don Carlitos. Me he movido tanto que estoy apaleada.*

(*Ibíd.*, 71)

Eran como las dos o tres de la mañana cuando llegamos, ¡y hacía un **friazo**!*»*
(O. Lewis, **M**, 1967:325)

—...*esos* **ladronazos**.

(*Ibíd.*, 16)

*El día comenzó a descomponerse y, por último, el **surazo** nos obsequió una noche de frío y agua.*

(E. Guevara, **Cu**, 1971:158)

-ear

[*f*] Este sufijo se emplea frecuentemente para formar nuevos verbos a partir de sustantivos y adjetivos (a veces, en el habla coloquial, se pronuncia **-iar**). P. ej.:

cargosear	milonguear
cuerear	picanear
joropear	pololear

(Véase C. E. Kany, 1951:117-127)

-eco/-eca   *invar* (NAH)

Este sufijo procedente del náhuatl se utiliza para formar adjetivos a partir de sustantivos de lugar (gentilicios). P. ej.:

azteca	tolteca
chichimeca	guatemalteco
tlaxcalteca	yucateco

-ico   *esp* (Col) (CR)   little
[=-ito]

*In some areas (**Ec**, **Col**, **CR**, Caribbean zone) **-ico** (now rare in Spain except dialectally, as in Aragon) is commonly found when the preceding syllable contains a **t** (**zapato**: **zapatico**; **teatro**: **teatrico**... and especially in double diminutives: **casitico**, **chiquitico**, **hijitico**).*

(C. E. Kany, 1960:156)

*Entró también el sastre rollizo a comprar cigarrillos. La señora Delina extendió el **paquetico**...*

(H. Rojas Herazo, **Col**, 1968:74)

*Espérense un **tantico**, que ya el fogoncito está ardiendo.*

(E. Buenaventura, **Col**, 1964:266)

(Véase **tico** en el **ABC**)

-ito, -ita   *fam*

[*f*] Aunque es un sufijo común en español, **-ito** aparece muy frecuentemente en muchos adjetivos y otros derivados característicamente hispanoamericanos, en especial con algunos adverbios básicos, así como con sustantivos que en el habla peninsular toman la terminación «vocal + **-cito**» (p. ej. **pueblecito**). Este sufijo se puede encontrar con gerundios y con otras partes del discurso. También se utiliza la reduplicación del sufijo: **-itito**. En la siguiente lista de derivados coloquiales que se emplean habitualmente en Hispanoamérica, los que aparecen señalados con un asterisco se encuentran alfabéticamente ordenados y ejemplificados en este diccionario.

(Véase C. E. Kany, 1960:156-157)

ADVERBIOS

*adiosito
*afuerita
*ahorita
apenitas
arribita
cerquita
*detrasito
lejitos
hasta lueguito
*nadita
*nomasito

ADJETIVOS

cieguito
*chiquito
flaquito
limpito
*nuevito
rubito
toditito(s)
*todito
*viejito

SUSTANTIVOS

armarito
autito
bracito
*campito
cuerpito
*Diosito
iglesita
indito
lengüita
mamita
*manito
nenito
*negocio
*piedrita
*piernita
*placita
*pueblito
*puentito
*puertita
siestita
*tiempito
tiendita
*viejito
*vientito
*vueltita

Los siguientes derivados con **-cito**, **-cita** son también muy característicos:

ahicito
*allacito
aquicito
asicito
ayercito

*chaucito
*florcita
*indiecito
lechecita
*mamacita

*panecito
*piecito
solcito
tecito

Piececito. En América no seguimos casi nunca la regla académica de añadir **-cito** a los nombres que tienen un diptongo, de manera que lenguecita, cieguecito, puertecita, ruedecilla, etc. son por acá **lengüita**, **cieguito**, **puertita**, **ruedilla**.

(C. Gagini, **CR**, 1975:177)

*«Aquí, **trabajandito»** —suele decir el trabajador del campo* [panameño] *cuando se le pregunta cómo le va o qué hace... «Voy* **caminandito»** *es también expresión corriente del panameño, y no es exactamente lo mismo que caminando, porque al hacer diminutivo el gerundio se quiere dar la noción de que se camina porque no se puede hacer otra cosa, sin tener como meta algo de provecho.*

(G. B. Tejeira, **Pan**, 1964:20)

El diminutivo constituye el lubricante de la ejemplar convivencia chilena.

(M. Delibes, **Esp**, 1956:84)

—*¿Ve aquella loma? Pues **detrasito** de ella está la Media Luna.*

(J. Rulfo, **M**, 1966:10)

*Una señora se acercó con un **nenito**.*

(D. Kon, **A**, 1983:128)

*...pinté dos **armaritos**, me lavé dos camisas...*

(M. Benedetti, **Ur**, 1974:145)

—*...me vi en ese espejo... Me veía demasiado **flaquito**...*

(D. Kon, **A**, 1983:55)

*...no me gustaba eso de comer tortuga **todito** el invierno.*

(M. Vargas Llosa, **Pe**, 1983:240)

Nosotras dos fuimos testigos de la muerte de las familias que vivían allí. Murieron ***todititos***.

(Instituto de Estudio del Sandinismo, **N**, 143)

—*Yo lo que hice fue arrimarle la lanza. Lo demás lo hizo el difunto: él mismo se la fue **clavandito** como si le gustara el frío del jierro* [= hierro].

(R. Gallegos, **V**, 1942:2-3)

—*¡Se muere, se muere por **ellita**!*

(J. M. Arguedas, **Pe**, 1973:58)

—*...allí no más... o más **allacito**...*

(R. González Montalvo, **S**, 1977:169)

—*¿**Tesito**?*
—*Sí.*
—*¿**Solito** o con **lechesita**?*

(M. Delibes, **Esp**, 1956:85)

-le [Véanse ¡**ándale**!, ¡**école**! ¡**épale**!, ¡**órale**!, ¡**quihúbole**! y ¡**újule**!]

-ng-
[*f*] Este infijo produce una serie de sufijos procedentes de varias lenguas amerindias y africanas que son particularmente frecuentes en el español hispanoamericano.

(Véase C. E. Kany, 1960:140-144]

Por ejemplo:

-ango, -a	*guarango	*guachinango
-engo, -a	berengo	facilongo
-ingo, -a	*mandinga	*jorongo
-ongo, -a	*milonga	
	bailongo	
-ungo, -a	candungo	

(Los términos con asterisco se recogen en este diccionario.)

-oso, -a   (Véase C. E. Kany, 1960:149-152)

Este sufijo creador de adjetivos es muy productivo en español (similar al **-ous** del inglés) y también se encuentra en una gran variedad de palabras característicamente hispanoamericanas, algunas de las cuales son equivalentes a otros adjetivos peninsulares formados con diferentes sufijos (especialmente con **-iento**). P. ej.:

1. **ESPAÑOL GENERAL:**

amistoso	delicioso	oloroso
amoroso	doloroso	piadoso
arenoso	espantoso	peligroso
asombroso	fogoso	quejumbroso
asqueroso	gaseoso	rabioso
bondadoso	jugoso	ruidoso
caluroso	lujoso	sudoroso
cariñoso	lloroso	temeroso
celoso	mentiroso	valioso
contagioso	mimoso	

2. **ESPAÑOL AMERICANO:**

(El asterisco denota que la palabra aparece en otro lugar en este diccionario.)

*abundoso	*filoso	pestoso
*amargoso	*grasoso	picoso
*amarilloso	gravoso	plomoso
angurrioso	griposo	*polvoso
atrevidoso	*grisoso	*radioso
*azuloso	*habiloso	resbaloso
baboso	*huesoso	*riesgoso
*brilloso	labioso	*rotoso
canoso	*motoso	suertoso
demoroso	molestoso	talentoso
*despacioso	*mugroso	*torrentoso
enredoso	noticioso	
*exitoso	*novedoso	

El semanario satírico *El Cocodrilo*, en su número del 3-10-85 (pág. 6) toma el siguiente titular del *Diario 16* para criticarlo:

Exitosa clausura del XXXIV Festival.

El motivo de esta censura era que la Academia Española no había aprobado todavía el adjetivo **exitoso**. Sin embargo, en el español hispanoamericano tanto **exitoso** como el resto de los adjetivos mencionados arriba, y otros muchos, son de uso habitual.

TENSE USAGE   [Véase **TIEMPO VERBAL**]

TIEMPOS VERBALES

Hay algunos usos de los tiempos verbales que son característicos o más frecuentes [f] en el español americano que en el peninsular.

[Véase también **haber (de)**]

[f] 1. **Pretérito indefinido en vez del pretérito perfecto**

El uso del indefinido como una variante del pretérito perfecto cuando aparece de forma explícita un adverbio del tipo **ya, aún, todavía, hoy**, etc., en la frase es muy habitual en el español americano y también en el peninsular. Sin embargo, donde el uso parece todavía mucho más frecuente en el español de América es en aquellas oraciones en las que la conexión semántica con el tiempo presente sólo aparece de forma **implícita**.

Al decir «Este mes estudié mucho» se da a entender que el estudio ha llegado ya a su término; en cambio, si se dice "Este mes he estudiado mucho» se indica que todavía se sigue estudiando, que la acción sigue desarrollándose.

(J. M. Lope Blanch, M, 1972:131)

—¿*Durmió?*
—*Hasta aurita* [ahorita] *nomás.*

(C. E. Kany, 1951:162)

Por fin, a principios de diciembre, Úrsula irrumpió en el taller:
—*¡Estalló la guerra!*

(G. García Márquez, Col, 1970:92)

—*Vamos, Buendía. Nos llegó la hora.*

(*Ibíd.*, 114)

Han pasado seis años desde aquella noche y las pocas veces que volví a ver a Pedro lo vi como a un hermano.

(S. Bullrich, A, 1972:94)

—¿*Tú oíste algún disparo?*

(A. Barrera-Vidal, 1972:203)

—*Parece que todavía no vino.*

(C. Gorostiza, A, 1966:12)

—¿*Qué pasa, pues?...*
—*La huelga terminó.*

(L. Spota, M, 1974:269)

—*...¿y ahora qué habrá pasado?... Seguro que hubo golpe de estado.*

(D. Kon, A, 1983:201)

—*...y voy a revisar toda su mercadería.*
—¿*Revisar...? ¡Pero mandate mudar, que a mí nadie nunca me revisó nada!*

(O. Dragún, A, 1967:94)

Hasta el momento, la policía detuvo a 105 sospechosos en torno a los últimos atentados, señaló la fuente.

(*El Mercurio*, Santiago, 8-5-86:A7)

El poblado, de 12.000 habitantes, llegó a tener sólo 3.000. Santa Rosalía era un pueblo fantasma. Ahora su población **aumentó** *otra vez, hasta 8.000 habitantes.*

(M. Mejido, **M**, 1984:117)

«*Después del hecho —dice el refrán— hasta el tonto es sabio.» Lo que ha acontecido en Nicaragua durante los últimos años respaldó dolorosamente el acierto de este dicho popular.*

(*Visión*, México, 13-7-81:5)

(Véanse: **estar** *(¡ya estuvo!);* **haber** *(¡qué hubo!);* **irse** *(¡nos fuimos!)*]

[*f*] 2. **Potencial de alegación o conjetura** *pren* **apparently; allegedly;** etc.

También más frecuente en el español de América, de donde se ha extendido al peninsular, es el uso periodístico del potencial simple y compuesto para expresar alegación, conjetura, rumor o noticia oficiosa. Pueden estar explícitas o implícitas palabras o frases del tipo **según fuentes oficiosas/oficiales**.

(Véase B. Steel, 1979:27-28)

El armisticio **regiría** *a partir del 12 de este mes* [= **parece/se dice que...** *regirá*].

(*La Prensa*, Buenos Aires, 3-12-72)

Grave accidente de tránsito en el Perú. Al precipitarse un camión a un río **habrían** *resultado muertas 40 personas* [= ...**es probable que** hayan muerto 40 personas].

(*Ibíd.*)

El ex-director del penal «San Pedro» de Lurigancho... **sería** *responsable por la misteriosa falta de 23 reclusos que purgaban condena en ese centro de reclusión.*

(*El Comercio*, Lima, 5-11-86:15)

-udo, -a

[*f*] Otro sufijo que, aunque de uso general en español, se utiliza en el español de América para formar un tipo característico de adjetivos, especialmente aquellos que contienen un matiz peyorativo o insultante.

Los siguientes adjetivos aparecen ordenados alfabéticamente en este diccionario como ejemplos usuales de las formaciones adjetivas en **-udo**:

boludo	**macanudo**
cojudo	**pelotudo**
filudo	**platudo**
guampudo	

(Véase C. E. Kany, 1960:152-154)

Bibliografía

Abreviaturas de los lugares de publicación:
B   Barcelona
BA   Buenos Aires
L   Londres
M   Madrid
Méx   México
NY   Nueva York

PRIMERA PARTE

Diccionarios y otras fuentes de investigación

ABAD DE SANTILLÁN, D: *Diccionario de argentinismos de ayer y hoy*, BA, Tipográfica Editora Argentina, 1976.

ACADEMIA ARGENTINA DE LETRAS: *Acuerdos acerca del idioma*, 2 vols., BA [s.e.], 1947-1954.

ACADEMIA CHILENA: *Diccionario del habla chilena*, Santiago, Ed. Universitaria, 1978.

ACADEMIA COLOMBIANA, COMISIÓN DE LEXICOGRAFÍA: *Breve diccionario de colombianismos*, Bogotá, Academia Colombiana, 1975.

ACADEMIA ESPAÑOLA: *Diccionario de la lengua española*, 20 ed., 2 vols., M, Espasa-Calpe, 1984.

AGENCIA EFE: *Manual del español urgente*, 4 ed., M, Cátedra, 1985.

AGÜERO, A: *El español de América y Costa Rica*, San José, A. Lehmann, 1962.

ALARIO DI FILIPPO, M.: *Lexicón de colombianismos*, Cartagena, Editora Bolívar, 1964.

——: *Lexicón de colombianismos*, 2.ª ed., 2 vols., Bogotá, Banco de La República, 1983.

ALBERTI, E. B. DE; M. R. DE BERRO, C. MIERES y E. MIRANDA: *Diccionario documentado de voces uruguayas en Amorim, Espínola, Mas de Ayala, Porta*, Montevideo, Univ. de La República, 1971.

ALONSO, G., y A. L. FERNÁNDEZ (eds.): *Antología de lingüística cubana*, vol. II, La Habana, Ed. de Ciencias Sociales, 1977.

Americanismos. Diccionario Ilustrado Sopena, B, Sopena, 1982.

ARIAS DE LA CRUZ, M. A.: *Diccionario temático de americanismos*, M, Everest, 1980.

ARAUCO ALIAGA, D.: «Primeros estudios del castellano en la sierra central», Huancayo, *La Voz de Huancayo*, 1982.

BÁEZ KINGSLEY, M.: «Chilenismos», *Hispania*, 50 (1967), 547-554.

BARRERA-VIDAL, A.: *Parfait simple et parfait composé en castillan moderne*, Munich, Max Hueber, 1972.

——: «A propósito de la teoría de los tiempos verbales. Perfecto simple y perfecto compuesto en el español peninsular y colombiano», *Thesaurus*, 30 (1985):539-556.

BIOY CASARES, A.: *Breve diccionario del argentino exquisito*, BA, Emecé, 1978.

BOYD-BOWMAN, P.: *El habla de Guanajato*, Méx, Imprenta Universitaria, 1960.

BUESA, T.: «Americanismos», en M. Alvar et al. (eds.), *Enciclopedia lingüística hispánica*, M, 1967, II:325-348.

CALCAÑO, J.: *El castellano de Venezuela. Estudio crítico*, Caracas, Min. de Educación, 1949

The Cambridge Encyclopedia of Latin America and the Caribbean, NY, Cambridge Univ. Press., 1985.

CAMMAROTA, F.: *Vocabulario familiar y del lunfardo*, BA, A. Peña Lillo, 1964.

CANFIELD, D. L.: «The Spanish Language in America», en D. L. Canfield (ed.), *East Meets West South of the Border. Essays in Spanish American Life and Attitudes*, Carbondale, Southern Illinois Univ., 1968:51-80.

CARNICER, R.: *Nuevas reflexiones sobre el lenguaje*, M, Prensa Española, 1972.

——: *Tradición y evolución en el lenguaje actual*, M. Prensa Española, 1977.

CASULLO, F. H.: *Voces indígenas en el idioma español*, BA, Compañía Argentina de Editores, 1964.

——: *Diccionario de voces lunfardas y vulgares*, 2 ed., BA, Freeland, 1972.

CIFUENTES, H.: «Presencia y ausencia del pronombre personal sujeto en el habla culta de Santiago de Chile», *Boletín de Filología* (Chile), 31 (1980-1981):743-752.

COLUCCIO, F.: *Diccionario de voces y expresiones argentinas*, BA, Plus Ultra, 1979.

——: *Diccionario de voces y expresiones argentinas*, 2 ed., BA, Plus Ultra, 1985.

CONTRERAS, L.: «Semántica del español americano (Notas al libro de Kany)», *Revista Portuguesa de Filología*, 14, 1966-1968:157-212.

——: «Extranjerismos e indigenismos en el léxico chileno relativo a la alimentación», *Philologica Hispaniensia. In Honorem Manuel Alvar*, vol. 1, *Dialectología*, M, Gredos, 1983:159-174.

CRIADO DE VAL, M.: *Diccionario de español equívoco*, M, Edi-6, 1981.

Diccionario Planeta, M, Planeta, 1982.

DONNI DE MIRANDE, N. E.: «Aspectos del español hablado en la Argentina», *Lingüística Española Actual*, 2 (1980):299-346.

DUBSKY, J.: «Al margen de un rasgo del léxico hispanoamericano», *Ibero Americana Pragensia*, 2 (1968):51-56.

ESGUEVA, M., y M. CANTARERO (eds.): *El habla de la ciudad de Madrid. Materiales para su estudio*, M, C.S.I.C., 1981.

ESPINA PÉREZ, D.: *Diccionario de cubanismos*, B [s.e.], 1972.

FERNÁNDEZ NARANJO, N., y D. GÓMEZ DE FERNÁNDEZ: *Diccionario de bolivianismos*, La Paz, Univ. Mayor de San Andrés, 1964.

FLÓREZ, L.: «Apuntes sobre el español de Madrid. Año de 1965», *Thesaurus*, 21 (1966):156-171.

——: *Temas del castellano*, 2 ed., Bogotá, Inst. Caro y Cuervo, 1967.

——: *Del español hablado en Colombia. Seis muestras de léxico*, Bogotá, Inst. Caro y Cuervo, 1975.

——: «Del español hablado en Colombia. Muestra de formas nominales en uso». *Thesaurus*, 34 (1979):1-50.

——: «Datos de morfología y Habla culta informal bogotano», *Thesaurus*, 35 (1980): 12-79.

FOLEY GAMBETTA, E.: *Léxico del Perú*, vols. 1- , Lima [s.e.], 1983- .

FONTANELLA, M. B.: «Algunas observaciones sobre el diminutivo en Bogotá», *Thesaurus*, 17 (1962):556-573.

GAGINI, C.: *Diccionario de costarriqueñismos*, 3 ed., San José [Ed.], Costa Rica, 1975.

GALVÁN, R. A., y R. V. TESCHNER: *El diccionario del español chicano*, Lincolnwood, National Textbook Co., 1985.

GARCÍA PELAYO Y GROSS, R. *et al: Diccionario moderno español inglés, English-Spanish*, París, Larousse, 1976.

GARCÍA PIEDRAHÍTA, E.: *Disparates en el habla*, Bogotá, Eds. Cultural, 1978.

GERRARD, A. B.: *Cassell's Colloquial Spanish*, L, Cassell, 1980. [Previamente publicado como *Beyond the Dictionary in Spanish. A Handbook of Everyday Usage*, L. y NY, 1972].

GÓMEZ DE IVASHEVSKY, A.: *Lenguaje coloquial venezolano*, Caracas, Univ. Central, 1969.

GONZÁLEZ-GRANO DE ORO, E.: *El español de José Luis Castillo Puche. Estudio léxico*, M, Gredos, 1983.

GRANADA, D.: *Vocabulario rioplatense razonado*, 2 vols., Montevideo, Min. de Instrucción Pública, 1957.

GRANDA, G. DE: «Italianismos léxicos en el español paraguayo», *Thesaurus*, 35 (1980):258-287.

GRIMES, L.M.: *El tabú lingüístico. Su naturaleza y función en el español popular de México*, Méx, CIDOC, 1971.

——: *El tabú lingüístico en México: El lenguaje erótico de los mexicanos*, NY, Bilingual Press, 1978.

GUARNIERI, J. C.: *El habla del boliche. Diccionario lenguaje popular rioplatense*, Montevideo, Florensa y Lafon, 1967.

——: *Diccionario del lenguaje rioplatense*, Montevideo, Eds. de la Banda Oriental, 1979.

GÚTEMBORG BOHÓRQUEZ, C.: *El concepto de «americanismo» en la historia. Punto de vista lexicológico y lexicográfico*, Bogotá, Inst. Caro y Cuervo, 1984.

HAENSCH, G.: «Algunas consideraciones sobre la problemática de los diccionarios del español de América», *Lingüística Española Actual*, 2 (1980):375-384.

——: «Neues Wörterbuch des amerikanischen Spanisch und neues Wörterbuch des kolombianischen Spanisch», *Hispanorama*, 36 (1984):167-176.

HAENSCH, G., y R. WERNER: «Un nuevo diccionario de americanismos: Proyecto de la Universidad de Ausburgo», *Thesaurus*, 33 (1978):1-40.

HEDIGER, H.: *Particularidades léxicas en la novela hispanoamericana contemporánea*, Bern, Peter Lang, 1977.

HENRÍQUEZ UREÑA, P.: *Para la historia de los indigenismos*, BA, Univ. de Buenos Aires, 1938.

——: *El español en Santo Domingo*, 2 ed., Santo Domingo, Editora Taller, 1975.

HILDEBRANDT, M.: *Peruanismos*, Lima, Moncloa-Campodonico, 1969.

JORGE MOREL, E.: *Estudio lingüístico de Santo Domingo*, Santo Domingo, Editora Taller, 1978.

KANY, C. E.: *American-Spanish Syntax*, 2 ed., Chicago, Univ. of Chicago, 1951.

——: *American-Spanish Semantics*, Berkeley, Univ. of California, 1960.

KELSEY, H. P., y W. A. DAYTON: *Standardized Plant Names*, 2 ed., Harrisburg, J. Horace McFarland, 1942.

KENISTON, H.: *Spanish Syntax List*, NY, Holt, Rinehart and Winston, 1964.

KRÜGER, F.: *El argentinismo «Es de lindo». Sus variantes y sus antecedentes peninsulares*, M, C.S.I.C., 1960.

LAPESA, R.: *Historia de la lengua española*, 9 ed., M, Gredos, 1981 [*esp.* pp. 535-602].

LENZ, R.: *Diccionario etimológico*, Santiago, Centro de Estudios Históricos [s.f.].

LERNER, I.: *Arcaísmos léxicos del español de América*, M, Ínsula, 1974.

LIRA URQUIETA, P.: *Vocablos académicos y chilenismos*, Santiago, Andrés Bello, 1969.

Longman Dictionary of the English Language, L, Longman, 1984.

LOPE BLANCH, J. M.: *El léxico indígena en el español México*, Méx, El Colegio de México, 1969.

——: *Estudios sobre el español de México*, Méx, U.N.A.M., 1972.

——: «Indigenismos en la norma lingüística culta de México», en J. M. Lope Blanch (ed.), *Estudios sobre el español hablado en las principales ciudades de América*, Méx, U.N.A.M. (1977):257-269.

——: *El léxico del habla culta de México*, Méx, U.N.A.M, 1978.

LOPE BLANCH, J. M. (ed.): *El habla de la Ciudad de México. Materiales para su estudio*, Méx, U.N.A.M., 1971.

——: *Estudios sobre el español hablado en las principales ciudades de América*, Méx, U.N.A.M., 1977.

LOUKOTKA, C.: *Classification of South American Indian Languages*, Los Ángeles, Univ. of California, 1968.

LLORENS, W.: *El habla popular de Puerto Rico*, 2 ed., Río Piedras, Edil, 1971 [*esp.* pp. 99-106].

MADERO KONDRAT, M.: «La gradación del adjetivo en el habla culta de la Ciudad de México», *Anuario de Letras*, 21 (1983):71-118.

MALARET, A.: *Diccionario de americanismos*, 3 ed., BA, Emecé, 1946.

MARRONE, N.: «Investigaciones sobre variaciones léxicas en el mundo hispano», *The Bilingual Review*, 1 (1974):152-158.

MARTÍNEZ DE SOUSA, J.: *Diccionario internacional de siglas*, M, Pirámide, 1984.

MEJÍA PRIETO, J.: *Refranero popular y picaresco mexicano*, Méx, Universo, 1982.

——: *Así habla el mexicano. Diccionario básico de mexicanismos*, Méx, Panorama, 1984.

MEO-ZILIO, G., y S. MEJÍA: *Diccionario de gestos. España e Hispanoamérica*, 2 vols. [s.e.], M, 1980-1983.

MIERES, C.; E. MIRANDA *et al: Diccionario uruguayo documentado*, Montevideo, 1966.

MOLINER, M.: *Diccionario de uso del español*, 2 vols., M, Gredos, 1966-1967.

MONTES, J. J.: «Medio físico y cambio léxico en voces del español de Colombia», en *Philologica Hispaniensia. In Honorem Manuel Alvar*, I, *Dialectología*, M, Gredos, 1983:459-469.

MORALES PETTORINO, F., *et al: Diccionario ejemplificado de chilenismos*, 4 vols., Valparaíso, Univ. de Playa Ancha, 1984-1987.

MORÍNIGO, M. A.: *Diccionario manual de americanismos*, BA, Muchnik, 1969 [reimpreso en 1985].

——: «La pluralidad lingüística en el mundo hispánico», *Boletín de la Academia Argentina de Letras*, 47 (1982):45-65.

MORRIS, W. (ed.): *The Heritage Illustrated Dictionary of the English Language*, Boston, McGraw-Hill, 1973.

MUÑOZ REYES, J., e I. MUÑOZ REYES TABORGA: *Diccionario de bolivianismos*, La Paz, Juventud, 1982.

NAVARRO, T.: *El español de Puerto Rico*, Río Piedras, Universitaria, 1974.

NEVES, A. N.: *Diccionario de americanismos*, BA, 1973.

OROZ, R.: *La lengua castellana en Chile*, Santiago, Univ. de Chile, 1966.

PENNAK, R. W.: *Collegiate Dictionary of Zoology*, NY, Ronald Press, 1964.
PERL, M.: «Einige Gedanken zur Herausbildung der kubanischen Variante der spanischen Sprache», *Beiträge zur romanischen Philologie*, 1 (1976):161-167.
——: «Untersuchungen zur Herausbildung und Verwendung von Neologismen im kubanischen Spanisch», *Linguistische Arbeits Berichte*, 18 (1977):96-106.
PERL, M. (ed.): *Estudios sobre el léxico del español en América*, Leipzig, Enzyklopädie, 1983.
PESANTES GARCÍA, A.: *La torre de Babel*, Quito [s.e.], 1984.
POLO, J.: «A propósito del Diccionario de dudas de Manuel Seco», *Revista de Filología Española*, 51 (1968):243-265.
PONTILLO, J. J.: «Sixteenth-Century Nautical Terms in Modern American Spanish», *Boletín de Filología*, 27 (1976):151-162.
POTTIER, B. (ed.): *América Latina en sus lenguas indígenas*, Caracas, Monte Ávila, 1983.
PRIETO, R.: *Madre Academia*, 9 ed., Méx, Grijalbo, 1981.
QUILIS, A.: «Léxico relacionado con el automóvil en Hispanoamérica y en España», *Anuario de Letras*, 20 (1982):115-144.
QUIROGA, M. A.: *Diccionario kollasuyano Español-Quechua*, Cochabamba, Academia Nacional de la Lengua Quechua, 1979.
RABANALES, A.: «Eufemismos hispanoamericanos (Observaciones al libro de Kany)», *Revista Portuguesa de Filologia*, 14 (1966-1968):129-155.
——: «Perfil lingüístico de Chile», en H. Gekelen *et al.* (eds.), *Logos Semantikos, V, V, Studia Linguistica in Honorem Eugeniu Coseriu 1921-1981*, 1, M, Gredos (1981): 447-464.
——: «Términos de base indígena y extranjera en el léxico referido al cuerpo humano del habla culta de Santiago de Chile», en *Philologica Hispaniensia In Honorem Manuel Alvar*, I, Dialectología, M, Gredos: (1983):549-564.
RABANALES, A., y L. CONTRERAS (eds.): *El habla culta de Santiago de Chile. Materiales para su estudio*, I, Santiago, Univ. de Chile, 1979.
RESTREPO, R.: *Apuntaciones idiomáticas y correcciones del lenguaje*, 2 ed., Bogotá, Impr. Nacional, 1955.
RIVAS, P. G.: *La lengua salvadoreña*, San Salvador, Min. de Educación, 1978.
ROBELO, C. A.: *Diccionario de aztequismos*, 3 ed., Méx, Fuente Cultural [s.f.].
RODRÍGUEZ CASTELO, H.: *Léxico sexual ecuatoriano y latinoamericano*, Quito, Libri Mundi, 1979.
RODRÍGUEZ DE MENESES, B.: *Más lenguaje, menos gramática*, Quito [s.e.], 1979.
RONA, J. P.: «¿Qué es un americanismo?», en *Actas, Informes y Comunicaciones del Simposio de México*, Méx, 1969:135-148.
ROSARIO, R. DEL: *Vocabulario puertorriqueño*, Sharon, Conn, Troutman Press, 1965.
ROSELL, A.: «El habla popular montivedeana», *Texto crítico*, 6 (ene.-abr. 1977):87-112.
ROSENBLAT, A.: *Buenas y malas palabras en el castellano de Venezuela*, 2 vols, Caracas, Eds. Edime, 1960.
——: *Buenas y malas palabras en el castellano de Venezuela*, Caracas-Madrid, vol 4, Mediterráneo, 1969a.
——: *Buenas y malas palabras en el castellano de Venezuela*, Caracas-Madrid, vol 2, Mediterráneo, 1969b.
——: *Buenas y malas palabras en el castellano de Venezuela*, Caracas-Madrid, vol 2, Mediterráneo, 1969c.

———: *Buenas y malas palabras en el castellano de Venezuela*, Caracas-Madrid, vol 1, Mediterráneo, 1969d.

———: *El castellano de España y el castellano de América. Unidad y diferenciación*, M, Taurus, 1970.

———: «Actual nivelación léxica en el mundo hispánico», *Lingüística y Educación. Actas del IV Congreso de la ALFAL*, Lima (1978):86-146.

ROSENBLAT, A. (ed.): *El habla culta de Caracas. Materiales para su estudio*, Caracas, Univ. Central, 1979.

RUBIO, J. F.: *Diccionario de voces usadas en Guatemala*, Guatemala, Piedra Santa, 1982.

SABATUCCI, M. R.: «Vocabulario: "Abaddón el exterminador" de Ernesto Sábato», *Español Actual*, N.º 46 (1986): 21-23.

SALA, M.; D. MUNTEANA *et al*: *El español de América, Tomo I, Léxico*, 2 vols., Bogotá, Inst. Caro y Cuervo, 1982.

SÁNCHEZ-BOUDY, J.: *Diccionario de cubanismos más usuales*, Miami, Eds. Universal, 1978.

SANTAMARÍA, F. J.: *Diccionario general de americanismos*, 3 vols., Méx, Pedro Robredo, 1942.

———: *Diccionario de mejicanismos*, Méx, Porrúa, 1959.

SCHWAUSS, M. (ed.): *Wörterbuch der regionalen Umgangssprache in Lateinamerika, Amerikanisch-Deutsch*, Leipzig, Enzyklopädie, 1977.

SECO, M.: *Diccionario de dudas y dificultades de la lengua española*, 9 ed. revisada, M, Espasa-Calpe, 1986.

SMITH, C., *et al.*: *Collins Spanish-English, English-Spanish Dictionary*, L y NY; 1971.

STEEL, B.: «Checklists of Basic *americanismos* and *castellanismos*», *Hispania*, 58 (1975):910-921.

———: «Pequeñísimo suplemento a un gran diccionario», *Español Actual*, N.º 31 (1976a):39-47.

———: «Errors in the Translation of Spanish Literary Texts», *Vida Hispánica*, 1/24 (1976b):9-16.

———: *Translation from Spanish. An Introductory Course*, M, S.G.E.L., 1979.

———: «Algunos apuntes para un nuevo diccionario de americanismos», en M. Perl (ed.), *Estudios sobre el léxico del español en América*, Leipzig, Enzyklopädie, (1982): 176-197.

———: *A Textbook of Colloquial Spanish*, M, S.G.E.L., 1985.

STEWARD, J. H. (ed.): *Handbook of South American Indians*, vol. 6, NY, Cooper Square, 1963.

TAMAYO, F.: *Léxico popular venezolano*, Caracas, Univ. Central, 1977.

TEJEIRA, G. B.: *El habla del panameño*, Panamá [s.e.], 1964.

TEJERA, M. J., *et al.*: *Diccionario de venezolanismos*, vol. I, Caracas, Univ. Central, 1983.

TOBAR DONOSO, J.: *El lenguaje rural en la región interandina del Ecuador*, Quito, La Unión Católica, 1961.

TORO Y GISBERT, M.: *Americanismos*, París, Paul Ollendorff [s.f.].

TORRES MARTÍNEZ, J. C. DE: *Encuestas léxicas del habla culta de Madrid*, M, C.S.I.C., 1981.

USHER, G.: *A Dictionary of Plants Used by Man*, L, Constable, 1974.

VALENCIA, A.: «Voces amerindias en el español culto oral de Santiago de Chile», *Boletín de Filología*, 28 (1977), 315-374.

VELASCO VALDÉS, M.: *Repertorio de voces populares en México*, Méx, B. Costa-Amic, 1967.

Vox. Diccionario general ilustrado de la lengua española, 3 ed., B, Bibliograf, 1973.

WEBER DE KURLAT, F.: «Fórmulas de cortesía en la lengua de Buenos Aires», *Filología*, 12 (1972):137-192.

YRARRÁZABAL LARRAIN, J. M.: *Chilenismos*, Santiago, 1945.

ZAMORA MUNNÉ, J. C., y J. M. GUITART: *Dialectología hispanoamericana*, Salamanca, Eds. Almar, 1982.

ZAMORA VICENTE, A.: *Dialectología española*, 2 ed., M, Gredos, 1967 [*esp.* pp. 378-447].

SEGUNDA PARTE

Ejemplos literarios y otras fuentes escritas

[**Nota:** Después de cada cita se da una indicación del país de origen del autor, para lo que se usa el mismo tipo de abreviatura que se ha utilizado a lo largo del texto de este diccionario. Asimismo el lugar de publicación se indica de igual forma que en la Primera parte de esta Bibliografía.]

AGUILERA MALTA, D.: *El tigre*, en C. Solorzano (ed.), *El teatro hispanoamericano contemporáneo. Antología*, Méx, 1964, vol. II: 7-27. **(Ec)**.

AGUSTÍN, J.: *Círculo vicioso*, Méx, J. Mortiz, 1974. **(M)**.

ALBALUCÍA, A.: *Estaba la pájara pinta sentada en el verde limón*, B, Argos Vergara, 1984. **(Col)**.

ALEGRÍA, C., y D. J. FLAKOLL: *Nicaragua: la revolución sandinista*, Méx, Era, 1982. **(N)**.

ALLENDE, I.: *La casa de los espíritus*, 18 ed., B, Plaza y Janés, 1985. **(Ch)**.

ALLER, F. G.: *Niña Huanca*, B, Seix Barral, 1974. **(Esp)**.

ALMAZÁN, M. A.: *Los unos vistos por los otros*, Méx, Eds. Méxicanos Reunidos, 1983. **(M)**.

ARAMONI, A.: *Voy solo hacia el silencio*, Méx, Legasa, 1980. **(M)**.

ARGUEDAS, J. M.: *Yawar fiesta*, Santiago, Ed. Universitaria, 1968. **(Pe)**.

——: *Los ríos profundos*, ed. W. Rowe, Oxford, Pergamon, 1973. **(Pe)**.

ARLT, R.: *Teatro completo*, vol. I, BA, Schapire, 1968. **(A)**.

ASTURIAS, M. A.: *Obras escogidas*, vol. II, 2 ed. M, Aguilar, 1968. **(G)**.

——: *El señor presidente*, 14 ed., BA, Losada, 1970. **(G)**.

——: *América, fábula de fábulas*, Caracas, Monte Ávila, 1972. **(G)**.

AZUELA, A.: *Manifestación de silencios*, B, Seix Barral, 1979. **(M)**.

AZUELA, M.: *Los de abajo*, 8 ed., Méx, Fondo de Cultura Económica, 1968. **(M)**.

BARNET, M.: *Gallego*, La Habana, Ed. Letras Cubanas, 1983. **(Cu)**.

BARRIOS, E.: *Obras completas*, vol. I, Santiago, Zig-Zag, 1962. **(Ch)**.

BASURTO, L. G.: *Teatro mexicano 1959*, Méx, Aguilar, 1962. **(M)**.

BENEDETTI, M.: *Ida y vuelta*, en C. Solorzano, *El teatro hispanoamericano contemporáneo. Antología*, I (1964):63-123, **(Ur)**.

——: *Gracias por el fuego*, 4 ed., Montevideo, Ed Alfa, 1968a. **(Ur)**.

——: *Los novios*, en G. Brotherston y M. Vargas Llosa (eds.), *Seven stories from Spanish America*, L, Pergamon, (1968b):42-64, **(Ur)**.

——: *Cuentos completos*, Santiago, Ed. Universitaria, 1970. **(Ur)**.

——: *La tregua*, 14 ed. BA, Arca, 1974. **(Ur)**.

BLEST GANA, A.: *El ideal de un calavera*, Santiago, Nuevo Extremo [s.f.]. **(Ch)**.

Borges, J. L.: *Prosa completa*, vol. II, B, Ed. Universitaria, 1980. **(A)**.

Brotherston y M. Vargas Llosa (eds.): *Seven Stories from Spanish America*, L, Pergamon, 1968.

Bryce Echenique, A.: *Un mundo para Julius*, 5 ed., B, Barral, 1974. **(Pe)**.

——: *Cuentos completos*, M, Alianza, 1981. **(Pe)**.

Buenaventura, E.: *En la diestra de Dios Padre*, en C. Solorzano (ed.), *El teatro hispanoamericano. Antología*, I: 260-307. **(Col)**.

Buendía, M.: *Red privada*, Méx, Marcha Editores, 1981. **(M)**.

——: *La ultraderecha en México*, Méx, Océano, 1984. **(M)**.

Buitrago, F.: *Los pañamanes*, B, Plaza y Janés, 1979. **(Col)**.

Bullrich, S.: *Teléfono ocupado*, 4 ed., 1974, BA, Emecé. **(A)**.

Caballero Calderón, E.: *Obras*, vol. III, Medellín, Bedout, 1964. **(Col)**.

——: *El Cristo de espaldas*, ed. R. y C. Esquenazi-Mayo, NY, MacMillan, 1967. **(Col)**.

——: *Caín*, B, Destino, 1969. **(Col)**.

Cabezas Lacayo, O.: *La montaña es algo más que una inmensa estepa verde*, La Habana, Casa de Las Américas, 1982. **(N)**.

Cabrera, I.; E. López y J. Hagel: *Estudio del campo ocupacional del traductor en Santiago de Chile*, Santiago, 1984. **(Ch)**.

Cabrera Infante, G.: *Tres tristes tigres*, 3 ed., B, Seix Barral, 1969. **(Cu)**.

——: *Así en la paz como en las guerra*, B, Seix Barral, 1971. **(Cu)**.

Calderón Fajardo, C.: *Así es la pena en el paraíso*, Lima, Mosca Azul Editores, 1983. **(Pe)**.

Cantón, W.: *Nosotros somos Dios*, ed. S. S. Trifilo y L. Soto-Ruiz, NY, Harper and Row, 1966. **(M)**.

Careaga, G.: *Mitos y fantasias de la clase media en México*, Méx, Océano, 1984. **(M)**.

Carmona, F., et al.: *El milagro mexicano*, 12 ed., Méx, Nuestro Tiempo, 1981. **(M)**.

Carpentier, A.: *Los pasos perdidos*, 2 ed., B, Bruguera, 1979. **(Cu)**.

——: *El siglo de las luces*, B, Seix Barral, 1983. **(Cu)**.

Cassacia, G.: *Los exiliados*, BA, Sudamericana, 1966. **(Par)**.

Castillo, H., et al.: *1968. El principio del poder*, 2 ed. Méx, 1981. **(M)**.

Cavero Galimidi, S.: *Apocalipsis en «Don Ramón»*, Lima [s.e.] [s.f.]. **(Pe)**

Céspedes, A.: *Metal del diablo*, La Habana, Casa de Las Américas, 1965. **(B)**.

——: *Sangre de mestizos*, 2 ed., La Paz, Ed. Juventud, 1969. **(B)**.

Clements, C.: *Witness to War*, L, Fontana, 1985.

Cortázar, J.: *Los premios*, 8 ed., BA, Sudamericana, 1968. **(A)**.

——: *Rayuela*, 12 ed., BA, Sudamericana, 1970. **(A)**.

Cossa, R. M.: *Nuestro fin de semana*, ed. D. A. Yates, NY, MacMillan, 1966. **(A)**.

Cuzzani, A.: *Sempronio*, en C. Solorzano (ed.), *El teatro hispanoamericano contemporáneo. Antología*, I (1964):15-62. **(A)**.

——: *Una libra de carne*, BA, Centro Editor de América Latina, 1967. **(A)**.

Chistes de todos colores, N.º 6, Méx, Editora Méxicana, 1962. **(M)**.

Chuaqui, B.: *Memorias de un emigrante*, 2 ed., Santiago, Nascimento, 1957. **(Ch)**.

Delibes, M.: *Un novelista descubre América. (Chile en el ojo ajeno)*, M, Editora Nacional, 1956. **(Esp)**.

——: *Diario de un emigrante*, en M. Delibes, *Obra completa*, vol. II, B, Destino, (1966):155-345. **(Esp)**.

Dichos mexicanos, N.º 2, Méx, Editora Mexicana, 1975. **(M)**.

Donoso, J.: *El obsceno pájaro de la noche*, 2 ed., B, Seix Barral, 1971. **(Ch)**.

——: *El lugar sin límites*, B, Seix Barral, 1979. **(Ch)**.
——: *Coronación*, B, Seix Barral, 1983. **(Ch)**.
——: *La desesperanza*, B, Seix Barral, 1986. **(Ch)**.
DRAGÚN, O.: *Heroica de Buenos Aires*, BA, Ed. Astral, 1967. **(A)**.
——: *¡Un maldito domingo!*, M, Taurus, 1968. **(A)**.
DURAND, L.: *Frontera*, Santiago, Quimantu, 1973. **(Ch)**.
EDWARDS, J.: *El peso de la noche*, Santiago, Zig-Zag, 1967. **(Ch)**.
——: *Los convidados de piedra*, B, Seix Barral, 1978. **(Ch)**.
EICHELBAUM, S.: *Pájaro de barro*, 2 ed., BA, Ed. Universitaria, 1971. **(A)**.
ESPINO, M. A.: *Hombres contra la muerte*, 3 ed., San Salvador, Min. de Educación, 1978. **(S)**.
ESTORINO, E.: *El robo del cochino*, en C. Solorzano, *El teatro hispanoamericano contemporáneo, Antología*, II: 76-128. **(Cu)**.
ESTREMADOYRO, J. M.: *Una mujer con alma*, Lima, Minerva, 1977. **(Pe)**.
FLORES TAPIA, O.: *López Portillo y yo*, 8 ed., Méx, Grijalbo, 1984. **(M)**.
FUENTES, C.: *La muerte de Artemio Cruz*, 3 ed., Méx, Fondo de Cultura Económica, 1967. **(M)**.
——: *Cambio de piel*, 3 ed., Méx, J. Mortiz, 1968. **(M)**.
——: *La región más transparente*, Méx, Fondo de Cultura Económica, 1969. **(M)**.
——: *Tiempo mexicano*, Méx, J. Mortiz, 1972. **(M)**.
——: *La cabeza de la hidra*, B, Argos, 1978. **(M)**.
——: *Agua quemada*, Méx, Fondo de Cultura Económica, 1981. **(M)**.
FUENTES MARES, J.: *Historia de dos orgullos*, Méx, Eds. Océano, 1984. **(M)**.
GALEANO, E.: *La canción de nosotros*, B, EDHASA, 1975. **(Ur)**.
GALLEGOS, R.: *Doña Bárbara*, ed. L. Dunham, NY, Appleton-Century-Crofts, 1942. **(V)**.
GARCÍA MÁRQUEZ, G.: *Cien años de soledad*, 12 ed., BA, Sudamericana, 1970. **(Col)**.
GARIBAY, R.: *De lujo y hambre*, 3 ed., Méx, Nueva Imagen, 1982. **(M)**.
GARMENDIA, S.: *Los habitantes*, Caracas, Monte Ávila, 1968. **(V)**.
——: *Memorias de Altagracia*, M, Cátedra, 1982. **(V)**.
GONZÁLEZ CABALLERO, A.: *Señoritas a disgusto*, en A. Magaña Esquivel (ed.), *Teatro mexicano del siglo XX*, vol. V, Méx, 1970:73-134. **(M)**.
GONZÁLEZ LEÓN, A.: *País portátil*, B, Seix Barral, 1969. **(V)**.
GONZÁLEZ MONTALVO, R.: *Las tinajas*, 3 ed. San Salvador, Min. de Educación, 1977. **(S)**.
GONZÁLEZ ZAFRA, G.: *Tercer hombre*, Bogotá, La Oveja Negra, 1983. **(Col)**.
GOROSTIZA, C.: *El puente; El pan de la locura; Los prójimos*, 2 ed., BA, Sudamericana, 1971. **(A)**.
GOROSTIZA, C.: *El color de nuestra piel*, ed. L. Soto-Ruiz y S. S. Trifilo, NY, MacMillan, 1966. **(M)**.
GUERRA LEAL, M.: *La grilla*, Méx, Diana, 1978. **(M)**.
GUEVARA, E.: *El diario del Che en Bolivia*, 8 ed. Méx, Siglo XXI, 1971. **(A)**.
GUEVARA MANOSALVA, L.: *De lo dicho y de lo escrito*, Caracas, Cubiche, 1982. **(V)**.
GÜIRALDES, R.: *Don Segundo Sombra*, ed. P. R. Beardsell, Oxford, Pergamon, 1973. **(A)**.
HOFFMAN, A.: «México, Less Money, More Fun», en S. Hoffman, *Square Dancing in the Ice Age*, NY, Putnam's Sons, 1982:106-115.
IBARGÜENGOITIA, J.: *Susana y los jóvenes*, en *Teatro mexicano contemporáneo*, 2 ed., M, Aguilar, 1962, 2:361-433. **(M)**.
ICAZA, J.: *Huasipungo*, 5 ed., BA, Losada, 1969. **(Ec)**.

Inst. Est. Sand. (Instituto de Estudio del Sandinismo): *¡Y se armó la runga...! Testimonios de la Insurrección Popular Sandinista en Masaya*, Managua, Nueva Nicaragua, 1982. **(N)**.

ISLA, C.: *El tesoro de Moctezuma*, Méx, Diana, 1981. **(M)**.

JÁCOME, G. A.: *Por qué se fueron las garzas*, B, Seix Barral, 1979. **(Ec)**.

KON, D.: *Los chicos de la guerra*, 8 ed., BA, Galerna, 1983. **(A)**.

LAFOURCADE, E.: *La fiesta del rey Acab*, Caracas, Monte Ávila, 1969, **(Ch)**.

——: *Palomita blanca*, 11 ed., Santiago, Zig-Zag, 1972. **(Ch)**.

——: *Tres terroristas*, B, Pomaire, 1976. **(Ch)**.

LAGUERRE, E. A.: *Cauce sin río*, 9 ed., Río Piedras, Cultural, 1971. **(PR)**.

——: *La resaca*, 10 ed., Río Piedras, Cultural, 1978. **(PR)**.

——: *La llamarada*, 24 ed., Río Piedras, Cultural [s.f.]. **(PR)**.

LARS, C.: *Tierra de infancia*, 4 ed., San Salvador, Min. de Educación, 1977. **(S)**.

LEÑERO, V.: *El Evangelio de Lucas Gavilán*, B, Seix Barral, 1979. **(M)**.

LEWIS, O.: *Los hijos de Sánchez*, 7 ed., Méx, J. Mortiz, 1967. **(M)**.

LINDO, H.: *El anzuelo de Dios*, 2 ed., San Salvador, Min. de Educación, 1962. **(S)**.

LIRA, C.: «El desengaño: hablan los campesinos» y «Nicaragua, "en el peor momento de su historia"», en C. Monsivais (ed.), *A ustedes les consta*, Méx, Eds. Era, 1980:295-308. **(M)**.

LÓPEZ VALDIZÓN, J. M.: *La sangre del maíz*, Guatemala, Eds. Nuevo, 1966. **(G)**.

LUNA, F.: *Argentina: De Perón a Lanusse, 1943-1973*, B, Planeta, 1972. **(A)**.

MAGAÑA, S.: *El pequeño caso de Jorge Livido*, en A. Magaña-Esquivel (ed.), *Teatro mexicano del siglo XX*, vol. IV, Méx, Fondo de Cultura Económica, 1970:514-602. **(M)**.

MALLEA, E.: *El resentimiento*, 2 ed., BA, Sudamericana, 1970. **(A)**.

MARÍN, R.: *Los otros días. Apuntes de un médico de pueblo*, 6 ed., Méx, Jus, 1967. **(M)**.

MARQUÉS, R.: *Teatro*, vol. III, Río Piedras, Cultural, 1971. **(PR)**.

MEJIDO, M.: *México amargo*, 9 ed., Méx, Siglo XXI, 1984. **(M)**.

MONSIVAIS, C.: *Días de guardar*, 3 ed., Méx, Eds. Era, 1971. **(M)**.

MORA, J. M. DE: *¡No! Señor Presidente. La realidad nacional del actual sexenio sin maquillaje oficial*, 2 ed., Méx, Anaya, 1983. **(M)**.

NAVARRETE, R.: *Aquí, allá, en esos lugares*, Méx, Siglo XXI, 1966. **(M)**.

ONETTI, J. C.: *Juntacadáveres*, 3 ed., Montevideo, Alfa, 1968. **(Ur)**.

——: *El astillero*, B, Bruguera, 1981. **(Ur)**.

OQUENDO, A. (ed.): *Narrativa peruana 1950-1970*, M, Alianza, 1973. **(Pe)**.

OTERO SILVA, M.: *Cuando quiero llorar no lloro*, 2 ed., B, Seix Barral, 1972. **(V)**.

PALZA, S. H.: *Soroche*, La Paz, Los Amigos del Libro, 1970. **(B)**.

PAZ, O.: *El laberinto de la soledad*, 7 ed., Méx, Fondo de Cultura Económica, 1969. **(M)**.

——: *El ogro filantrópico*, Méx, J. Mortiz, 1979. **(M)**.

PEÑALOSA, J. A.: *Humor con agua bendita*, 5 ed., Méx, Jus, 1979. **(M)**.

PEREIRA, M: *El comandante Veneno*, B, Laia, 1979. **(Cu)**.

PONIATOWSKA, E.: *Hasta no verte Jesús mío*, 11 ed. Méx, Eds. Era, 1972. **(M)**.

——: *Domingo 7*, 3 ed., Méx, Océano, 1983a. **(M)**.

——: *Fuerte es el silencio*, Méx, Era, 1983b. **(M)**.

PRIETO, C.: *El jugo de la tierra*, en L. G. Basurto (ed.), *Teatro mexicano 1959*, M, 1962: 89-162. **(M)**.

PUIG, M.: *La traición de Rita Hayworth*, BA, Jorge Álvarez, 1968. **(A)**.

——: *Boquitas pintadas*, 5 ed., BA, Sudamericana, 1970. **(A)**.

——: *The Buenos Aires Affair*, Méx, J. Mortiz, 1973. **(A)**.

QUIROGA, H.: *Cuentos escogidos*, ed. J. Franco, L, Pergamon, 1968. **(Ur)**.

RAMÍREZ, S.: *¿Te dio miedo la sangre?*, La Habana, Casa de Las Américas, 1982. **(N)**.

RAMÓN RIBEYRO, J.: *Las botellas y los hombres*, en A. Oquendo (ed.), *Narrativa Peruana 1950-1970*, M, 1973:106-117. **(Pe)**.

RENGIFO, C.: *Lo que dejó la tempestad*, en C. Solorzano (ed.), *El teatro hispanoamericano contemporáneo. Antología*, vol. II, pp. 28-75. **(V)**.

REVUELTAS, J.: *El luto humano*, Méx, Novaro, 1967. **(M)**.

REYNOSA, O.: *Los kantutos*, en A. Oquendo (ed.), *Narrativa peruana 1950-1970*, M, 1973:106-117. **(Pe)**.

RIDING, A.: *Vecinos distantes*, Méx, J. Mortiz, 1985 [traducción del inglés]. **(M)**.

RIVERA, J. E.: *La vorágine*, 10 ed., BA, Losada, 1968. **(Col)**.

ROA BASTOS, A.: *Hijo de hombre*, 3 ed., BA, Losada, 1967. **(Par)**.

RODRÍGUEZ, M.; R. y A. ACEVEDO ESPINOZA (eds.): *La insurrección nicaragüense, 1978-1979*, Managua, Banco Central, 1979. **(N)**.

ROJAS HERAZO, H.: *En noviembre llega el arzobispo*, 2 ed., Bogotá, Lerner, 1968. **(Col)**.

RULFO, J.: *Pedro Páramo*, 8 ed., Méx, Fondo de Cultura Económica, 1966. **(M)**.

——: *El llano en llamas*, 8 ed., Méx, Fondo de Cultura Económica, 1967. **(M)**.

——: *Pedro Páramo*, ed. L. Leal, NY, Appleton-Century-Crofts, 1970. **(M)**.

Sábato, E.: *Sobre héroes y tumbas*, 10 ed., BA, Sudamericana, 1969. **(A)**.

——: *Abaddón el exterminador*, M, Alianza, 1975. **(A)**.

SAINZ, G.: *Gazapo*, 6 ed., Méx, J. Mortiz, 1967. **(M)**.

SALARRUÉ: *Obras escogidas*, vol. II, San Salvador, Ed. Universitaria, 1979. **(S)**.

SALAZAR MALLÉN, R.: *¡Viva México!*, 3 ed., Méx, 1980. **(M)**.

SÁNCHEZ MAYANS, F.: *Las alas del pez*, en A. Magaña-Esquivel (ed.), *Teatro mexicano del siglo XX*, vol. IV, Méx, 1970:201-253. **(M)**.

SARDUY, S.: *Colibrí*, B, Argos Vergara, 1984. **(Cu)**.

SATZ, M.: *Marte*, B, Seix Barral, 1980. **(A)**.

SELSER, M. G.: *Chile para recordar*, BA, Eds. Crisis, 1974. **(Ch)**.

SILVA, F.: *El comandante*, Managua, Cultural Centroamericana, 1969. **(N)**.

SKÁRMETA, A.: «Desnudo en el tejado», en R. Marqués, *et al.*, *Tres cuentistas*, La Habana, Casa de las Américas, 1979. **(Ch)**.

SOLORZANO, C.: *Las manos de Dios*, en C. Solorzano (ed.), *El teatro hispanoamericano contemporáneo. Antología*, vol. II:303-358. **(G)**.

SOLORZANO, C. (ed.): *El teatro hispanoamericano contemporáneo. Antología*, 2 vols., Méx, Fondo de Cultura Económica, 1964.

SORIANO, O.: *No habrá más penas ni olvido*, B, Bruguera, 1980. **(A)**.

SPOTA, L.: *La sangre enemiga*, Méx, Diana, 1967. **(M)**.

——: *Los sueños del insomnio*, 2 ed., Méx, J. Mortiz, 1970. **(M)**.

——: *La plaza*, 5 ed., Méx, J. Mortiz, 1972. **(M)**.

——: *Las horas violentas*, 7 ed., Méx, B, Costa-Amic, 1974. **(M)**.

——: *El primer día*, Méx, Grijalbo, 1977. **(M)**.

——: *Palabras mayores*, Méx, Grijalbo, 1981. **(M)**.

URQUIDI ILLANES, J.: *Lo que Varguitas no dijo*, La Paz, Khana Cruz, 1983. **(Pe)**.

USIGLI, R.: *El niño y la niebla*, ed. R. E. Ballinger, Boston, D. C. Heath, 1964. **(M)**.

——: *El gesticulador*, L, Harrap, 1965. **(M)**.

USLAR PIETRI, A.: *Los ganadores*, B, Seix Barral, 1980. **(V)**.

VALADÉS, E.: *La muerte tiene permiso*, 5 ed., Méx, Fondo de Cultura Económica, 1964. **(M)**.

VALLADARES PÉREZ, A.: *El corazón con que vivo*, M, Playor, 1983. **(Cu)**.

VARGAS LLOSA, M.: *La ciudad y los perros*, 5 ed., B, Seix Barral, 1968. **(Pe)**.

——: *Conversación en la catedral*, 6 ed., B, Seix Barral, 1972. **(Pe)**.

——: «Toñita», en A. Oquendo (ed.), *Narrativa peruana 1950-1970*, M, 1973:130-144. **(Pe)**.

——: *Pantaleón y las visitadoras*, 4 ed., B, Seix Barral, 1974. **(Pe)**.

——: *La casa verde*, B, Seix Barral, 1983. **(Pe)**.

——: *Historia de Mayta*, B, Seix Barral, 1984. **(Pe)**.

VERA, P. J.: *El pueblo soy yo*, B, Seix Barral, 1979. **(Ec)**.

VERGÉS, P.: *Sólo cenizas hallarás. Bolero*, Valencia, Prometeo, 1980. **(RD)**.

VIÑAS, D.: *Dar la cara*, BA, Mariano Moreno, 1962. **(A)**.

WOLFF, E.: *Los invasores*, en C. Solorzano (ed.), *El teatro hispanoamericano contemporáneo. Antología*, Méx, 1964, I:124-199. **(Ch)**.

YÁÑEZ, A.: *La tierra pródiga*, 3 ed., Méx, Fondo de Cultura Económica, 1966. **(M)**.

ZAVALETA, C. E.: «Juana la Campa te vengará», en A. Oquendo (ed.), *Narrativa peruana 1950-1970*, M, 1973:51-65. **(Pe)**.

Index of English terms

NOTES

1. This English Index has been added in order to give a **general** idea of the kind and extent of items to be found in this **ABC**. The Index is, however, incomplete in two important aspects:

   a) With a few exceptions, items are not labelled according to the area of their use. This vital information must be obtained by looking up the corresponding Spanish entry in the **ABC**.

   b) Because a proportion of the Spanish items are given not a simple English translation equivalent but a definition (e.g. for historical terms, currency units, etc.), a botanical name, a formula or, in the case of the many acronyms, the full **Spanish** version, it has not been possible to refer to these items in this alphabetical Index.

2. Items marked with an * are those terms of American origin or usage which are also in use in Castilian Spanish, i.e. those marked with an * in the **ABC** itself.

a.m., **a.m.**
abalone, **abulón; loco**
about, **como**
above, **arriba de**
above me (etc.), **arriba mío; encima mío**
absenteeism: Monday —, **(hacer el) San Lunes**
Absolutely!, **toda la vida**
abundant, **abundoso**
acacia, **guaje; huizache**
accountant, **contador**
accounting inspector, **contralor**
Accounting Inspectorate, **Contraloría**
act: to — (as), **fungir**
acting, **subrogante**
adapted to the customs of..., **acriollado**
add: to —, **agregar**
adopt: to — the customs and manners, **acriollarse**
adornment, **chiche**
affected, **pituco; siútico; huachafo**
affectedness, **huachafería**
afternoon: in the —, **a la tarde**

again: to... —, **voltear a**
against: — me (etc.), **en contra mía; en mi contra**
agave, ***maguey; *pita**
agitation, **violentismo**
agitator, **violentista**
air hostess, **aeromoza; cabinera; camarera**
airline stewardess, **aeromoza; cabinera; camarera**
all in, **jodido**
all: (absolutely) —, **todito; todito**
allegedly, **dizque;** *Also see tenses*
alligator, ***caimán; lagarto; yacaré**
almost, **en nadita estuvo que; (ya) mero**
aloe: American —, **agave**
alone, **íngrimo**
alpaca, ***alpaca**
altitude sickness, **puna; *soroche**
altitude sickness: to fall ill with —, **apunarse; asorocharse**
America, ***América**
American, ***americano**
americanised, **pocho**

americanism, ***americanismo**
Amerindian, ***amerindio**
anaconda, ***anaconda**
Andean, ***andino**
Andean canyons, **yungas**
Andean high plateau, ***puna**
Andes, **Andes**
anger, **coraje; enojo**
angry, **enojado; bravo;** to get —, **enojarse; enchilarse**
announcement of official Presidential Candidate, **destapamiento**
annoy: to —, **cargosear; chingar; embromar; joder**
annoying, **cargoso; fregado; fregón; jodido**
ant: yellow —, **sompopo;** highly poisonous —, **tambocha**
Antillean, ***antillano**
Antilles, ***Antillas**
anxiety: extreme —, **angurria**
apartment, **condominio; departamento**
apéritif, **copetín**
apparently, **dizque;** *Also see* **tenses**
appeal, **llamado**
approximately, **como**
apricot, **chabacano; damasco;** — tree, **damasco**
Araucan, ***araucano**
Araucanian, ***mapuche**
Araucaria tree, **araucaria; pehuén**
Araucarian, ***araucano**
Arawak, ***arahuaco**
area, **pago(s)**
aren't you?, **¿no?**
arepa seller, **arepera**
Argentina, ***Argentina**
Argentine: the —, ***Argentina**
Argentinian, ***argentino; nacional**
armadillo, ***armadillo; quirquincho**
armchair, ***butaca; poltrona**
Army, **Guardia Nacional**
around me (etc.), **alrededor mío**
arouse: to —, **arrechar(se)**
aroused: sexually —, **arrecho**
arrange: to —, **acotejar;** to — to, **quedar de**
arrival, **arribo**

arrive: to —, **arribar**
arrogance, **prepotencia**
arrogant, **prepotente**
arrowroot, ***arrurruz**
arse, **fundillo**
artichoke, **alcaucil**
as: — soon —, **apenas**
ashamed: I'm — of it, **me da pena;** to be —, **achuncharse**
ass, **fundillo**
assembly plant, **maquiladora**
asylum: lunatic —, **loquería**
at (the home/shop of), **donde**
attack: sudden —, **malón**
attic, **altillo; entretecho**
attractive man/woman, **churro**
auction: —, **remate;** to —, **rematar**
avocado (pear), ***aguacate; (A) (B) (Ch) (Pe) palta;** — tree, ***aguacate; palto;** — salad, **guacamole**
Aymara, ***aimara; aimará; aymara**
Aztec, ***azteca**

b (the letter), **be larga**
baby, **bebe; guagua;** little —, **bebito; nenito;** — girl, **beba;** —'s bottle, **mamadera**
bachelor flat, **bulín**
back: on one's —, **al apa**
back: to — down/off, ***rajarse**
bacon, **tocineta**
bad language, **lisura**
bag, **cartera**
ball(s), **hueva(s)**
ballad, **paya; payada**
balsa (tree and wood), ***balsa**
bamboo, **cañabrava**
banana, ***banana; *plátano; (V) cambur;** small —, **guineo;** — tree, **banano;** — plantation, **bananal**
band: hair—/head—, **vincha**
bandaid, **curita**
bar, **cantina; chichería; pulpería; pulquería;** cheap —, **chingana; (M) piquera;** (beer) —, **chopería; schopería**
bar owner, **tabernero;** pulque —, **pulquero**

barbecue, *asado; *barbacoa; parrillada; — meal, *asado
bargain, pichincha
barge, bongo
bark, concha
barman, mesonero
baseball, béisbol
basket, canasto
bastard, hijo de la chingada; hijo de la gran flauta; hijo de la gran siete; hijo de la tiznada; hijoeputa; hijueputa; hijuna; hijuna gran (puta); ¡jijo! ¡jíjole! ¡jijunagrandísima!; (¡qué! concha(s) de su madre!); silly —, güevón; huevón; stupid —, cojudo
bath(tub), bañadera; tina
bathe, bañada
bathroom, baño
be: to —, quedar; to have been, *See* tener
bean, caraota; frejol; fréjol; frijol; fríjol; poroto; green/string —, ejote; early —, chaucha
beating, cueriza; golpiza
beautiful, lindo; chulo
beauty, lindura
bedding roll, *petate
bedroom, recámara
bedside table, buró; nochero
beech: southern (false) —, coihué/coigüe
beef: jerked —, tasajo; stuffed rolled —, matambre
been: have —, *See* tener
beer: draught —, chop; chopp; schop; — glass, garza
beet, betarraga; beterraga
beetroot, betarraga; beterraga
before, endenantes
beg: I — your Pardon?, ¿mande (usted)?
behind, atrás de; — me (etc.), atrás mío; detrás mío; just/close —, detrasito
belly, guata
belongings, corotos; tiliches
better: you/I —, mejor + verb
big shot, chingón; el mero mero
bin, tacho
binoculars, largavistas
«birds», las viejas
biro, lapicera

biscuit: sweet — (with filling), alfajor
bitch, hija de la gran flauta
bitter, amargoso
bitumen, chapopote
blacks: group of —, negrada
blanket, frazada; cobija; electric —, frazada eléctrica; hand-woven Mexican —, *sarape
blanket of furs, quillango
blinkers (of car), direccionales
block (in city), cuadra
blockage, atorón
blond(e), (Ch) rucio; (Col) (Cu) (V) catire; (Col) mona; (H) (N) (S) chele; (M) güero
bloody, de mierda; chingado; ¡miéchica!; fregado
bloomers, blúmer; blúmers
blouson, campera; (M) chamarra
blow: hard —, madrazo
blow: to — someone's brains out, tronar; to — one's brains out, tronarse
blow: to — up, subírsele/asomarle el indio
bluish, azuloso
boa constrictor, *boa
board: to —, embarcar(se)
boarding house, residencial
boast: to —, compadrear
bodyguard, guarura
boilersuit, mameluco
bolas, *bolas; *boleadoras
bongo, *bongó
bonnet (of car), cofre
bonus, yapa
bony, huesoso
bookcase, librero
bookshelf, librero
boot (of car), baúl; cajuela; maletera; portamaletas
boring, cansador
boss, chingón; el mero mero; village —, gamonal
bother, vaina
bother: to —, cargosear
bottle: (hot) water —, guatero
bottle shop, botillería
bottle top, corcholata
bottom, traste

bowl, **porongo**
box: leather —, **petaca**
box file, **bibliorato**
boxing, **box**
boy, **lolo**
boyfriend, **pololo**
bra, **ajustador(es); brasier; brassier(e); corpiño; portabusto(s)**
braces, **suspensores; tiradores**
brag: to —, **compadrear**
brains, **tutuma**
braking: sudden —, **frenada**
bravery, **coraje**
Brazilian, **brasilero**
bread roll, **bolillo**
«bread», **lana**
break: to —, **quebrar**; to — away/loose, **zafarse**; to — down, **quedarse en pana; descomponerse**
breakdown, **pana; descompostura**
breakdown lane, **acotamiento**
breast(s), **chiche(s)**
breeze, **vientito**
bribe, **mordida; coima; embute**
briefcase, **portafolio(s)**
brilliant, **brilloso**
bring: to — back, **regresar**
broken (down), **descompuesto**
brothel, **quilombo**
brunette, **morocho; prieto**
brush, **escobilla**
brush, **manigua**
bucket, **balde; tacho**
buddy, **cuate**
Buenos Aires: (inhabitant) of —, **porteño**
building, **quinta**
bulb, **ampolleta; bombillo; foco**
bulldozer, **topadora**
bully, **guapo**
«bum», **fundillo**
bum, **atorrante; linyera**
bun, **queque**; — (of hair), **chongo**
burglar, **scruchante**
bus, **bus; ómnibus; (M) camión; (B) (Ch) (Pe) góndola; (Ant) guagua**; small —, **buseta; (Col) (Pan) chiva**; collective —, **(Col) (Pan) chiva**
bus stop, **paradero**

bush, **mata (de...); palo de...**
bush, **manigua**
bushed, **jodido**
business: nice profitable —, **negocito**
butter, **manteca**
buzzard, **aura; gallinazo; (CAm) (M) zopilote; (Ch) jote; (Par) (Ur) urubú; (V) auyama; zamuro**; buzzer: electric (desk) —, **chicharra**
By all means, **propio**
Bye, **chau; chaucito; que le vaya bien**

cab: — driver, **ruletero**; to drive a —, **ruletear**; cab-driving, **ruleteo**
cacique, ***cacique**; village —, **gamonal**
café, **confitería**
cafeteria, **fuente de soda**
cage, **huacal**
cake, **queque**; small —, **masa**; fancy —, **kuchen**
calabash, **guacal**; — (tree), **güira; totumo; tutumo**; fruit of —, **totuma; tutuma**
calf, **canilla**
call (telephone) —, **llamado**
camp follower (female), **soldadera**
can, **caneca; tarro**
canasta, ***canasta**
candle, **esperma; veladora**
cane, **bejuco; otate**
cane liquor, **caña**
cannibal, ***caníbal**
canoe, ***piragua; *canoa; *bongo**; dug-out —, **curiara**
cap, **tapa**; military —, **quepí(s)**
capital (city), **capi**; from the —, **capitalino**
capsicum, **ají; chile**
capstan, ***malacate**
car, **auto; carro; (Cu) máquina**; dining —, **carro comedor**; sleeping —, **pullman; carro dormitorio**
car horn, **fotuto**
car park, **estacionamiento; playa de estacionamiento; parqueadero**
caramel, **cajeta**
cardboard, **papel madera**
cardigan, **chomba; chompa**
care: I couldn't — less, **me vale; me vale madre; me vale sombrilla**

caresses, **apapachos; papachos**
Carib (Indian), ***caribe**
Caribbean, ***Caribe; *caribe**
carousel, **calesita(s)**
carry: to —, **andar**
cart (of legless person), **cuchepo**
cassava, ***mandioca;** — bread/flour, **cazabe**
casserole, **guatitas**
cassette recorder, **grabador**
Castilian, **castellano**
casual worker, **changador**
catfish, **bagre**
cattle, **hacienda;** — drover, **tropero;** — ranch, **hacienda;** — thief, **abigeo; cuatrero**
cavy, **cuy; cuye**
Cay, ***cayo**
ceiba, **ceiba**
celebration, **trasnochada**
cell, **separo**
cent, **centavo**
cent: not to have a —, **no tener un cobre**
centavos: ten —, **real**
ceramic: pre-Columban —, **guaco**
Certainly, **propio**
Chagas's disease, ***mal de chagas**
chair: canvas deck —, **reposera;** easy —, **poltrona;** folding garden —, **reposera;** leather/wicker —, **equipal**
chalk, ***tiza; gis**
chamber pot, **bacinica; bacinilla**
chandelier, **candil**
change, **vuelto;** small —, **morralla;** sencillo
chasis, **chasís**
chat, **conversada; plática;** to —, **platicar**
checkpoint, **retén**
cheek, **cachete; patas; raza**
chequebook, **chequera**
cherimoya, **chirimoya**
cherry: — tree, **capulí;** ground —, **miltomate**
chest, **petaca**
chewing gum, ***chicle**
Chibcha, ***chibcha**
Chicano, ***chicano**
Chichimeca, ***chichimeca**

«chick», **(A) (Ur) piba; tipa;** —s, **las viejas**
chicken, **ave;** roast —, **pollo rostizado;** Kentucky fried —, **pollo rostizado**
chicle, ***chicle**
chief, ***cacique;** — 's wife, **cacica**
chief, **máximo; máximo dirigente**
chigger, **nigua**
chihuahua, ***chihuahua**
Chile, ***Chile**
Chilean, ***chileno**
Chilean bell flowers, **copihue**
Chilean national dance, **cueca**
Chilean nitrate, **salitre**
chinchilla, ***chinchilla**
Chinese restaurant, **chifa**
chocolate, ***chocolate;** fine —, ***soconusco**
choke: to —, **atorarse**
chorus: boring —, **cantaleta**
Christmas: Father —, **Viejo/Viejito (de Pascua); Viejo Pascual/Pascuero**
ciao, **chau; chaucito**
cigar, ***habano; *cigarro**
cigarette, ***cigarrillo;** — butt/end, **pucho;** — lighter, **encendedor**
ciguatera, ***ciguatera**
cinchona, **quino**
cinchona bark, ***quina; *quinaquina; *quinina**
cinema, **biógrafo**
city dweller, **citadino**
clean: to — shoes, etc., **(M) bolear**
clean: nice and clean, **limpito**
cleaner, **afanador, -a**
cleaning, **limpia**
clear: to — the land, **chapear**
clear: to — off, **mandarse mudar**
clever, **habilidoso; grande; piola**
clip: (paper) —, **grampa**
closet, **closet; clóset; placar; placard**
cloth, **lampazo;** thin —, **ayate;** coarse cotton —, **tocuyo**
clothes, **tenida**
clothing: gaucho's/peasant's —, **pilcha**
club, **macana**
coarse, **ríspido**
coastal, **costeño;** — dweller, **costeño**
coat, **saco; vestón;** (top)—, **tapado**

coati, *coatí
coca leaf, *coca; — tree, *coca
cocaine, *cocaína
cochineal, *cochinilla
cockadoodledoo, cucurucú; cucurrucú
cockfight enthusiast, gallero
cockpit, gallera
cockroach, barata
cocktail, highball; jaibol
coco palm, *coco
cocoa: — tree, *cacao; — bean, *cacao
coconut, *coco
coffee: black —, tinto; white —, perico;
  white — and cream, perico
coffee plantation, cafetal; — owner, cafetalero
coin: small —, chaucha
cold, resfrío
cold, friolento
collecting box, alcancía
collective taxi, colectivo
Colombia, *Colombia
Colombian, *colombiano
Come in!, ¡siga!
Come on!, ¡ándale!; ¡ándele!; ¡órale!
comforter, chupón
comforting, (a)papachador
common, rasco; — (person), orillero
commotion, despiole; toletole
commune: Indian family —, *ayllu
companionship, compadreo
complaint, reclamo
completely, de a tiro
completion (of course), egreso
compromise: to —, transar
conceited girl, mona
concrete, concreto
condor, *cóndor
conga, *conga
connection, atingencia
constantly, a cada nada
contact(s), cuña; hueso; muñeca
Contadora Group, Contadora
Contra: (the) —, Contra
control: to get out of/to lose — of oneself, descontrolar(se)
cooing (of a dove), cucurucú; cucurrucú
cooking, cocinada

«cop», cachaco; cuico; paco
copier, mimeógrafo
copying machine, mimeógrafo
cord, cabuya; maguey —, mecate
corduroy, cotelé
corn, *maíz; choclo; guate; boiled —,
  mote; nixtamal; (ear of) —, jojoto;
  field of —, milpa; sweet —, elote;
  — drink, chicha; — fritter, arepa;
  — grower, milpero; — on the cob,
  elote; soft — pudding, mazamorra
cornfield, *maizal
cornflour: roasted —, pinol; pinole; —
  drink; atol; atole
corrugated iron, calamina
cost, costo; at all —s, a como dé/diera
  lugar
Costa Rica, Costa Rica
Costa Rican, costarricense; (nickname)
  tico
costume, tenida
Council, delegación
counter, mesón
country(side), campaña
course: pre-University —, preparatoria
court: to —, noviar
court: tennis —, cancha
courting, pololeo
courtyard, batey
cove, ensenada
cover: to — with a protective plastic —,
  enmicar
covering, concha
covering: plastic protective —, enmicado
cowboy, *gaucho; llanero; tropero
coyote, *coyote
crab, jaiba
crash, estrellón
crate: wooden —, huacal
crepe, panqué; panqueque
Criminal Investigation Branch, PIP
crimson, punzó
crinkled, motoso
criticise: to —, descuerar
croissant, medialuna
crooked, chueco
cross, cruza
crowd, choclón; (noisy) —, titipuchal

crowd: to — together, **achoclonarse**
Cuba, ***Cuba**
Cuban, ***cubano**
Cuban refugee, **gusano**
cuddle: to —, **apapachar**
cuddles, **(a)papachos**
cuff (of trouser), **valenciana**
cufflinks, **(Ch) (Col) colleras; (CAm) (M)
mancuernas; (Col) (V) mancornas; (V)
yuntas**
cul-de-sac, **calle ciega**
cunning, **abusado; piola**
cunt, **(A) (Ur) concha**
cup: small (coffee) —, **pocillo**
cupboard (built-in), **closet; clóset; placar;
placard**
curare, ***curare**
cured meat, **cecina**
curl, **chino**
curl: to —, **enchinar**
currency: local —, **m/n; M.N.**
cuspidor, **salivadera**
custard apple, ***chirimoya; anón; anona;
— tree, *chirimoyo; prickly custard
apple, guanábana**
cut: to —, **tasajear**
cutters, **napoleón**
cynic(al) (person), **valemadrista**
cypress: Montezuma bald —, **ahuehuete**

daiquiri, **daiquirí; daiquiri**
dairy : (small) — (farm), **tambo**
dam, **represa; tranque**
«dames», **las viejas**
Damn!, **¡carajo!; ¡miéchica!; ¡híjole!; ¡malhaya (sea)!**
damn(ed), **fregado**
dance: to — the milonga, **milonguear;**
to — the joropo, **joropear**
dandy, **cajetilla**
dark, **prieto**
dark-haired, **morocho**
dark-skinned, **aindiado**
darling, **chanchito; gordo; gordito; mi
negro, -a; nato, -a**
date: to —, **noviar; pololear**
dating, **pololeo**
day: the — before yesterday, **antier**

de facto relationship, **amasiato**
de facto husband/wife, **acompañado, -a**
dead body, **muertito**
dead-end street, **calle ciega**
deal: nice profitable —, **negocito**
Dear Sir, **de mi/nuestra (mayor) consideración**
deer, **huemul**
defect, **falla**
defraud: to —, **hacer/dar calote**
deliberately, **despacioso**
delicatessen, **rotisería**
demijohn, **chuico**
dengue fever, ***dengue**
dental clinic, **dentistería**
dentistry, **dentistería; dentística**
deposit, **enganche**
deputy, **subrogante**
deserve: to —, **ameritar**
despair, **desespero**
desperation, **desespero**
detention centre, **retén**
Devil, **Mandinga**
dial: to —, **discar**
didn't he?, **¿no?**
dietician, **dietista**
difficult, **rejego; embromado**
dining car, **carro comedor**
dinner, **comida**
diploma: to award a —, **licenciar**
dirty: to make —, **enchastrar**
disappear: to cause to —, **desaparecer**
disappear: to —, **hacerse humo; to cause
to —, desaparecer**
dish: highly seasoned —, **picante; «dish»,
churro**
dish towel, **repasador**
dismiss: to —, **cesantear; remover**
dismissal (of official), **remoción**
disorder, **relajo**
disorient: to —, **desubicar**
disorientate: to —, **desubicar**
display: to —, **lucir**
dive: to —, **clavarse**
dive: low —, **chingana**
diver, **clavadista**
dividing strip, **camellón**
docket: sales —, **boleta (de venta)**

dollar: to free from the influence of the U.S. —, **desdolarizar**
dollars, **Dls.; dls.**
domination (of political life), **personalismo**
(the) Dominican Republic, ***República Dominicana**
door: little —, **puertita**
«dough», **lana**
down payment, **enganche**
draft, **machote**
draught beer, **chop; chopp; schop**
drench: to —, **ensopar**
drink, **copetín**
drink: to —, **tomar**; to — mate, **matear**
drinking vessel, **jícara**
drive, **vueltita**; to —, **manejar**
driver, **chofer**; minibus —, **micrero**; — of builder's truck, **materialista**; —'s mate, **peoneta; pioneta**
drizzle, **garúa**
drove of oxen/bullocks, **bueyada**
drown: to — at sea, **fondear**
drowning at sea, **fondeo**
drug pusher, **narcotraficante**
drug trafficker, **narcotraficante**
drug trafficking, **narcotráfico**
drum, **(bongó)**
drunk, **curda; bolo**; (to be) —, **(estar) tomado**
dryclean: to —, **lavar en/al seco**
drycleaning (shop), **lavaseco**
dud, **bodrio**
dude, **cajetilla; bacán; catrín**
dugout canoe, ***bongo**
dummy, **chupón**
dump: (rubbish/garbage/rubbish) —, **tiradero**
dumping at sea, **fondeo**
dust storm, **tolvanera**
dust: cloud of —, **terral; tierral**
dusty, **polvoso**
dynamo, **dínamo; dinamo**

earrings, **aretes; aros**; large —, **caravanas**
Earth Goddess, **Pachamama; pachamama**
earthquake, **temblor**
ECLA, **CEPAL**
Ecuador, ***Ecuador**

Ecuadorian, ***ecuatoriano**
effeminate, **rosquetón**
egg, **blanquillo**; boiled —, **huevo a la copa**; **huevo tibio**; fried/scrambled —s and bacon/tomato, **paila**
egg flip, **candeal**
El Dorado, ***El Dorado**
El Salvador, ***El Salvador**
electric light bulb, **bombillo**
elegant: over-—, **pituco**
elevator, **elevador**
elevator operator, **elevadorista**
embarrassed, **apenado**
emergency lane, **acotamiento**
enchilada, **enchilada**
encourage: to —, **incentivar**
end of document, **calce**
enter, **entrar a; ingresar a**
entertainment, **entretención**
entwine: to —, **entreverarse**
er, **este**
error: language —, **pochismo**
escape: to —, **zafarse**
estate, **predio**
even if, **así** + subjunctive
evening: in the —, **a la noche**
exact, **mero**
Exactly!, **¡eco!; ¡école! ; ¡ecolecuá!**
excite: to —, **arrechar(se)**
excited: to get —, **alebrestarse; subírsele/asomarle el indio**
Excuse me?, **¿mande (usted)?**
exhausted, **jodido**
exploit: to —, **hambrear**
exploiter, **chingón; hambreador**
extra: a little —, **yapa**
extraordinary, **manso**
extremely, **recontra**

fag, **joto**
fair, **catire**
Falkland Islands, **islas Malvinas**
fall: to — in love, **encamotarse**
famine, **hambruna**
fan, ***hincha**; (group of) —, **hinchada**
farm, **chacra**
father, **taita; tata**
father: my —, **mi viejo**

fattening, **engorda**
fatty, **guatón**
faucet, **canilla**
fault, **falla**
favour, **gauchada**
feel: to — like, **provocarle a uno**
feeling the cold, **friolento**
feet: on one's —, **parado**
fender, **salpicadera; tapabarro**
field, **potrero**
fight: to have a —, **trompear(se)**
file, **corrida**; record —, **foja de servicios**
file, **bibliorato**
fill: to — (teeth), **calzar; emplomar**
filling (of tooth), **calza; emplomadura**
filthy, **mugroso**
finance company, **financiera**
financial expert, **financista; financista**
fire, **candela**; little —, **fueguito**
First Aid Station, **posta**
first class, **(clase) salón**
fit (of anger), **viaraza**
fit: to —, **embonar**
flash of lightning, **refucilo; refusilo**
flat, **departamento**
flatter: to —, **lambisconear**
flatterer, **lambiscón**
flattering, **lambiscón**
flea: foot —, **nigua**
flecked, **motoso**
flood plain, **bajial**
floor, **piso**
flower: little —, **florcita**; — bed, **cantero**
flu, **gripa**; ill with —, **griposo**; to catch/
give —, **agripar(se)**; — victim, **griposo**
flute: Indian —, **andaras; antara**; reed —,
quena
folder, **folder; fólder**
folk song, **huayno**
food, **abarrote(s)**
fool, **sonso; zonzo; baboso; boludo; gil;**
bloody —, **cojudo; conchudo; pelotudo;**
pendejo; stupid —, **güevón; huevón**
fool: to — around, **cojudear**
foolish thing, **macana**
foolishness, **zoncera**
foot: little —, **piecito**
footpath, **vereda**

for example, **como ser**
forecourt, **batey**
Foreign Minister, **canciller**
foreigner, **gringo**
form, **planilla; machote**
fortune: a —, **platal**
fountain pen, **pluma fuente**
Four United Provinces, **Tawantinsuyo**
(**Inkaiku**)
four-wheel drive, **campero**
free: to — oneself, **zafarse**
fricassee meat — with pepper sauce, **mole**
fridge, **refrigerador**
fridge, **frigider; friyider; heladera; hielera;**
refrigerador
fried food: — seller, **fritanguero**; —s/ —
stall, **fritanga**; — shop, **fritanguería**
friend, **compa; compadre; comadre; ma-**
nito; cuate; vale; viejito; mi viejo
Friendly Society, **mutual**
fringe (of hair), **cerquillo; chasquilla**
fritter: corn —, **arepa**
front: in — of me (etc.), **enfrente mío;**
frente mío; delante mío; adelante mío;
en mi delante
fruit: pear-shaped tropical —, **lúcuma;**
— tree, **lúcumo**
frying pan: two-handled —, **paila**
frying pan/frypan, **sartén**; two-handled
—, **paila**
fuchsia: Magellan —, **chilca**; wild —,
chilco
fuck: to —, (M) **chingar**; (A) (Ur) **coger**
fuddy-duddy, **momio**
fun, **pachanga**
fun: —, **vacilón**; to have —, **vacilar;**
—-loving, **vacilón**
function: to — (as), **fungir**
funny, **grande**
further on/over, **allacito**
fuss, **relajo**
fuss, **boche; bochinche**
fuss, **despelote; despiole**
«fuzz», **paco**

gale, **ventolada**
gang, **faena**

garage (for repairs), **refaccionaria**
garbage can/tin, **pipote**
garbage sifter/sorter, **pepenador**
gas, (A) (Par) **nafta**; (Ch) **bencina**
gas pump, **bencinera**
gas pump attendant, **bombero**; **grifero**
gas station, (Pe) **grifo**
gasoline, (A) (Par) **nafta**; (Ch) **bencina**
gasoline station, (Pe) **grifo**
gaucho, **gaucho**; —'s clothing, **pilcha**;
— minstrel/singer, **payador**; like a —,
agauchado;
gaucho breeches, **bombachas**; **chiripá**
GDP, (Ch) **PGB**; (Pe) **PTB**
Gee!, **¡pucha(s) (que)!**
get: to —, **alcanzar**; to — a flat/puncture,
poncharse; to — on well, **embonar**;
to — to one's feet, **pararse**; — off:
to —, **desembarcar(se)**
girl, (Ch) **lola**; (A) **tipa**; pretty —, **guayabo**
girlfriend, **polola**
give: to —, **alcanzar**
gizmo, **coso**
glass of beer, **cívico**
glass: large —, **potrillo**
glasses, **anteojos**
glow-worm, **cocuyo**
go: Let's —, **nos fuimos**; to — and...,
agarrar y + verb; to — away, **mandarse mudar**; to — back, **regresarse**;
to — in, **entrar a**; to — into, **penetrar
a**; to — out with, **noviar; pololear**
goal, **arco**
goalkeeper, **arquero**
God, **Diosito**
god-forsaken: in a — dump/hole/place,
donde el diablo perdió el poncho
goitre, **coto**
Goodbye, **que le vaya bien**
good deed, **gauchada**
good turn, **gauchada**
good-looking, **dije**
Gosh!, **¡pucha(s) (que)!**
gossip: to —, **comadrear**
gourd, **auyama; guacal; guaje; jícara; tecomate**
gourd cup, **pilche**
Government, **oficialismo**

governor: area/city/municipal/provin-
cial— governor, **intendente**
gradually, **de a poco**
graduate, **egresado**; to —, **egresar**; to —
(as), **recibirse (de)**
graduation, **egreso**
graffito, **pinta**
gramophone, **victrola; vitrola**
granadilla, **granadilla**
granadilla tree, **granadillo**
grandfather, **papá grande**
grandmother, **mamá grande**
grape liquor, **grapa**
grass, **grama; pasto; yerba; zacate**; altiplano —, **paja brava**; wild or medicinal
—, **yuyo**; clump of —, **yuyal**
grasshopper, **chapulín**
gravel, **pedregullo**
grayish, **grisoso**
greasy, **grasoso**
great, (A) ***macanudo; regio**; (A) **piola;
grande**; (Ch) **manso**; (Col) (V) **chévere;
(M) padre; padrísimo**
greater: the —, the —, **mientras mayor,
mayor**
greed, **angurria**
greedy, **angurriento**
green bean, **ejote**
Green Card, **tarjeta verde**
greyish, **griso**
gringo, ***gringo**; like a —, **agringado**;
typical — action, **gringada**; to adopt
— ways/to become like —, **acriollarse;
agringarse**
grocer, **abarrotero, -a**
grocer's shop, **abasto**
groceries, **abarrote(s)**
grocery store, **abarrotería; boliche**
Gross Domestic Product, (Pe) **Producto
Territorial Bruto**; (Ch) **Producto Geográfico Bruto**
grotty, **mugroso**
group of: — ..., **-ada, -aje**; — gringos,
gringada; — children, **chiquillada**; —
labourers, **peonaje**; — negroes, **negrada**;
— peasants, **paisanada**; — of workers,
peonada; — young people, **muchachada**

grubby, **mugroso**
Guadalajara: (person) from — , **tapatío**
guanaco, **guanaco**
guano, ***guano**
guarache, **huarache**
Guarani, ***guaraní**
Guatemala, ***Guatemala**
Guatemalan, ***guatemalteco**
guava, ***guayaba**; — tree, **guayabo**
guerrilla: urban —, **montonero**; **tupamaro**
guest, **pasajero**
guide (for illegal immigrants), **coyote**;
  pollero
guide, **baqueano**; **baquiano**
guilt: to have a feeling of —, **tener cola**
  de paja
guinea fowl, **gallineta**
guinea pig, ***cobaya**; **cuy**; **cuye**
guitar: small — , **charango**
gunman: hired —, **gatillero**
gut: to — (animal), **achurar**
guts, **achura(s)**
gutter: roof —, **canaleta**
guy, (A) (Ur) **pibe**; (M) **chavo**; tough —,
  guapo
gynaecologist, **partero**

habanera, ***habanera**
hair, **cabellos**; thick head of —, **chasca**;
  with long, unkempt —, **chascón**
hairband, **huincha**; **vincha**
half, **medio**
halter, **bozal**
hammock, ***hamaca**; **chinchorro**
hand: to — over, **alcanzar**
hand: (to give a) — , **aventón**
handbag, **cartera**
handle, **manilla**
handlebar(s), **manubrio**
handsome, **chulo**
happen: What — ed?, **¿qué hubo?**
hardware store, **tlapalería**
hardwood tree, **ñandubay**
harmonica, **rondín**
harvest, **pizca**
hat: military/round/pillbox —, **kepí(s)**;
  kepís; **quepí(s)**; Indian lady's —, **tongo**;
  Panama —, **jipa**; **sombrero de jipijapa**

haul: to —, **jalar**
have: to —, **andar**; **lucir**
haversack, ***macuto**
he, **acá**
head, **tutuma**
headband, **vincha**
headgear: woollen —, **chullo**; **chullu**
heading, **acápite**
headlight (of car), **foco**
headman, ***cacique**
healer: herbal —, **yerbatero**
heap: a — (of), **una pila (de)**; (disorderly)
  —, **arrume**; to — up, **arrumar**
hear: to —, **escuchar**; **sentir**
heave: to —, **jalar**
heck: where (etc.) the — !, **¿dónde mié-**
  chica?
heel, **taco**
hell: to go to —, **irse al carajo**; Go to —,
  ¡vete a la chingada!; what the —, **¿qué/**
  cómo chingados...?
Hell!, **¡carajo!**; **¡carambolas! ¡flauta!**; **¡la**
  gran flauta!; **¡la gran siete!**
Hello!, **buen día**; (on phone), **aló**; (M)
  ¿bueno?
help: home —, **asesora (del hogar)**
henequen, ***henequén**
herb(al) tea, **agüita**
herd: to — herd, **tropear**
here, **acá**
Here it is!, **¡eco!**; **¡école!**; **¡ecolecuá!**
Hey!, (A) **¡che!**; **¡ché!**; (M) **¡epa!**; **¡épale!**;
  ¡órale!
Hi!, **buen día**; **¡qué hubo!**; **¡qui(h)ubole!**
high-class, **bacán**
highball, **jaibol**
highlander, **serrano**
hill, **cerro**; **loma**
him, **lo**
hire: to —, to be —d, **conchabar(se)**
hit: to — someone hard, **darle en la**
  madre
holder of an Encomienda, **encomendero**
home run, **jonrón**
homosexual, **joto**; **rosquete**
Honduran, ***hondureño**
Honduras, ***Honduras**
hood (of car), **cofre**

hopscotch, **luche; rayuela**
horn, **cacho; guampa**
horned, **guampudo**
hors d'oeuvre(s), **(Col) pasabocas; (G) (S) boca; (G) boquita; (M) botana(s); (M) (V) pasapalos**
horse: small —, **petiso; petizo;** — with white patch on head, **malacara**
hospital, **nosocomio**
hot dog, **pancho**
hotel: tourist —, **hostería**
house, **quinta;** to the — of, **a lo;** boarding/cheap lodging —, **residencial**
housebreaker, **scruchante**
housing estate, **fraccionamiento**
housing subdivision, **fraccionamiento**
How (much), **¿qué tan/tanto?**
hug: to —, **apapachar**
Huh!, **¡újule!**
humble, **pelado**
humming bird, ***colibrí**
hump, **curco; curcuncho**
hunchback, **curco; curcuncho**
hunger: extreme —, **hambruna**
hurricane, ***huracán**
hurry : to — (up)/to be in a —, **apurarse; tener apuro**
husband: my —, **mi viejo**
hut, **bohío; jacal; ruca;** mud/rough —, **rancho;** wattle and daub —, **bahareque/bajareque**
hybrid, **cruza**
hypocrisy, **fallutería**
hypocritical, **falluto**

idea: sudden —, **viaraza**
identity card, **cédula (de identidad)**
idiot, **baboso; boludo; pelotudo; pendejo**
if: — not, **de no;** — only, *See* **ver**
ignition (switch), **switch**
iguana, ***iguana**
ill: to become/get —, **enfermarse**
illegal immigrant: would-be —, **pollo**
illegitimate child, **guacho; huacho**
imagine: Do you —?, **¿a poco?**
immediately, **de inmediato; (M) luego luego; (A) desde ya; (Ch) al tiro**

immigrant: Middle Eastern —, **turco**
impetigo, **jiote**
important: most —, **máximo**
impress: to —, **impactar**
impression, **impacto**
impressive, **impactante**
in vain, **(es) por gusto (que)**
in (the morning, etc.), **en (la mañana,** etc.)
Inca, ***inca; *incaico**
Inca accounts, **quipo(s); quipu(s)**
Inca officer, **orejón;** — rule, **incanato**
Inca: wayside — inn; **tambo**
income, **entrada(s)**
Indian, **chino;** Indian-looking, **aindiado**
Indian child, **guambra;** — man, **longo; runa**
Indian: Latin American —, **amerindio**
Indian: little —, **indiecito;** offspring of — and black person, **zambo;** primitive Peruvian jungle —, **aguaruna;** Spanish-speaking —, **ladino;** young —, **longo;** westernised —, **cholo;** — boat, **cayuco;** — burial mound, **pucará;** — family commune, ***ayllu;** — fortress, **pucará;** — lady's/woman's hat, **tongo;** plaintive — song, **yaraví;** — regional blouse/dress, **güipil/huipil;** (unpaid) — servant, **pongo;** support for — cause, ***indigenismo;** — temple, **teocali; teocalli;** — tomb, ***huaca;** — woman, **china**
Indians: group of —, **indiada**
indicators (of car), **direccionales**
indifferent (person), **valemadrista**
indigo, ***índigo**
influence, **cuña; hueso; muñeca**
influential friend, **muñeca**
influenza, **gripa**
inlet, **ensenada**
inn: wayside —, **tambo**
inn-keeper, **tambero**
inside, **adentro; adentro de;** — myself (etc.), **adentro mío**
instalment, **abono**
insult, **lisura; puteada**
insult: to —, **hacerle a alguien una mentada; mentarle la madre a alguien**
Insurance Association: Mutual —, **mutual**

interfering, **(A) meterete; (CAm) (Ch) (Pe) metete; (M) metiche**
ipecac, ***ipecacuana**
ipecacuanha, ***ipecacuana**
iron, **fierro**
island: man-made —, **chinampa**
isn't it, **a poco; ¿a poco (no)?**
Italian (nickname), **tano**
itself, **mero; puro**

jacaranda, ***jacarandá**
jacket, **saco; chamarra; vestón;** quilted —, **campera de duvet;** short leather —, **campera;** short, lightweight —, ***guayabera;** woollen —, **chomba; chompa**
jaguar, ***jaguar; tigre**
jammed: to get —, **atorarse**
jar, **pote**
jeans, ***blue-jeans; bluyín; bluyines**
jeep, **campero**
jerk, **boludo; conchudo; pendejo; pelotudo**
jerked meat, **charqui**
jerky, **cecina; charqui; tasajo**
jeton, **rin**
Jew, **ruso**
Jíbaro, **jíbaro**
jigger, **nigua**
job, **(M) chamba; (A) laburo**
job: casual/little/small —, **pololeo; pololito**
jobless, **cesante**
jockstrap, **suspensores**
john, **excusado**
join: **empate;** to —, **empatar**
jojoba, ***jojoba**
joke, **changa**
juice: fermented cane —, **guarapo**
jukebox, **sinfonola; (máquina) traganiqueles**
jumper, **chomba; chompa**
jungle dweller, **charapa**
junk, **tiliches**
junkshop, **cambalache**
just, **no más; nomás; siquiera**
just like that, **asisito**
just (now), **recién**

kapok tree, **ceiba; ceibo**

kebab, **anticucho**
kerb: edge of —, **cordón (de la vereda)**
kerosene, **kerosene; querosén; querosene**
kettle: mate —, **pava**
kid, **(A) (Ur) pibe; (A) (Ur) gurí, gurisa; (B) (Ch) (Ec) cabro; (CAm) (Ec) (M) chamaco; (Col) gamín; (H) (N) (S) chigüín; (M) chilpayate; (M) escuincle; (N) chavalo; (N) (S) cipote; (PR) pipón; (Ur) botija**
kidnap: —, **plagio;** to —, ***desaparecer; plagiar**
kidnapped person, ***desaparecido**
kidnapper, **plagiario**
kids, **chiquillada**
kill: to —, **ultimar**
killer, **ultimador;** killer, **victimario**
kind of, **como (que)**
kinky (hair), **motoso**
kit, **tenida**
kite, **(A) barrilete; (Ch) volantín; (G) (M) papalote; (V) papagayo**
kitsch, **kitschness, huachafería**
kitsch, **huachafo**
knapsack, ***macuto**
kneel: to — (down), **hincarse**
knickers, **(A) bombachas; (B) (Col) (Ec) calzonaria(s); (Ch) (M) calzones; (Cu) (V) blúmer/blúmers; (Pan) calzonarios; (Pe) calzón**
knife, **fierro; chaveta;** large —, **facón**
knit: to —, **tejer**
knock: to — over, **voltear**
know: you —, **¿no?**

labour: voluntary communal —, **minga**
labourers: (group of) —, **peonaje**
Lacandon, **lacandón**
lace: traditional Paraguayan —, **ñandutí**
ladybird, **chinita**
ladybug, **chinita**
LAFTA, **ALALC**
lager glass, **garza**
lake drive, **costanera**
lame, **rengo**
lamp, **chonchón**
land, **predio**
land of plenty, ***jauja/Jauja**

land: plot of —, **lote**
land: tied plot of — , **huasipungo**
landholder : small —, **chacarero**
landholding: communal —, **ejido**
landowner: communal —, **ejidatario**
landslide, **huayco**
lane: emergency —, **berma**
lately, **ahora último**
Latin America, ***América***
Latin American, ***americano***
Latin American Association for (Trade) Integration, **Asociación Latinoamericana de Integración (=ALADI)**
lawn, **pasto; prado**
lawn mower, **podadora**
lay off: to —, **cesantear**
laziness, **flojera**
lazy, **flojo**
Leader, **máximo líder; líder máximo; máximo dirigente; autoridad máxima**
leaf of (palm, pita, nopal, etc.), **penca**
least: at —, **siquiera**
leather: strip of —, **huasca**
leave: on —, **de franco**
leg, **canilla; pata;** little —, **piernita**
legless person, **cuchepo**
lemon verbena, **cedrón**
leotards, **malla; pantimedia(s)**
leper colony, **leprosario**
lesbian, **arepera**
less: the —, the less, **mientras menos, menos**
lever, **manilla**
liana, **bejuco**
licence plate, **placa; patente**
lick: to —, **lamber**
lie: to —, **macanear**
lift, **elevador**
lift: to give a —, **aventón**
lift operator, **elavadorista**
lifting, **izada; levantada**
light, **candela**
light, **liviano**
light: to —, **prender**
lightning bug, **cocuyo**
likely, **(es) capaz (que)**
lily: wild —, **amancay**
limp: —, **renguera;** to —, **renguear**

limping, **rengo**
line, **corrida**
liquor store, **botillería**
liquor: pulque —, **tequila**
listen: to — to, **oír**
litle, **chico; chiquito; -ico**
little: a — , **tantito**
living room, **living;** — and dining room, **living**
llama, ***llama**
local, **criollo**
locate: to —, **ubicar;** to be — d, **ubicarse**
located, **ubicado**
location, **ubicación**
lock, **chapa**
locust, **chapulín**
loincloth, **guayuco**
loo, **baño; excusado**
look, **aguaitada**
look: to — (+ adj.), **lucir; verse;** to — at, **ver**
lord, **bacán**
lot: a — (of), **una pila/punta (de); harto(s)**
lot: a —, **bien;** the whole —, **toditito; todito**
loudspeaker, **altoparlante; parlante**
lousy, **chingado; desgraciado; de mierda; fregado; pinche**
love: my —, **mi negro, -a**
lover, **amasia**
low, **rasco**
lower-class, **orillero**
lowland, **bajial**
lowland, **abajeño, abajino**
lowland dweller, **abajeño, abajino**
lowlander, **abajeño; abajino**
luck: stroke of —, **batacazo; batatazo**
lucky break, **bolada**

macaw, **guacamayo**
mad, **enojado;** to get —, **enchilarse; enojarse;** It makes me —, **me da bronca**
maguey, ***maguey; *pita**
mahogany, ***caoba**
maid, **chinita; mucama: recamarera; asesora (del hogar)**
main, **mero**
maitre d'hotel, maitre d', **capitán**

maize, ***maíz; choclo; guate;** (ear of) —,
jojoto; — plant, **milpa;** field of —, **milpa;**
boiled —, **atol; atole; mote; nixtamal;**
pinol; pinole; fermented —, **chicha;**
rolled — pancake, **taco;** thin — pancake, **tortilla;** maize: rolled — pancake,
taco; soft — pudding, **mazamorra;** —
and peach drink, **mote con huesillos**
maizecake: fried —, **arepa**
maizefield, ***maizal**
maize grower, **milpero**
maize paste, **humita**
Major, **mayor**
mambo, ***mambo**
mamey, **mamey**
mammee apple, **mamey**
manatee, **manatí**
mangrove, ***mangle;** — swamp, ***manglar**
manioc, ***mandioca**
manure: seabird —, **guano**
Mapuche, ***mapuche**
maraca, ***maraca**
marbles, **bolitas**
mariachi, ***mariachi**
marihuana, ***mariguana; marihuana**
marijuana, ***mariguana; marihuana**
marimba, ***marimba**
market: open air street —, **tianguis**
marrow, **zapallo**
Master of an Encomienda, **encomendero**
Master's (Degree), **maestría**
masturbater, **pajero**
match, **fósforo; cerillo**
mate (infusion), ***mate (cocido);** — gourd,
*mate; porongo; — kettle, **pava;** —
leaves, **(yerba/hierba) mate;** — (leaves)
container, **yerbera;** pertaining to —,
yerbatero; — plantation, **yerbal;** —
straw, **bombilla;** — tube, **bombilla;** to
drink —, **matear;** to prepare —, **cebar
(el mate)**
mate, **manito; (mi) viejo**
mateship, **compadreo**
matinee, **vermú; vermut; vermouth**
matter: What does it — if?, **¿qué mucho
que...?;** It doesn't —, **no le hace**
Maya(n), ***maya**
maybe, **a poco** + verb; **a la mejor**

Mayor, **intendente; regente**
meal: fried —, **paila**
mean, **amarrete**
means: by any — possible, **a cómo dé/
diera lugar**
measuring tape, **huincha**
meat: — cooked on hot stones, **pachamanca;** dried salted strips of —, **tasajo**
median strip (in road), **bandeja; camellón**
members, **membresía**
membership, **membresía**
mental institution, **loquería**
menu: fixed price —, **comida corrida**
merrymaking, **farra; pachanga**
mesquite (tree), **mezquite**
mess, **bodrio; despelote; entrevero**
mess: to — about/around, **macanear; cojudear; huevear; joder**
messenger: foot —, **chasqui**
mestizo, **cambujo; cholo; ladino;** — child,
guambra; with — features, ***achinado;
acholado**
metal: rusty scrap —, **grisalla**
Mexican, ***mexicano; nacional;** (nickname) **charro;** — émigré, **pachuco;** —
labourer, ***bracero**
Mexico, ***México**
mezcal, **mezcal**
mezzanine, **mezanine; mezzanine**
microbus, **buseta**
migrant: Americanised Mexican —, **pocho;** child of Americanised Mex —,
pocho
military service, **colimba**
military uprising, **cuartelazo**
mill: (sugar) —, **trapiche**
mine: rented —, **pirquén**
minibus, **liebre; micro**
minstrel, **payador**
miserable, **pinche**
miss: to —, **extrañar**
Missis/Missus, **misiá; misia**
Mister, **ñor**
mistletoe, **quintral**
mistress, **amasia**
mixed: to get — up, **entreverarse**
Mixtec, ***mixteca**

mockingbird, **cenzontle; sinsonte; zenzontle**

Monday (etc.), **día lunes**

money, **plata; lana**

money box, **alcancía**

monkey, **mico**

monkey-puzzle tree, **araucaria**

monopolist, **hambreador**

monster: mythical —, **colocolo**

Monterrey: (person) from —, **regiomontano**

mop, **lampazo**; — of hair, **chasca**

more: the —, the —, **mientras más, más; entre más, más; a más, más**

morgue, **morgue**

morning: in the —, **a la mañana**

mortar: stone or pottery —, **molcajete**

mortuary, **morgue**

mosquito, **zancudo**; small —, **jején**

Mother Country, **la Madre Patria**

mother, **mamacita**

mother, **(M) mamá; mamacita;** your/his/her/their —, **su señora madre;** my —, **mi vieja**

motor scooter, **motoneta**

motorist, **motorista**

mouldy: to go —, **apercancar(se)**

mountaineer, **andinista**

mountaineering, **andinismo**

mouse: small —, **laucha**

muck: to — around, *See* **mess**

mudguard, **salpicadera; tapabarro**

muffler, **mofle; mofler**

mulatto, ***mulato**

mulatto: with — features, **amulatado**

Mummy, **mamacita**

Municipal District, **delegación**

murderer, **ultimador; victimario**

mushroom, **callampa;** black —, **huitlacoche**

mussel, **choro**

my son, **mi hijo**

Nahua/Nahuatl, ***nahoa; *nahua; *náhuatl**

naive, **pelotudo**

naked, **calato; encuerado**

namesake, ***tocayo**

nanny, **nana**

naranjilla, **naranjilla;** — tree, **naranjillo;** golden —, **naranjilla**

narrow, **angosto**

nasal, **ñato**

National Guard, **guardia nacional; GN**

native, **criollo**

near (you, etc.), **cerca tuyo**

nearly, **(ya) mero**

nearly, **en nadita estuvo que**

neat, **elegantoso; prolijo**

need: to —, **requerir de**

negotiations, **tratativas**

negroes: group of —, **negrada,**

neighbour, **comadre**

net, **chinchorro**

New Zealand, **Nueva Zelandia**

new, **novedoso;** brand —, **nuevito**

newsboy, **canillita; voceador (de periódicos)**

newspaper vendor, **voceador (de periódicos)**

next, **entrante**

Nicaragua, ***Nicaragua**

Nicaraguan, ***nicaragüense;** (nickname) **nica**

nice, **lindo; sabroso; dije**

night: in the —, **a la noche;** late —, **trasnochada**

night watchman, **guachimán**

nightdress, **dormilona**

nightgown, **dormilona**

no: — sooner than, **no más; nomás**

nonsense, **cojudez; leseras**

nopal, ***nopal**

not at all, **nadita**

not to mention, **y no se diga; ya no se diga; ya no digamos; ni se diga**

nothing: for —, **al ñudo**

nouveau riche, **pituco; rastacuero**

now, **ahorita;** right —, **ya mismo**

nude, **calato; encuerado**

nuisance, **jodido; vaina**

number plate, **patente; placa**

nurse: children's —, **nana**

oar: large —, **tangana**

OAS, **OEA**

observation, **atingencia**

obstinate, **rejego**
ocelot, ***ocelote; tigrillo**
odd job, **changa**
odd job man, **changador**
odds and ends, **corotos**
Of course!, **¡cómo no!; desde ya; propio**
off: — we go, then, **nos fuimos**
offal, **achura(s)**
officer: senior military —, **gorila**
official(s), **personero(s)**
officious, **prepotente**
officiousness, **prepotencia**
often, **seguido**
okra, **quimbombó**
old: (nice) — (person), **viejito**
Old Country: the —, **la Madre Patria**
oligarchy, **rosca**
Olmec, ***olmeca**
omelet/omelette, **torta de huevos**
on: — top of, **arriba de**; — top of me (etc.), **arriba mío**
only, **no más; nomás; puro**
open-mouthed, **abriboca**
opossum, ***zarigüeya**
opportunity, **chance**
opposed to, **renuente**
opposite me (etc.), **enfrente mío; frente mío**
order: to —, **acotejar**
ordinary, **rasco**
orphan, **guacho; huacho**
orphanage, **orfanatorio**
ostentatious, **rastacuero**
ostrich, **ñandú**
otherwise, **de no**
Otomi, ***otomí**
outfit, **tenida**
outlaw, **matrero**
outside, **afuera; afuera de; afuerita**
outsider, **afuerano, afuereño, afuerino; fuereño**
overall(s), **overol; overoles; mameluco**
overcoat, **paltó**
overtake: to —, **rebasar**
overturn: to —, **voltearse**
owl, **tecolote**
owner of general store, **abarrotero**
oyster: large —, **ostión**; — bar, **ostionería**

p.m., **p.m.**
P.O. Box, **casilla (de correo(s))**
pacifier, **chupón**
pack: a — of, **una punta de**; — of cards, **mazo**; to — (up), **empacar**
package, **encomienda**
paddock, **potrero**
pail, **tacho**
pal, **manito; (mi) viejo**
palm matting, ***petate**
palm tree, **corozo**
palm: woven —, ***petate**
pampas, ***pampa(s)**
pampas tree, ***ombú**
pamper: to —, **papachar**
pampered, **apapachado**
pan pipe, **andaras**
Panama, ***Panamá**
Panamanian, ***panameño**
pancake, **panqué; panqueque**; thin maize —, **tortilla**
panel beating, **planchado**
pannier (bag), **parrilla**
panties, **pantaleta(s); trusa(s)**
pantry, **repostero**
papaw, ***papaya**; — tree, **papayo**
papaya, ***papaya; lechosa**; — tree, **papayo**
paper: brown —, **papel madera**; toilet —, **papel sanitario**
paper clip, **corchete**
paper fastener, **grampa**
papiamento, ***papiamento**
paradise, ***jauja/Jauja**
paraffin, **kerosene; querosén; querosene**
paragraph, **acápite**; new —, **punto acápite**
Paraguay, ***Paraguay**
Paraguayan, ***paraguayo**
parcel, **encomienda**
Pardon (me)?, **¿mande (usted)?**
parents: my —, **mis viejos**
park: to —, **estacionar; parquear; cuadrar**
parking (lot), **estacionamiento; playa de estacionamiento; parqueadero**
parrafin, **kerosene; querosén; querosene**
parrot, ***loro**
party, **pachanga**
party, ***guateque; vacilón**
pass: to —, **rebasar**

passionfruit, **maracuyá**
pastry, **masa**
pasture, **grama**
pasty: light —, **quesadilla**
path, **guardarraya**; **trocha**
pattern, **machote**
paunch, **guata**
pavement, **andén**; **banqueta**; **vereda**
pawpaw, *__papaya__; — tree, **papayo**
pea, **arveja**; **chícharo**
peach: — (tree), **durazno**; (sun)dried —, **huesillos**
peach palm, *__chonta__
peanut, **cacahuate**; *__cacahuete__; **maní**
pear: avocado —, *__aguacate__; **palta**; prickly —, *__nopal__; —, (fruit), **tuna**
peasant: —, **huaso**; **paisano**; **ranchero**; **chagra**; white —, **guajiro**; **jíbaro**; —s, /group of —s, **paisanada**; —'s clothing, **pilcha**
peccary, *__pécari__; *__pecarí__; **báquira**; **báquiro**
peel, **concha**
Pehuenche, **pehuenche**
pen, **lapicera**; (ballpoint) —, **birome**
penis, **(A) piola**; **(Ch) (Pan) (S) pico**; **(Pe) pichula**; **pinga**
penny, **chaucha**; not to have a —, **no tener un cobre**
pepper, **ají**; **chile**; large hot —, **rocote**; **rocoto**
performance: early evening —, **vermú**; **vermut**; **vermouth**
perhaps, **a la mejor**
Peronism, *__peronismo__
Peronist, *__peronista__
person: a —, **una gente**; lower/working class —, **lépero**; **roto**; nice old —, **viejito**; ordinary —, **pelado**; pretentious —, **parrampán**; **pije**; pretty —, **guayabo**; short —, **petiso**; **petizo**
Peru, *__Perú__
Peruvian, *__peruano__
petrol, **(A) (Par) nafta**; **(Ch) bencina**
petrol pump, **bencinera**; **grifo**
petrol pump attendant, **bombero**; **grifero**
petrol station, **grifo**
petticoat, *__enagua(s)__; **nagua(s)**; **fondo**; **fustán**; short/half —, **medio fondo**

petunia, *__petunia__
peyote, *__peyote__
Phew!, **¡újule!**
phone, **fono**
phonograph, **victrola**; **vitrola**
picking, **pizca**
pickpocket, **lanza**
pickup, **amasiato**
pie: fruit —, **kuchen**; light —, **quesadilla**
pig, **chancho**
«pig», **cachaco**; **cuico**; **paco**
piggy bank, **alcancía**
pile, **ruma**; (disorderly) —, **arrume**; to —, up, **arrumar**
pimp, **cafiche**; **macró**; **padrote**
pine: resinous —, **ocote**
pineapple, *__piña__; **ananá(s)**
pint (of beer), **chop(p)**; **schop**
pipe, *__cachimba__; *__cachimbo__
piquant, **picoso**
piranha, *__piraña__
pisco, **pisco**; — sour, **pisco saur**
pita, *__henequén__; **agave**
pitahaya (cactus), **pitahaya**
pitch, **chapopote**
plateau: high Andean —, *__altiplanicie__; *__altiplano__
playboy, **fifí**
pleasant, **sabroso**
pliers, **napoleón**
plot of land, **conuco**
plumber, **plomero**; **gásfiter**; **gasfiter**; **gasfitero**
plumber's workshop, **gasfitería**
plumbing, **gasfitería**; **plomería**
poisoning: tropical fish —, **ciguatera**
Police, **carabineros**; **gendarmería**; Federal —, **PJF**
police: paramilitary — force, **(Pe) GC**; — inspector, **intendente**; — post, **retén**; (—) raid/search, **allanamiento**; — reserves, **retén**; — roadblock, **alcabala**; — water cannon truck, **guanaco**; **rochabús**
Police Station, **delegación**
policeman, **agente**; **carabinero**; **gendarme**; **cachaco**; **milico**; paramilitary —, **(Pe) GC**

political boss, *cacique
poncho, *poncho; ruana; jorongo
ponchoful: a —, of, ponchada
pool: spring-fed — , cenote
poor, pelado; bruja
poor box, alcancía
popcorn, cabrita
porter, mecapalero
posh, bacán; popoff
position, ubicación
possum, *zarigüeya
post: hitching/tethering —, palenque; military —, retén
poster, afiche
postpone: to —, postergar
postponement, postergación
pot, pote; small chamber —, bacinica; bacinilla
pot-bellied, guatón
potato, *patata; papa; sweet —, *batata; *boniato; dried/frozen —, chuño; chuñu; early —, chaucha
poultry, ave
power station: electric —, usina
premises, predio
President, líder máximo; jefe máximo; máximo jefe; máximo líder; primer magistrado; (primer) mandatario
press, trapiche
pretentious, huachafo; parrampán; siútico; — person, pije; — woman, tipa
pretentiousness, (Pe) huachafería
pretty, lindo; — hing, chiche
prick, (A) piola; (Ch) (Pan) (S) pico; (Pe) pichula; pinga
prickly pear, *nopal; — fruit, tuna
Prime Minister, primer magistrado
principal, mero
probable, (es) capaz (que)
probably, a poco + verb
prod: electric —, picana
professional, profesionista
proletariat, descamisados
prominent person, chivato
property, campito; — owner, hacendado; sub-divided rural —, hijuela
property department, utilería
props, utilería

prostitute, cuero
provisional, provisorio
public: — employment/servant, cambur
pudding, budín; corn/soft maize —, mazamorra
Puelche, puelche
Puerto Rican, *puertorriqueño; boricua
Puerto Rico, *Puerto Rico
puff, fumada
puff, pitada; to —, pitar
pull, (on cigarette, etc.), fumada; to —, jalar
pullover, pulóver; sweater
pulque, pulque; pulque store, pulquería
puma, *puma
pump: (petrol) —, bomba
pumpkin, zapallo
punch: to —, trompear(se)
puncture: to —, poncharse
puny, flaco
put: to — back, regresar; to — in/into, meter a; to — off, postergar; to — on, meterse
putsch, cuartelazo
pyjamas, piyama

quack, merolico
quadroon, *cuarterón
qualify: to — (as), recibirse (de)
quarter: (at) a — to ..., (al/a) un cuarto para la(s)...
quebracho, quebracho
Quechua, *quechua; runa simi
queer, joto; rosquete
quena, quena
Quiché, quiché
quick, luego
quietly, despacio
quince jelly, ate
quinine, *quina; *quinaquina; *quinina
quite, medio
Quito orange, naranjilla; — tree, naranjillo

radiant, radioso
radio, radio nm; (adj) radial
radiogram, combinado
raft, *balsa
ragged (person), rotoso

rude, **guarango**; **lépero**; **liso**; — remark, **lisura**
ruling clique, **rosca**
rum and coke, **cuba libre**
rumba, ***rumba**
rumour, **bola**
rural estate, **fundo**
rush, **bejuco**; **otate**; **totora**
rustler, **abigeo**; **cuatrero**

sackcloth, **crudo**
sacking, **cesantía**
saddle and harness, **recado**
safety pin, **alfiler de gancho**; **seguro**
salami, **salame**
sale: bargain —, **remate**
salesman: street —, **abonero**
salewoman: street —, **abonera**
Salvadoran/Salvadorean/Salvadorian, ***salvadoreño**
samba, ***samba**
same: just the — /all the —, **igual**
sandal: leather —, **guarache**; **huarache**; rough leather —, **cacle**; **caite**; rustic —, **ojota**
Sandinista. ***sandinista**
sandwich, **completo**; **emparedado**; **sánduche**; **sánguche**; **sanguchito**; fried tripe —, **machitos**; steak and salad — , **(sandwich) chacarero**; toasted cheese and meat — , **barros luco**; toasted ham and cheese —, **barros jarpa**
sandwich bar, **sandwichería**
sapodilla plum (tree), **zapotillo**
sapote, **zapote**
sauce: highly seasoned —, **picante**
sauna, **sauna**
savannah, ***sabana**
say: to —, **expresar**
scarcely, **no más**; **nomás**
schnitzel, **milanesa**
scholarship holder, **becado**
school: — fees, **colegiatura(s)**; high —, **liceo**; secondary —, **liceo**; pre-University —, **preparatoria**
score, **puntaje**
scout, **baqueano**; **baquiano**

screw: to —, **afilar**; **chingar**; **coger**; comerse a; to — (up), **fregar**
screwdriver, **desarmador**
screwed (up), **chingado**; **fregado**
script: (film) —, **libreto**
scrub, **manigua**
scrubland, **pajonal**
sea bass, **corvina**
sea cow, **manatí**
sea drive, **costanera**
search, **allanamiento**; to —, **allanar**; esculcar
seaside promenade, **costanera**
seat of pants, **fondillo**; **fundillo**
seaweed, ***sargazo**; **cochayuyo**; **huiro**; **luche**
secondhand shop, **cambalache**
Secret Service, (A) SIDE; (Ch) DINA
see: see you, **chau**; **chaucito**; to —, **mirar**
seem: It — s to me that, **se me hace que**; **se me pone (que)**; to —, **verse** + adj
sell: to — at a bargain price, **rematar**
seller of smuggled goods, **fayuquero**
serenade, **mañanitas**
servant, (A) (Ch) **china**; **chinita**; **chino**; **mucamo**
service: communal —, **mita**
severance pay, **liquidación**
sexual encounter: casual —, **amasiato**
sexy, **arrecho**
shabby, **descangallado**
shack, **jacal**; **mediagua**
shake: to —, **remecer**
shaking, **remezón**
shame, **pena**; to —, **achunchar**
Shangri-la, ***jauja/Jauja**
shanty town, (A) (Ur) **villa miseria**; (Ch) **población callampa**; **callampa**; **población**; (M) **ciudad perdida**; **colonia proletaria**; (Pe) **barriadas**; **pueblo joven**; (Ur) **cantegril(es)**; (V) **barrio**; **ranchos**; **ranchitos**
shark, ***tiburón**
sharp, **filoso**; **filudo**
sharp (=clever), **abusado**
she, **acá**
shed, **galpón**; **champa**
shell, **caracol**

social scientist, **cientista**
society *(adj)*, **popoff**
sock, **media**; ankle —, **soquete/zoquete**
soda fountain, **fuente de soda**
soldier, **cachaco**; **milico**
son: famous/illustrious —, **prócer**
son of a bitch, **hijo de la chingada; hijo de la gran flauta/siete; hijo de la tiznada; hijoeputa; hijueputa; hijuna; hijuna gran(puta); ¡jijo!; ¡jíjole!; ¡jijunagrandísima!**
song: birthday —, **mañanitas**
soon: as — as, **apenas; ni bien; no bien; nomás (que); (a) lo que**; as — as possible, **a la brevedad posible; a la mayor brevedad**
soroche, *soroche; **puna**; to fall ill with —, **apunar(se); asorocharse**; to make ill with —, **asorochar**
sort: to —, through rubbish/garbage, **pepenar**
sort of, **como (que)**
soursop, **guanábana**; — tree, **guanábano**
soya bean, **soya**
Spaniard, (nicknames) **cachupín; gachupín; gallego; coño**
spare parts, **refacciones**
speak: to —, **platicar**
spectacles, **anteojos**
speed hump/ramp, **tope**
spicy, **picoso**
spindle, *malacate
spite: in — of himself (etc.), **a pesar suyo**; in — of everything, **igual**
spittoon, **salivadera**
spoil: to —, **(a)papachar; regalonear**
spoiled/spoilt, **apapachado; regalón**
spoiling, **papachador**
spokesman, **vocero**
spokesperson, **vocero**
spokeswoman, **vocera**
sponsor, **propiciador**; to —, **auspiciar; propiciar**
sports shirt, **camisola**
sportsfield, **cancha**
spout, **canaleta**
spree, **farra; pachanga**
spring, **vertiente**

spring-fed pool, **cenote**
«square», **momio**
square: little —, **placita**
squash, **zapallo**
squatter, **paracaidista**
squatting: overnight —, **paracaidismo**
stab: to — to death, **achurar**
stadium, **cancha**
stage, **pata**
stagger: to —, **trastabillar**
stalk, **olote**
stall holder, **puestero**
stall: festival —, **ramada**
stallholder: street —, **placero**
stamp, **estampilla**
stampede, **estampida**
stand: to — up, **pararse**; to cause to — up, **parar**
standing, **parado**
staple, **corchete; grampa**
stapler, **corchetera**
stapling machine, **corchetera**
star, **estelar**
star-apple, **caimito**
star attraction/billing, **estelaridad**
starch: potato —, **chuño; chuñu**
starter button, **switch**
starvation, **hambruna**
state: to —, **expresar**
State, **Edo.**
state employee, **cambur**
station wagon, **estanciera; ranchera; guayin**
statue: Easter Island —, **moai**
stay, **estada; estadía**
steak, **bife**; barbecued —, **churrasco**; — house, **parrillada**
steering wheel, **manubrio**
stencilling machine, **mimeógrafo**
steps, **tratativas**
stew, **ajiaco; buseca; chupe; sancocho; sudado**
steward, **mucamo**
sticky, **grasoso**
stiffen: to —, **arriscar**
still, **siempre**
stimulate: to —, **incentivar**
sting, **lanceta**

stone: little —, **piedrita**; grinding —, **metate**; — (of fruit), **carozo**

store room, **bodega**

store: general —, **abarrotería; abasto;** — and bar, **pulpería;** retail —, **expendio**

stranger, **afuerano; afuereño; afuerino; fuereño**

strap: leather —, **mecapal**

straps, **breteles**

straw, **zacate;** drinking —, **pitillo; popote**

strawberry, **fresón**

stream, **estero; quebrada**

street, **jirón; jr.**

street light, **foco**

street salesman/vendor, **merolico, placero**

stretch: to — out between two stakes, **estaquear**

strike: to —, **impactar**

striking, **impactante**

string, **piolín**

strip of leather, **guasca**

stuck: to get —, **atorarse**

stumble: to —, **trastabillar**

stupid act, **huevada**

stupid thing, **pavada(s)**

stupidity, **macana; pavada; pendejada; cojudez; huevada**

subversive, **violentista**

Subway, **subte; subterráneo**

successful, **exitoso**

sugar: brown —, **panocha**

sugar cakes: brown —, **chancaca**

sugar daddy, **padrote**

sugar water, **aguamiel**

sugarloaf, **piloncillo**

sugary dessert, **dulce de leche**

suit, **tenida**

suit: to —, **embonar**

suit: morning —, **barros jarpa;** (two-piece) —, **terno**

suitcase, **petaca**

Sunday, **día domingo**

supermarket, **automercado**

supplies: general —, **abarrote(s)**

support: athletic —, **suspensores**

supporter: (sports) — *hincha; (group of) —, **hinchada;** Government —, **oficialista**

suppose: I —, **a poco;** ¿**a poco?**

surname: *See* **apellidos**

surprising, **sorpresivo**

suspenders, **suspensores; tiradores**

swamp, **estero**

swank(y), **bacán**

swarthy, **cambujo**

swearword, **puteada**

sweater, **chomba; chompa;** heavy knitted —, **tricota**

sweatshirt, **buzo; sudadera**

sweet, **cajeta**

sweet corn, **elote**

sweet mixture, **mazacote**

sweet pea, **clarín**

sweet potato, **boniato; camote**

sweetsop (tree), *anón; *anona

swim, **bañada**

swimming costume, **malla**

swimming pool, **alberca; pileta (de natación)**

swimsuit, **malla**

swindle: to —, **hacer/dar calote**

switch, **suich**

switch: to — on, **prender**

switchboard, **conmutador**

t-shirt, **playera; polera; remera**

table: large —, **mesón;** bedside —, **velador**

Taino, **taíno**

take: to —, **agarrar(se);** to — back, **regresar;** to — off, **sacar(se)**

take-off, **decolaje;** to —, **decolar**

talk, **plática;** to —, **platicar**

tamale, **tamal**

tangle, **entrevero;** to get — up, **entreverarse**

tango, *tango

tank, **estanque**

tank: (petrol/gas) —, **tanque**

tap, **canilla**

tape recorder, **grabador**

tapioca, *tapioca

tapir, *tapir; **danta**

tart: fruit —, **kuchen**

tattletale, **orejero**

taxi: — driver, **ruletero;** — driving, **rule-**

teo; collective —, **colectivo**; **(M) pesera**;
pesero; to drive a —, **ruletear**
tea: afternoon —, **once(s)**; mint —, **mate
de menta**
tea towel, **repasador**
teacher: primary school —, **normalista**;
student — , **normalista**
team of workers, **faena**
team, **elenco**
tear: to — to pieces, **descuerar**
teenager, **lolo**
Tehuelche, **tehuelche**
tel., **fono**
telephone switchboard, **conmutador**
tell: to —, **platicar**
tell: to — off, **descuerar**
temporary, **temporario**
tenement house, **conventillo**
tent, **carpa**; **champa**
tequila, **tequila**
term payment, **abono**
termite, ***comején**
terrace: (agricultural) —, **andén**
terrible, **de la gran flauta/siete**
terrific, ***macanudo (A)**; **regio**; **(A) grande**; **piola**; **(Col) (V) chévere**; **(M) padre**;
padrísimo
that, **de que**; **mismo**
That's enough!, **¡ya estuvo!**
That's it!, **¡ya estuvo!**
That's right, **¡eco!**; **¡école!**; **¡ecolecuá!**
thatch, **zacate**
them, **los**
then: **pues**; **pué**; **pu**; **pos**; **¿acaso?**; **¿a poco
(no)?**
thicket, **manigua**
thief: sneak —, **lanza**
thingamajig, **coso**
this, **acá**
thread, **piolín**
throw: to — (out/away), **aventar**; **botar**;
to — to the bottom of the sea, **fondear**
thug, **guarura**; young Government-sponsored —, **halcón**
tick, **palomita**
ticket, ***boleto**; — office, **boletería**; — seller,
boletero
tie: to — (up), **amarrar**

tight, **amarrete**
tights, **malla**; **pantimedias**
time: a little —, **tiempito**; every —, **cada
que**; from — to —, **de a ratos**; to take
—, **demorar(se en)**
tin, **tarro**
tiny, **chiquito**
tip: to — over, **voltearse**
tip: (garbage/rubbish) —, **tiradero**
tire, **caucho**; **llanta**
tired, **fané**
tiring, **cansador**
titbit(s), **(Col) pasabocas**; **(M) botana(s)**;
(M) (V) pasapalos; tasty —, **antojitos**
to (the home/shop of), **donde**
toady, **orejero**
toasted corn, **cancha**
tobacco ***tabaco**
toff, **catrín**; **bacán**
toilet, **baño**; **excusado**
toilet paper, **papel sanitario**
token: metal (phone) —, **rin**
toll (road), **de cuota**
Toltec, **tolteca**
tomato, **jitomate**
tomb: Indian —, ***guaca**
top, **máximo**
top, **tapa**
top: on — of, **arriba de**; on — of me (etc.),
arriba mío
topcoat, **tapado**
torrential, **torrentoso**
torta with sauce, **chalupa**
tortilla: **tortilla**; **tlascal**; crisp —, **totopo**;
totoposte
torture: to —, with the picana, **picanear**
toucan, ***tucán**
tourist, **pasajero**
track, **trocha**
tracksuit, **buzo**
trade: to —, **transar**
traditional Mexican song, **corrido**
traffic jam, **atorón**
trafficators, **direccionales**
trailer, **rampla**
train: to —, **entrenar**
tramp, **atorrante**; **linyera**
traveller, **pasajero**

tray, **azafate**; **charol**; **charola**
tree, **mata (de...)**; **palo de...**
tremendous, **de la gran flauta/siete**
tremor, **remezón**
tribute (paid by Indians), **mita**
trick: dirty/rotten —, **chanchada**; **gringada**; **guachada**; to —, **cojudear**
tricky, **embromado**
trifle, **futileza**
trip, **recorrida**
tripe, **chinchulines**; **guatitas**
triplets, **triates**
trouble, **vaina**
trough, **batea**; **pileta**
truck: water cannon —, **guanaco**; **huáscar**; **rochabús**
trunk (of car), **baúl**; **cajuela**; **maletera**; **portamaletas**
Tupi, ***tupí**
Tupi-Guarani, **tupí-guaraní**
turf, **pasto**
turkey, ***pavo**; **guajolote**; **chompipe**; **(Cu) guanajo**
turkey buzzard, **carancho**
turn: to — (over), **voltear**; to — (to the right), **voltear**; to — on, **prender**
turn-up (of trouser), **valenciana**
turnpike, **carretera de cuota**
turtle, **caguama**; sea —, ***carey**; small —, **charapa**
turtle shell, **carey**
twin(s), **cuate(s)**; **morochos**
twine, **piolín**
twisted, **chueco**
tyre, **caucho**; **llanta**

U.S.A., **E.U.**; **E.U.A.**
um, **este**
under(neath), **abajo de**
Underground (Railway), **subte**; **subterráneo**
underpants, **calzones**; **interiores**; **trusa(s)**
undress: to —, **desvestir(se)**
unemployed, **cesante**; **desocupado**
unemployment, **cesantía**; **desocupación**
unexpected, **sorpresivo**
unfortunate, **salado**
uniform, **tenida**

unimportant: something —, **futileza**
University fees, **colegiatura(s)**
unpack: to —, **desempacar**
unrest: social —, **violentismo**
untamed, **chúcaro**
until: not —, **hasta**
up: to — and ..., **agarrar y + verb**
uproar, **guachafita**; **loquero**; **toletole**
upset: to —, **apenar**
urban, **citadino**
Uruguay, ***Uruguay**; **la Banda Oriental**
Uruguayan, ***uruguayo**; **nacional**; (nickname) **charrúa**
usually, **saber**

v (the letter), **ve chica**; **ve corta**
vagabond, **linyera**
vagina, **cajeta**
vain: in —, **al ñudo**
valet, **mucamo**
value: to — (at), **avaluar**
value-added tax, **impuesto al valor agregado**
VAT, **IVA**
vegetable patch, **cantero**
vendor: street —, **placero**
Venezuela, ***Venezuela**
Venezuelan, ***venezolano**
Venezuelan plains, **Llanos**
very, **bien**; **flor de...**; **harto**; **mero**; **re-**; **rete-**; **rete**
very much, **bien**
Vespa, **motoneta**
victim of illegal arrest, ***desaparecido**
vicuña, ***vicuña**
village, **pueblito**
visa, **visa**
viscacha, ***vizcacha**
voodoo, ***vudú**; **vodú**
vulture, **aura**; **gallinazo**; (CAm) (M) **zopilote**; (Ch) **jote**; (Par) (Ur) **urubú**; (V) **auyama**; **zamuro**

w (the letter), **doble ve**
wagon lit, **carro dormitorio**
waiter, **mozo**; (A) (Ch) (Ur) **garzón**; (Col) (G) (M) **mesero**; (Ch) (V) **mesonero**

waitress, **moza; (A) (Ch) (Ur) garzona; (Ch) (V) mesonera; (Col) (G) (M) mesera**

walk, **recorrida; vueltita;** to — , **caminar**

walkway: central grass —, **camellón**

wall: dry-stone —, **pirca;** wattle and daub —, **bahareque; bajareque**

wanker, **pajero**

want: to —, **provocarle a uno**

wardrobe, **closet; clóset**

warehouse, **galpón**

wash basin, **lavatorio**

washstand, **lavatorio**

washtub, **batea**

wasnt it?, **¿a poco (no)?**

watch: to —, **aguaitar**

watchman: night —, **nochero; rondin**

water cannon truck: police —, **guanaco; huáscar; rochabús**

water carrier, **aguatero**

way: One Way (street), **una vía;** Two-Way Traffic, **doble vía**

weakness, **falla**

wealthy, **platudo**

wear: to —, **andar**

Well..., **digo**

well: very —, **de lo lindo**

Well?, **¿qué hubo?**

What, **¿cuál/cuáles?;** — a, **¡qué tal/tales...!**

what a great...!, **¡flor de ...!**

what the hell...?, **¿qué carajos?**

whatsit, **coso**

wheel: steering —, **timón;** — balancing, **balanceo**

when: (just) —, **(a) lo que**

whenever, **cada que; vez que**

where, **adonde, ¿adónde?**

where the hell, **¿dónde carajos?**

which, **mismo**

which?, **¿cuál/cuáles?**

whip, **chicote; fuete; guasca; huasca; rebenque;** to — , **cuerear**

whistle, **chiflido;** to —, **chiflar**

white ant, ***comején**

who, **mismo**

wholesale, **mayoreo**

wife: my —, **mi vieja**

wild, **chúcaro**

wildcat, ***onza; colocolo**

winch, ***malacate**

wind instrument, **fotuto**

wind: cold South —, **pampero;** light —, **vientito;** strong —, **ventolada;** strong southerly —, **surazo**

window: —, **vidrio;** shop —, **vidriera; vitrina**

with me (etc.), **junto mío**

won't they?, **¿no?**

wooden crate, **guacal**

woollen cap, **chullo; chullu**

work: —, **laburo; (M) chamba;** to —, **laburar**

work gang, **minga**

worker(s), **operario(s); descamisado(s);** (group of) —, **peonada**

working-class: — flats/housing, **conventillo;** — person, **roto**

workman, **operario**

worn, **fané;** — (out), **rotoso**

worse: the — for wear, **descangallado**

Wow!, **¡carambolas!; ¡che!; ¡ché!; ¡chita(s)!; ¡epa!; ¡épale!; ¡híjole!; ¡la gran siete!; ¡pucha(s) que!; ¡újule!; ¡vóytelas!**

wretched, **desgraciado**

wrinkle: to —, **arriscar**

yam, **ñame**

Yaqui, **yaqui**

yellowish, **amarilloso**

yerba mate, **yerba mate**

Yes, indeed, **toda la vida**

Yes, sir!, **¡a la orden!**

you, **vos; ud.; uds.; ustedes; lo(s)**

young people: group of —, **muchachada**

your, **su(s)**

yucca, ***yuca**

Yuk!, **¡fucha!; ¡fuchi!**

Zapotec, **zapoteca**

zip (fastener), **cierre; eclair; cierrecler; cierre relámpago; zíper; zipper, cierre eclair; cierrecler**